Handbuch Nähtechniken

Handbuch Nähtechniken

LORNA KNIGHT

Produktmanagement: Hannelore Irmer-Romeo
Lektorat und Produktion:
Redaktionsbüro Kramer, Weißenfeld/München
Satz und dtp: Anja Kramer, Weißenfeld/München
Übersetzung: Suzanne Bürger, München;
Gabi Lichtner, Berlin; Monika Zuber, Berlin
Umschlaggestaltung: Petra Theilfarth

4. Auflage 2011

Titel der Originalausgabe:
The Dressmaker's Technique Bible

ISBN 978-3-7724-6069-2
Best.-Nr. 6069

Printed in China

Inhalt

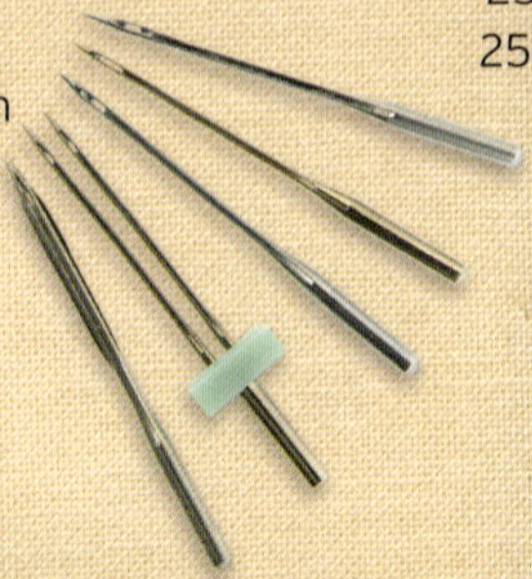

Einleitung

Heutzutage, da es modische Kleidung überall preiswert zu kaufen gibt, ist Geldsparen kein Grund mehr, sich seine Garderobe selbst zu schneidern. Wer sich heute an die Nähmaschine setzt, dem geht es um individuellen Stil, maßgeschneiderte Passform und Spaß am Gestalten. Dieses Buch zeigt Ihnen alle Techniken, damit Ihr Wunschmodell perfekt gelingt.

Ob Einsteigerin oder versierte Hobbyschneiderin – ich hoffe, dass Ihnen mein Buch bei der Schnittauswahl und beim Nähen hilfreich ist und Sie dabei genau so viel Freude haben wie später beim Tragen Ihrer selbst gemachten Kleidung.

Zum Einstieg (S. 8–53)

Das 1. Kapitel bietet Ihnen Informationen über Ihr Handwerkszeug, das Arbeiten mit Schnittmustern sowie einen Leitfaden über die Figurtypen und die jeweils passenden Stile und Kleiderformen.

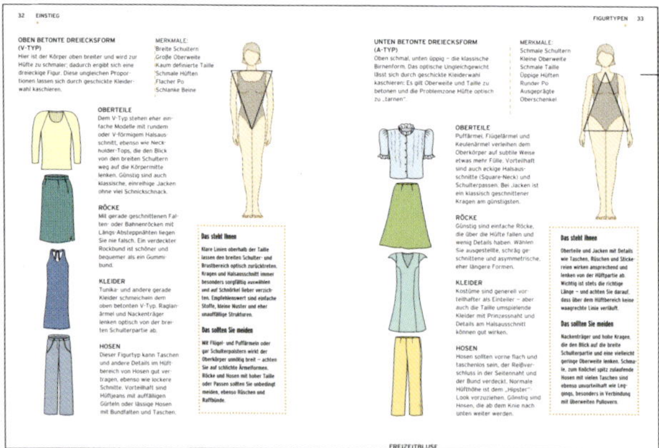

Die 6 Figurtypen (S. 29–35)

Hier erfahren Sie, welche Kleidungsstile für welche Figur vorteilhaft sind und welche man meiden sollte.

Kleiderformen (S. 36–53)

Die wichtigsten Kleiderformen auf einen Blick – mit Querverweisen auf Techniken, Verzierungen und Stoffe an anderen Stellen im Buch.

Stoffverarbeitung (S. 54–101)

In diesem Abschnitt zeige ich Ihnen grundlegende Arbeitstechniken zum Zuschneiden und Zusammenfügen von Stoffen.

Nähtechniken (S. 102–207)

Auf diesen Seiten sehen Sie, wie die einzelnen Stoffteile für das Kleidungsstück angefertigt werden.

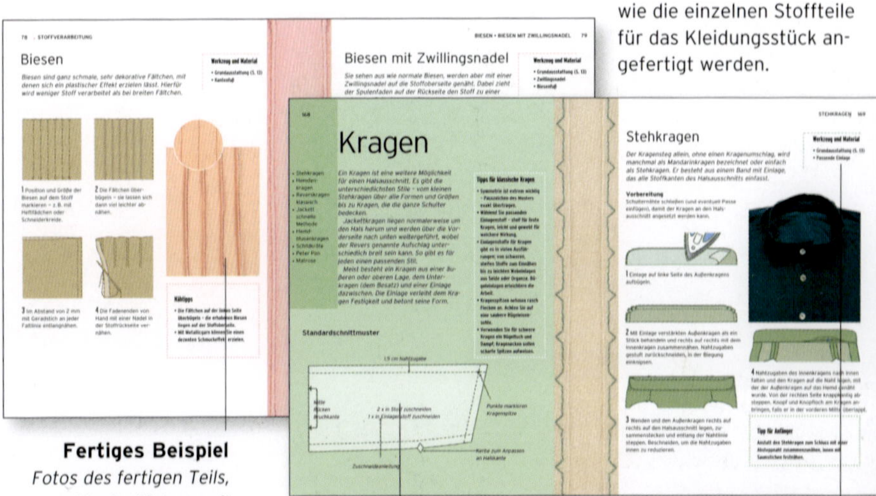

Fertiges Beispiel
Fotos des fertigen Teils, zur Verdeutlichung oft mit einer Detaildarstellung der Linksseite.

Standardmuster
Die einzelnen Schnittmusterteile, die Sie übernehmen oder abändern können.

Werkzeug und Material
Alles, was Sie für die Arbeitsschritte brauchen.

Dekorative Ideen (S. 208–239)

Dieses Kapitel enthält eine Fülle von Anregungen für Verzierungen und dekorative Nahtabschlüsse.

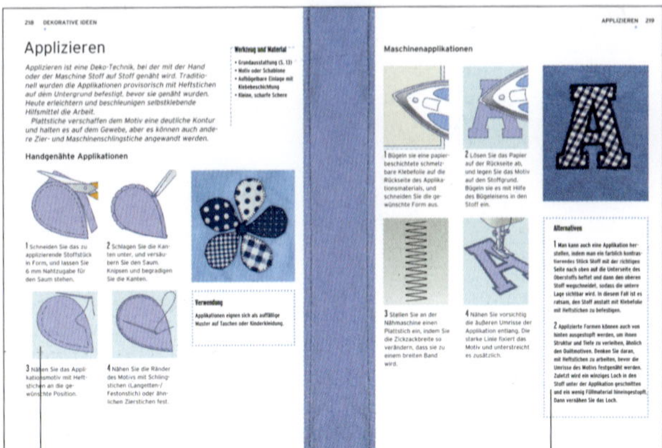

Technische Anleitungen
Schritt-für-Schritt-Anleitungen und Diagramme führen Sie durch jeden Arbeitsgang.

Kästen mit zusätzlichen Hinweisen
Auf fast jeder Seite finden Sie Kästen mit hilfreichen Tipps und Alternativen.

Suchen Sie einen Stoff?

Auf S. 240–247 erfahren Sie alles über Auswahl, Kauf, Zuschnitt, Pflege und Verarbeitung verschiedener Stoffe.

Einstieg

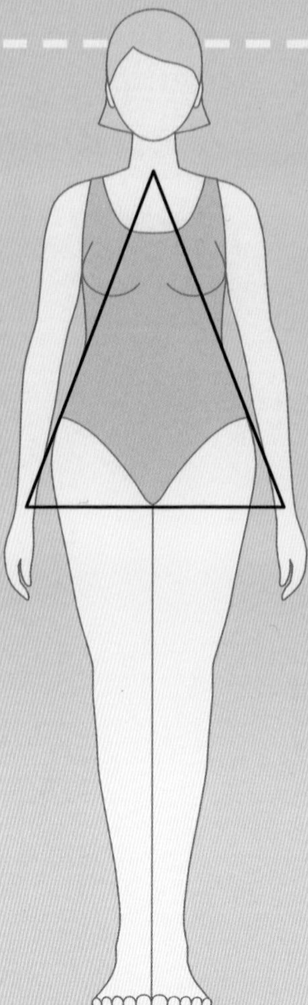

Dieser Abschnitt bietet Ihnen alle wichtigen Informationen über die Grundausstattung, das Arbeiten mit kommerziellen Schnittmustern und die individuellen Figurtypen – unerlässliches Rüstzeug für jedes Nähprojekt. Am Ende des Kapitels finden Sie eine anschauliche Zusammenstellung unterschiedlichster Kleiderformen und hilfreiche Hinweisen auf geeignete Nähtechniken. Lassen Sie sich davon zu eigenen Modellen inspirieren!

Nähzubehör

Wie immer gilt auch hier: Man tut sich wesentlich leichter, wenn stets das richtige Werkzeug zur Hand ist. Es ermöglicht nicht nur ein flottes, genaues Arbeiten, sondern beeinflusst auch das Endergebnis. Auf den folgenden Seiten erfahren Sie alles, was Sie über die Arbeitsmittel wissen müssen, die Sie zum Schneidern brauchen.

Messhilfen

Um ein Kleidungsstück akkurat und passgerecht zu arbeiten, brauchen Sie hochwertige Messhilfen. Ob Sie Stoffbahnen oder einen schmalen Saum abmessen – für jede Aufgabe gibt es das geeignete Hilfsmittel.

1 • MASSBAND

Ein gutes Maßband ist mindestens 150 cm lang, leiert nicht aus und verheddert sich nicht. Die Maßeinheiten müssen exakt am Anfang des Maßbandes beginnen.

2 • ZOLLSTOCK

Ob aus Holz oder Metall, mit einem Zollstock lassen sich längere Stoffbahnen vom Ballen am besten abmessen. Besonders hilfreich beim Zuschneiden von Stoffen für Vorhänge und Rollos.

3 • SAUMLINEAL (HANDMASS)

Es ist beidseitig mit Markierungen versehen und eignet sich vor allem zum Abmessen von Säumen, beim Markieren von Knopflöchern und beim Anzeichnen von Steppnähten.

4 • LINEAL

Ein 15 cm langes Lineal ist nützlich zum Abmessen von Säumen und breiteren Nähten an Röcken und Kleidern. Da es starr und flach ist, liegt es gut auf und lässt sich einfacher handhaben als ein Maßband.

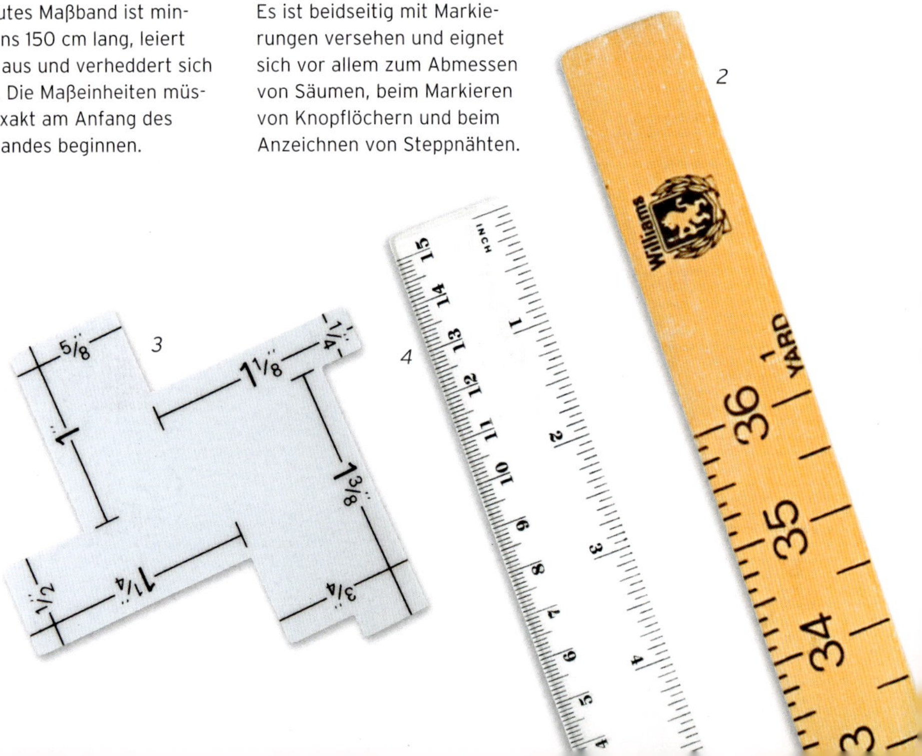

1a

1c

2

3

Markierhilfen

Mit Markierhilfen werden vorgegebene Linien und Markierungen auf Stoff übertragen, damit Abnäher und Taschen exakt positioniert werden können und das fertige Kleidungsstück später eine gute Passform hat. Traditionell macht man das mit Durchschlagstichen, aber mit Kreiden und Stiften geht es schneller.

1 • SCHNEIDERKREIDE

Ein altbewährtes Hilfsmittel zum Markieren, das sich später leicht ausbürsten lässt. Schneiderkreide gibt es dreieckig (1a), als Kreiderad (1b) oder – verschiedenfarbig – in Stiftform (1c). Die Kanten scharf bzw. Stifte stets spitz halten und nur auf der Linksseite des Stoffes benutzen. Verwenden Sie eine Farbe, die sich gut sichtbar vom Stoff abhebt.

2 • AUSWASCHBARE STIFTE

Die Tinte dieser Stifte lässt sich mit einem feuchten Tuch oder Schwamm entfernen oder indem Sie das fertige Kleidungsstück einfach waschen. Vorher am besten an einem kleinen Stoffrest testen, ob beim Anfeuchten nichts verfärbt.

3 • SELBSTLÖSCHENDE STIFTE

Mit solchen Stiften angezeichnete Markierungen verschwinden innerhalb 48 Stunden wie von Zauberhand. Manchmal spricht man auch von „luftlöslichen" Stiften oder „Sublimierkreide". Auch hier ist es ratsam, vorher auszuprobieren, ob die Markierung auf dem gewünschten Stoff gut sichtbar ist und sich tatsächlich verflüchtigt.

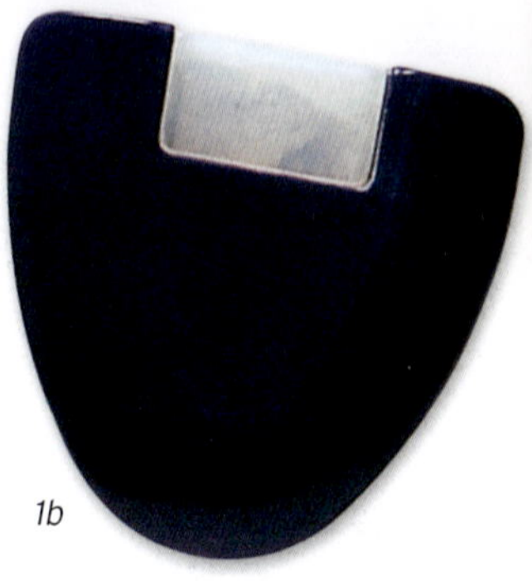

1b

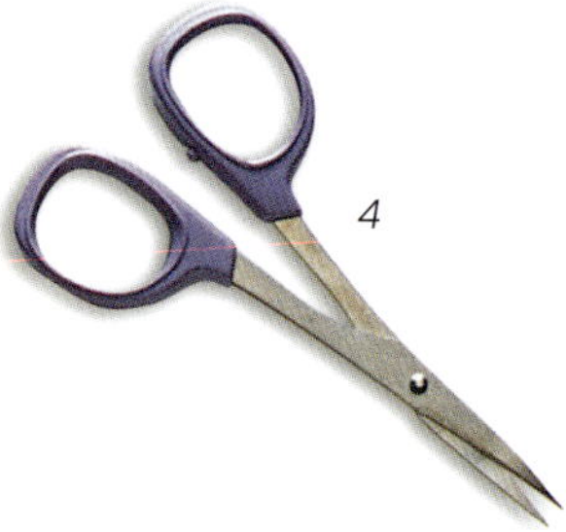

4

Schneidwerkzeuge

Zum Schneiden steht Ihnen eine Vielfalt von Werkzeugen zur Auswahl – eine gute Schere steht immer am Anfang. Hier sehen Sie Trennwerkzeuge unterschiedlicher Form und Größe – sie sind jeweils für bestimmte Aufgaben geeignet und sollen Ihnen die Arbeit erleichtern.

SCHEREN

Mit einer scharfen Schneiderschere lassen sich Stoffe rasch zuschneiden. Die ergonomisch geformten, mit Gummi oder Kunststoff überzogenen Griffe haben ein kleineres Loch für den Daumen und ein größeres für die übrigen Finger. Oft sind die Griffe abgewinkelt, so dass die untere Schneidkante flach aufliegt und der Stoff beim Schneiden nicht angehoben wird. Verwenden Sie Scheren zum Stoffzuschneiden, zum exakten Trennen und zum Teilen langer Stoffbahnen mit großzügiger Schnittführung. Eine Schere muss stets bequem in der Hand liegen.

1 • ZACKENSCHERE

Mit dieser ebenfalls mit ergonomisch geformten Griffen versehenen Schere lassen sich gezackte Schnittkanten schneiden, die ein Ausfransen des Stoffes verhindern. Je nach Stoff können Sie sich dabei das Versäubern von Nahtzugaben ersparen. Zackenscheren eignen sich auch gut für Bastelarbeiten.

2 • SCHERE MIT WELLENSCHLIFF

Mit diesen Scheren lassen sich zarte, leichte oder weiche Gewebe wie Seide oder Satin besonders sicher schneiden, da die feine Verzahnung das Wegrutschen dieser Stoffe verhindert.

1 2 3

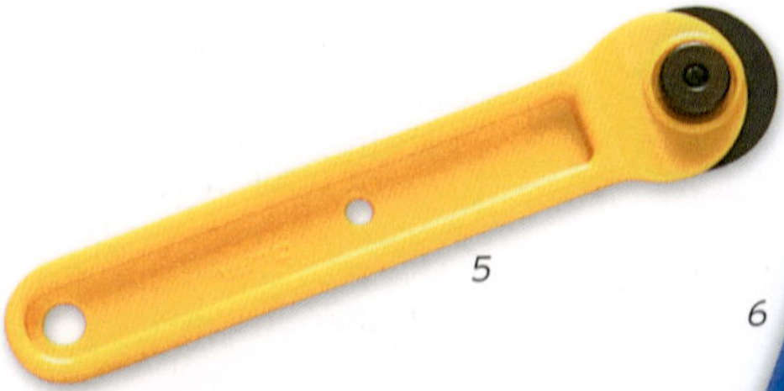

5

6

7

3 • PAPIERSCHERE

Sie brauchen unbedingt eine Schere, mit der ausschließlich Papier geschnitten wird. Stoffscheren, die Sie auch zum Papierschneiden verwenden, werden mit der Zeit stumpf und damit für ihren ursprünglichen Zweck unbrauchbar. Eine Papierschere muss nicht spitz sein.

4 • STICK-/ HANDARBEITSSCHERE

Diese Schere mit kurzen, spitzen Klingen ist sehr hilfreich und lässt sich auch an komplizierten Stellen noch sicher handhaben. Mit den spitzen Klingen können Sie einzelne Stiche aufschneiden und schwer zugängliche Ecken erreichen. Gut geeignet zum Abschneiden von Fadenresten und zum Zuschneiden von Kunstfell.

5 • ROLLSCHNEIDER

Dieses „fahrbare" Schneidewerkzeug eignet sich zum Zuschneiden langer Stoffbahnen, Stoffstreifen und Patchwork-Stücke und schneidet durch mehrere Stofflagen hindurch. Zum Schutz der Arbeitsfläche brauchen Sie eine Schneidematte.

6 • NAHTTRENNER

Ein Nahttrenner hat eine hakenartige Klinge und ist sehr nützlich zum Auftrennen von Nähten. Schneiden Sie auf einer Stoffseite jeden dritten Stich, wenden Sie den Stoff und ziehen Sie den Faden von der anderen Seite heraus. Ideal beim Aufschneiden von Knopflöchern: Eine Nadel quer über ein Knopflochende stecken und das Knopfloch vom anderen Ende her bis zur Stecknadel aufschneiden.

7 • CUTTER

Mit der kurzen, scharfen Klinge lassen sich Leder und Fell am besten schneiden.

Grundausstattung

Sie brauchen nicht unbedingt alle Hilfsmittel von den Seiten 10–19 anzuschaffen, aber ein paar sollten Sie in Ihrem Nähkästchen parat haben:

- Schneiderschere – große Schere zum Zuschneiden von Stoffen
- Stick-/Handarbeitsschere – kurze Schere mit sehr spitzen Klingen
- Papierschere
- Nahttrenner
- Schneider-Stecknadeln
- Handnähnadeln
- Nähmaschinennadeln
- Garnsortiment
- Maßband
- Hilfsmittel zum Markieren – Schneiderkreide, Stoffstifte (auswaschbar)
- Bügeleisen

Nähmaschinen und Overlockmaschinen

Die wichtigsten Arbeitsmittel für eine Schneiderin sind Nähmaschine und Overlockmaschine – damit können Sie haltbare Nähte und professionelle Ergebnisse erzielen.

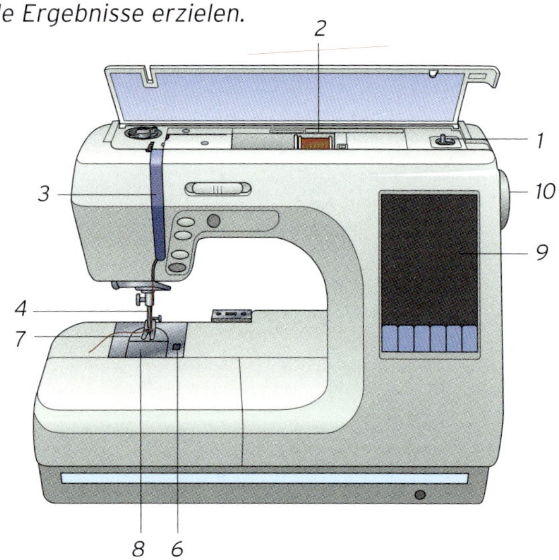

Nähmaschinen

Die heutigen Nähmaschinen unterscheiden sich sehr von den handbetriebenen Geradstich-Nähmaschinen unserer Mütter oder Großmütter. Dank moderner Computertechnologie sind viele Stiche vorprogrammiert, und gewöhnliche Nähte wie auch dekorative Ziersticke werden zum Kinderspiel. Alle Maschinen haben grundsätzlich die gleiche Funktionsweise.

1 • **SPULERSPINDEL**
Wickelt den Faden rasch und gleichmäßig auf die Unterfadenspule.

2 • **GARNROLLENHALTER**
Liegt waagerecht oder senkrecht und hält die Garnspule.

3 • **FADENFÜHRUNGEN**
Sorgen dafür, dass der Faden von der Garnrolle bis zur Nähnadel korrekt verläuft.

4 • **NADEL**
Ist mit einer Schraube befestigt und leicht auswechselbar.

5 • **SPULENKAPSEL**
Enthält die Unterfadenspule und liegt unter der Stichplatte. Der Faden wird unter leichter Spannung abgegeben, schlingt sich um den Oberfaden und bildet die Nähstiche.

6 • **STICHPLATTE**
Hat eine Aussparung für den gezähnten Transporteur und ein Loch, durch das die Nadel nach unten sticht und dort den Unterfaden erfasst.

7 • **NÄHFÜSSCHEN**
Wird abgesenkt, um den Stoff beim Nähen festzuhalten.

8 • **TRANSPORTEUR**
Die Zähnchen der Transporteinheit fassen den Stoff und schieben ihn jeweils eine Stichlänge vorwärts.

9 • **STICHAUSWAHL**
Die Auswahl der gewünschten Stiche erfolgt über Tasten, Einstellräder oder Touch-Screen.

10 • **HANDRAD**
Mit dem Handrad lässt sich die Nadel manuell anheben bzw. absenken.

11 • **FUSSPEDAL**
Zum Steuern der Nähgeschwindigkeit. Bei manchen Maschinen erfüllt ein Ein-/Aus- oder ein Schiebeschalter den gleichen Zweck.

Overlockmaschine

Diese Maschinen sind sehr beliebt geworden, da sich damit nicht nur profimäßige Nahtabschlüsse, sondern auch wunderschöne Säume und Kanten arbeiten lassen. Auch Stretchstoffe kann man damit problemlos nähen.

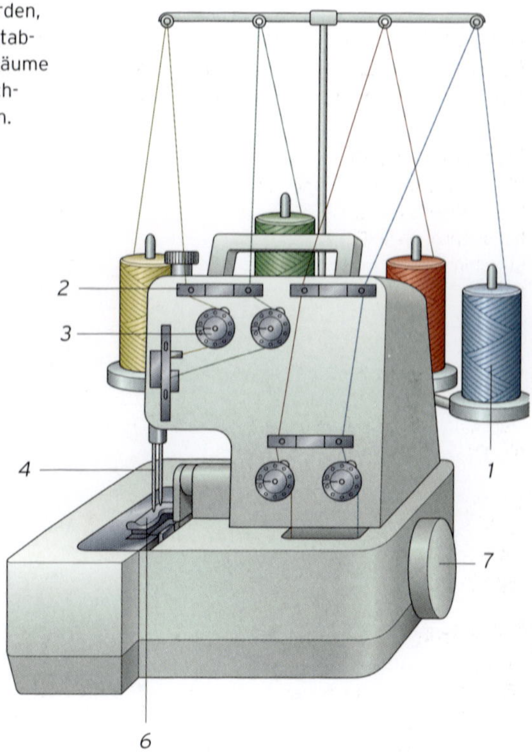

1 • **GARNROLLENHALTER**
Die meisten Overlockmaschinen verfügen über vier Halter. Die beiden linken versorgen die Nadeln, die beiden rechten die Greifer.

2 • **FADENFÜHRUNGEN**
Halten die Fäden jeweils auf dem korrekten Weg, bis sie die Nadeln bzw. Greifer erreichen.

3 • **SPANNUNGSREGLER**
Sorgen für die Spannung der Fäden – so entstehen die unterschiedlichen Stiche, z. B. Overlock, Flatlock oder Rollsaum.

4 • **NADELN**
Eine Overlock hat üblicherweise zwei Nadeln, die für das Nähen mit allen vier Fäden verwendet werden. Für breite Drei-Faden-Overlocknähte wird nur die linke Nadel benötigt, für schmale nur die rechte Nadel.

5 • **GREIFER**
Führen die Oberfäden unter die Nadeln, wo sie sich um die Unterfäden schlingen und Stiche bilden.

6 • **SCHNEIDMESSER**
Schneiden den überstehenden Stoff ab, bevor die Stiche um die Schnittkante genäht werden.

7 • **HANDRAD**
Lässt sich zum Anheben bzw. Absenken der Nadeln per Hand drehen.

Nadeln und Stecknadeln

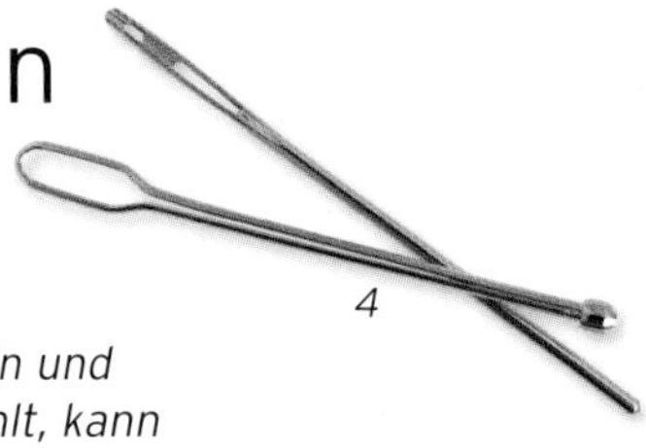

Nadeln gibt es in vielerlei Varianten, für viele Arbeiten gibt es sogar spezielle Nadeln. Auch die Art des Stoffes und die Garnstärke spielen bei der Auswahl eine Rolle. Man unterscheidet Stecknadeln und Maschinennadeln. Wer stets die richtige Nadel wählt, kann sich viel Ärger ersparen – zum Beispiel herausgezogene Fäden, übersprungene Stiche oder gar Nadelbruch.

Handnähnadeln

Ob Sie ein Stück ganz von Hand nähen oder nach dem Maschinennähen mit ein paar Stichen die Fadenenden vernähen – je nach Zweck, Stoff und Garn steht Ihnen eine große Auswahl an Handnähnadeln zur Verfügung. Viele Sortimentspackungen enthalten Nadeln unterschiedlicher Länge und mit unterschiedlich großen Öhren.

1 • **NÄHNADELN**
Feine, mittelange Nadeln, die sich für viele Arbeiten eignen.

2 • **QUILTNADELN**
Sehr dünne, spitze Nadeln mit kleinem Öhr, geeignet für feine Näharbeiten und kurze Stiche.

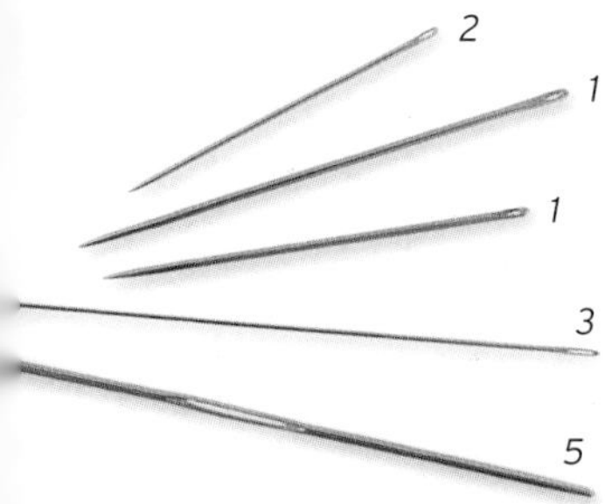

3 • **PERLNADELN**
Besonders feine, lange Nadeln zum Auffädeln von Perlen.

4 • **WEB-/DURCHZIEH-NADELN**
Dicke Nadeln mit stumpfer Spitze zum Durchfädeln von Elastikfäden oder Gummilitzen durch Tunnelzüge.

5 • **DOUBLE-TIP-NADELN**
Diese Nadeln sind beidseitig spitz mit einem langen Öhr in der Mitte; sie müssen bei Kettensticharbeiten und Gobelinsticken nicht gewendet werden.

Nähmaschinennadeln

Auch Maschinennadeln gibt es in verschiedenen Größen und mit unterschiedlichen Spitzen.

6 • **STANDARD-/UNIVERSALNADELN**
Für allgemeine Näharbeiten. Die Spitze ist scharf genug, um gewebte Stoffe zu durchstechen, und stumpf genug, um sich zwischen die Fäden von Strickgeweben zu drängen.

7 • **MICROFASERNADELN**
Diese sehr spitzen Nadeln wurden speziell für sehr feinfädige Gewebe wie Seide und Mikrofaserstoffe entwickelt.

8 • **KUGELSPITZNADELN**
Vor allem für Strickware geeignet. Die abgerundete Spitze zerteilt die Maschenfäden nicht, sondern schiebt sie auseinander.

9 • **STRETCHNADELN**
Speziell für Stoffe geeignet, die Elastan (Lycra®) enthalten. Die Hohlkehle (Einkerbung auf der Rückseite, über dem Öhr) ist bei dieser Nadel besonders tief; dadurch wird der Unterfaden sicher abgegriffen und kein Stich ausgelassen.

10 • **JEANSNADELN**
Besonders spitz und kräftig; können dicke, feste Gewebe wie Denim, Leinwand oder Polsterstoffe durchdringen.

11 • **STEPPNADELN**
Haben ein großes Öhr und eine ausgeprägte Hohlkehle und können somit zwei Fäden und auch dickere Knopflochoder Maschinenstickgarne aufnehmen.

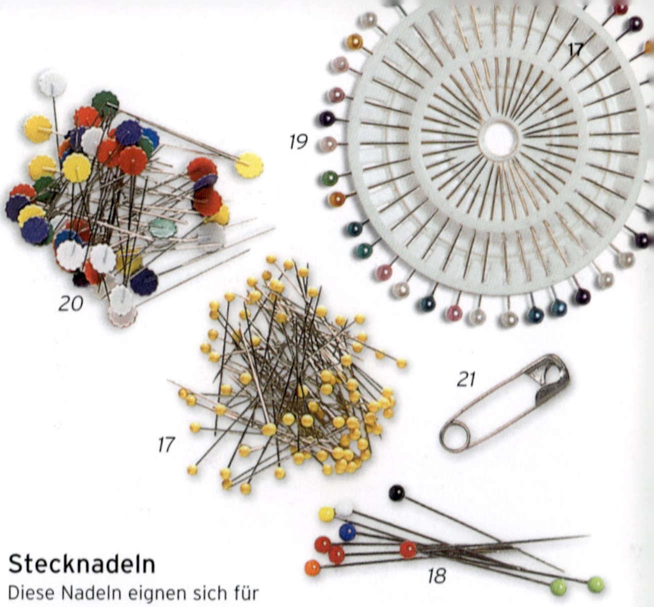

12 • **METALLICNADELN**
Speziell zum Vernähen von Metallicgarn vorgesehen.

13 • **LEDERNADELN**
Diese Nadeln haben dreieckig geformte Schneidspitzen zur Verarbeitung von Leder und Wildleder.

14 • **ZWILLINGS-/ DRILLINGSNADELN**
Bestehen aus zwei bzw. drei Nadeln an einem einzigen Schaft und dienen zum gleichzeitigen Nähen von zwei bzw. drei parallelen Steppreihen.

15 • **FLÜGEL-/WING-NADELN**
Mit dem flügelartig verbreiterten Nadelschaft werden die Gewebefäden beim Nähen des Stoffes zur Seite gedrückt, so dass der Stich ein kleines Loch hinterlässt. Geeignet für Entredeux- und andere Hohlsaum-Stickereien.

16 • **QUILTNADELN**
Mit ihrer längeren Spitze durchdringen diese Nadeln problemlos mehrere Stofflagen.

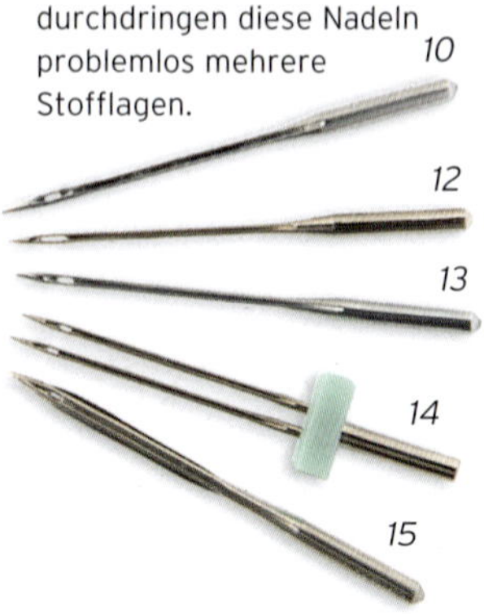

Stecknadeln

Diese Nadeln eignen sich für mittelschwere Stoffe und die unterschiedlichsten Zwecke. Besonders nützlich sind sie bei der Arbeit mit Papierschnittmustern und beim Musterzeichnen.

17 • **BUNT-/GLASKOPF-STECKNADELN**
Eigentlich fast immer hilfreich – zudem haben sie den Vorteil, dass man sie leicht findet, wenn sie auf den Boden gefallen sind. Rutschen auch aus locker gewebten Stoffen nicht so leicht heraus. Achtung! Rundköpfe aus Plastik schmelzen, wenn sie in die Nähe eines heißen Bügeleisens kommen!

18 • **SEIDENSTECK-NADELN**
Superdünne, extralange Stecknadeln – lassen feine Stoffe wie Seide und Satin unbeschädigt.

19 • **QUILTSTECKNADELN**
Sehr lange Stecknadeln – geeignet für Quiltarbeiten.

20 • **FLACHKOPFSTECK-NADELN**
Besonders lang und mit blütenförmigen Köpfen – können aus durchbrochenen Stoffen wie Spitze, Netz oder Tüll nicht so leicht herausfallen.

21 • **SICHERHEITSNADELN**
Immer dann verwenden, wenn normale Stecknadeln herausrutschen könnten.

22 • **GEWICHTE**
Könnte ein Stoff durch Nadeln beschädigt werden, lässt er sich beim Zuschnitt auch mit Stoffgewichten am Verrutschen hindern. Zur Not tut es auch ein Ziegelstein in einer Wollsocke.

Garne

Die Wahl des Garns hängt davon ab, ob Sie mit der Hand oder mit der Maschine nähen. Verwenden Sie nur Garne guter Qualität, und achten Sie darauf, dass das Garn dem Stoff entspricht – also Baumwollgarn für Baumwollstoffe, Polyestergarn für Kunstfasern etc. Die Garnfarbe sollte der Stofffarbe ähnlich sein, wenn sie nicht auffallen soll – oder eine Kontrastfarbe sein, wenn sich eine Naht dekorativ abheben soll.

UNIVERSALGARNE
Diese „Allesnäher" bestehen aus Polyester oder merzerisierter Baumwolle, oder sie haben einen Baumwollkern mit Polyesterumspinnung. Geeignet für das Maschinennähen von Kleidung und Heimtextilien. Für Overlockmaschinen gibt es diese Garne auch auf großen Konen.

SEIDENGARNE
Ideal für das Nähen von Seidenstoffen, aber auch von leichten Wollstoffen. Nähseide ist fein und neigt nicht zur Knotenbildung – daher für das Handnähen gut geeignet.

MASCHINENSTICKGARNE
Sie sind aus Polyester oder Viskose gesponnen und haben eine schimmernde, lichtreflektierende Oberfläche. Es gibt auch matte Maschinenstickgarne aus Baumwolle und Wolle; die Stickerei erhält dann eine andere Oberfläche.

METALLICGARNE
Lassen sich per Hand oder mit der Maschine vernähen. Bei Verwendung der Nähmaschine ist eine Metallicnadel mit großem Öhr nötig, damit der Faden nicht reißt oder zerfasert.

BAUSCHGARNE
Besonders weiches, dickes und festes Garn; eignet sich als Unterfaden der Overlockmaschine. Ideal für Flachnähte und Säume, da der locker gesponnene Faden die Naht oder Stoffkante besonders gut verdeckt. Wegen seiner Dicke kann Bauschgarn nicht als Oberfaden verwendet werden.

HANDSTICKGARNE
Dazu gehören Perlgarn, Gobelinwolle und lose gedrehter Sticktwist, dessen Fäden teilbar und auch einzeln verwendbar sind. Diese Garne passen nicht durch Maschinennadeln, können aber auf der Overlockmaschine als Unterfaden für dekorative Flachnähte und Rollsäume verwendet werden.

UNTERFADEN, VORGESPULT
Feiner Faden, meist schwarz oder weiß. Wird beim Maschinensticken in die Spulenkapsel der Nähmaschine eingelegt und verhindert unschöne „Buckel" im Stichbild. Es gibt den Faden auch fertig auf Spulen aufgewickelt.

HEFTFADEN
Weiches Baumwollgarn, nicht so stabil wie normale Universal-Nähgarne. Gut geeignet für provisorische Handnähte, da es sich leicht durchreißen und aus dem Stoff herausziehen lässt, ohne ihn zu beschädigen.

STEPPGARN
Fester, eher dicker Faden, der sichtbare Nähte bildet. Für Steppnähte, handgearbeitete Knopflöcher und zum Knopfannähen verwendbar. Sollte mit einer Steppnadel vernäht werden, da diese ein größeres Öhr hat und den Faden besser aufnimmt. Als Unterfaden eignet sich Universalgarn.

Kurzwaren

Mit Kurzwaren bezeichnet man all die kleinen Dinge, die ein Kleidungsstück vervollständigen, ob zu rein praktischen Zwecken oder als Verzierung. Hier eine kleine Auswahl von Zubehör, die Ihnen als Anregung dienen kann.

KNÖPFE
Ob als Verschlussmittel oder Verzierung, Knöpfe sind ein unerlässliches Zubehör für jede Schneiderin. Es gibt sie in zwei Arten – Lochknöpfe und Ösenknöpfe – und in jeder nur erdenklichen Form und Größe, bezogen und unbezogen. Wie man Knöpfe selbst mit Stoff überzieht, erfahren Sie auf S. 181.

HAKEN UND ÖSEN/RIEGEL
Diese Verschlüsse kommen oft am Halsausschnitt oder am Hosen-/Rockbund zum Einsatz. Es gibt sie in vielen Größen. Wo zwei Stoffkanten aufeinandertreffen, setzt man Haken und Ösen; liegen sie übereinander, verwendet man Haken und Riegel.

DRUCKKNÖPFE
Verschluss aus zwei runden Metallteilen, wovon eines eine Vertiefung und das andere einen Kopf aufweist. Kann angenäht oder genietet werden und lässt sich leicht öffnen und schließen.

SCHRÄGBAND-EINFASSUNG
Dient als Nahtabschluss und zum Versäubern und Einfassen offener Stoffkanten. Die hierzu erforderlichen Schrägstreifen gibt es fertig gefalzt zu kaufen, Sie können sie aber auch selbst zuschneiden (S. 96).

KÖPERBAND
Einsetzbar als Nahtverstärkung und zum Einfassen von Saumkanten, aber auch für Befestigungsschlaufen und Bindebänder. Besteht aus Baumwolle oder Polyester.

BÄNDER
Bänder gibt es in allen Breiten und Farben; sie dienen zum Einfassen, Zubinden und als Verzierung.

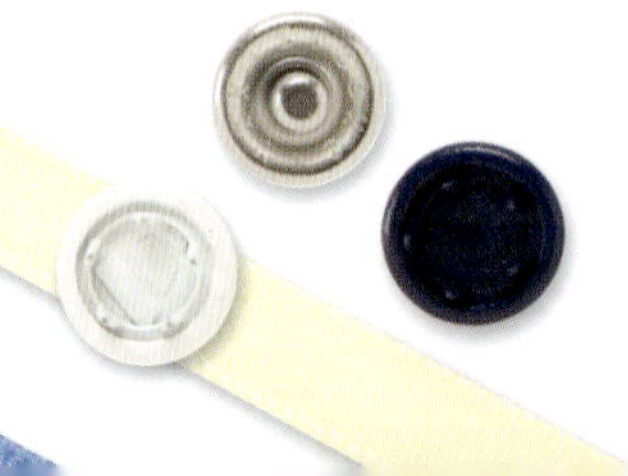

SPITZENKANTEN
Aus Seiden-, Baumwoll- oder Synthetikfäden gefertigt; meist als dekorativer Saumabschluss verwendet, insbesondere für Abend- und Brautkleidung sowie Damenunterwäsche.

PASPELBÄNDER
Plastische Einfassungen mit eingelegter Kordel, oft als Saumkante von Wohntextilien oder als Kantenversäuberung von Ausschnitten, Kragen, Tascheneingriffen etc. In verschiedenen Dicken erhältlich – mit dekorativer Zierkordel oder einfacher Kordel mit Stoffüberzug.

FORMSTÄBE
Bestehen aus Kunststoff oder starrem bzw. gebogenem Metall und verstärken die Nähte von figurbetonten Kleidungsstücken, damit z. B. schulterfreie Oberteile auch ohne Träger halten. Dabei werden auch die Nahtfalten gestrafft.

REISSVERSCHLÜSSE
Gibt es in vielen Formen – und manchmal erfüllen sie nicht nur ihren primären Zweck, sondern werden auch als Verzierung eingesetzt. Mehr dazu finden Sie auf S. 88–95.

Modell oder Schnittmuster wählen

Sobald Sie sich für ein bestimmtes Modell entschieden und einen geeigneten Stoff ausgesucht haben, ist der nächste Schritt, die Teile anhand einer Vorlage auszuschneiden. Wer mag, kann das Schnittmuster selbst erstellen – so erzielen Sie die optimale Passform, weil von vornherein passend Maß genommen wird. Allerdings benötigt man hierzu gewisse Kenntnisse im Kleiderentwerfen. Mit kommerziellen Schnittmustern tun Sie sich erheblich leichter.

Fertige Schnittmuster

Die meisten Nähprojekte beginnen mit einem Fertigschnitt. Es gibt sie für alle Normgrößen und die unterschiedlichsten Modelle – und die Schnittmusterhersteller halten stets Schritt mit den neuesten Trends.

Bekannte Namen sind unter anderem Vogue, Burda, KwikSew, Olympia, Simplicity. Anhand eines Fertigschnitts lassen sich eine ganze Reihe von Stücken schneidern, und da sich die verschiedenen angebotenen Größen an Standardkörpermaßen orientieren, kann man sie mit etwas Geschick auf eigene Maße ändern.

Der Schnittmusterumschlag enthält wichtige Hinweise zum Modell – lesen Sie diese sorgfältig durch, denn oft sind Fertigschnitte nicht umtauschbar. Auf dem Schnittbogen finden Sie die Teile als Schablonen aufgedruckt sowie eine Schritt-für-Schritt-Nähanleitung.

Schnittmusterumschlag

1 • ABBILDUNG DES FERTIGEN MODELLS

Hier sehen Sie, wie das fertige Stück aussehen wird. In der Regel sind mehrere Stilvariationen abgebildet (s. S. 25) – z. B. lange und kurze Ärmel oder verschiedene Kragenformen. Fotos können das besonders gut vermitteln. Zeichnungen unterliegen manchmal einer Designerlizenz, d. h. sie zeigen große, schlanke Figuren, aber nicht, wie das Modell an einer kleineren, rundlicheren Figur aussehen würde.

2 • GRÖSSE

Ein Schnittmuster kann viele Größen (36–46), eine einzelne Größe (z. B. 38) oder einen begrenzten Größenbereich (38–42) abdecken.

Außerdem enthält das Schnittmuster eine Maßtabelle mit den Normmaßen für verschiedene Körpergrößen. Wählen Sie die geeignete Größe und passen Sie die Schnittteile bei Bedarf entsprechend an.

3 • BESCHREIBUNG

Hier werden die Details des betreffenden Modells kurz beschrieben.

4 • NÄHZUBEHÖR

Angaben und Vorschläge zu den erforderlichen Materialien – z. B. Reißverschluss (Art und Länge), Anzahl und Art der Knöpfe etc.

5 • STOFFE

Empfehlungen für geeignete Stoffe, die zur Auswahl stehen, sowie Angaben zur Materialmenge.

6 • RÜCKANSICHT

Die Rückansicht des Modells ist in der Regel in verkleinerter Darstellung gezeigt.

7 • MODELLANGABEN

Oft enthält die Übersicht noch spezielle Angaben zum dargestellten Modell. Bei Hosen ist hier z. B. der Umfang des Hosenbeins am Saum oder die seitliche Länge ab Taille angegeben. Dadurch erhält man ein genaueres Bild von Stil und Passform des Modells.

WEITERE INFORMATIONEN

Vorne auf dem Schnittmuster stehen auch stets der Name des Herstellers und die Modellnummer, manchmal auch der Schwierigkeitsgrad – also ob das Modell für Anfänger geeignet ist oder schon einige Näherfahrung erfordert.

Zuweilen findet man hier auch Angaben zum Stil des Kleidungsstücks – z. B. „lässiger Sitz" oder „schmale Silhouette".

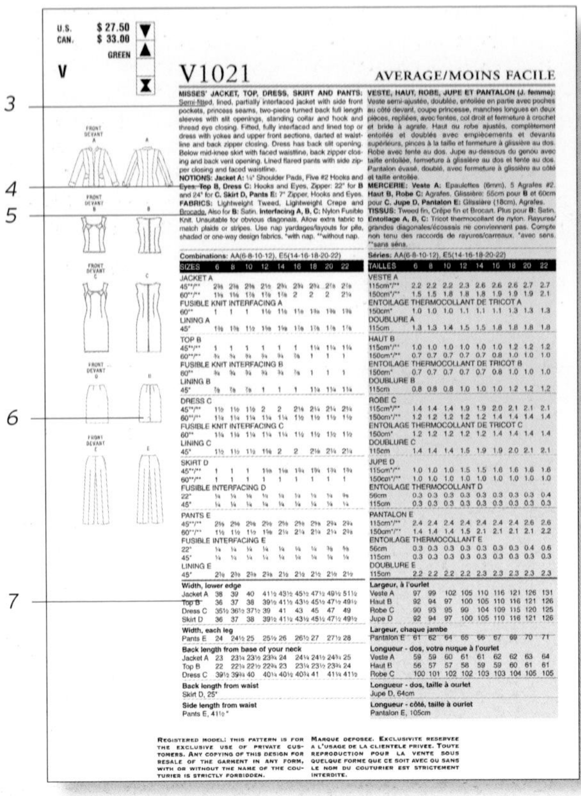

Körpermaße nehmen

Bevor Sie losnähen, sollten Sie alle notwendigen Körpermaße ermitteln. Brust-, Taillen- und Hüftweite sind unerlässlich, aber je nach Kleidungsstück sind noch weitere Maße erforderlich, z. B. Rückenlänge (Halsansatz bis Taille) oder innere Beinlänge.

Vergleichen Sie die persönlichen Körpermaße mit denen auf dem Schnittmuster – Abweichungen von bis zu zwei Größen sind möglich. Beachten Sie auch, dass Schnittmustergrößen nicht immer den Normgrößen gekaufter Kleidung entsprechen.

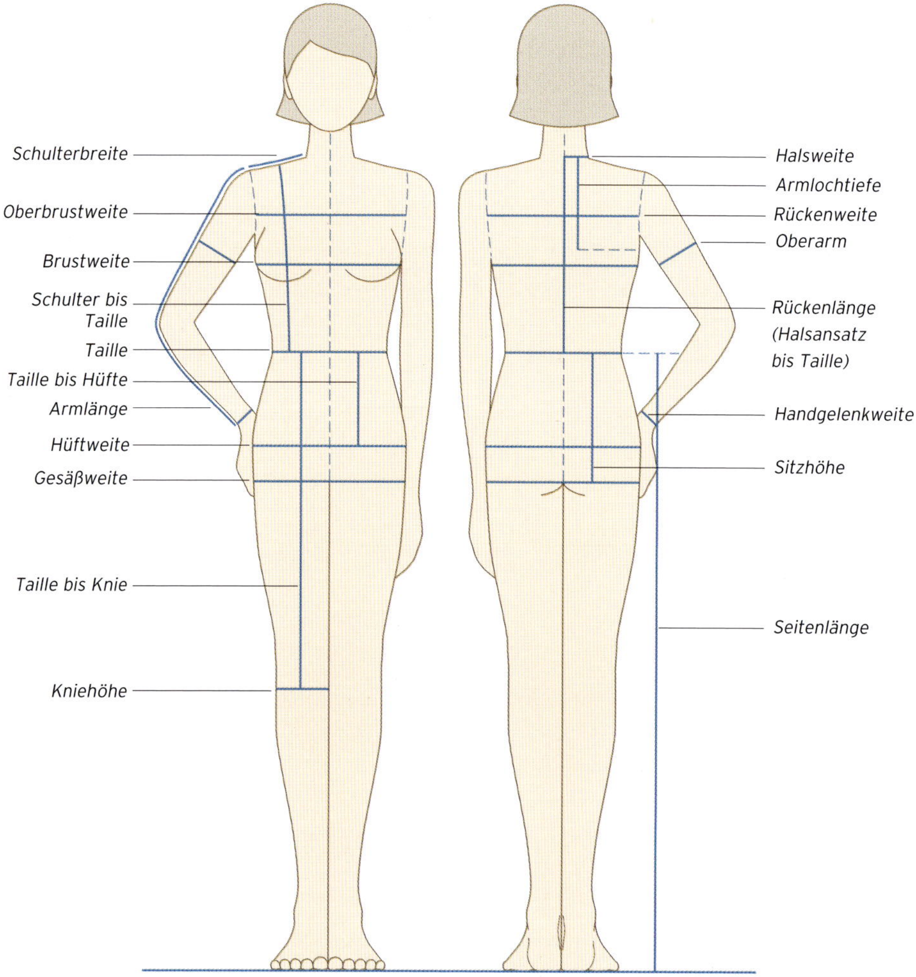

Größe	34	36	38	40	42	44	46	48	50
Brust	80	84	88	92	96	100	104	110	116
Taille	62	66	70	74	78	82	86	92	98
Hüfte	86	90	94	98	102	106	110	116	122

Diese Tabelle dient als Anhaltspunkt für die Modellwahl. Beispiel: Beträgt Ihre Brustweite 92 cm, Ihre Taillenweite 78 cm und Ihre Hüftweite 106 cm, dann wählen Sie eine Bluse in Größe 40 und einen Rock in Größe 44.

Größe auswählen

Kaufen Sie möglichst ein Mehrgrößenschnittmuster; andernfalls wählen Sie eine Modellgröße, die den persönlichen Körpermaßen am ehesten entspricht. Ausnahme: ein großer Brustumfang. Ist ein Schnittmuster auf eine große Brust ausgelegt, wird das fertige Kleidungsstück im Schulterbereich vermutlich zu weit sein. Wählen Sie in diesem Fall eine Größe, die den Maßen der übrigen Figur entspricht und ändern nur die Brustteile ab.

Sobald Sie eine geeignete Größe ausgewählt haben, vergleichen Sie die Istmaße der einzelnen Schnittteile mit den persönlichen Maßen. Manche Schnittvorlagen haben große Zugaben für einen locker-bequemen Sitz, andere zielen auf eine körpernahe Passform ab. Auf dem Schnittmusterumschlag finden Sie oft entsprechende Hinweise.

Viele Schnittteile lassen sich recht einfach ändern: Bei Bedarf können Sie Hosenbeine kürzen oder verlängern, ebenso wie die Rückenlänge bei Blusen, Hemden und Kleidern. Mehr zum Thema „Anpassen“ finden Sie auf S. 25.

Schnittauflageplan

Zu jedem Schnittmuster gibt es eine verkleinerte Darstellung, wie die Schnittteile auf dem Stoff anzuordnen sind. Weist dieser Plan eine bestimmte „Richtung“ auf – z. B. eine Strich-/Florrichtung oder einen Musterverlauf – müssen alle Schnittteile in der gleichen Richtung liegen. Für Anfänger ist ein solcher Auflageplan (auch: Zuschneideplan) sehr hilfreich. Erfahrenere Schneiderinnen wissen den Stoff durch eine geschickte Anordnung oft noch besser auszunutzen oder positionieren die Teile bewusst schräg zum Fadenlauf, um einen bestimmten Designeffekt zu erzielen.

Beim Anordnen von Schnittteilen auf gewebten Stoffen ist der Fadenlauf zu beachten, bei gestrickten Stoffen die Dehnrichtung. Auf dem Schnittmusterumschlag finden Sie Hinweise und Empfehlungen, welche elastische Strickstoffe sich eignen und ob das Modell für längselastische, querelastische oder bielastische Stoffe gedacht ist. Auf dem Schnittmuster aufgedruckte Linien geben die Richtung der größten Stoffdehnung an, die beim Auschneiden zu beachten ist.

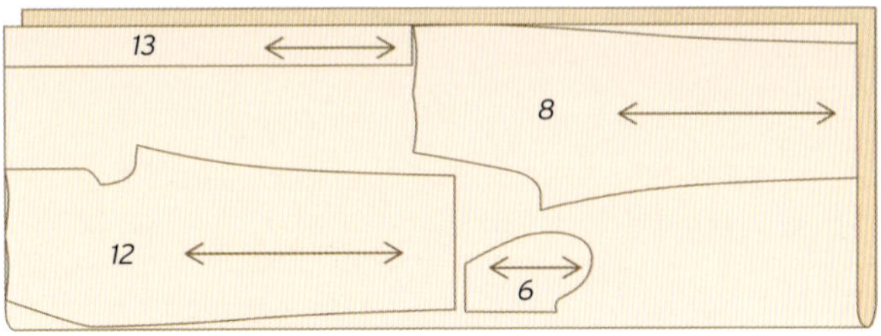

So könnte ein Schnittauflageplan für eine Hose mit Vorder- und Gesäßtasche und Taillenbund aussehen.

Markierungen

Auf den Papierteilen sind nützliche Markierungszeichen aufgedruckt – Linien, Punkte und andere Symbole, die es ermöglichen, die Teile exakt auszuschneiden und zuzuordnen. Übertragen Sie diese Markierungen mit Kopierrädchen, Schneiderkreide, selbstlöschenden Stiften oder Nadeln.

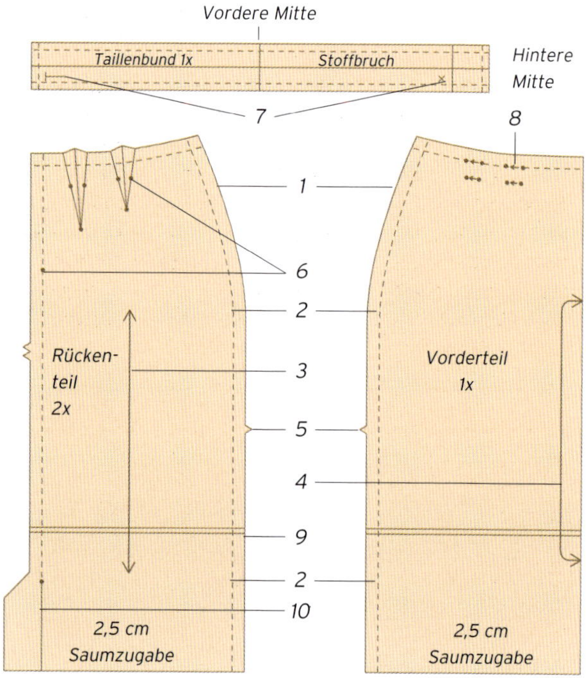

1 • **DURCHGEHENDE LINIE**
Das ist die Schnittlinie.

2 • **GEPUNKTETE LINIE**
Dies ist die Nahtlinie (oder Nahtzugabelinie); sie verläuft in der Regel 1,5 cm innerhalb der Schnittlinie.

3 • **RICHTUNGSPFEIL**
Bei einem gewebten Stoff ist der Fadenlauf parallel zur Webkante (Abschlusskante, die nicht ausfranst). Der Fadenlauf-Pfeil eines Schnittteils muss überall gleich weit vom Stoffbruch oder der Webkante entfernt liegen, damit das fertige Kleidungsstück später richtig hängt.

4 • **DOPPELPFEIL**
Ein solcher Doppelpfeil, der in Richtung Papierkante verläuft, zeigt an, dass dieses Schnittteil im Stoffbruch entlang des Fadenlaufs gelegt wird.

5 • **DREIECK-MARKIERUNG**
Anhand solcher „Klipse" können zusammengehörige Teile in der korrekten Reihenfolge an der richtigen Stelle aneinandergenäht werden. Es gibt einfache, doppelte und dreifache Klipse.

6 • **PUNKTE**
Markieren die Position von Abnähern, Taschen, Reißverschlüssen oder anderen Details. An Ärmeln dienen sie zum Markieren von Stellen, an denen der Stoff für das Armloch passend gerafft bzw. gelockert wird.

7 • **KREUZE UND STRICHE**
Kreuze kennzeichnen in der Regel Knöpfe; das dazugehörige Knopfloch wird mit einer kurzen Linie markiert, die manchmal mit einem Querstrich versehen ist.

8 • **RICHTUNGSPFEILE**
Zeigen nicht die Strich-, sondern die Nährichtung an – z. B. die Richtung einer Stütznaht am Halsausschnitt.

9 • **ZWEI PARALLELLINIEN**
Diese Hilfslinien geben an, an welchen Stellen für eine bessere Passform verkürzt oder verlängert werden kann.

10 • **DURCHGEHENDE SENKRECHTLINIE**
Zeigen wichtige Linien oder Falten an. Oft markiert eine solche Markierung die vordere Mitte oder verläuft parallel zur Vorderfalte bei einem Hemd mit einem Rückenteil-Beleg.

Schnittmuster ändern

Fertigschnittmuster werden für Standardgrößen entworfen – aber da nur wenige Menschen diese Körpermaße haben, sind kleinere Anpassungen vorzunehmen.

Nehmen Sie die Änderungen am besten an den Papier-Schnittteilen vor und heften Sie dann ein Anprobemuster aus Nesselstoff zusammen, um die Passform zu kontrollieren. Bevor Sie die Stoffteile für das endgültige Stück zuschneiden, sollten eventuelle zusätzliche Änderungen erneut auf die Papierteile übertragen werden.

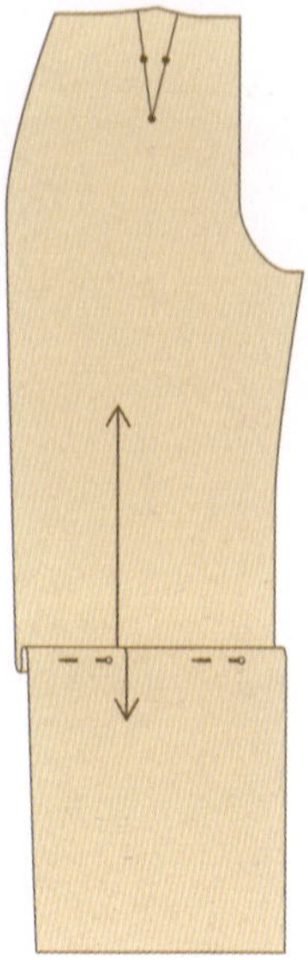

Hose kürzen

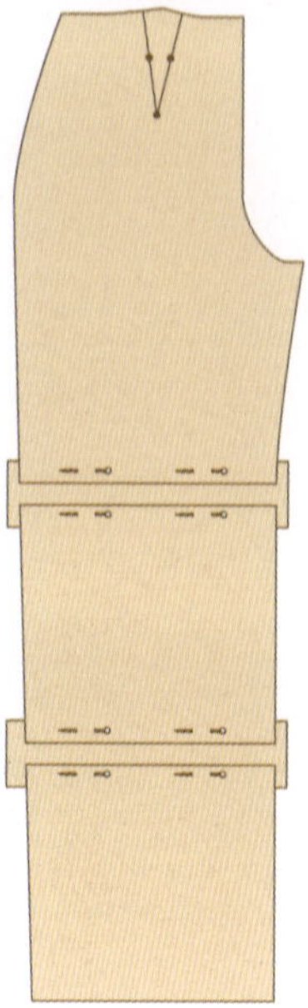

Hose verlängern

Hosen-Schnittmuster ändern
Seitennaht von der Taille bis zum Saum messen und das Papier-Schnittteil entsprechend anpassen. Zum Kürzen die überschüssige Länge einfalten. Zum Verlängern auseinanderschneiden, die beiden Teile auseinanderschieben und Papier entsprechend unterlegen.

LÄNGE

Die Länge von Schnittteilen zu verändern ist relativ einfach. Zunächst ermitteln Sie die entsprechenden Körpermaße: Die erforderliche Seitenlänge ist z. B. der Abstand zwischen Taille und Saum, die Rückenlänge der Abstand zwischen Nacken und Taille. Vergleichen Sie diese Maße mit denen der Schnittmusterteile. Zum Kürzen das betreffende Schnittteil durch Falten entsprechend verkleinern; zum Verlängern das Schnittteil durchschneiden und um die benötigte Mehrlänge auseinanderschieben. Diese Methode eignet sich auch für Ärmel.

Hinweis

Parallele Querlinien auf einem Schnittmusterteil zeigen an, dass das Stück hier am besten gekürzt oder verlängert werden kann. An dieser Stelle das Papier zum Kürzermachen einfalten bzw. auseinanderschneiden und die beiden Teile zum Längermachen entsprechend verschieben. Meistens müssen die Außenkanten angeglichen werden, so dass sich wieder eine fließende Linie ergibt. Oft empfiehlt es sich, statt einer großen Kürzung mehrere kleinere durchzuführen.

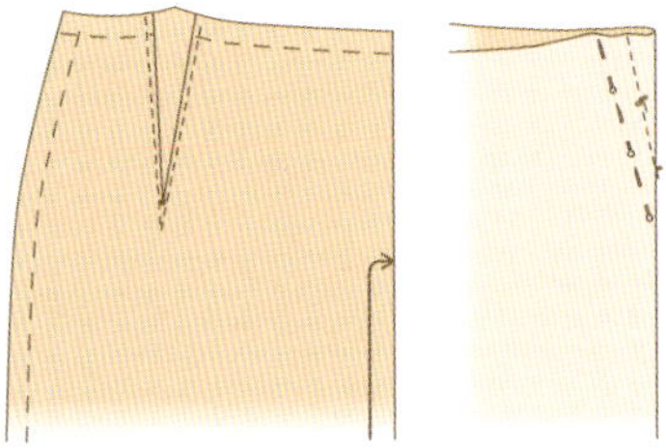

TAILLE – ENGER ODER WEITER

Die naheliegendste Lösung zur Veränderung der Taille besteht darin, die Abnähertiefe zu verändern. Am Bund lässt sich auf einfache Weise Stoff wegnehmen oder zugeben, und bei Bedarf können Sie die Abnäher zur besseren Formgebung noch kürzen oder verlängern.

ÜPPIGER BAUCH

Um den Bauchbereich zu erweitern, wird der Papierschnitt sowohl horizontal (am weitesten Teil) und vertikal (entlang eines Abnähers) aufgeschnitten. Diese Teile zur Seitennaht ausrichten, um deren Länge zu erhalten und den Abnäher zu vergrößern. Seitennaht glätten und den Abnäher neu konstruieren.

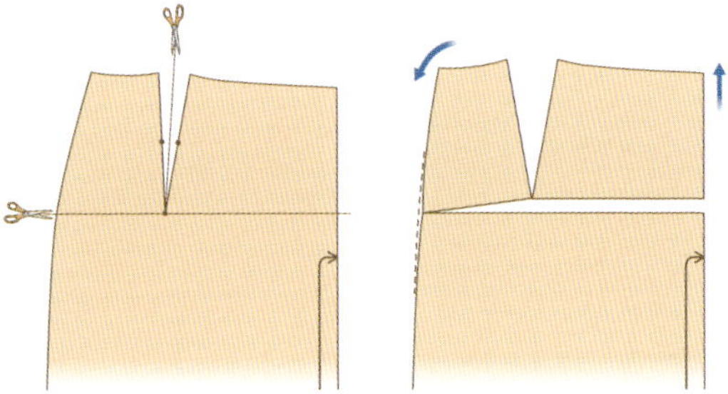

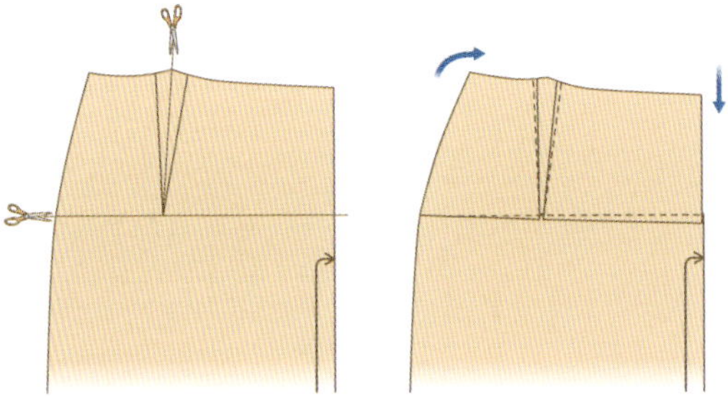

FLACHER BAUCH

Ist der Stoff im Bauchbereich zu reichlich, kann er durch Einschnitte im betreffenden Schnittmusterteil reduziert werden (siehe oben). In diesem Fall wird das Teil entsprechend gefaltet, um den Überschuss wegzunehmen und die Abnähergröße zu verringern. Seitennaht und Abnäher neu anpassen.

ÜPPIGER PO

Papierschnitt quer durch die breiteste Stelle im Hüftbereich bis vor die Seitennaht durchtrennen und längs durch den Abnäher schneiden. Teile in Richtung Seitennaht auseinanderschieben, um den Abnäher zu vergrößern. Seitennaht und Abnäher neu einzeichnen.

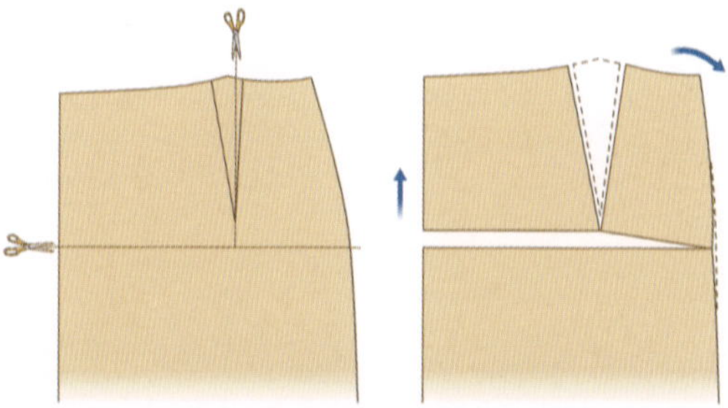

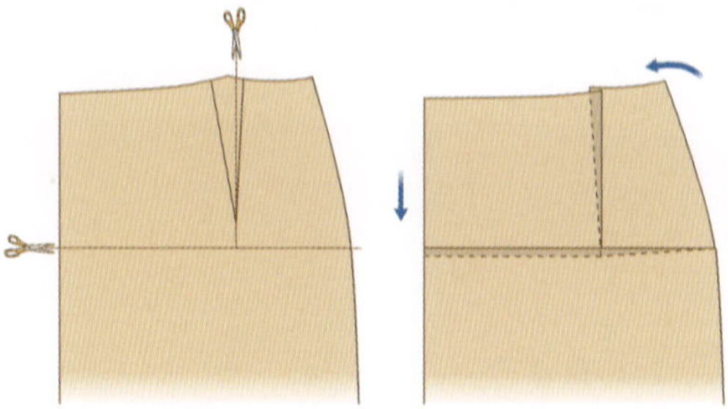

FLACHER PO

Papierschnitt in der Problemzone an der breitesten Stelle bis vor die Seitennaht quer durchtrennen und von oben durch einen Abnäher schneiden. Teile überlappen, Abnäher und Seitennaht begradigen und neu einzeichnen.

RÜCKEN ANPASSEN

Sind Rücken oder Schultern breiter oder schmaler als im Schnitt vorgesehen, kann man das durch Einschnitte regulieren. Hierzu Schulter und Armloch waagrecht und senkrecht einschneiden. Für mehr Schulter- oder Rückenbreite das ausgeschnittene Teil nach außen schieben und Kanten neu einzeichnen.

Breiter Rücken, aber schmale Schultern: Teil zur Schulternaht schieben und die Linien nachziehen.

Breite Schultern, schmaler Rücken: Teil am Armloch ausrichten und nachzeichnen.

Rücken und Schultern schmal: Teil nach innen überlappen.

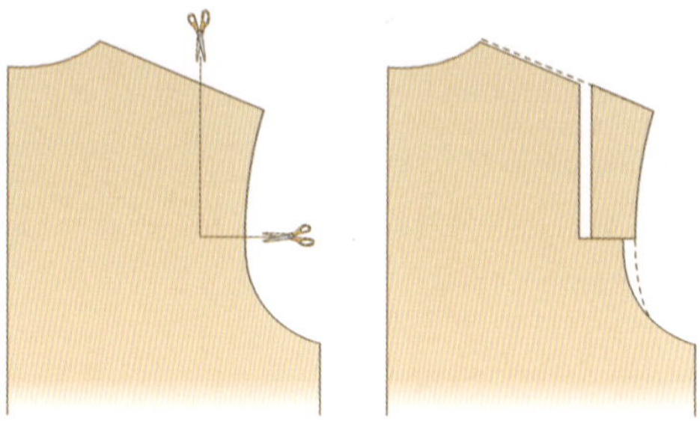

OBERWEITE VERGRÖSSERN

An einem Schnitt mit Taillen- und Armlochabnähern oder Prinzessnaht sind Änderungen im Brustbereich möglich.

Oberteil mit Brustabnähern

Den Papierschnitt durch die Abnäher, die vordere Mitte und das Armloch einschneiden. Teile um die benötigte Stoffmenge verschieben und am Armloch ausrichten. Abnäher neu einzeichnen.

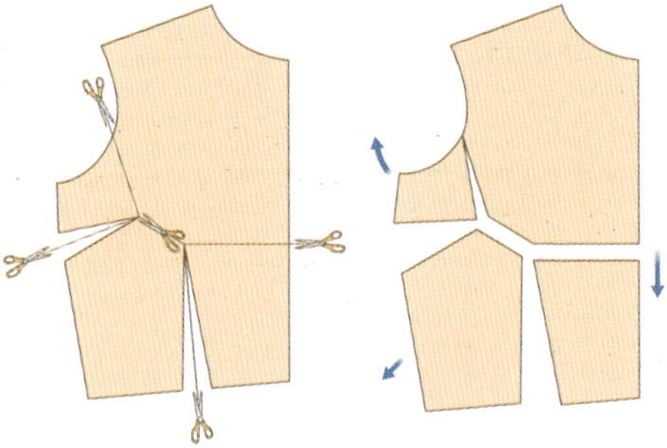

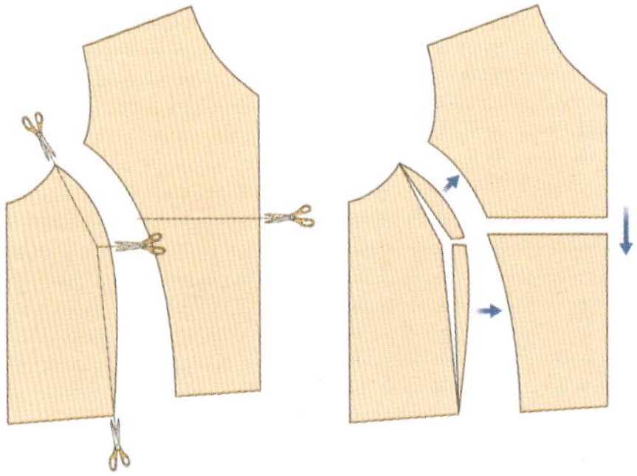

Oberteil mit Prinzessnaht

Waagrecht durch den Brustpunkt schneiden und Teile entsprechend der Oberweite verschieben. Vorderes Seitenteil einschneiden und verschieben (s. links), um Stoff zuzugeben und die Saumlinie zu erhalten.

OBERWEITE VERKLEINERN

Um die Änderung gering zu halten, sollte der Schnitt den Maßen möglichst nah kommen.

Oberteil mit Brustabnähern

Längs in die Abnäher schneiden und Teile übereinanderschieben. Dabei die Nahtlängen nicht verändern! Abnäher neu einzeichnen.

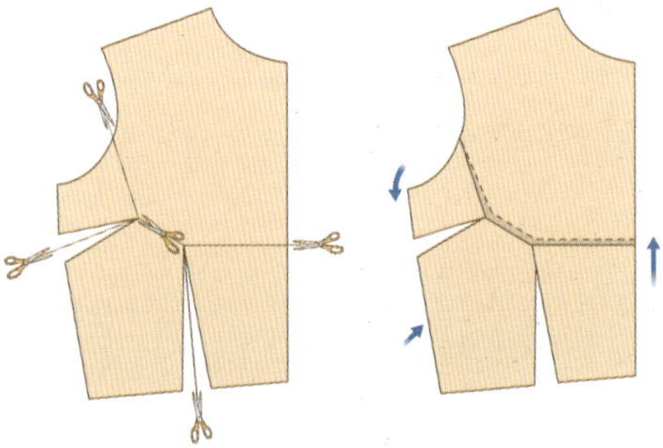

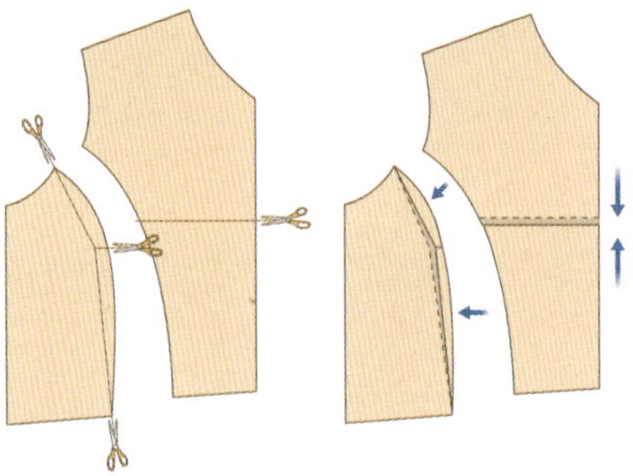

Oberteil mit Prinzessnaht

Waagrecht durch den Brustpunkt schneiden und die Teile überlappen, um dem Stoffüberschuss Stoff wegzunehmen. Am Armloch drehen, damit sich die Armausschnitt-Maße nicht verändern.

Figurtypen

Wir Menschen werden alle mit dem gleichen Bauplan geboren, aber kaum zwei Personen sind genau identisch. Unsere individuelle Erscheinung hängt von vielen Faktoren ab, es wäre langweilig, wenn wir alle gleich aussehen würden! Haut- und Haarton bestimmen beispielsweise, welche Farben uns stehen, aber ausschlaggebend für die Wahl eines Kleidungsstils ist unsere ganz persönliche Körperform.

Schauen Sie einmal wieder bewusst in den Spiegel.

Welcher Figurtyp bin ich?

Viele Menschen meinen ihre eigene Figur zu kennen, weil sie sich an ihren Körper gewöhnt haben und um ihre Stärken und Problemzonen wissen. Im Laufe der Jahre verändert sich unser Körperbau jedoch, und oft ist es hilfreich, das eigene Spiegelbild wieder einmal bewusst unter die Lupe zu nehmen.

Darauf ist zu achten

Legen Sie die Hände um Ihre Taille – liegt sie eher oben oder eher weiter unten?

Binden Sie sich ein Gummiband um, und stellen Sie sich seitlich vor einen Spiegel. Bildet das Band eine Linie mit den Hüften oder verläuft es vorne oder hinten etwas höher? Das wirkt sich z. B. auf die Saumhöhe von Röcken und Kleidern aus.

Wie sieht es aus mit der Länge von Beinen und Rücken? Ist alles gut proportioniert oder ist Ihr Rücken eher lang und die Beine eher kurz – oder umgekehrt?

Dann die Schultern: Breit oder schmal? Rutschen Ihnen oft die Träger von den Schultern? Das passiert oft bei schmächtigen oder abfallenden Schultern oder bei einem kurzen Brust-Schulter-Abstand.

Bei der Brust kommt es nicht nur auf groß oder klein, sondern auch auf die Höhe an.

Sind Ihre Hüften üppig oder schmal, und wie verhalten sie sich zu Taille und Oberschenkeln?

Es ist unmöglich, alle Körpervarianten aufzuzählen. Auf den folgenden Seiten zeigen wir Ihnen einige grundlegende Figurformen, die Ihnen helfen sollen, den besten Look für sich zu finden.

Tipps

- Lassen Sie sich von einer Freundin unterstützen – aber nur, wenn sie Ihnen nicht nach dem Munde redet, sondern ehrlich ihre Meinung sagt.
- Die Unterwäsche sollte körpernah, aber nicht zu eng sitzen oder gar kneifen.
- Besorgen Sie zwei hohe Spiegel, um sich aus jedem Blickwinkel betrachten zu können.
- Achten Sie auf Ihre Haltung. Stehen Sie ganz natürlich und schauen Sie, wie Sie wirken. Sich aufzurichten oder das Kinn zu heben wirkt oft Wunder.
- Zu guter Letzt – seien Sie fair und ehrlich mit sich selbst.

GERADE FIGUR (H-TYP) – LANGES, SCHMALES RECHTECK

Gehört wahrscheinlich zu den Figuren, die sich viele wünschen. Auch Modeschöpfer scheinen sie zu bevorzugen, da Kleider an Models mit diesem Körperbau am besten zur Geltung kommen. Manche Frau würde aber lieber etwas kurviger wirken.

MERKMALE:
- Groß
- Schmale Silhouette
- Kleine Büste
- Hohe, kaum erkennbare Taille
- Schmale Hüften
- Flaches Gesäß
- Lange schlanke Beine
- Lange schlanke Arme

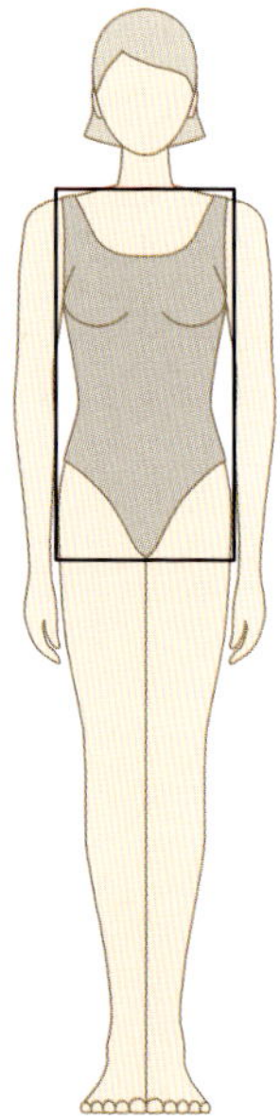

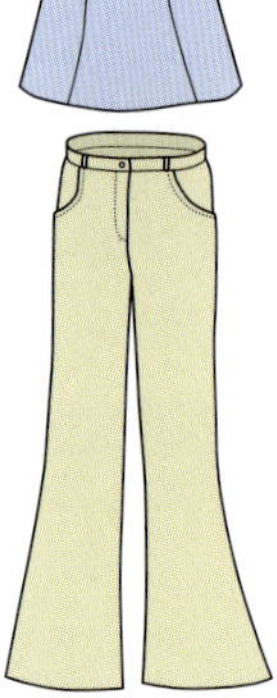

OBERTEILE

Günstig sind Oberteile mit Details an Kragen und Halsausschnitt, z. B. ein klassisches Jackett mit Kräuselkragen und Blusen mit Rüschen und Biesen im Brustbereich. Kurze Strickjacken und Pullover verleihen Konturen und betonen die Taille.

RÖCKE

Ausgestellte, Falten- und Glockenröcke schmeicheln großen schlanken Personen, ebenso breite Quermuster, Quernähte und asymmetrische Muster. Der H-Typ gehört zu den wenigen Körperformen, die sich Taschen auf Hüfthöhe leisten können.

KLEIDER

Günstig sind Kleider mit niedrig oder hoch angesetzter Taille mit Nähten, die vom Armloch abwärts verlaufen. Verzierte Halsausschnitte oder Stickereien im Brustbereich lassen die Figur fülliger wirken.

HOSEN

Am besten eignen sich Hosenformen mit aufgesetzten Taschen oder Falten im Taillen- und Hüftbereich. Auch weite oder ausgestellte Hosen sehen gut aus, zum Beispiel lässig-lockere Leinenhosen im Sommer.

Das steht Ihnen

Kleidung mit Details in der Brust- und Hüftpartie vermittelt den Eindruck weiblicher Rundungen. Stoffe mit deutlicher Struktur und ausgeprägten Mustern wie dicker Strick, feine Wolle, Seide und Satin.

Das sollten Sie meiden

Enge Bleistiftröcke, lange schmale Zigarettenhosen und sehr figurnahe T-Shirts lassen diesen lang gestreckten, mageren Figurtyp eher unweiblich erscheinen.

SANDUHR-FIGUR (X-TYP)

Diese klassisch-weibliche Körperform besticht durch ausgewogene Proportionen und eine gut definierte Taille zwischen einer ausgeprägten Oberweite und der Hüfte. Hier sollte die gesamte Figur betont werden, ohne einen Bereich hervorzuheben – andernfalls sind die Proportionen nicht mehr stimmig.

MERKMALE:
Große Oberweite
Schmale Taille
Ausgeprägte Hüften
Runder Po

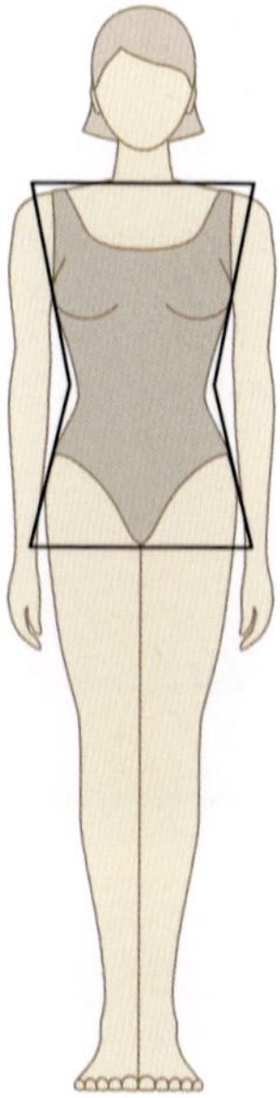

OBERTEILE

Vorteilhaft sind schlichte Jacken mit unverschnörkelter Linie und möglichst wenig Taschen, ebenso Wickel-T-Shirts und Blusen aus weichen Jerseystoffen.

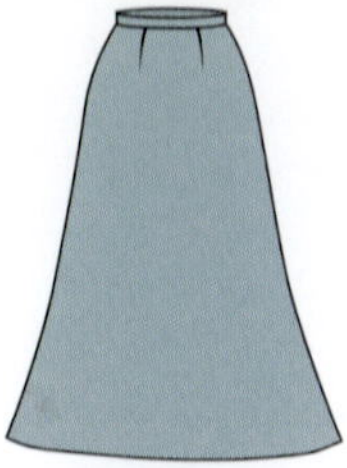

RÖCKE

Schräg ausgestellte Röcke oder weich fallende Modelle aus figurnahen Jerseystoffen schmiegen sich gut um die schmale Taille. Bündchen sind günstiger als Gummizüge, da die über Po und Hüfte oft auftragen.

KLEIDER

Für die Sanduhr-Figur bieten sich taillenbetonte Schnitte an. Kleine Frauen können mit einer hoch angesetzten Taille ihre Beine optisch verlängern. Wie bei den Röcken schmeichelt auch hier die ausgestellte Form der Figur.

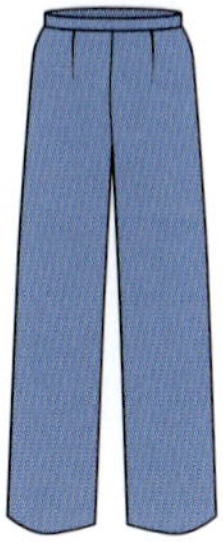

HOSEN

Möglichst wenig Details an Hüfte und Taille! Hosen mit Bundabnähern über Bauch und Gesäß schaffen fließende Linien; günstig sind auch Hosen mit unsichtbarem Seitenreißverschluss.

Das steht Ihnen

Weiche, lose fallende Kleiderstile schmeicheln dem X-Typ mehr als streng geschnittene Stücke, die oft zu groß wirken. Schön sind fließende Stoffe wie Wolljersey oder schräg ausgestellte Modelle – und einfache Stoffe mit kleinen Mustern.

Das sollten Sie meiden

Steife Stoffe und kastenförmige Jacken, ebenso gerade, untaillierte Kleider. Große Muster, ausgeprägte Stoffstrukturen und Karos lassen die Körperform pummeliger erscheinen als sie ist.

OBEN BETONTE DREIECKSFORM (V-TYP)

Hier ist der Körper oben breiter und wird zur Hüfte zu schmaler; dadurch ergibt sich eine dreieckige Figur. Diese ungleichen Proportionen lassen sich durch geschickte Kleiderwahl kaschieren.

MERKMALE:
- Breite Schultern
- Große Oberweite
- Kaum definierte Taille
- Schmale Hüften
- Flacher Po
- Schlanke Beine

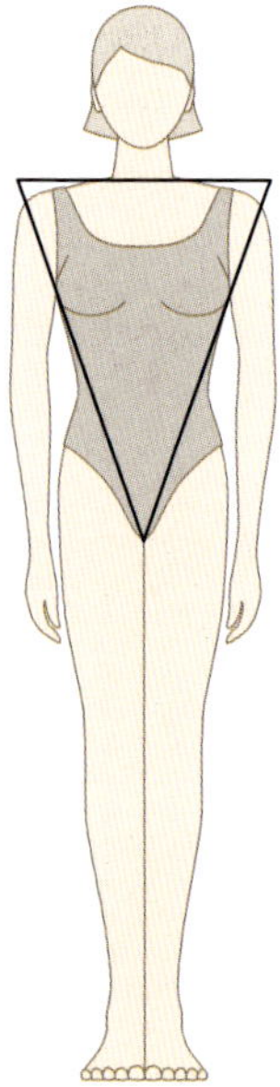

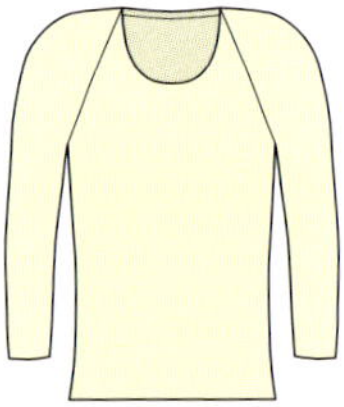

OBERTEILE

Dem V-Typ stehen eher einfache Modelle mit rundem oder V-förmigem Halsausschnitt, ebenso wie Neckholder-Tops, die den Blick von den breiten Schultern weg auf die Körpermitte lenken. Günstig sind auch klassische, einreihige Jacken ohne viel Schnickschnack.

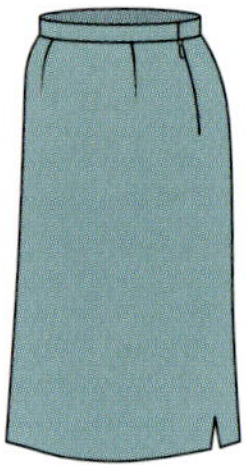

RÖCKE

Mit gerade geschnittenen Falten- oder Bahnenröcken mit Längs-Absteppnähten liegen Sie nie falsch. Ein verdeckter Rockbund ist schöner und bequemer als ein Gummibund.

KLEIDER

Tunika- und andere gerade Kleider schmeicheln dem oben betonten V-Typ. Raglanärmel und Nackenträger lenken optisch von der breiten Schulterpartie ab.

HOSEN

Dieser Figurtyp kann Taschen und andere Details im Hüftbereich von Hosen gut vertragen, ebenso wie lockere Schnitte. Vorteilhaft sind Hüftjeans mit auffälligen Gürteln oder lässige Hosen mit Bundfalten und Taschen.

Das steht Ihnen

Klare Linien oberhalb der Taille lassen den breiten Schulter- und Brustbereich optisch zurücktreten. Kragen und Halsausschnitt immer besonders sorgfältig auswählen und auf Schnörkel lieber verzichten. Empfehlenswert sind einfache Stoffe, kleine Muster und eher unauffällige Strukturen.

Das sollten Sie meiden

Mit Flügel- und Puffärmeln oder gar Schulterpolstern wirkt der Oberkörper unnötig breit – achten Sie auf schlichte Ärmelformen. Röcke und Hosen mit hoher Taille oder Passen sollten Sie unbedingt meiden, ebenso Rüschen und Raffbünde.

UNTEN BETONTE DREIECKSFORM (A-TYP)

Oben schmal, unten üppig – die klassische Birnenform. Das optische Ungleichgewicht lässt sich durch geschickte Kleiderwahl kaschieren: Es gilt Oberweite und Taille zu betonen und die Problemzone Hüfte optisch zu „tarnen".

MERKMALE:
Schmale Schultern
Kleine Oberweite
Schmale Taille
Üppige Hüften
Runder Po
Ausgeprägte Oberschenkel

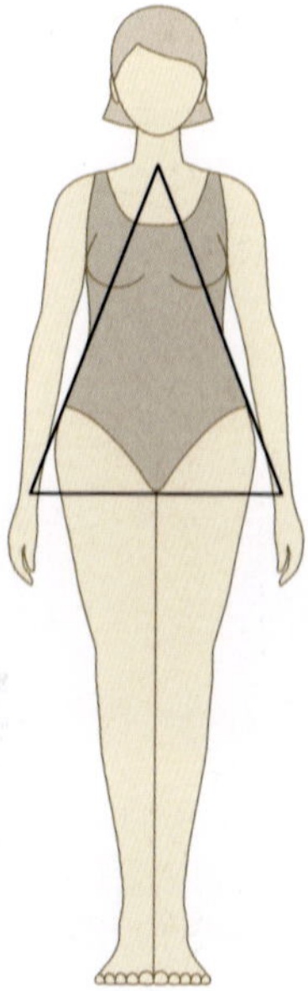

OBERTEILE

Puffärmel, Flügelärmel und Keulenärmel verleihen dem Oberkörper auf subtile Weise etwas mehr Fülle. Vorteilhaft sind auch eckige Halsausschnitte (Square-Neck) und Schulterpassen. Bei Jacken ist ein klassisch geschnittener Kragen am günstigsten.

RÖCKE

Günstig sind einfache Röcke, die über die Hüfte fallen und wenig Details haben. Wählen Sie ausgestellte, schräg geschnittene und asymmetrische, eher längere Formen.

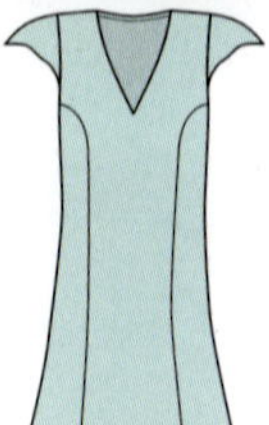

KLEIDER

Kostüme sind generell vorteilhafter als Einteiler – aber auch die Taille umspielende Kleider mit Prinzessnaht und Details am Halsausschnitt können gut wirken.

HOSEN

Hosen sollten vorne flach und taschenlos sein, der Reißverschluss in der Seitennaht und der Bund verdeckt. Normale Hüfthöhe ist dem „Hipster"-Look vorzuziehen. Günstig sind Hosen, die ab dem Knie nach unten weiter werden.

Das steht Ihnen

Oberteile und Jacken mit Details wie Taschen, Rüschen und Stickereien wirken ansprechend und lenken von der Hüftpartie ab. Wichtig ist stets die richtige Länge – und achten Sie darauf, dass über dem Hüftbereich keine waagrechte Linie verläuft.

Das sollten Sie meiden

Nackenträger und hohe Kragen, die den Blick auf die breite Schulterpartie und eine vielleicht geringe Oberweite lenken. Schmale, zum Knöchel spitz zulaufende Hosen mit vielen Taschen sind ebenso unvorteilhaft wie Leggings, besonders in Verbindung mit überweiten Pullovern.

RUNDE KÖRPERFORM (O-TYP)

Diesen Figurtyp nennt man auch Apfelform. Da die Bauchpartie sehr ausgeprägt ist, gilt es, den Körper optisch zu strecken und durch gezielt gesetzte Akzente im Bein- und Nackenbereich von der Taille abzulenken. Vorteilhaft sind weiche Stoffe, die sich nicht allzu eng an den Körper anschmiegen.

MERKMALE:
- Schmale Schultern
- Große Oberweite
- Ausgeprägter Bauch
- Flacher Po
- Schlanke Beine

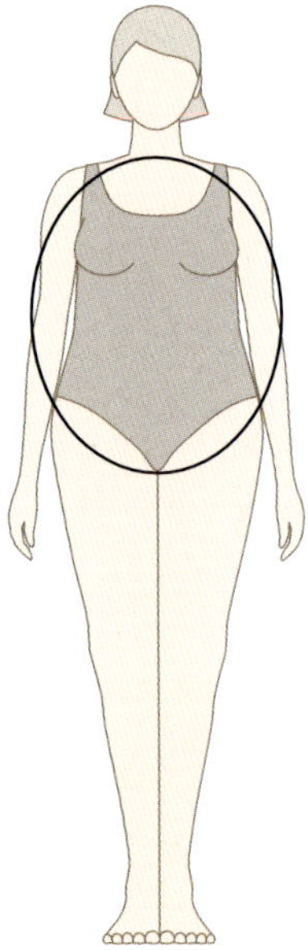

OBERTEILE

Bei Blusen sollten sich die Details eher am Halsausschnitt als im Brustbereich befinden. Vorteilhaft sind Strickjacken oder gerade geschnittene Blazer mit klassischem Kragen – gerne auch etwas länger.

RÖCKE

Bequem ist ein aufgesetzter oder ein Gummibund – er sollte aber vom Oberteil überdeckt sein. Ebenfalls gut macht sich ein gerade geschnittener Bahnen- oder Wickelrock. Wer hübsche Beine hat, sollte eine entsprechend kurze Rocklänge wählen.

KLEIDER

Ausgestellte Kleider mit Prinzessnaht können den Körper optisch strecken. Immer vorteilhaft sind Tunikakleider; sie lassen sich auch über Leggings und schmalen Hosen tragen.

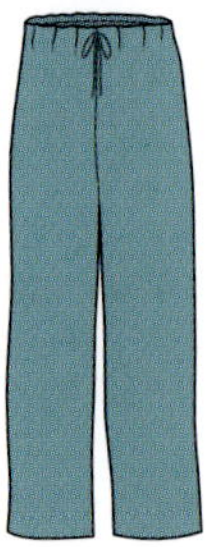

HOSEN

Schmale, gerade Hosen mit aufgesetztem oder Gummibund und unsichtbarem Seitenreißverschluss sind eine gute Wahl. Das Oberteil sollte bis über die Taille reichen.

Das steht Ihnen

Oberteile, Jacken und Kleider mit verziertem Halsausschnitt lenken von der Problemzone ab; einen ähnlichen Effekt haben Tücher, Schmuck und Schuhe. Bauchpartie mit langen, lose fallenden Oberteilen und Jacken aus weichen Stoffen überspielen.

Das sollten Sie meiden

Allzu figurnahe Tops und Kleider – wählen Sie Stoffe, die Ihren Körper locker umspielen. Gürtel und andere taillenbetonende Accessoires oder Verzierungen grundsätzlich weglassen. Auch helle Farben sind nichts für Sie (besonders im Bauchbereich), ebenso wie kurze Oberteile.

OVALE KÖRPERFORM

Diese Frauen haben eine kaum ausgeprägte Taille, eine eher kleine Oberweite und schmale Schultern. Da sie insgesamt größer sind als die Apfel- und Birnen-Typen, lässt sich diese Körperform leichter kaschieren.

MERKMALE:
Groß gewachsen
Schmale Schultern
Kleine Oberweite
Dicke Taille
Durchschnittliche Hüften
Schlanke Beine

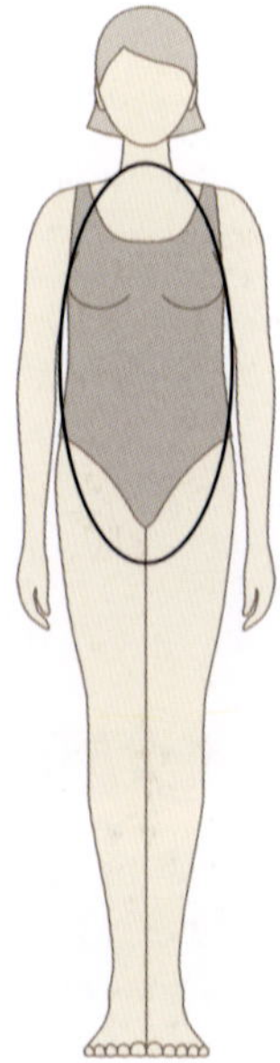

OBERTEILE

Leichte Strickjacken oder lose geschnittene Jacken über schlichten Tops tragen sich gut – an den Ärmeln gerne mit Details. Ebenfalls günstig sind klassische Blusen mit Schulterpasse. Weich fallende Schalkragen oder florale Stickereidetails sorgen für einen optischen Ausgleich.

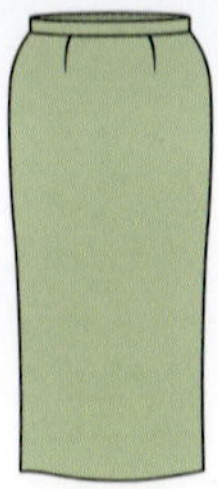

RÖCKE

Gerade und asymmetrische Röcke stehen dem O-Figurtyp am besten. Eine dekorative Bordüre oberhalb des Saums lenkt von der Körpermitte ab.

RÖCKE

Vorteilhaft sind Tunikakleider und Etuikleider, sofern der Stoff unauffällig über die Hüfte fällt. Hoch angesetzte Taille, Smokeinsätze und Passen können die Körperproportionen optisch günstig ausgleichen.

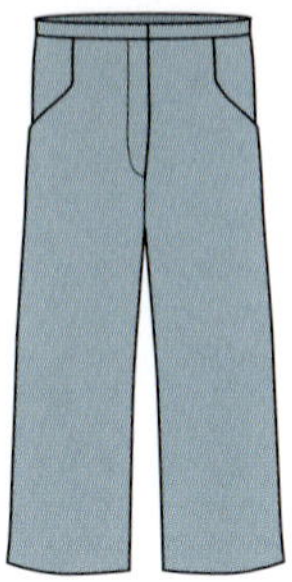

HOSEN

Die Körpergröße und die schmale Hüftlinie dieses Figurtyps lassen viele verschiedene Hosenstile zu – ob vorne flach oder mit Taschen und Bundfalten, ob ausgestellt, körpernah oder halblange Bermudas – der ovalen Körperform steht fast alles!

Das steht Ihnen

Kleiderstile, die von der Körpermitte ablenken und bei denen die Taille weder von einem Gürtel, einem Band oder einer Naht unterbrochen wird. Kleider und Tunikas sowie Röcke und Hosen kombiniert mit längeren Oberteilen. Auffällige Ketten und große Ohrringe lenken ebenfalls von der Taille ab.

Das sollten Sie meiden

Figurnahe T-Shirts und Kleidungsstücke, bei denen Gürtel oder Gummibund die Taille betonen. Blusen auf keinen Fall im Rock- oder Hosenbund tragen!

Kleiderformen: Röcke

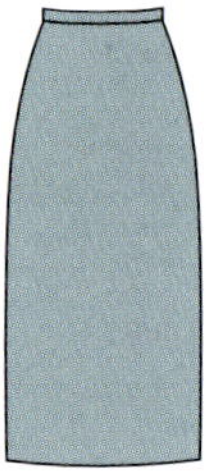

GERADER ROCK

Beschreibung
An Taille und Hüfte anliegend. Jede Länge möglich. Besonders lange Röcke erfordern Schlitz oder Gehfalte.

Nähtechniken
Einfache Naht (S. 56)
Kappnaht (S. 60)
Hongkong-Abschluss (S. 69)
Abnäher (S. 74–76)
Handversäuberter Reißverschluss (S. 90)
Nahtfeiner Reißverschluss (S. 92)
Standardbund (S. 106)
Couture-Taillenbund (S. 112)
Einen Rock füttern (S. 202)

Tipps zum Verzieren
Bei einer so schlichten Form sollte auf Details weitgehend verzichtet werden. Möglich wären Absteppnähte (S. 210).

Stoffvorschläge
Leichte Kammgarnwolle, mittelschwere Wollstoffe und Wollgemische. Mittelschwere Baumwolle, Leinen oder Denim.

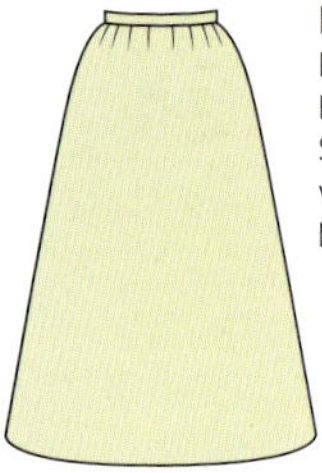

RAFFROCK

Beschreibung
Mit gekräuseltem Bund für taillennahen Sitz. Jede Länge – von kurz bis bodenlang.

Nähtechniken
Einfache Naht (S. 56)
Französische Naht (S. 57)
Chiffonsaum (S. 58)
Overlocknaht (S. 65)
Kräuseln (S. 86–87)
Nahtfeiner Reißverschluss (S. 92)
Standardbund (S. 106)
Elastikbund (S. 109)
Doppelter Saum (S. 115)
Einen Rock füttern (S. 202)

Tipps zum Verzieren
Auffällige Muster oder – bei schlichten Stoffen – eine hand- oder maschinengenähte Stickereiborte am Saum (S. 212–217).

Stoffvorschläge
Feine, leichte bis weiche, mittelschwere Stoffe. Ausgeprägte Strukturen meiden, falls kein auffälliger Effekt erzielt werden soll. Leichter Jersey fällt besonders gut.

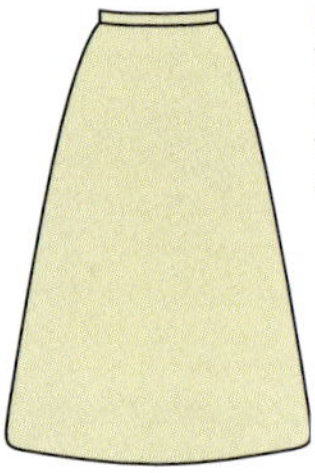

A-LINIE

Beschreibung
Taillennah gearbeitet, mit Rückenabnähern für den Hüftbereich. Große Gehfreiheit.

Nähtechniken
Einfache Naht (S. 56)
Overlocknaht (S. 65)
Abnäher (S. 74–76)
Einseitig verdeckter Reißverschluss (S. 89)
Nahtfeiner Reißverschluss (S. 92)
Standardbund (S. 106)
Doppelter Saum (S. 115)
Saum mit Formbeleg (S. 120)
Einen Rock füttern (S. 202)

Tipps zum Verzieren
Ein Allover-Muster wählen oder den Saum besticken (Hand oder Maschine; S. 212–217), sofern der Stoff schlicht genug ist. Locker gewebtes Leinen im schrägen Fadenverlauf verarbeiten, dann Fäden herausziehen (S. 228).

Stoffvorschläge
Mittelschwere Stoffe, Baumwolle, Leinen und weicher Denim.

BAHNENROCK

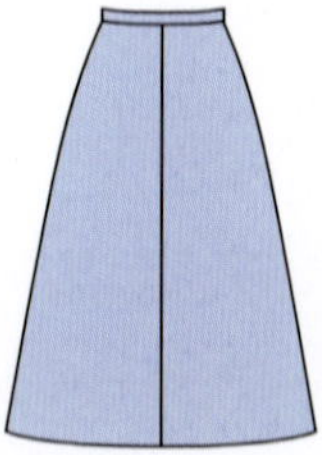

Beschreibung
Ähnlich wie der ausgestellte Rock, aber vorne und hinten mit zwei Längsnähten. Anderer Fadenverlauf für einen besseren Fall.

Nähtechniken
Einfache Naht (S. 56)
Beidseitig verdeckter Reißverschluss (S. 88)
Einseitig verdeckter Reißverschluss (S. 89)
Nahtfeiner Reißverschluss (S. 92)
Doppelter Saum (S. 115)
Saum mit Formbeleg (S. 120)
Einen Rock füttern (S. 202)

Tipps zum Verzieren
Vordere und hintere Mittelnaht absteppen (S. 210). Fäden herausziehen (S. 228).

Stoffvorschläge
Mittelschwere Baumwolle, Leinen und Synthetikgemische. Lederimitat oder Echtleder.

STUFENROCK

Beschreibung
Mit taillennahem Bund oder Gummibund und einer, zwei oder mehreren Stoffbahnen.

Nähtechniken
Einfache Naht (S. 56)
Overlocknaht (S. 65)
Gummiband (S. 83–85)
Kräuseln (S. 86–87)
Nahtfeiner Reißverschluss (S. 92)
Standardbund (S. 106)
Doppelter Saum (S. 115)
Einen Rock füttern (S. 202)

Tipps zum Verzieren
Spitzenborte, Zierbänder (S. 223) oder Perlen (S. 220–222) an den Quernähten der einzelnen Stufen.

Stoffvorschläge
Mittelschwere Stoffe, die gut fallen. Feine Baumwolle, Baumwolle oder Viskose-Jersey, Wollstoffe oder Baumwollgewebe mit kleinen Druckmustern. Ausgeprägte Strukturen meiden.

GLOCKENROCK

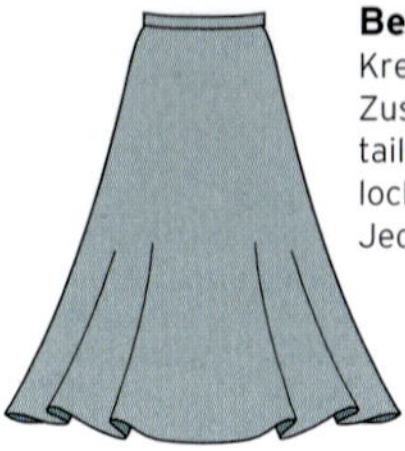

Beschreibung
Kreisförmiger Zuschnitt, fällt vom taillennahen Bund locker nach unten. Jede Länge.

Nähtechniken
Einfache Naht (S. 56)
Französische Naht (S. 57)
Chiffonsaum (S. 58)
Overlocknaht (S. 65)
Nahtfeiner Reißverschluss (S. 92)
Taillenbund (S. 104–113)
Doppelter Saum (S. 115)
Rollsaum (S. 119)
Einen Rock füttern (S. 202)

Tipps zum Verzieren
Einen Stoff mit Metall-Stitching und Perlendruck wählen oder selbst Perlen aufnähen (S. 220). Überrock aus Chiffon, Spitze oder Seide hinzufügen.

Stoffvorschläge
Satin, Crêpe de Chine oder andere locker fallende Stoffe. Diagonalstreifen und Stoffe mit Florrichtung meiden.

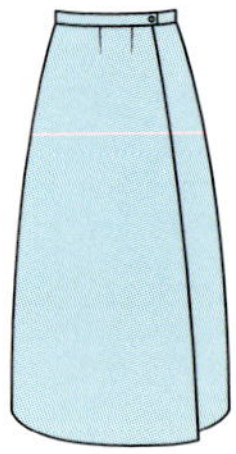

WICKELROCK

Beschreibung
Die offenen Kanten werden übereinandergelegt und links am Bund festgehalten. Wollschottenstoff mit Messerfalten ergibt einen Kilt.

Nähtechniken
Einfache Naht (S. 56)
Overlocknaht (S. 65)
Abnäher (S. 74–76)
Messerfalten (S. 82)
Kräuseln (S. 86–87)
Taillenbund (S. 104–113)
Säumen mit der Maschine (S. 116)
Knopflöcher (S. 182–183)
Rollsaum (S. 236)

Tipps zum Verzieren
Auflegearbeit (S. 230) am Vorderteil. Stickerei von Hand oder mit Maschine (S. 212–217). Oder zwei Stoffe nehmen und einen Wenderock fertigen.

Stoffvorschläge
Weiche Stoffe, die sich nicht statisch aufladen. Mittelschwere Leinen-, Baumwoll- oder Polyester-Gemische mit gutem Fall. Bügelfreie Crinkle-Stoffe für den Urlaub.

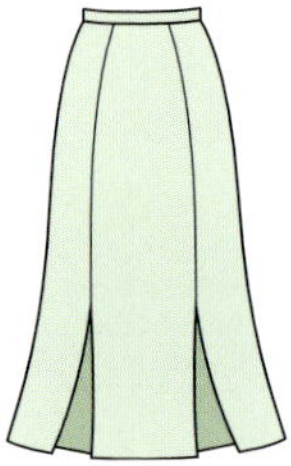

GODETROCK

Beschreibung
Keilförmige Stoffeinsätz lassen den Saum ausschwingen (godet = frz. falsche Falte).

Nähtechniken
Einfache Naht (S. 56)
Beidseitig verdeckter Reißverschluss (S. 88)
Einseitig verdeckter Reißverschluss (S. 89)
Nahtfeiner Reißverschluss (S. 92)
Godets (S. 98)
Taillenbund (S. 104–113)
Einen Rock füttern (S. 202)

Tipps zum Verzieren
Godetfalten in Kontrastfarbe oder Paspelsaum (S. 229).

Stoffvorschläge
Mittelschwere, weiche Stoffe, die schön fallen. Wolle und Wollgemische.

SATTELROCK

Beschreibung
Glattes Taillenteil (Sattel) bis etwa Hüfthöhe. Unteres Rockteil gerafft, gefaltet oder in Bahnen.

Nähtechniken
Einfache Naht (S. 56)
Einseitig verdeckter Reißverschluss (S. 89)
Nahtfeiner Reißverschluss (S. 92)
Taillenbund (S. 104–113)
Doppelter Saum (S. 115)
Passe (S. 166)
Versäubern mit der Overlock (S. 238)

Tipps zum Verzieren
Sattel mit Stickerei (S. 212–217), Applikationen (S.128), Auflegearbeit (S. 230) oder mit Perlenstickerei (S. 220–222) verzieren. Saum paspeln (S. 229).

Stoffvorschläge
Weiche Stoffe, die gut fallen. Sattel bei Bedarf mit Zwischenfutter verstärken.

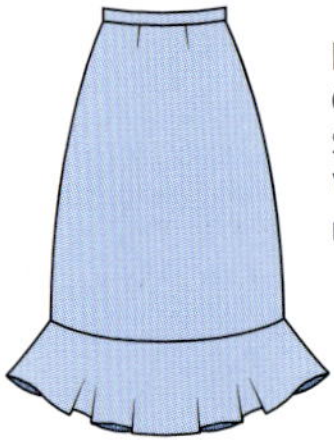

TORSOROCK

Beschreibung
Oben hüftnah, mit am Saum angesetztem Volant aus kreisrunden Teilen.

Nähtechniken
Einfache Naht (S. 56)
Overlocknaht (S. 65)
Abnäher (S. 74–76)
Taillenabschluss mit Beleg (S. 110)
Rollsaum (S. 119)
Rüschenmanschette (S. 153)
Einen Rock füttern (S. 202)

Tipps zum Verzieren
Saum mit einem Rollsaum abschließen, mit Zierfaden in der Overlock (S. 236) oder mit der Maschine eine Kräuselkante nähen (S. 237).

Stoffvorschläge
Leichte bis mittelschwere, weich fallende Stoffe.

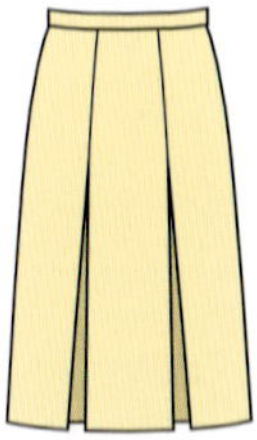

FALTENROCK

Beschreibung
Falten wirken stilvoll und ermöglichen eine bequeme Gehweite. Vor allem für klassische Rockschnitte.

Nähtechniken
Einfache Naht (S. 56)
Hongkong-Abschluss (S. 69)
Kellerfalte (S. 80)
Quetschfalte (S. 81)
Messerfalten (S. 82)
Einseitig verdeckter Reißverschluss (S. 89)
Nahtfeiner Reißverschluss (S. 92)
Einen Rock füttern (S. 202)

Tipps zum Verzieren
Die Falten sind hier bereits ein Stilelement. Außer vielleicht Absteppnähten (S. 210) auf halber Faltenhöhe sind keine weiteren Verzierungen erforderlich.

Stoffvorschläge
Kammgarn, Wollcrêpe oder Wollgemische.

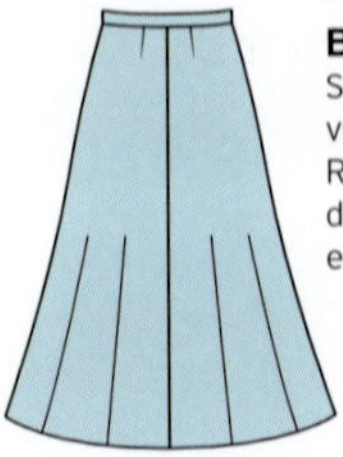

AUSGESTELLTER ROCK

Beschreibung
Schräg zum Fadenverlauf geschnittene Röcke umschmeicheln die Hüfte und fallen elegant. Jede Länge.

Nähtechniken
Einfache Naht (S. 56)
Overlocknaht (S. 65)
Nahtfeiner Reißverschluss (S. 92)
Kleider im Schrägschnitt (S. 97)
Taillenbund (S. 104–113)
Säumen mit der Maschine (S. 116)
Rollsaum (S. 119)

Tipps zum Verzieren
Fäden ziehen (S. 228), Zierband oder Borte annähen (S. 223), Perlen aufnähen (S. 220) oder Fransen (S. 231).

Stoffvorschläge
Weiche, leichte bis mittelschwere Stoffe. Locker gewebte Leinen- oder Baumwollstoffe; auch Woll- und Seidenstoffe.

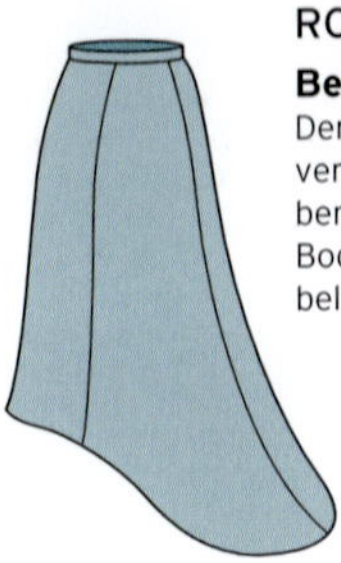

ROCK MIT SCHLEPPE

Beschreibung
Der Rückenteil ist verlängert und berührt oft den Boden. Bei Bräuten beliebt.

Nähtechniken
Einfache Naht (S. 56)
Französische Naht (S. 57)
Hongkong-Abschluss (S. 69)
Handversäuberter Reißverschluss (S. 90–91)
Zwischenfutter (S. 99)
Saum mit Formbeleg (S. 120)
Verstärkter Saum (S. 122)
Druckknöpfe, Haken und Ösen (S. 186–187)
Einen Rock füttern (S. 202)

Tipps zum Verzieren
Wählen Sie einen bereits bestickten Stoff, oder gestalten Sie mit Zierfäden (S. 211) oder Perlen (S. 220–222) eigene Motive.

Stoffvorschläge
Duchesse (Atlas), Thaiseide, Dupion-Seide, Brokat, Samt.

PETTICOAT

Beschreibung
Schlüpfrock, der unter einem Rock getragen für Stand und Fülle sorgt - oft Bestandtreil von Braut- und Abendmode.

Nähtechniken
Gummiband (S. 83–85)
Kräuseln (S. 86–87)
Einseitig verdeckter Reißverschluss (S. 89)
Umschlagbündchen (S. 105)
Einen Rock füttern (S. 202)

Tipps zum Verzieren
Erübrigt sich.

Stoffvorschläge
Netzstoffe/Tüll und wenn nötig Futterstoff

Kleiderformen: Hosen

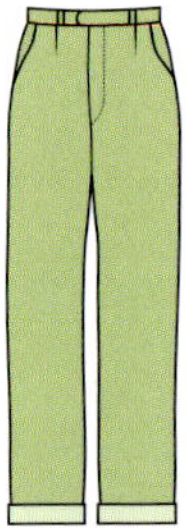

SCHNEIDERHOSEN

Beschreibung
Hose in klassischen Formen, mit oder ohne Aufschlag.

Nähtechniken
Einfache Naht (S. 56)
Hongkong-Abschluss (S. 69)
Abnäher (S. 74–76)
Hosenreißverschluss (S. 94)
Standardbund (S. 106)
Gürtelschlaufen (S. 108)
Couture-Taillenbund (S. 112)
Handgenähter Saum (S. 117)
Hosenaufschläge (S. 126)
Paspeltasche (S. 194)
Hosentaschen (S. 198–199)
Hosen füttern (S. 201)

Tipps zum Verzieren
Saloppe Hosen: Absteppnähte (S. 210).
Abendhosen: Zierbänder oder Borten (S. 223) entlang der Außennähte.

Stoffvorschläge
Kammgarn oder Wollstoff mit Elasthan, um Ausbeulen zu vermeiden.

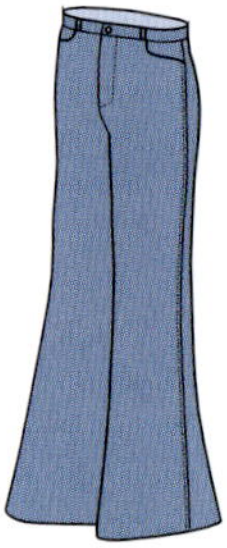

JEANS

Beschreibung
Heute eine Freizeithose, ursprünglich eine Arbeitshose aus robustem Denim. Vielerlei Formen – Karotte, gerade, ausgestellt, Bootleg.

Nähtechniken
Doppelte Kappnaht (S. 59)
Kappnaht (S. 60)
Abnäher (S. 74–76)
Hosenreißverschluss (S. 94)
Taillenbund (S. 104–113)
Gürtelschlaufen (S. 108)
Doppelter Saum (S. 115)
Aufgesetzte Tasche (S. 192)
Hosentaschen (S. 198–199)

Tipps zum Verzieren
Beliebt sind Absteppnähte (S. 210) mit kontrastfarbigem Garn. Originell: aufgenähte Schmucksteine oder Stickmotive (S. 212–215) an den Hosenbeinen. Effektvoll sind auch sichtbare Nähte (S. 64).

Stoffvorschläge
Mittelschwere bis schwere Baumwoll- und Denimstoffe.

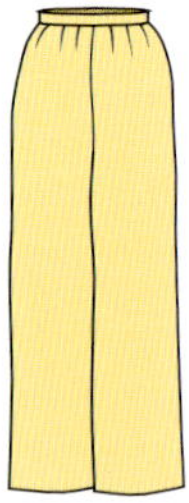

HAUSHOSE

Beschreibung
Sitzt lässig und bequem und ist im Nu genäht.

Nähtechniken
Einfache Naht (S. 56)
Overlocknaht (S. 65)
Gummi-Tunnelzug (S. 83)
Elastikbund (S. 109)
Doppelter Saum (S. 115)

Tipps zum Verzieren
Oft tut es schon ein ansprechendes Muster – aber wer mag, kann die Saumkante mit Maschinenstickerei verzieren (S. 210) oder sich einen passenden Gürtel dazu nähen.

Stoffvorschläge
Luftige Baumwoll- oder Crinkle-Stoffe. Freundliche Druckmuster.

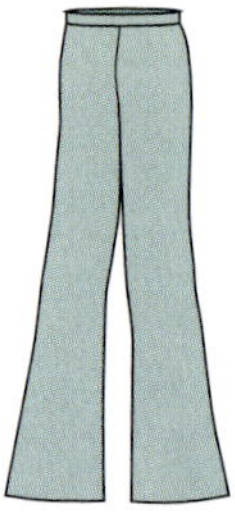

STRETCHHOSE

Beschreibung
Körpernaher, aber bequemer Sitz aus Stretch-Strickstoffen. Ideal für Gymnastik.

Nähtechniken
Overlocknaht (S. 65)
Elastikbund (S. 109)

Tipps zum Verzieren
Paspeln annähen (S. 229) oder einen kontrastfarbigen Streifen längs der Außennähte einsetzen.

Stoffvorschläge
Mittelschwere Stretch-Strickstoffe mit Elasthan.

JOGGINGHOSE

Beschreibung
Locker sitzende Hose mit elastischem Bund und Tunnelzug am Beinabschluss.

Nähtechniken
Overlocknaht (S. 65)
Elastikbund (S. 109)
Saumansatz (S. 128)

Tipps zum Verzieren
Paspeln in den Außennähten (S. 229) oder Rippstrickbündchen in Kontrastfarbe.

Stoffvorschläge
Mittelschwere Stretchstoffe oder Nylon-Sportstoffe, Baumwoll-Jersey bzw. Sweatshirtstoff.

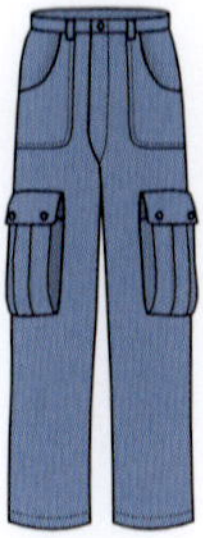

CARGOHOSE

Beschreibung
Lässiger Sitz, mit vielen aufgesetzten oder eingenähten Taschen; früher reine Freizeithose, heute eher modisch-cool.

Nähtechniken
Einseitig verdeckter Reißverschluss (S. 89)
Hosenreißverschluss (S. 94)
Standardbund (S. 106)
Gürtelschlaufen (S. 108)
Doppelter Saum (S. 115)
Aufgesetzte Tasche (S. 192)
Taschenklappen (S. 191)
Absteppen (S. 210)

Tipps zum Verzieren
Wer mag, kann die Taschen bzw. Säume mit Stickereien (S. 210) oder Perlen (S. 220–222) aufpeppen.

Stoffvorschläge
Robuste, leicht waschbare und rasch trocknende Baumwollstoffe und Polyestergemische.

HOSENROCK

Beschreibung
Knie- oder wadenlange Hose mit weit geschnittenen Beinen, die wie ein Rock wirkt. Wurde früher zum Reiten und Radfahren getragen, heute gelegentlich wieder in Mode.

Nähtechniken
Abnäher (S. 74–76)
Falten (S. 80–82)
Nahtfeiner Reißverschluss (S. 92)
Hosenreißverschluss (S. 94)
Taillenbund (S. 104–113)
Gürtelschlaufen (S. 108)
Doppelter Saum (S. 115)
Overlocksaum (S. 118)

Tipps zum Verzieren
Wenn der Stoff kein deutliches Muster aufweist, können Absteppnähte (S. 210) dekorativ wirken.

Stoffvorschläge
Leichte bis mittelschwere gewebte Stoffe.

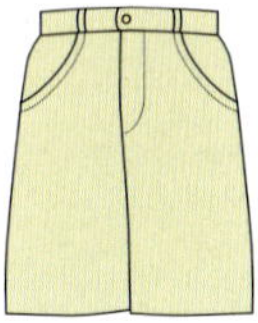

SHORTS

Beschreibung
Kurz als Sportshort oder halblang als Bermudashort – und je nach Stoffwahl eher salopp oder eher edel.

Nähtechniken
Hosenreißverschluss (S. 94)
Standardbund (S. 106)
Gürtelschlaufen (S. 108)
Elastikbund (S. 109)
Doppelter Saum (S. 115)
Hosenaufschläge (S. 126)
Hosentaschen (S. 198–199)

Tipps zum Verzieren
Möglich wären Stickereien (S. 210) oder Maschinen-Absteppnähte (S.212).

Stoffvorschläge
Leichte Baumwolle für sportive Varianten; mittelschweres Leinen oder Baumwoll-Drillich (Drell) für mehr Chic.

Kleiderformen: Jacken und Mäntel

MASSGESCHNEIDERTE JACKE

Beschreibung
Klassische Jacken oder Blazer haben Kragen mit Kerbe (zwischen Kragen und Revers) und sind ein- oder zweireihig.

Nähtechniken
Taillenabnäher (S. 75)
Handgenähter Saum (S. 117)
Schulterpolster (S. 132)
Jackettärmel (S. 154)
Klassischer Reverskragen für Jackett und Mantel (S. 172)
Knopflöcher (S. 182–185)
Paspeltasche (S. 194)
Brusttasche (S. 196)
Ein Jackett füttern (S. 204–205)

Tipps zum Verzieren
Kragen oder Taschenklappen paspeln (S. 229 bzw. 191), oder Stickereien anbringen (S. 210). Handgefertigte Knöpfe, überzogen mit dem gleichen Stoff oder in Kontrastfarbe (S. 181, 186).

Stoffvorschläge
Kammgarn, Tweed, Schottentuch oder Kaschmirwolle.

KONFEKTIONSJACKE

Beschreibung
Wirkt wie eine klassische, maßgeschneiderte Jacke, wird aber nur mit Bügeleinlagen gefertigt.

Nähtechniken
Taillenabnäher (S. 75)
Bügelbare Einlage (S. 101)
Handgenähter Saum (S. 117)
Schulterpolster (S. 132)
Ärmelansatz einfassen (S. 142)
Jackettärmel (S. 154)
Jackettkragen (S. 174)
Knopflöcher (S. 182–185)
Aufgesetzte Tasche (S. 192)
Paspeltasche (S. 194)
Ein Jackett füttern (S. 204–205)

Tipps zum Verzieren
Säume oder Taschen paspeln (S. 229 bzw. 191) oder in einer Kontrastfarbe effektvoll absetzen.

Stoffvorschläge
Kammgarn, Tweed, Schottentuch, Kaschmirwolle oder Leinen.

PONCHO

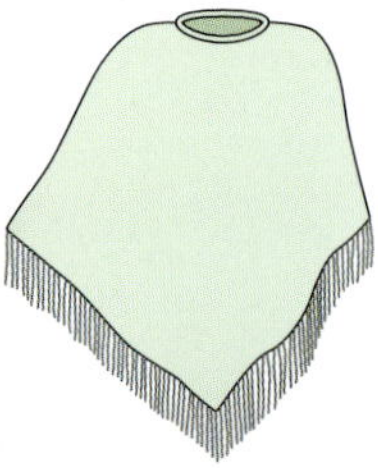

Beschreibung
Eine Art ärmelloser Mantel aus einem Tuch mit einer Öffnung für den Kopf, wird lose als Umhang getragen.

Nähtechniken
Einfache Naht (S. 56)
Overlocknaht (S. 65)
Handgenähter Saum (S. 117)
Fransen (S. 231)

Tipps zum Verzieren
Saumkanten können Sie mit Zierbändern oder Borten (S. 211) und lockere Wollstoffe mit Fransen (S. 219) versehen.

Stoffvorschläge
Wollgewebe und Deckenstoffe/Plaids aller Art. Auch wasserfeste Gewebe eignen sich.

KAPUZENJACKE

Beschreibung
Lässig-sportliche Jacke mit Ärmelbündchen, mittiger Eingrifftasche und Kapuze. Zum Überziehen oder mit Reißverschluss.

Nähtechniken
Overlocknaht (S. 65)
Teilbarer Reißverschluss (S. 93)
Saumansatz (S. 128)
Ärmelbündchen (S. 151)
Aufgesetzte Tasche (S. 192)

Tipps zum Verzieren
Sie können die Nähte absteppen (S. 210) oder die Eingrifftasche in einer Kontrastfarbe halten. Auf dem Rücken eventuell ein großes maschinengesticktes Motiv.

Stoffvorschläge
Baumwoll-Jersey mit weich aufgerauter Rückseite trägt sich sehr bequem.

BOMBERJACKE

Beschreibung
Blusige Jacke mit Vorderreißverschluss, schräg angesetzten Taschen, elastischen Ärmelbündchen und unterem Saumabschluss.

Nähtechniken
Einfache Naht (S. 56)
Kappnaht (S. 60)
Teilbarer Reißverschluss (S. 93)
Saumansatz (S. 128)
Ärmelbündchen (S. 151)
Taschen (S. 190–199)
Ein Jackett füttern (S. 204–205)

Tipps zum Verzieren
Nähte absteppen (S. 219) oder Rippstrick für Saumkante und Bündchen. Kontrastfarbiges Innenfutter.

Stoffvorschläge
Lederimitat oder Wildleder, Denim oder kräftige Baumwolle, winddichtes Nylon

SCHÖSSCHENJACKE

Beschreibung
Schmall geschnitten, mit glockig angesetzten Teilen (Schößchen) oberhalb der Hüfte

Nähtechniken
Kleider im Schrägschnitt (S. 97)
Bügelbare Einlage (S. 101)
Rüschenmanschette (S. 153)
Ausschnitt mit Besatz (S. 158)
Kragen (S. 168–179)
Knopflöcher (S. 182–185)

Tipps zum Verzieren
Perlenstickerei (S. 220-222), Zierbänder (S. 223) oder Stickerei (S. 212–217) und Rüschen oder Volants an Taille und Manschetten. Dekorative Knöpfe. Bei Crèpe-Satin die eine Seite als Oberstoff für die Jacke, die andere für die Schößchen/Volants verwenden.

Stoffvorschläge
Kunstseide, Crèpe-Satin oder Wollcrèpe.

LÄSSIGE JEANSJACKE

Beschreibung
Kurze Jacke mit Sattel und Schulterpasse, oft auch mit dekorativen aufgesetzten Taschen.

Nähtechniken
Einfache Naht (S. 56)
Doppelte Kappnaht (S. 59)
Passe (S. 166)
Aufgesetzte Tasche (S. 192)
Taschenklappen (S. 191)

Tipps zum Verzieren
Absteppnähte (S. 210), Druckknöpfe (S. 186) und Taschen sind hübsche Gestaltungselemente.

Stoffvorschläge
Denim, Canvas und schwere Baumwollstoffe.

BOLERO-JÄCKCHEN

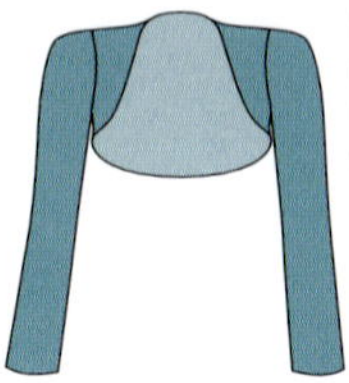

Beschreibung
Kurzes, eng anliegendes Jäckchen, das Schultern und Arme bedeckt.

Nähtechniken
Einfache Naht (S. 56)
Chiffonsaum (S. 58)
Overlocknaht (S. 65)
Ein Jackett füttern (S. 204–205)

Tipps zum Verzieren
Mit Perlenstickerei (S. 210) und handgestickten Motiven (S. 216) lässt sich das Jäckchen individuell gestalten.

Stoffvorschläge
Stretchstoffe schmiegen sich gut um die Schultern und sind bequem zu tragen.

CHANEL-JACKE

Beschreibung
Kurze, schlichte Kastenjacke mit – oft kontrastfarbigen – Einfassungen an den Saumkanten.

Nähtechniken
Knopflöcher (S. 182–185)
Taschenklappen (S. 191)
Chanel-Jacke füttern (S. 206)

Tipps zum Verzieren
Zierbänder oder Borten (S. 233), Hongkong-Abschlüsse (S. 69), Paspeln (S. 229) oder große, dekorative Knöpfe (S. 181) verleihen Ihrer Chanel-Jacke persönlichen Chic.

Stoffvorschläge
Locker gewebter Seidentweed.

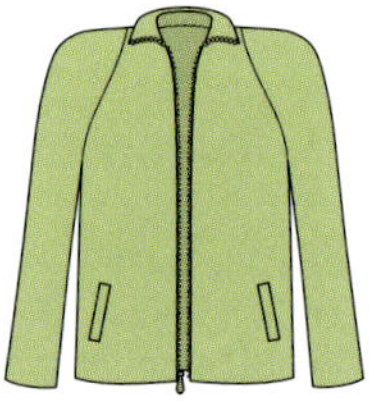

SPORTJACKE

Beschreibung
Lose sitzende Jacke mit teilbarem Vorderreißverschluss, manchmal mit Kapuze. Geeignet für Sport und Freizeit.

Nähtechniken
Overlocknaht (S. 65)
Teilbarer Reißverschluss (S. 93)
Raglanärmel (S. 136)
Taschen (S. 190–199)

Tipps zum Verzieren
Nahtlinien durch Absteppen (S. 210) oder Paspeln (S. 229) dekorativ betonen oder einen farblich kontrastierenden Reißverschluss verwenden (S. 93).

Stoffvorschläge
Stoffe mit Jersey-Konstruktion tragen sich besonders bequem.

WINDJACKE

Beschreibung
Schenkellange, windfeste Jacke mit hohem Kragen, anliegenden Bündchen, Tunnelzug in der Taille sowie Innen- und Außentaschen.

Nähtechniken
Kappnaht (S. 60)
Überlappte Naht (S. 61)
Teilbarer Reißverschluss (S. 93)
Doppelter Saum (S. 115)
Taschen (S. 190–199)

Tipps zum Verzieren
Diese Jacke ist eher funktionell und erfordert in der Regel keine besonderen Verzierungen. Wählen Sie kräftige Farben, die schön aussehen und für gute Sichtbarkeit bei Dunkelheit sorgen.

Stoffvorschläge
Baumwoll- oder Polyesterstoffe mit wasserabweisender Silikonbeschichtung. Als Futter wird oft Fleecestoff verwendet, entweder als Einzelteil oder am Oberteil festgenäht.

ZWEIREIHIGER MANTEL

Beschreibung
Formelle Mantelform mit breiteren Stoffbahnen im Vorderteil, die für zwei Knopfreihen Platz bieten. Vermittelt den Eindruck von großzügiger Weite.

Nähtechniken
Einfache Naht (S. 56)
Kappnaht (S. 60)
Überlappte Naht (S. 61)
Eingehaltener Ärmel (S. 133)
Jackettärmel (S. 154)
Klassischer Reverskragen für Jackett und Mantel (S. 172)
Jackettkragen (S. 174)
Knöpfe (S. 181)
Knopflöcher (S. 182–185)
Ein Jackett füttern (S. 204–205)

Tipps zum Verzieren
Absteppen (S. 210), um die Nähte flach zu halten und Details hinzuzufügen. Dekorative Knöpfe für Vorderteil und Manschetten. Besonders hübsch: Knöpfe mit kontrastfarbigem Stoff überziehen.

Stoffvorschläge
Kammgarn oder Kaschmir, Seiden- oder Wolltweed.

MANTEL

Beschreibung
Mittel- oder bodenlang. Je nach gewähltem Stofftyp eher Regenschutz oder Wärmespender.

Nähtechniken
Überlappte Naht (S. 61)
Bügelbare Einlage (S. 101)
Handgenähter Saum (S. 117)
Kragen (S. 168–179)
Taschen (S. 190–199)
Ein Jackett füttern (S. 204–205)

Tipps zum Verzieren
Manschetten mit Zierbändern oder Borten versehen (S. 224). Eigene Knöpfe anfertigen oder passende auswählen.

Stoffvorschläge
Als Wärmeschutz: schwere Wollgabardine, Kamelhaarwolle oder dichtfloriger Wollkaschmir.
Als Regenschutz: wasserdichte Stoffe.

HAUSMANTEL

Beschreibung
Warmer, behaglicher Hausmantel mit Dreiviertelärmeln und Mandarinkragen im orientalischen Stil.

Nähtechniken
Einfache Naht (S. 56)
Overlocknaht (S. 65)
Teilbarer Reißverschluss (S. 93)
Handgenähter Saum (S. 117)
Saum mit Formbeleg (S. 120)
Stehkragen (S. 169)

Tipps zum Verzieren
Säume paspeln (S. 229) oder mit Stickerei verzieren (S. 212–217). Posamentenverschlüsse (S. 189) passend zum Orient-Stil.

Stoffvorschläge
Fleecestoffe für die kuschelige, gebürstete Baumwolle für die schlichtere und Seide und Satin für die luxuriöse Variante.

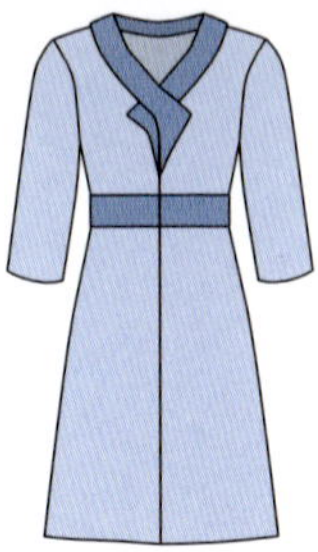

TAILLIERTER MANTEL

Beschreibung
Leicht ausgestellter, taillennaher Mantel. Wahlweise mit Knöpfen oder Reißverschluss verschließbar; als Accessoire evtl. ein passender Schal.

Empfohlene Nähtechniken
Einfache Naht (S. 56)
Kappnaht (S. 60)
Teilbarer Reißverschluss (S. 93)
Handgenähter Saum (S. 117)
Knopflöcher (S. 182)
Mit der Maschine eingefasstes Knopfloch (S. 185)

Tipps zum Verzieren
Kontrastfarbigen Stoff für Gürtel und Schal, eventuell mit Maschinen-Stickerei (S. 211), z. B. mit Metallic- oder Stickgarn. Alternativen: Perlenstickerei (S. 220) oder Applikationen (S. 218).

Stoffvorschläge
Kammgarn mit einem weicheren, dünneren Stoff kombinieren, z. B. Chiffon für Gürtel und Schal.

Kleiderformen: Blusen und Oberteile

MÄNNERHEMD

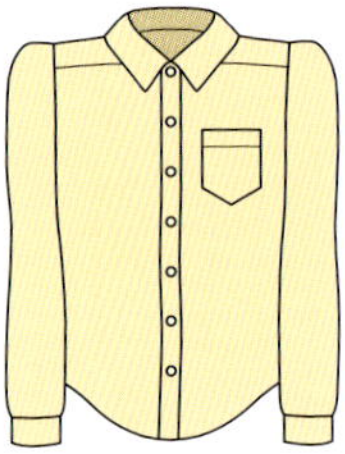

Beschreibung
Steifer Kragen, Knopfleiste vorne, Schulterpasse, aufgesetzte Tasche und lange Ärmel mit Manschetten.

Nähtechniken
Französische Naht (S. 57)
Doppelte Kappnaht (S. 59)
Abnäher (S. 74–76)
Einhalten (S. 87)
Säumen mit der Maschine (S. 116)
Hemdärmel (S. 140)
Hemdenmanschette (S. 146)
Passe (S. 166)
Hemdenkragen (S. 170)
Knopflöcher (S. 182–185)
Aufgesetzte Tasche (S. 192)

Tipps zum Verzieren
Üblicherweise genügen Absteppnähte (S. 210) als dekoratives Detail. Soll das Hemd besonders schmuck sein, bieten sich Zierstiche (S. 211) oder ein Stickmotiv (S. 212–217) auf der Passe an.

Stoffvorschläge
Merzerisierte Baumwolle guter Qualität, ein Baumwoll-/Polyester-Gemisch oder ein leichter Leinenstoff.

FREIZEITBLUSE

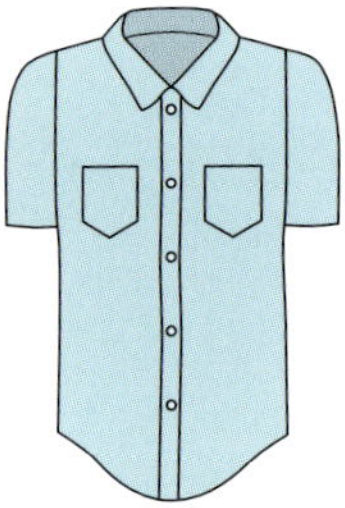

Beschreibung
Meistens mit weichem Kragen und vorne eher mit aufgenähtem Besatz als mit Knopfleiste. Die Ärmel können kurz oder lang sein.

Nähtechniken
Französische Naht (S. 57)
Doppelte Kappnaht (S. 59)
Belegsaum (S. 66)
Säumen mit der Maschine (S. 116)
Eingehaltener Ärmel (S. 133)
Hemdärmel (S. 140)
Knopflöcher (S. 182–185)
Aufgesetzte Tasche (S. 192)

Tipps zum Verzieren
An den Kragenkanten oder an den Manschetten können Absteppnähte (S. 210) oder maschinengenähte Stickereistiche (S. 212–215) zum Einsatz kommen. Für die Tasche bietet sich ein Stickmotiv an.

Stoffvorschläge
Baumwolle, Baumwolle/Polyester-Gemisch, Leinen oder leichtes Denim.

WICKELBLUSE

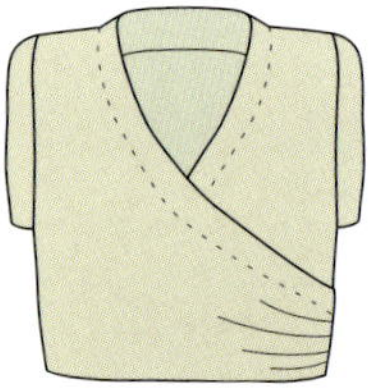

Beschreibung
Hier wird ein Vorderteil über den Oberkörper gewickelt oder gebunden.

Nähtechniken
Einfache Naht (S. 56)
Französische Naht (S. 57)
Belegsaum (S. 66)
Abnäher (S. 74–76)
Doppelter Saum (S. 115)
Eingehaltener Ärmel (S. 133)
Knopflöcher (S. 182–185)

Tipps zum Verzieren
Die Saumkanten vom Hals- und Wickelteil mit machinengenähten Stickstichen (S. 211), Perlenstickerei (S. 220) oder Zierbändern/Spitzenborte (S. 223) verzieren.

Stoffvorschläge
Leichtes bis mittelschweres Baumwolle/Polyester-Gemisch, Baumwolle, Leinen oder Jersey.

MIEDER ODER KORSETT

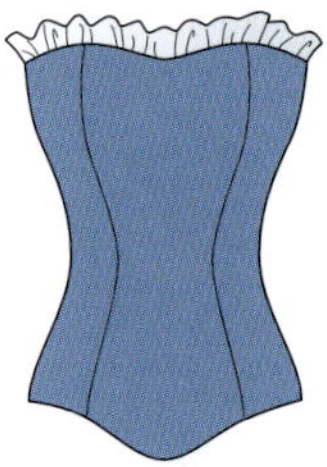

Beschreibung
Figurnahes Oberteil, wird einzeln als Dessous oder über einem Rock getragen. Besonders schön für Braut- und Abendmode.

Nähtechniken
Korsettnaht (S. 63)
Einseitig verdeckter Reißverschluss (S. 89)
Zwischenfutter (S. 99)
Haken und Ösen (S. 187)
Ösen (S. 188)
Ein Kleid füttern (S. 203)

Tipps zum Verzieren
Bezogene Knöpfe und Schlaufen zur Befestigung. Paspeln (S. 229) und Perlenstickerei (S. 220–222) entlang der Nähte oder Stickmotive (S. 212–217) auf dem Stoff.

Stoffvorschläge
Samt, Satin, Seide und mit Perlen oder Pailletten besetzte Stoffe.

T-SHIRT

Beschreibung
Einfaches T-förmiges Oberteil aus Baumwolljersey in Schlupfform, ohne Taschen oder Knöpfe.

Nähtechniken
Bandnaht (S. 62)
Overlocknaht (S. 65)
Ausschnitt mit Besatz (S. 158)
Bündchen (S. 159)
Versäubern mit der Overlock (S. 238)

Tipps zum Verzieren
Zierband oder Borte (S. 223), Applikationen (S. 218) oder Paspeln (S. 229). Wer mag, kann Taschen annähen (S. 190–199) oder sich in Maschinenstickerei (S. 212–215) versuchen.

Stoffvorschläge
Stretch-Baumwolljersey oder ein Baumwoll-/Polyester-Gemisch – vorzugsweise mit Elasthan.

TAILLIERTE DAMENBLUSE

Beschreibung
Mit Taillenabnähern körpernah gearbeitete Bluse mit Steh-/Liegekragen, für eine feminine Silhouette.

Nähtechniken
Einfache Naht (S. 56)
Französische Naht (S. 57)
Taillenabnäher (S. 75)
Doppelter Saum (S. 115)
Hemdenmanschette (S. 146)
Ärmelschlitze (S. 148)
Hemdblusenkragen (S. 176)
Knöpfe und Knopflöcher (S. 181–185)

Tipps zum Verzieren
Wählen Sie hübsche, dekorative oder stoffbezogene Knöpfe. Kragen und Manschetten können Sie mit Maschinen-Zierstickerei (S. 211) betonen; für Baumwolle und Leinenstoffe bietet sich die Flügelnadel (S. 237) an.

Stoffvorschläge
Baumwolle oder Leinen. Wer es luxuriöser mag, wählt Seide.

KITTEL MIT PUFFÄRMELN

Beschreibung
Weite Fülle durch Rüschen oder Smokfalten, angesetzt an einer formgerecht zugeschnittenen Passe. Puffärmel runden das Design ab.

Nähtechniken
Einfache Naht (S. 56)
Französische Naht (S. 57)
Kräuseln (S. 86–87)
Geraffter Ärmelkopf (S. 131)
Säume (S. 114–129)
Passe (S. 166)

Tipps zum Verzieren
Heirloom- oder Antik-Stickerei auf der Passe, mit Biesen (S. 77–79), Zierbändern (S. 223) und Flügelnadel-Dekorstichen (S. 235).

Stoffvorschläge
Baumwoll-Linon oder auch eine einfarbige oder bedruckte schwere Baumwolle.

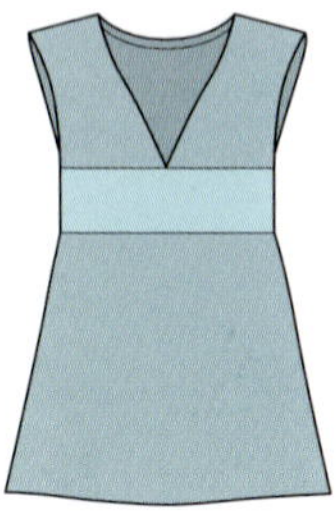

TUNIKA-OBERTEIL

Beschreibung
Ärmelloses Top mit V-Ausschnitt , hoher Taille und leicht ausgestelltem „Rock".

Nähtechniken
Einfache Naht (S. 56)
Französische Naht (S. 57)
Schrägbandeinfassung (S. 68)
Reißverschlüsse (S. 88–93)
Ausschnitt mit Besatz (S. 158)
Ein Kleid füttern (S. 203)

Tipps zum Verzieren
Taillenband mit Stickerei (S. 212–217) und Perlen (S. 220) gestalten – oder bestickten oder gemusterten Stoff verwenden.

Stoffvorschläge
Leicht waschbare Crinkle-Baumwolle. Alternativen: merzerisierte Baumwolle oder Leinen.

Kleiderformen: Kleider

SHIFTKLEID

Beschreibung
Gerade geschnittenes Kleid, ohne figurbetonende Taillierung.

Nähtechniken
Einfache Naht (S. 56)
Overlocknaht (S. 65)
Abnäher (S. 74–76)
Reißverschluss (S. 88–92)
Doppelter Saum (S. 115)
Handgenähter Saum (S. 117)
Eingehaltener Ärmel (S. 133)
Haken und Ösen (S. 187)

Tipps zum Verzieren
Mit Maschinenstickerei (S. 212–215) lässt sich der schlichte Stil aufpeppen - oder Sie tragen dazu ein verziertes Bolero-Jäckchen.

Stoffvorschläge
Jersey oder anderer mittelschwerer Stoff, der gut fällt, also nicht allzu leicht und dünn.

A-LINIE

Beschreibung
Die an den Schultern körpernahe und nach unten zu ausgestellte Form bietet optimale Gehweite.

Nähtechniken
Einfache Naht (S. 56)
Overlocknaht (S. 65)
Abnäher (S. 74–76)
Reißverschluss nach Wahl (S. 88–92)
Doppelter Saum (S. 115)
Eingehaltener Ärmel (S. 133)
Haken und Ösen (S. 187)

Tipps zum Verzieren
Hand- oder Maschinenstickerei (S. 212–217) oder Perlenverzierung (S. 220) am unteren Saum oder am Halsausschnitt oder Kragen.

Stoffvorschläge
Mittelschwere Baumwolle oder Leinen – der Stoff darf aber nicht zu steif sein, damit das Kleid gut fällt. Ebenfalls geeignet wäre Jersey.

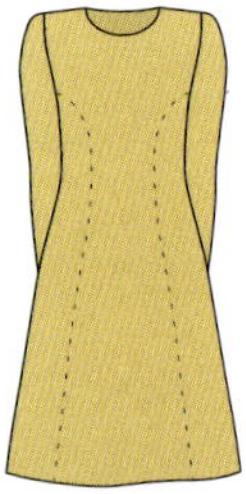

PRINZESSKLEID

Beschreibung
Die charakteristischen vertikalen Bahnen weisen Längsteilungsnähte auf, die von den Schultern oder von den Armlöchern ausgehend über die Brust bis zum Saum hinab verlaufen.

Nähtechniken
Einfache Naht (S. 56)
Abnäher (S. 74–76)
Reißverschluss (S. 88–92)
Doppelter Saum (S. 115)
Handgenähter Saum (S. 117)
Eingehaltener Ärmel (S. 133)
Ausschnitt mit Besatz (S. 158)
Haken und Ösen (S. 187)
Ein Kleid füttern (S. 203)

Tipps zum Verzieren
Absteppnähte (S. 210) zur Betonung der Nahtlinien. Stickerei (S. 212–217) am Halsausschnitt – oder spitzenbesetzten Kragen anfügen.

Stoffvorschläge
Für diesen Stil eignet sich mittelschwere gewebte oder nicht allzu elastische Wirkware.

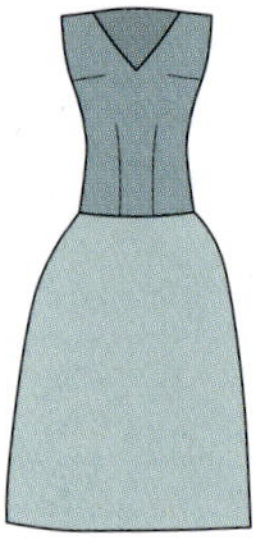

MIEDERKLEID

Beschreibung
Säume und Abnäher formen das Oberteil sehr figurnah. Es kann mit unterschiedlichen Rock-, Kragen- und Ärmellösungen zum Kleid komplettiert werden.

Nähtechniken
Einfache Naht (S. 56)
Abschlüsse (S. 67–73)
Abnäher (S. 74–76)
Reißverschluss (S. 88–92)
Klassische Einlagen (S. 100)
Ärmel (S. 130–144)
Knopflöcher (S. 182–185)
Taschen (S. 190–199)
Ein Kleid füttern (S. 203)

Tipps zum Verzieren
Mit Taschen und interessanten Ärmeln oder Kragen wird das Stück zu etwas Besonderem. Der Saum lässt sich mit Stickerei (S. 212–217) oder Zierbändern (S. 223) verschönern.

Stoffvorschläge
Mittelschwere Wirkware aus natürlichen oder synthetischen Fasern.

HEMDBLUSENKLEID

Beschreibung
Geschneidertes Kleid im Blusenstil mit Kragen, Knöpfen und vorderer Knopfleiste. Oft mit einem taillenbetonenden Gürtel getragen.

Nähtechniken
Einfache Naht (S. 56)
Doppelte Kappnaht (S. 59)
Abschlüsse (S. 67–73)
Abnäher (S. 74–76)
Ärmel (S. 130–144)
Hemdenmanschette (S. 146)
Passe (S. 166)
Hemdenkragen (S. 170)
Knopflöcher (S. 182–185)

Tipps zum Verzieren
Dieses Kleid einfach schlicht belassen und nur mit einem dekorativen Gürtel tragen. Oder die Säume mit Absteppstichen (S. 210) betonen.

Stoffvorschläge
Baumwolle, Hemdenstoff aus Baumwolle/Polyester; leichte Denim- und Leinenstoffe.

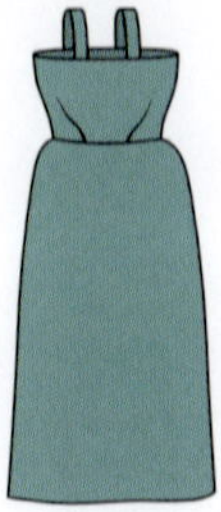

EMPIREKLEID

Beschreibung
Das Oberteil endet knapp unter der Brust, der angesetzte Rockteil fällt von dort locker nach unten.

Nähtechniken
Abnäher (S. 74–76)
Einfache Naht (S. 56)
Französische Naht (S. 57)
Reißverschluss (S. 88–92)
Kräuseln (S. 86–87)
Passe (S. 166)
Ein Kleid füttern (S. 203)

Tipps zum Verzieren
Perlenstickerei (S. 220) und Hand- oder Maschinenstickerei (S. 212–217) auf dem Oberteil; ansonsten das Kleid schlicht belassen.

Stoffvorschläge
Weiche Stoffe, wenn der Rock schwingen soll, und mittelschwere, wenn er gerade fallen soll. Naturfasern verhindern statische Aufladung.

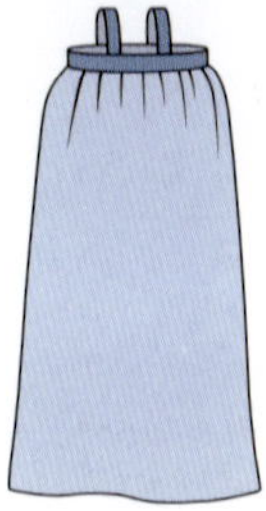

TRÄGERKLEID

Beschreibung
Einfaches, gerade geschnittenes Kleid; fällt locker und mit ausschwingender Saumweite. Praktisch und bequem während der Schwangerschaft.

Nähtechniken
Einfache Naht (S. 56)
Französische Naht (S. 57)
Abschlüsse (S. 67–73)
Kräuseln (S. 86–87)
Doppelter Saum (S. 115)
Passe (S. 166)

Tipps zum Verzieren
Durch Smoken (S. 232) lässt sich optisch ansprechende Fülle schaffen, aber auch einfache Rüschen an einer Passe oder einem Band erfüllen diesen Zweck.

Stoffvorschläge
Für dieses lockere Kleidungsstück wählen Sie einen weichen Stoff, der angenehm fällt.

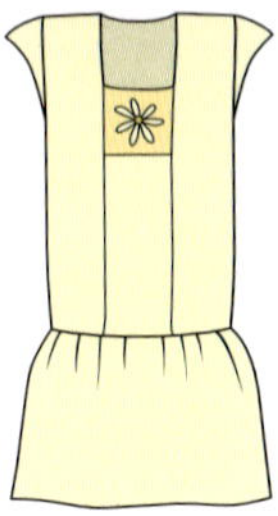

TORSOKLEID

Beschreibung
Hier setzt ein in Falten oder Rüschen gelegtes Rockteil an einem verlängerten Oberteil an.

Nähtechniken
Einfache Naht (S. 56)
Französische Naht (S. 57)
Abschlüsse (S. 67–73)
Falten (S. 80–82)
Kräuseln (S. 86–87)
Reißverschluss (S. 88–92)
Doppelter Saum (S. 115)
Handgenähter Saum (S. 117)
Futter (S. 202)

Tipps zum Verzieren
Da die nach unten versetzte Taille den Blick auf sich lenkt, schaffen Sie in Halsnähe ein Gleichgewicht – z. B. ein Stickereimotiv von Hand (S. 216–217) oder Maschine (S. 212–215).

Stoffvorschläge
Für Rüschen einen leichten bis mittelschweren Stoff; für Falten einen etwas schwereren.

Kleiderformen: Unterwäsche und Dessous

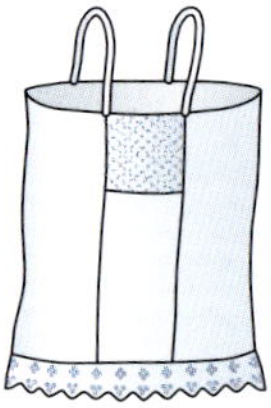

TRÄGERHEMD/CAMISOLE

Beschreibung
Kurzes hemdchen-artiges Wäscheoberteil mit Spaghettiträgern als wärmendes Baumwoll-Unterhemd. Oder man wählt einen feinen Stoff wie für Blusen oder Abendkleider und trägt es sichtbar.

Nähtechniken
Französische Naht (S. 57)
Streifen zuschneiden (S. 96)
Doppelter Saum (S. 115)
Rollsaum (S. 119)
Spitzensaum (S. 125)
Spaghettiträger (S. 163)

Tipps zum Verzieren
Zierbänder oder Spitzenborte (S. 223), Perlenstickerei (S. 220), Stickerei (S.212–217) oder Smoken (S. 237) oder eine zarte Applikation (S. 218).

Stoffvorschläge
Feine Habutai- bzw. China-Seide oder Baumwoll-Linon tragen sich leicht und bequem.

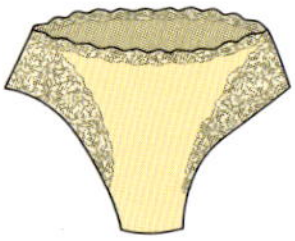

SLIP

Beschreibung
Körpernahe Unterhose – je nach Wunsch entweder ganz schlicht oder aufwändig verziert.

Nähtechniken
Overlocknaht (S. 65)
Gummiband (S. 83–85)
Spitzensaum (S. 125)

Tipps zum Verzieren
Spitzenbesatz (S. 223) und Overlocknähte mit dekorativen Maschinenstickgarnen (S. 212–215) betonen.

Stoffvorschläge
Ideal sind Stretch-Jersey-Stoffe mit hohem Baumwollanteil, vorzugsweise Elasthan.

BOXERSHORTS/FRENCH KNICKERS

Beschreibung
Unterhosen mit weit geschnittenen Beinen und Gummizug.

Nähtechniken
Französische Naht (S. 57)
Gummiband (S. 83–85)
Gummizug geviertelt (S. 84)
Doppelter Saum (S. 115)
Spitzensaum (S. 125)

Tipps zum Verzieren
Statt Verzierungen besser einen hübsch gemusterten Stoff verwenden – oder die Beinöffnungen mit Spitze umsäumen.

Stoffvorschläge
Am hautfreundlichsten sind weiche, leichte Baumwollstoffe.

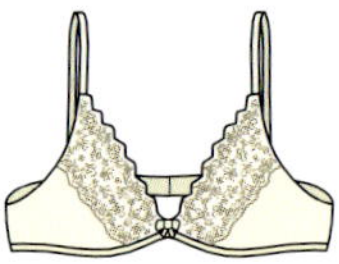

BÜSTENHALTER

Beschreibung
Körpernahes funktionelles Wäschestück, das ebenso praktisch wie verführerisch geschnitten ist.

Nähtechniken
Einfache Naht (S. 56)
Überlappte Naht (S. 61)
Overlocknaht (S. 65)
Gummiband (S. 83–85)
Spitzensaum (S. 125)
Haken und Ösen (S. 187)
Spitzen und Bänder (S. 223)

Tipps zum Verzieren
Bestickte oder Stoffe mit Spitzenborte wirken oft besser als selbst angebrachte Verzierungen. Schleifchen oder Blümchen machen sich hübsch in der Mitte und an den Trägern.

Stoffvorschläge
Wählen Sie einen festen Stoff für die Schalen, die Halt geben. Für die übrigen BH-Teile eignet sich ein starker, elastischer Stoff (mit Elasthan).

UNTERROCK

Beschreibung
Wird unter Röcken getragen; er sorgt für einen besseren Sitz und verhindert „Hochklettern".

Nähtechniken
Einfache Naht (S. 56)
Französische Naht (S. 57)
Abschlüsse (S. 67–73)
Overlocknaht (S. 65)
Gummiband (S. 83–85)
Gummizug geviertelt (S. 84)
Rollsaum (S. 119)
Spitzensaum (S. 125)

Tipps zum Verzieren
Saum mit Lettuce-Saum (S. 237) und Spitze (S. 223) betonen.

Stoffvorschläge
Antistatisches Nylon-Jersey oder schräg geschnittenes Baumwoll-Linon.

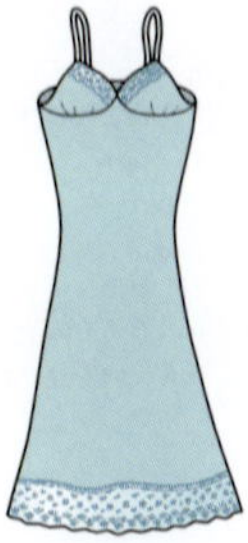

UNTERKLEID

Beschreibung
Ähnliche Funktion wie ein Unterrock, allerdings mit Büstenteil und Trägern.

Nähtechniken
Einfache Naht (S. 56)
Französische Naht (S. 57)
Overlocknaht (S. 65)
Abschlüsse (S. 67–73)
Rollsaum (S. 119)
Spitzensaum (S. 125)

Tipps zum Verzieren
Saum und Halsausschnitt mit Spitzenborte verzieren – oder nur den Saum mit einem Lettuce-Saum (S. 237) betonen.

Stoffvorschläge
Antistatisches Nylon-Jersey oder schräg geschnittenes Baumwoll-Linon.

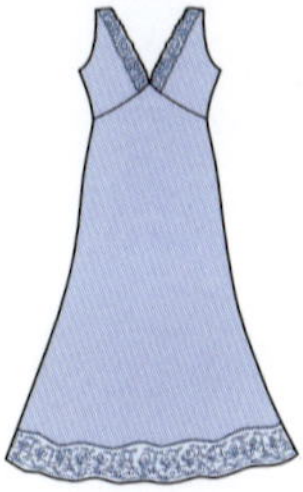

NACHTHEMD

Beschreibung
Bequemlichkeit im Bett ist hier das wichtigste Kriterium.

Nähtechniken
Französische Naht (S. 57)
Overlocknaht (S. 65)
Abnäher (S. 74–76)
Streifen zuschneiden (S. 96)
Säume (S. 114–129)
Ärmel (S. 130–144)
Träger (S. 162)

Tipps zum Verzieren
Saum oder Halsausschnitt mit Spitze besetzen (S. 125) oder schräg zum Fadenverlauf schneiden und Fäden ziehen (S. 228).

Stoffvorschläge
Leichtes Baumwoll-Linon oder Baumwolljersey bietet einen Hauch von Luxus.

PYJAMA

Beschreibung
Bequemer zweiteiliger Schlafanzug. Besteht aus T-Shirt bzw. Hemd und Shorts bzw. langer Hose.

Empfohlene Nähtechniken
Einfache Naht (S. 56)
Overlocknaht (S. 65)
Abschlüsse (S. 67–73)
Gummi-Tunnelzug (S. 83)
Gummiband (S. 83–85)
Doppelter Saum (S. 115)
Hemdärmel (S. 140)

Tipps zum Verzieren
Für einen Männer-Pyjama eignen sich Absteppstiche (S. 210); für einen Damen-Pyjama Spitze oder Zierbänder (S. 223).

Stoffvorschläge
Leichtes Baumwoll-Linon oder Hemdenbaumwolle, auch Baumwoll/Polyester-Gemische.

Kleiderformen: Kinderkleidung

TAUFKLEID

Beschreibung
Aufwändig verziertes Kleidungsstück, meist weiß oder cremefarben, das einem Kind zur Taufe angezogen wird.

Nähtechniken
Französische Naht (S. 57)
Rüschen nähen (S. 86)
Handgenähter Saum (S. 117)
Spitzensaum (S. 125)
Geraffter Ärmelkopf (S. 131)
Rüschenmanschette (S. 153)
Druckknöpfe (S. 186)

Tipps zum Verzieren
Mit folgenden Möglichkeiten können Sie das Taufkleid ganz individuell gestalten: Biesen (S. 77–79), Quilting (S. 226), Smoken (S. 232), Handstickerei (216–217), Zierbänder (S. 223) oder Perlenstickerei (S. 220).

Stoffvorschläge
Nur das Beste wie Seide oder feinstes Baumwollgewebe. Oder Sie nehmen den Stoff eines Hochzeitskleides für ein Erbstück!

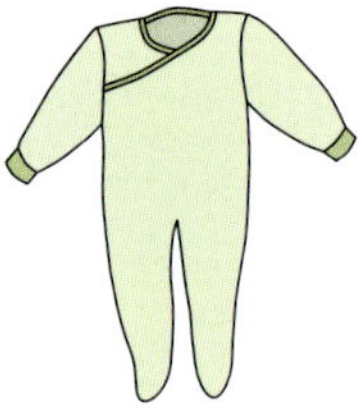

STRAMPELANZUG

Beschreibung
Einteiliges Kleidungsstück aus einem Stretchstoff, das Babys viel Bewegungsfreiheit gibt.

Nähtechniken
Overlocknaht (S. 65)
Gummizug geviertelt (S. 84)
Ärmelbündchen (S. 151)
Bündchen (S. 159)
Druckknöpfe (S. 186)

Tipps zum Verzieren
Ein farbenfroher Stoff ist besser – und sicherer! – als Verzierungen.

Stoffvorschläge
Stretch-Jerseystoffe mit hohem Baumwollanteil bieten optimalen Tragekomfort.

KINDERKLEIDCHEN

Beschreibung
Traditioneller Rock mit Rüschen (um die Windel darunter zu verdecken).

Nähtechniken
Französische Naht (S. 57)
Kräuseln (S. 86–87)
Doppelter Saum (S. 115)
Geraffter Ärmelkopf (S. 131)
Rüschenmanschette (S. 153)
Passe (S. 166)
Druckknöpfe (S. 186)

Tipps zum Verzieren
Für die Passe eignen sich Biesen (S. 77–79) oder Applikationen (S. 218). Ohne Passe kann man mit Smoken (S. 232) Fülle erreichen.

Stoffvorschläge
Leichte bis mittelschwere Stoffe mit hohem Baumwollanteil lassen sich gut in weiche Falten legen.

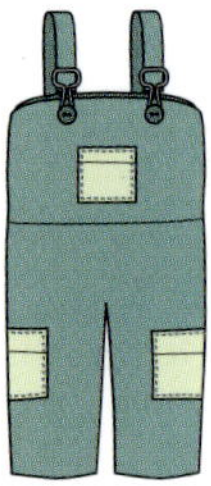

OVERALL

Beschreibung
Hosen mit Lätzchen und Trägern – praktische Alltagskleidung für Kinder.

Nähtechniken
Einfache Naht (S. 56)
Doppelte Kappnaht (S. 59)
Abschlüsse (S. 67–73)
Doppelter Saum (S. 115)
Träger (S. 162)
Aufgesetzte Tasche (S. 192)

Tipps zum Verzieren
Mit Absteppnähten (S. 210) und handelsüblichen Metallverschlüssen können Sie Overalls auf einfache Weise hübsch gestalten.

Stoffvorschläge
Robuster, aber weicher, mittelschwerer Denim, Canvas oder Baumwoll-Drillich (Drell).

Kleiderformen: **Accessoires**

HÜTE

Beschreibung
Material und Garnitur von Kopfbedeckungen hängen von der gewünschten Stilrichtung ab.

Nähtechniken
Einfache Naht (S. 56)
Schrägbandeinfassung (S. 68)
Hongkong-Abschluss (S. 69)
Zwischenfutter (S. 99)

Tipps zum Verzieren
Dekorieren Sie einen gekauften Strohhut mit einer farbigen Einfassung oder einem Hongkong-Abschluss und den Kopf mit Seidenblumen. Filz- und Wollmützen lassen sich mit Handstickerei (S. 216) verzieren. Maschinenstickerei (S. 212–215) ist besonders geeignet.

Stoffvorschläge
Probieren Sie es mit Denim, Baumwoll-Drillich, Tweed, Filz oder schwerem Strickjersey.

SCHULTERTASCHE

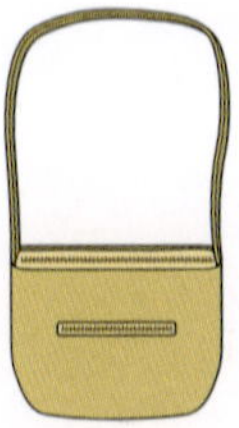

Beschreibung
Große Tasche, in der man das Portemonnaie und andere wichtige Dinge unterbringen kann – oft mit Reißverschluss, Taschen und Innenfächern.

Nähtechniken
Einfache Naht (S. 56)
Reißverschluss (S. 88–92)
Zwischenfutter (S. 99)
Träger (S. 162)
Druckknöpfe (S. 186)
Taschen (S. 190–199)
Futter (S. 200)

Tipps zum Verzieren
Absteppnähte (S. 210) oder Maschinenstickerei (S. 212–215) – oder von vornherein ein farbiger Stoff.

Stoffvorschläge
Robuster Baumwoll-Drillich (Drell), Leder oder Ultrasuede®.

GÜRTEL

Beschreibung
Wird um Taille oder Hüfte getragen – entweder als rein modisches Accessoire oder zum Festhalten einer Hose.

Nähtechniken
Zwischenfutter (S. 99)
Gürtelschlaufen (S. 108)
Couture-Taillenbund (S. 112)
Träger (S. 162)

Tipps zum Verzieren
Stickereien mit Maschine (S. 212–215) oder Hand (S. 216–217), Perlen- oder Pailettenstickerei (S. 220) oder nur die Kanten dekorativ absteppen (S. 210).

Stoffvorschläge
Kunstleder, Wildleder, Denim oder Gürtel mit Stoffresten beziehen.

SCHALS

Beschreibung
Einfacher Stoffstreifen, der um den Hals gewickelt Wärme spendet – oder einfach nur einen dekorativen Zweck erfüllt.

Nähtechniken
Rollsaum (S. 119)
Fransen (S. 231)
Abschlüsse mit der Overlock (S. 236)

Tipps zum Verzieren
Bei locker gewebten Materialien Fäden ziehen (S. 228), Hand- oder Maschinenstickerei (S. 212–217) oder Sie nähen Zierbänder auf (S. 223).

Stoffvorschläge
Weiche gestrickte oder gewebte Stoffe spenden Wärme, dünne, feine Stoffe sind besonders dekorativ.

Stoff-
verarbeitung

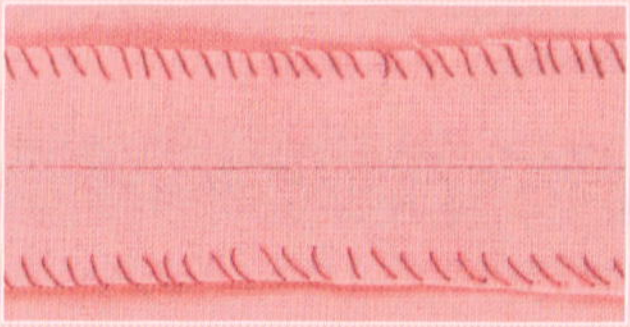
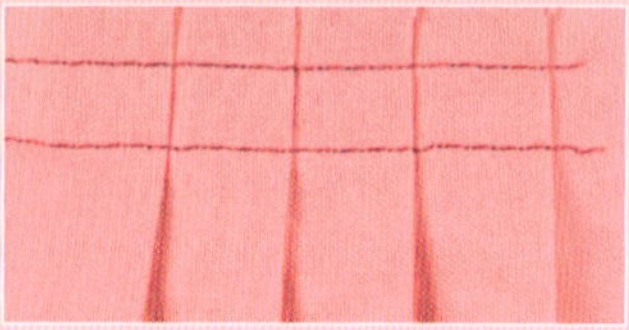

Auf den folgenden Seiten finden Sie bebilderte Schritt-für-Schritt-Anweisungen, die Ihnen auf einfache Weise die unterschiedlichsten Nähtechniken zeigen – dazu gibt es jede Menge nützlicher Tipps und Anregungen.

Nähte

- Einfache
- Französische
- Chiffonsaum
- Doppelte Kappnaht
- Kappnaht
- Überlappte
- Bandnaht
- Korsettnaht
- Offene Naht
- Overlocknaht
- Belegsaum

Mit einer Naht werden zwei Stoffteile miteinander verbunden. Hierzu gibt es unterschiedliche Möglichkeiten – je nachdem, welche Art von Stoff verwendet wird und wo sich die Naht an einem Kleidungsstück befindet. Wählen Sie jeweils die für Ihr Projekt am besten geeignete Methode!

Einfache Naht

Damit können Sie alle Stoffe auf einfachste Weise aneinanderfügen – mit geradem oder kurvenförmigem Verlauf.

Werkzeug und Material

- Grundausstattung (S. 13)

1 Stoffe rechts auf rechts zusammenlegen und neben der Nahtlinie mit Nadeln fixieren.

2 Mit Geradstichen an der Nahtlinie entlang nähen; dabei die Nadeln nacheinander entfernen.

3 Nahtzugaben auseinanderbügeln und die Schnittkanten versäubern (S. 67).

Nähtipps

- Die einzustellende Stichlänge richtet sich nach der Stoffart. Je dicker der Stoff, desto größer die Stichlänge.
- Bei dehnbaren Stoffen einen schmalen Zickzack- oder einen Stretch-Stich einstellen, andernfalls könnte das Garn beim Tragen nach einiger Zeit reißen.
- Nahtzugabe ausreichend bemessen.
- Bei Rundungen die Nahtzugabe einschneiden bzw. V-Kerben ausschneiden, damit die Kanten glatt liegen.

Französische Naht

Heißt auch Doppelnaht, weil eine zweite Naht das Versäubern der Schnittkanten erspart. Vorne sieht sie aus wie eine einfache Naht, hinten sieht man eine Falte.

Werkzeug und Material

- Grundausstattung (S. 13)

1 Stoffteile links auf links legen und etwa 6 mm von der Kante entfernt mit Geradstich zusammennähen.

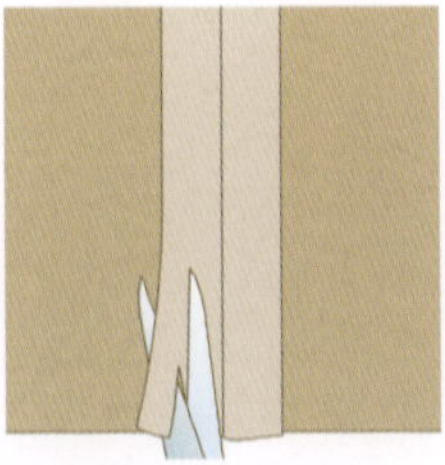

2 Nahtzugaben auseinanderbügeln und die Kanten längs etwa zur Hälfte zurückschneiden.

3 Stoffe entlang der Naht rechts auf rechts zusammenlegen, sodass die Naht außen liegt.

4 Im Abstand von 6 mm zur Faltkante ein zweites Mal entlangnähen, um die Schnittkanten der Nähzugaben einzuschließen.

Nähtipps

- Die einzustellende Stichlänge richtet sich nach der Stoffart. Je dicker der Stoff, desto größer die Stichlänge.
- Diese Methode eignet sich nur für gerade Nähte; bei gerundeten Nähten entstehen Wülste.

- Es gibt auch die „falsche französische Naht“: Hierbei die Stoffe rechts auf rechts zusammennähen, die Schnittkanten längs nach innen einschlagen, flachbügeln und knappkantig absteppen.

Chiffonsaum

Ähnlich wie eine französische Naht, nur sehr viel schmaler und daher ideal geeignet für hauchdünne, durchscheinende Stoffe. Sie ist nicht so haltbar wie andere Nähte, wirkt aber sauber und elegant – vor allem bei Überröcken oder Kleidern aus Chiffon.

Werkzeug und Material

- Grundausstattung (S. 13)

1 Stoffe an den Schnittkanten links auf links aufeinanderlegen und im Abstand von ca. 1,5 cm mit Geradstichen zusammennähen.

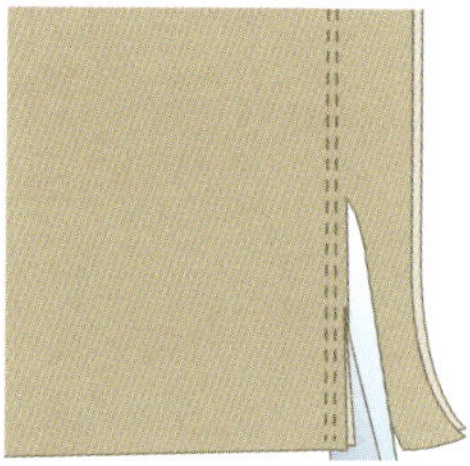

2 Gleich daneben eine zweite Naht nähen. Nahtzugabe ganz knapp entlang der zweiten Naht abschneiden.

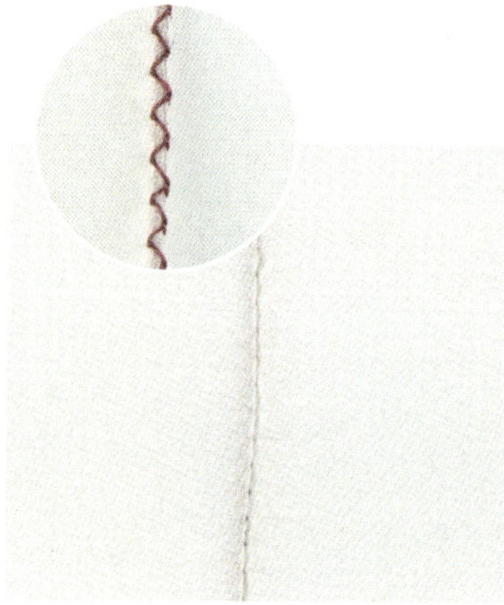

3 Stoff umfalten, sodass er rechts auf rechts liegt und die Naht an der Außenkante verläuft.

4 Einen etwa 2 mm breiten Zickzack-Stich einstellen und über die Nahtkante hinwegnähen, so dass alle offenen Kanten innen liegen. Den schmalen Grat öffnen und nach einer Seite hin flachbügeln.

Nähtipps

- Bei dieser Saumnaht sollten Sie mit kürzeren Geradstichen arbeiten. Chiffon und ähnlich transparente Stoffe sind in der Regel hauchdünn, und auf diese Weise wird die Naht etwas haltbarer. Den Zickzack-Stich sollten Sie vorher auf einem Stoffrest ausprobieren, um die richtige Einstellung zu ermitteln; die hier angegebenen Stichgrößen dienen nur als Anhaltspunkt.
- Schützen Sie den Saum beim Überbügeln mit einem Tuch, besonders wenn es sich um Kunstfasern handelt.

Doppelte Kappnaht

Diese flache Naht eignet sich besonders gut für Jeans und Wendebekleidung, da sie eine saubere, stabile Verbindung bietet. Alle offenen Kanten werden von einer zweiten Naht verdeckt.

Werkzeug und Material

- Grundausstattung (S. 13)

1 Stoffe links auf links legen und etwa 1,5 cm von der Schnittkante entfernt mit Geradstichen zusammennähen.

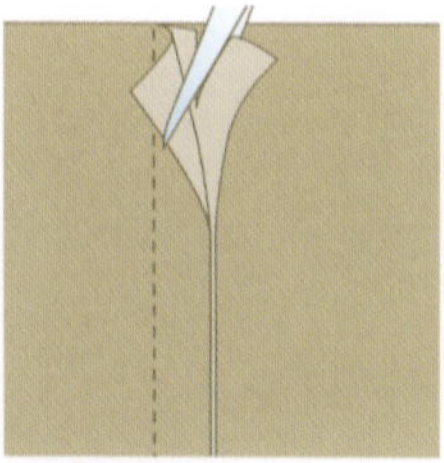

2 Nahtzugaben nach einer Seite bügeln und die unten liegende Kante auf etwa 3 mm zurückschneiden.

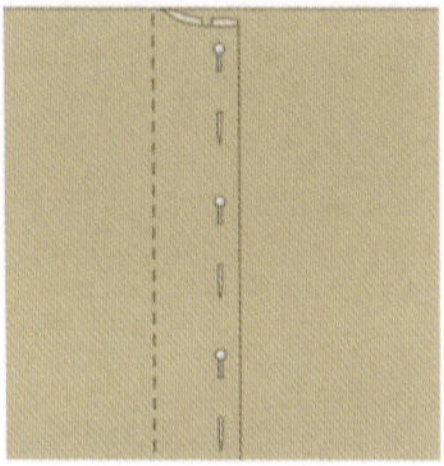

3 Die Kante der oberen Nahtzugabe unter die schmalere schieben und flachbügeln. Alle Stofflagen mit Nadeln fixieren.

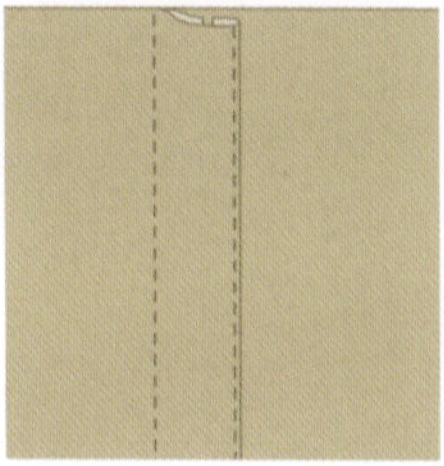

4 Entlang der Falte knappkantig durch alle Stofflagen nähen.

Nähtipps

- Ist für alle Stoffarten geeignet, außer für Stoffe, die besonders dick oder steif sind. Für diese ist die einfache Kappnaht besser geeignet (S. 60).
- Bei der „falschen Kappnaht“ werden die Stoffteile zunächst mit einer einfachen Naht verbunden, dann die offenen Kanten mit einem Zickzack- oder Overlock-Stich versäubert und nach einer Seite umgebügelt. Die versäuberten Kanten werden mit einer parallel zur Naht verlaufenden Steppnaht fixiert.

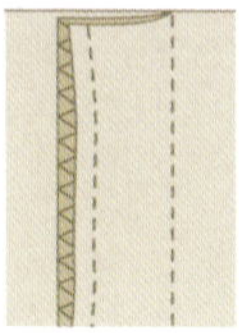

Kappnaht

Diese Näht ähnelt der doppelten Kappnaht, trägt aber weniger auf. Sie wird für dickere, nicht-fransende Stoffe verwendet; oft auch für Leder und Wildleder.

Werkzeug und Material

- Grundausstattung (S. 13)

1 Stoff rechts auf rechts legen und im Kantenabstand von 1,5 cm zusammennähen.

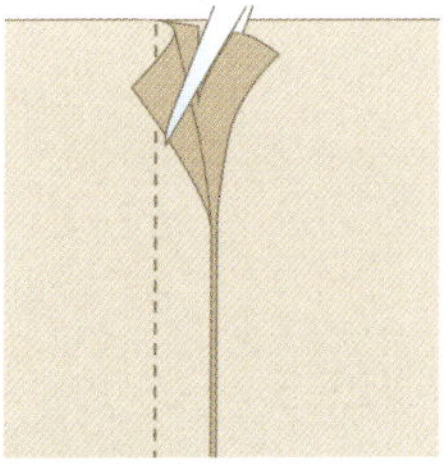

2 Die offenen Kanten auseinanderpressen und die untere Kante auf 6 mm zurückschneiden.

3 Von rechts durch alle Stofflagen mit Nadeln zusammenhalten. Parallel zur Naht durch alle Lagen steppen, um die unten liegenden offenen Kanten zu fixieren.

Nähtipps

- Die Stichlänge entsprechend auf dickeren Stoff einstellen.
- Für eine doppelte Kappnaht wird entlang der ersten Naht eine zweite Steppnaht genäht.

Überlappte Naht

Bei dieser Naht wird vor dem Festnähen ein Stoffteil über das andere gelegt. Sie eignet sich vor allem für nicht-fransende Materialien und kommt in der Regel bei Leder und Wildleder zum Einsatz.

Werkzeug und Material

- Grundausstattung (S. 13)
- Bei Leder weder Stecknadeln noch Heftfaden, sondern doppelseitiges Klebeband verwenden

1 Bei nicht-fransenden Materialien die Nahtzugabe an einem Teil wegschneiden. Bei anderen Materialien die Kante entlang der Nahtlinie zur linken Seite umfalten.

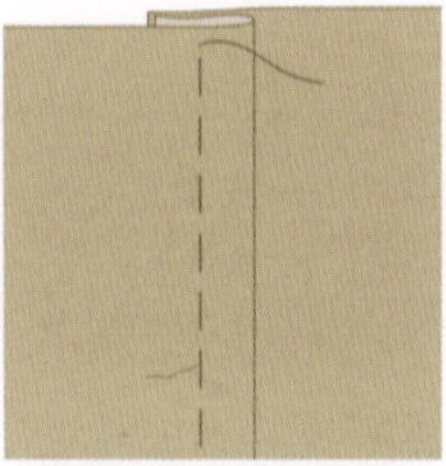

2 Die beschnittene bzw. eingefaltete Innenkante des einen Teils genau über die des Gegenstücks legen. Die Lagen zusammenheften bzw. kleben.

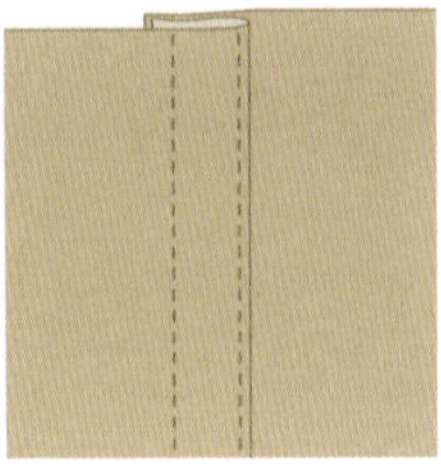

3 Die beiden Teile von rechts dicht neben der Falzlinie und/oder knappkantig entlang der Kante des oben liegenden Teils zusammensteppen.

Nähtipps

- Bei fransenden Stoffen müssen die Schnittkanten vor dem Nähen versäubert werden.
- Bei Leder/Wildleder immer mit einer Ledernadel arbeiten – die scharfe Dreikantspitze durchdringt das Material sehr viel besser als eine übliche Nadel.

Bandnaht

Manchmal kann eine Naht mit der Zeit ausleiern oder die Form verlieren – z. B. eine Schulternaht. Zur Vorbeugung wird ein stabilisierendes Band mit eingenäht.

Werkzeug und Material

- Grundausstattung (S. 13)
- 6 mm breites Köperband

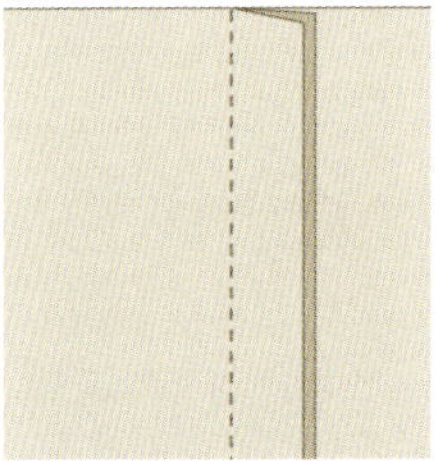

1 Die Stoffteile zunächst rechts auf rechts im Kantenabstand 1,5 cm mit einer einfachen Naht in Geradstichen zusammensteppen.

2 Die Nahtzugaben zusammen zur Seite bügeln und das Band dicht neben der Naht auflegen, und zwar auf der Seite, die mit den Schnittkanten endet. Das Band durch beide Nahtzugaben feststecken – aber nicht durch die rechte Stoffseite.

3 Das Band knappkantig und direkt neben der ersten Naht feststeppen.

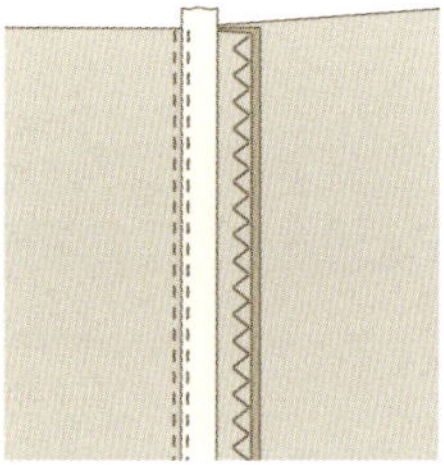

4 Die Schnittkanten abschneiden, versäubern und zu einer Seite flachbügeln, das Band der rechten Stoffseite liegt am weitesten entfernt.

Nähtipps

- Zur Nahtverstärkung ein 6 mm breites Baumwoll-Köperband oder ein vergleichbar schmales, leichtes Band verwenden.
- Um ein sauberes Ergebnis zu erzielen, sollte das Band nicht gleichzeitig mit der ersten Naht festgenäht werden, Andernfalls könnte es sich zur Hälfte falten und doppelt zu liegen kommen, was eine unschöne Wulst bildet.

Korsettnaht

Oft werden Nähte mit Stäbchen verstärkt, um einem Kleidungsstück zusätzlich Stand und Form zu geben – zumeist einem Braut- oder Abendkleid. Die hier gezeigte Technik eignet sich für alle Arten von Stoffen.

Werkzeug und Material

- Grundausstattung (S. 13)
- Satin-Schrägband
- Korsettstäbchen

1 Stoffteile rechts auf rechts legen und mit 1,5 cm Nahtzugabe mit einer einfachen Naht verbinden.

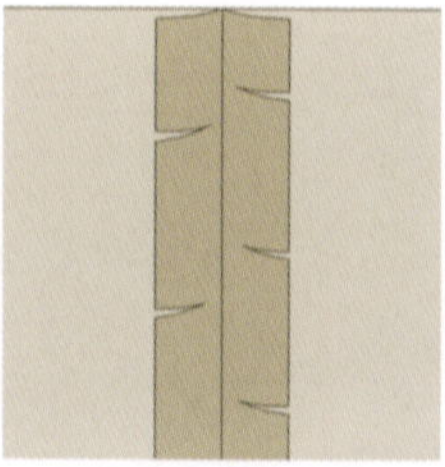

2 Nahtzugaben auseinanderbügeln und die Kanten, falls nötig, mehrmals einschneiden, damit der Stoff glatt liegt.

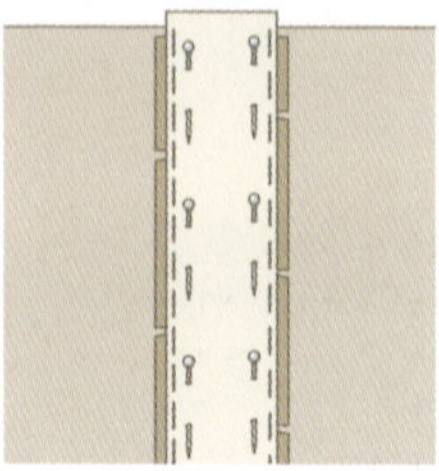

3 Ein 1,8 cm breites Satin-Schrägband längs über die Nahtzugaben legen und an den Kanten feststecken. Das Band knapp entlang der beiden Außenkanten auf den Nahtzugaben feststeppen.

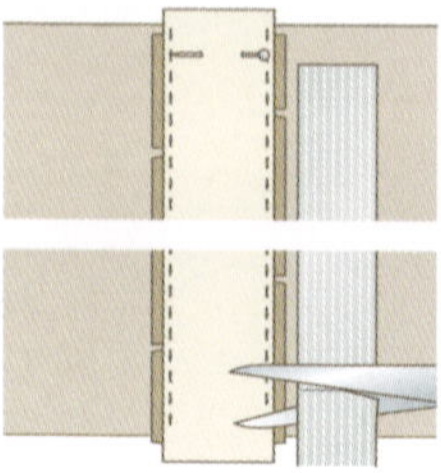

4 Eine Nadel quer über die Naht-Oberkante stecken und das Stäbchen in den Tunnel einschieben. Bei Bedarf entsprechend kürzen.

Nähtipps

- Muss das Stäbchen gekürzt werden, müssen Sie die Ecken abrunden, damit die scharfen Kanten nicht den Stoff durchstoßen. Oder sie decken das abgeschnittene Ende mit kleinen Stoffresten ab.
- Das Stäbchen auf die gezeigte Weise fixieren, nicht direkt auf das Band aufnähen, damit es am Kleidungsstück einen sicheren Sitz findet.
- Bei trägerlosen Oberteilen sind Korsettstäbchen besonders nützlich – sie halten das Kleidungsstück nah am Körper.

Offene Nahtkante

Diese Nahtvariante kommt manchmal als modisches Designelement zum Einsatz: Die Nahtzugaben sind auf der rechten Seite fransig sichtbar, was dem Kleidungsstück einen "Used Look" verleiht.

Werkzeug und Material

- Grundausstattung (S. 13)
- Zahnbürste

1 Die Stoffteile links auf links legen und mit 1,5 cm breiter Nahtzugabe mit Geradstichen zusammennähen.

2 Nahtzugaben etwas abschneiden, den Stoff zusammenrollen und mit der Zahnbürste kräftig über die Kanten bürsten, um sie extra auszufransen.

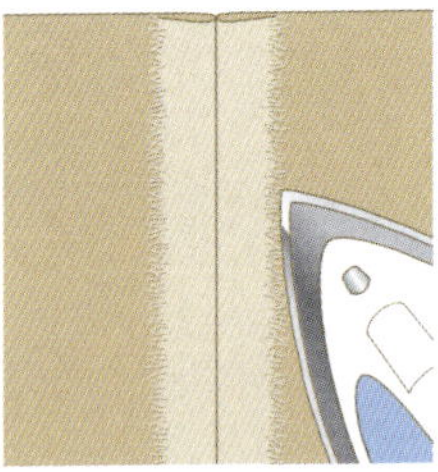

3 Die Nahtzugaben mit den Fingern auseinanderdrücken. Nur an der Nahtlinie, nicht über die ausgefransten Kanten bügeln.

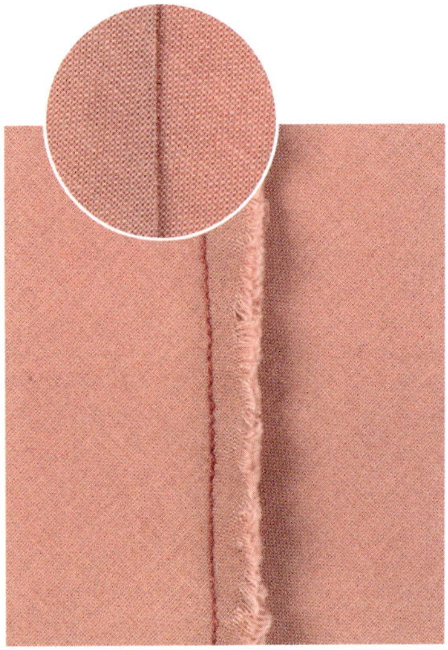

Nähtipps

- Dieses Verfahren eignet sich besonders für Stoffe, die im Schrägfadenverlauf geschnitten sind.
- Funktioniert bestens mit locker gewebten Stoffen (Leinen, Tweed) oder auch mit kräftigen Stoffen wie Denim und Canvas.
- Mit einer harten Zahnbürste lassen sich die Schnittkanten am besten „abwetzen".
- Um einem lockeren Stoff mehr Stabilität zu verleihen, kurze Stiche verwenden, oder zur besseren Haltbarkeit zwei Nähte übereinandersteppen.

Overlocknaht

Mit einer Overlock können Sie Stoffe in einem Arbeitsgang zusammennähen und die Nahtkanten versäubern, was die Arbeit enorm beschleunigt. Dank seiner Arbeitsweise ist ein Overlockstich ideal zum Nähen von elastischen Stoffen, da die Fäden mit dem Stoff „mitwandern".

Werkzeug und Material

- Grundausstattung (S. 13)
- Zwei Nadeln
- Vier Garnrollenhalter (Konen)

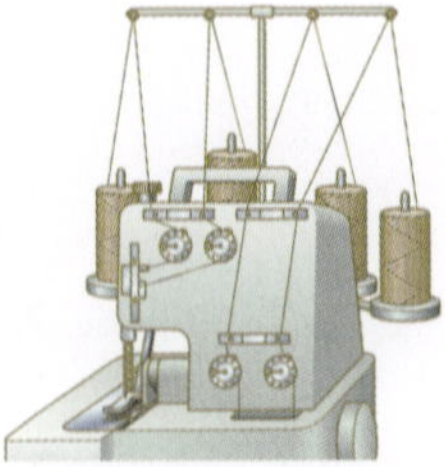

1 Beide Nadeln einsetzen, Maschine einfädeln und eine ausgewogene Fadenspannung einstellen.

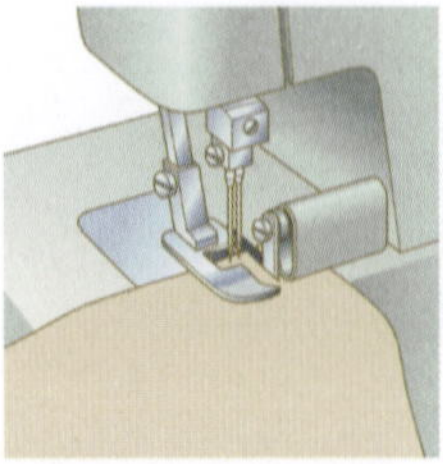

2 Stoff unter das Nähfüßchen schieben und dieses absenken, um den Stoff zu fixieren.

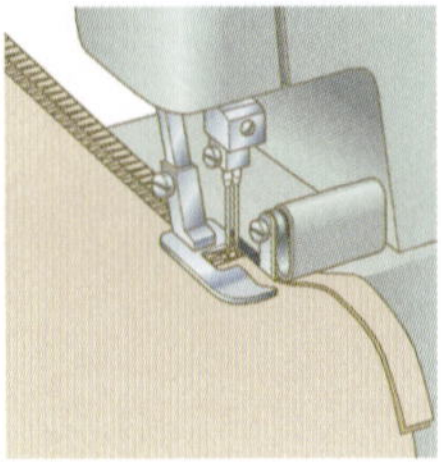

3 Gleichmäßig nähen. Die überstehende Stoffkante wird beim Nähen abgeschnitten.

Nähtipps

- Orientieren Sie sich an den Markierungen auf der Stichplatte, um eine Saumzugabe von 1,5 cm einzuhalten.
- Eine Overlocknaht eignet sich für alle Stoffe, ist aber ideal für Stretchstoffe. Der Vorschub steuert den Vorschub des Stoffes, so dass dieser weder überdehnt noch gezerrt wird. Eine normale Nähmaschine besitzt keinen Differentialtransport.
- Nadeltyp sowie Stichlänge und -breite müssen den Stoffmerkmalen entsprechen.

Belegsaum

Bei einem Belegsaum werden alle Schnittkanten zwischen zwei Stofflagen verborgen – z. B. bei einem Besatz. Je nach Nahtform müssen die innen liegenden Schnittkanten unterschiedlich weit zurückgeschnitten, abgestuft oder eingeschnitten werden, um Beulen zu vermeiden.

Werkzeug und Material

- Grundausstattung (S. 13)

1 Stoffe rechts auf rechts legen und mit Kantenabstand 1,5 cm zusammennähen.

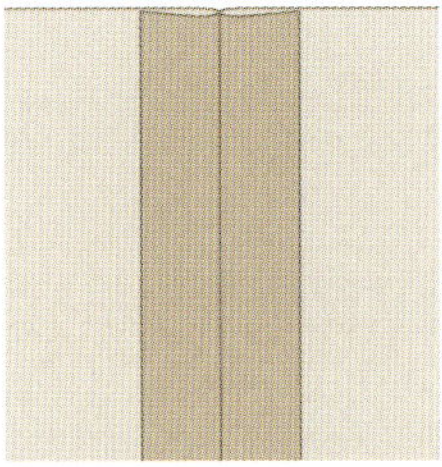

2 Naht auseinanderbügeln.

3 Nahtzugaben zurückschneiden, um sie abzustufen/zu legen:

GERADE KANTE – Beide Nahtzugaben zurückschneiden – dabei die Zugabe unter der rechten Seite etwas länger lassen.

RUNDUNG AUSWÄRTS – Nahtzugaben abgestuft zurückschneiden, V-förmige Kerben einschneiden.

RUNDUNG EINWÄRTS – Nahtzugaben wie oben abstufen, mehrmals bis knapp vor die Naht einschneiden. Beim Verstürzen bilden sich dann keine Wülste. Einschnitte auf jeder Seite versetzt vornehmen, damit die Naht stabil bleibt. Die Lagen flachbügeln, so dass die Naht nach außen gedrückt wird.

Nähtipps

- Wenn zwei Stofflagen aufeinander liegen, müssen die Nahtzugaben abgestuft zurückgeschnitten werden, damit sich keine Wülste bilden. Falls der Stoff nicht stark franst, können Sie Zeit sparen, indem Sie beide Nahtzugaben auf etwa 2 mm zurückschneiden (Minimum).
- Bei leichten oder locker gewebten Stoffen eine kürzere Stichlänge wählen, um der Naht mehr Festigkeit zu verleihen.

Abschlüsse

- Overlock
- Schrägband
- Hongkong
- Zackenschere
- Überwendling
- Zickzack-Stich
- Geradstich

Bei manchen Saumtechniken werden die unversäuberten Stoffkanten eingeschlossen, aber in der Regel müssen sie vor dem Ausfransen geschützt werden. Wählen Sie die für Ihr Kleidungsstück am besten geeignete Methode.

Overlocksaum

Mit der Overlockmaschine lassen sich perfekte, saubere Kantenabschlüsse arbeiten, da die Stiche über der Schnittkante miteinander verschlungen werden.

Werkzeug und Material

- Grundausstattung (S. 13)
- Drei Garnrollenhalter

1 Mit dem Stoff rechts auf rechts eine einfache Naht nähen.

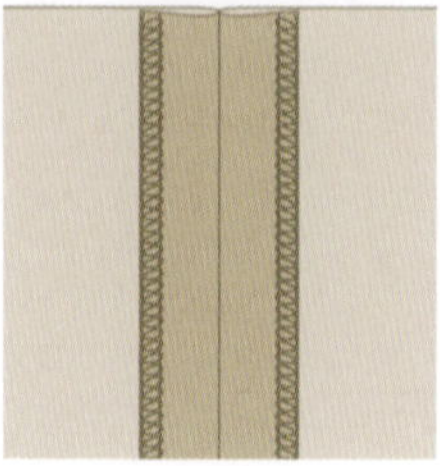

2 Drei Fäden in die Maschine einfädeln und die unversäuberten Stoffkanten einsäumen.

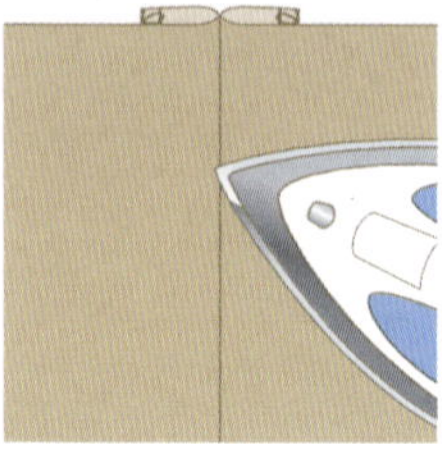

3 Von der rechten Seite leicht überbügeln.

Alternative

Alle Schnittkanten mit der Overlock zunächst knapp abschneiden, dann mit Stichen umsäumen.

Nähtipps

- Verwenden Sie hierzu drei Fäden, bei schweren Stoffen auch vier.
- Sie können die unversäuberten Kanten in einem Arbeitsgang zusammennähen und säumen. Anschließend zu einer Seite bügeln.

Schrägbandeinfassung

Mit Schrägband eingefasste Kanten sehen sauber aus und sind haltbar. Da das Band im schrägen Fadenverlauf zugeschnitten wird, legt es sich problemlos um Rundungen.

Werkzeug und Material

- Grundausstattung (S. 13)
- Schrägband
- Bandeinfasser-Nähfuß, falls erforderlich

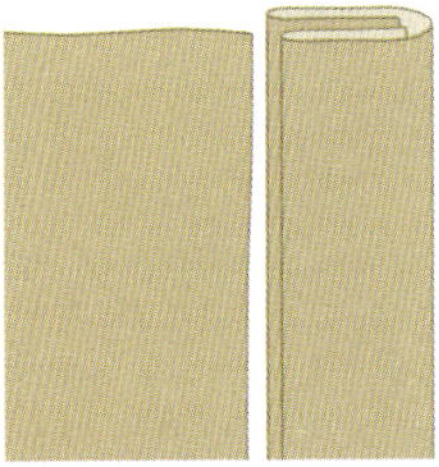

1 Vorgefertigtes Schrägband längs zur Hälfte umfalten, damit es die Schnittkanten umschließen kann.

2 Das Schrägband über die Schnittkanten legen und wahlweise feststecken oder heften.

3 Durch alle Stofflagen dicht neben der Schrägbandkante entlangsteppen.

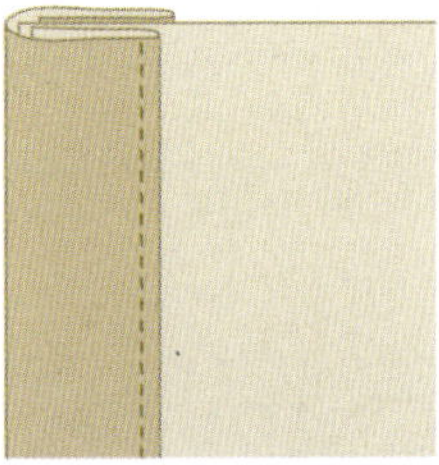

4 Auf der Rückseite kontrollieren, ob die Naht das Schrägband dort über die gesamte Länge mit erfasst hat.

Nähtipps

- Mit einiger Erfahrung oder mit einem Bandeinfasser-Fuß lassen sich Kanten sehr bequem mit der Maschine einfassen. Allerdings können die fünf Stofflagen etwas dick werden.

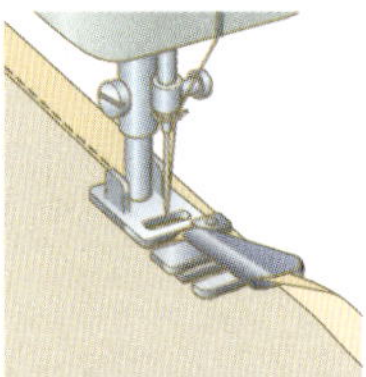

- Nehmen Sie Schrägband, um Kanten einzufassen, bevor sie aufgefaltet werden – oder für breite Säume.

Hongkong-Abschluss

Dieser Kantenabschluss ähnelt einer Schrägbandeinfassung, trägt aber mit nur vier Stofflagen weniger auf. Eignet sich zum Versäubern und auch als dekoratives Element.

Werkzeug und Material

- Grundausstattung (S. 13)
- Rollschneider und Schneidematte
- Schrägstreifen

1 Schrägstreifen von 3,2 cm Breite zuschneiden.

2 Schrägstreifen und Stoff rechts auf rechts legen. Die Schnittkanten müssen exakt aufeinanderliegen. Mit 6 mm Nahtzugabe zusammennähen.

3 Nahtzugabe 3 mm zurückschneiden und den Schrägstreifen dann über die Schnittkanten nach hinten falten.

4 Zusammenstecken und dann von rechts genau „in der Naht steppen" (S. 248). Überstehende Nahtzugabe abschneiden.

Nähtipps

- Dass eine Kante unversäubert bleibt, ist kein Problem, da ein schräg geschnittener Streifen nicht ausfranst.
- Je nach gewünschtem Effekt können Sie Schrägstreifen in der gleichen oder in einer Kontrastfarbe verwenden.
- Besonders elegant: Schrägstreifen aus Habutai-Seide als Saumabschluss einer leichten Wollhose.

Versäubern mit Zackenschere

Damit lässt sich auf einfache Weise das Ausfransen von Schnittkanten verhindern. Geht im Handumdrehen, trägt nicht auf und eignet sich besonders gut für Bastelprojekte.

Werkzeug und Material

- Grundausstattung (S. 13)
- Zackenschere

1 Stoffe rechts auf rechts legen und im Kantenabstand 1,5 cm mit Geradstichen eine Naht nähen.

2 Nahtzugaben auseinanderbügeln und die beiden Längskanten mit der Zackenschere zurückschneiden.

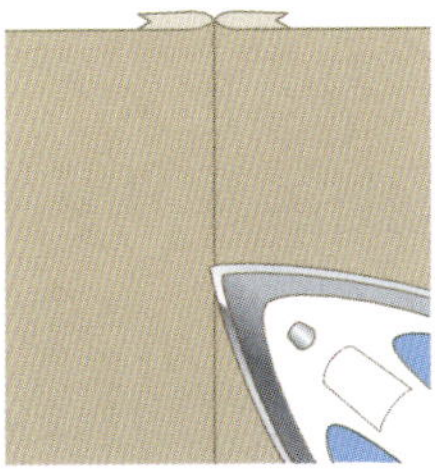

3 Von rechts leicht überbügeln, damit die Naht schön glatt liegt.

Nähtipps

- Gut bei Kappnähten und überlappten Nähten.
- Die Zackenschere muss sehr scharf sein, damit sich nichts verzieht.
- Sie können die Kanten auch schon vor dem Zusammennähen abschneiden.

Überwendling von Hand

Der Überwendling-Stich schützt offene Stoffkanten vor dem Ausfransen. Alternativ können Sie auch maschinell mit Zickzack-Stich versäubern (S. 72).

Werkzeug und Material

- Grundausstattung (S. 13)
- Seidengarn

1 Eine einfache Naht arbeiten. Der übliche Kantenabstand beträgt 1,5 cm.

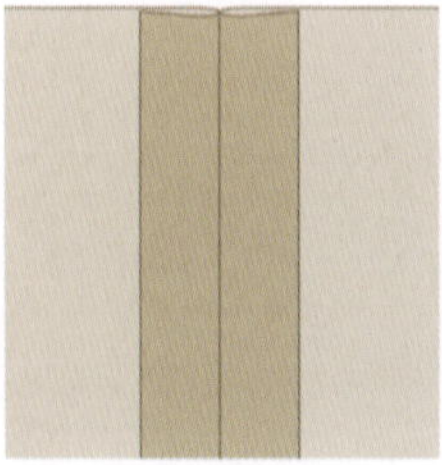

2 Die Naht auseinanderbügeln.

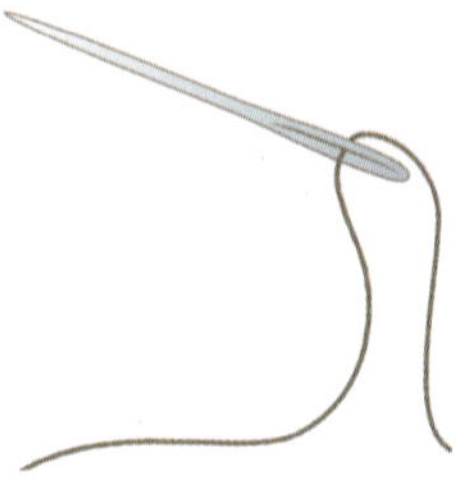

3 Garnfaden in eine kleine Nadel einfädeln.

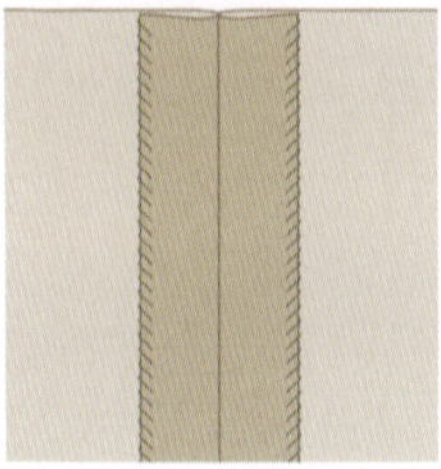

4 Die Stoffkante mit Überwendling-Stichen einfassen. Hierzu eine Reihe von kleinen Schrägstichen über die Kante führen.

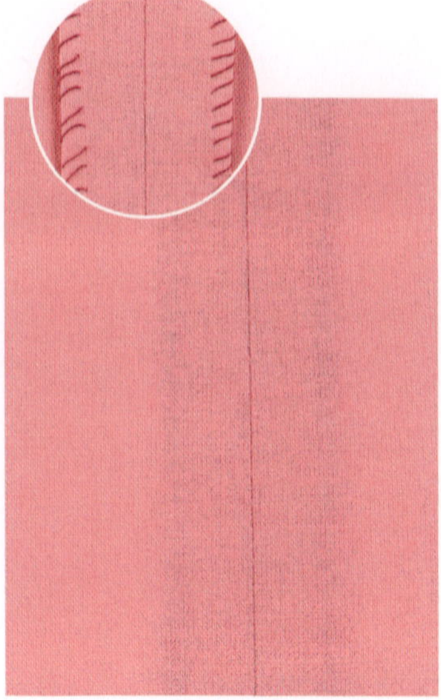

Nähtipps

- Seidengarn ist für Überwendling-Stiche besonders gut geeignet, da es sich nicht so leicht verknotet oder verheddert wie Baumwoll- oder Polyestergarn. Halten Sie den Faden lieber kurz als lang, um ein Verheddern zu vermeiden.

Zickzack-Stich

Mit einem Zickzack-Stich oder einem einprogrammierten Überwendling-Stich lassen sich offene Stoffkanten mit der Maschine leicht versäubern.

Werkzeug und Material

- Grundausstattung (S. 13)
- Überwendlingfuß (Kantenfuß)

1 Eine einfache Naht arbeiten. Der Abstand zur Stoffkante beträgt in der Regel 1,5 cm.

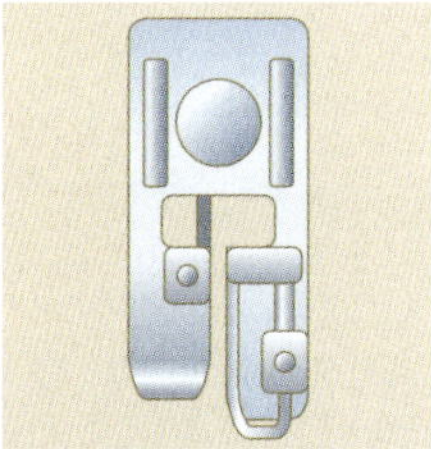

2 Einen Zickzack-Stich auswählen oder den normalen Nähfuß gegebenenfalls durch einen Überwendlingfuß ersetzen.

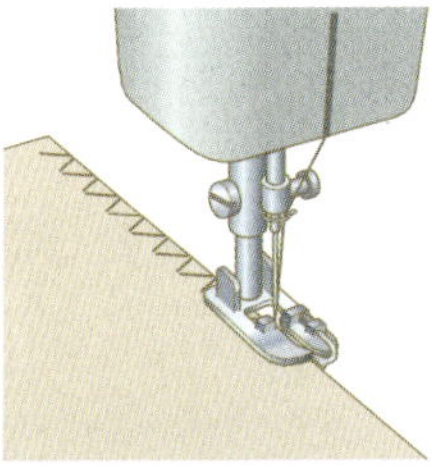

3 An der Stoffkante entlangnähen, wobei der Führungssteg am Überwendlingfuß rechts an der Kante anliegt.

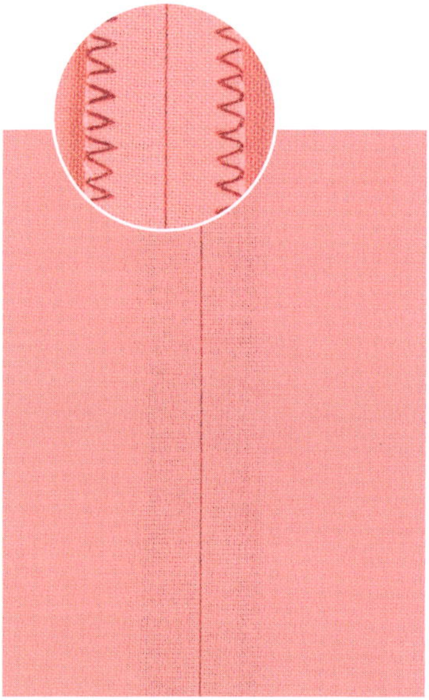

Nähtipps

- Der Führungssteg am Überwendlingfuß verhindert, dass die Stoffkanten beim Nähen wandern. Ist ein solcher Spezialfuß nicht verfügbar, nehmen Sie einen normalen Nähfuß, arbeiten etwa 3 mm von der Kante entfernt eine Naht und schneiden den Überstand weg, ohne die Stiche zu verletzen.
- Wichtig: Für den Überwendlingfuß eine geeignete Stichbreite wählen. Falls die Nadel auf den Nähfuß trifft, kann sie brechen.

Versäubern mit Geradstich

Vor der Entwicklung spezieller Kantenstiche für Maschinen wurde häufig mit Geradstichen versäubert. Das sieht sauber aus, trägt aber etwas auf. Heute ist diese Technik kaum mehr gebräuchlich.

Werkzeug und Material

- Grundausstattung (S. 13)
- Nähfuß und Stichplatte für Geradstich, falls verfügbar

1 Mit einem Abstand von 1,5 cm zur Stoffkante eine einfache Naht arbeiten.

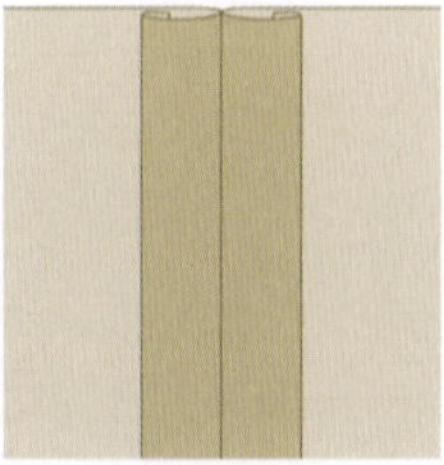

2 Nahzugabe auseinanderbügeln, die Außenkanten etwa 3 mm nach hinten einschlagen und glattbügeln.

3 Knappkantig am Längsfalz entlang absteppen.

Nähtipps

- Diese Versäuberungsmethode bietet sich an, wenn die verfügbare Maschine nur Geradstiche ausführen kann.
- Beim Überbügeln nicht zu stark aufdrücken, sonst zeichnen sich die eingefalteten Kantenenden auf der rechten Stoffseite ab.

- Einfach
- Doppelt
- Taille

Abnäher

Mit Abnähern können Sie ein Kleidungsstück auf Figur bringen. Hierzu einen Stoffbereich einfalten und keilförmig absteppen. Auf diese Weise lassen sich Röcke und Hosen enger machen und Oberteile körpergerecht formen.

Einfacher Abnäher

Wird oft als Brust- oder Taillenabnäher verwendet. Die Nahtlinie verläuft sanft geschwungen.

Werkzeug und Material

- Grundausstattung (S. 13)

1 Vor dem Entfernen des Schnittpapiers die Markierungen auf den Stoff übertragen (Nähzubehör siehe S. 11).

2 Den Stoff an der Abnäherspitze falten. Die Markierungen müssen rechts auf rechts jeweils genau aufeinanderliegen. Mit Nadeln fixieren.

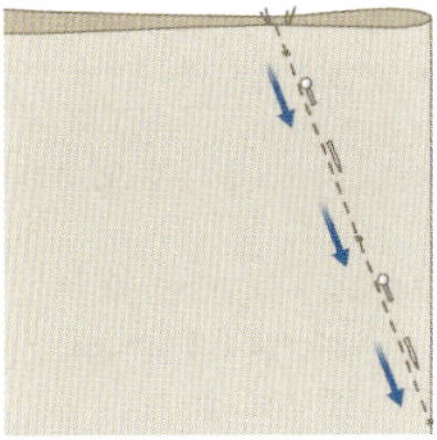

3 An der breiten Seite beginnend in einem leichten Bogen in Richtung Spitze nähen.

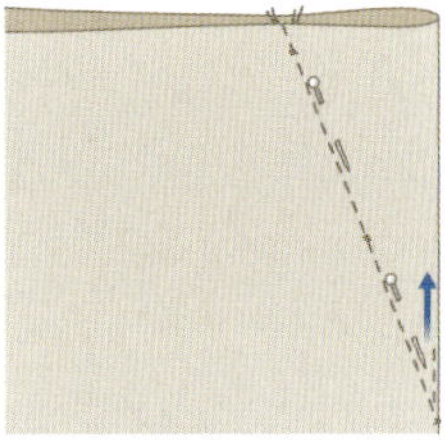

4 Fadenenden mit Rückstichen auf der Nahtlinie sichern oder von Hand vernähen.

Nähtipp

Um den Abnäher formgerecht auszubügeln, können Sie einen Bügelbock verwenden. Dabei einen dünnen Karton unterschieben, um Abdrücke auf der rechten Stoffseite zu verhindern.

Taillenabnäher

Dieser zweispitzige Abnäher dient als Figur formendes Element und kommt meistens im Taillenbereich von Kleidern, Jacken oder Mänteln zum Einsatz.

Werkzeug und Material

- Grundausstattung (S. 13)

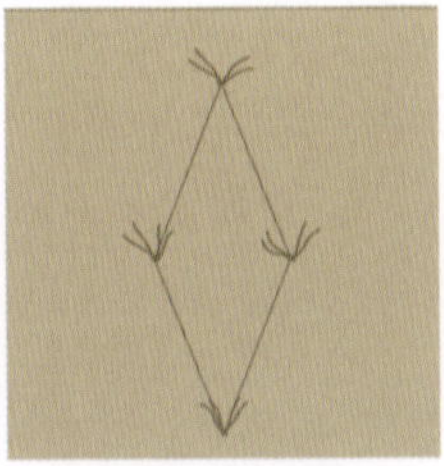

1 Vor dem Entfernen des Schnittpapiers die Markierungen akkurat auf den Stoff übertragen.

2 Den Stoff rechts auf rechts auf der Mittelinie der Rautenform falten. Alle Markierungen müssen jeweils genau aufeinanderliegen. Stecken oder heften.

3 In der Mitte beginnend in leichtem Bogen bis zu einer Abnäherspitze nähen. Fadenende mit Rückstichen sichern oder von Hand vernähen.

4 Stoff umdrehen, vier oder fünf Stiche auf der ersten Naht nähen und dann auf die andere Abnäherspitze zunähen. Fadenenden sichern wie vorher.

Nähtipps

- Sie können auch an einer Abnäherspitze beginnen und gleich zur gegenüberliegenden Spitze nähen, aber bei der hier gezeigten Technik fixieren sich die mittleren Fäden gegenseitig.
- Oft muss der Abnäher eingeschnitten werden, damit er flachgebügelt werden kann. Alle Abnäher konsequent entweder nur zur Mitte oder nur zu den Seitennähten legen.
- Um den Abnäher auszubügeln, einen Bügelbock verwenden. Dabei einen dünnen Karton unterschieben.

Couture-Abnäher

Nähprofis haben einen Trick, um Abnäher zu optimieren: Sie geben etwas Stoff zu. Dies gibt keine Beulen, wie man meinen könnte, sondern verbessert sichtbar die Passform.

Werkzeug und Material

- Grundausstattung (S. 13)

1 Den Stoff rechts auf rechts entlang der Mittelinie zwischen den Abnäherspitzen falten. Alle Markierungen müssen genau aufeinanderliegen. Stecken oder heften.

2 Einen Stoffrest – länger und breiter als der Abnäher – unter den Abnäher legen. In einem Ende des Stoffteils beginnend die Abnäherlinie entlang nähen. Am anderen Ende in das Stoffteil hineinnähen.

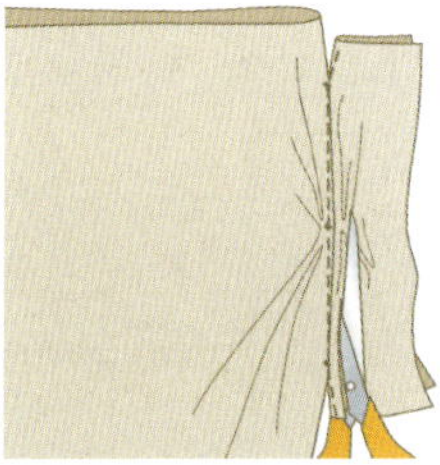

3 Das Stoffteil in Richtung Abnäher ziehen und den Überstand parallel zur Falzkante wegschneiden.

4 Den Abnäher zu einer Seite und den verbliebenen Stoffteil zur anderen Seite bügeln. So entsteht eine ausgewogene Form, und der Abnäher bildet auf einer Seite keine Wulst.

Nähtipp

Beim Abschneiden des Stoffüberstandes gut aufpassen, dass Sie nicht in den Hauptstoff schneiden!

- Breite Fältchen
- Biesen
- Zwillingsnadel

Fältchen

Fältchen sind mehr oder weniger schmale Stofffalten, die einzeln oder mehrfach nebeneinander abgenäht werden. Sie können die Weite eines Kleidungsstücks verringern oder auch als schmückendes Detail dienen.

Breite Fältchen

Breite Fältchen werden in regelmäßigen Abständen genäht. Man kann sie reihenweise auf ganzer Länge nähen oder an einem Ende offen lassen. An Oberteilen oder Passen senkrecht halten, an Rocksäumen horizontal.

Werkzeug und Material

- Grundausstattung (S. 13)
- Steppfuß
- Bügeltuch

1 Die Position und Größe der Fältchen auf dem Stoff markieren.

2 Den Stoffe links auf links entlang der Linien falten und flachbügeln.

3 Mit Geradstich parallel an jeder Faltlinie entlangnähen.

4 Wenn die Fältchen fertig sind, werden sie alle in die gleiche Richtung gebügelt.

Nähtipp

Verwenden Sie Stoffe aus Naturfasern – synthetische Stoffe sind zu elastisch und lassen sich nicht so gut handhaben.

Biesen

Biesen sind ganz schmale, sehr dekorative Fältchen, mit denen sich ein plastischer Effekt erzielen lässt. Hierfür wird weniger Stoff verarbeitet als bei breiten Fältchen.

Werkzeug und Material

- Grundausstattung (S. 13)
- Kantenfuß

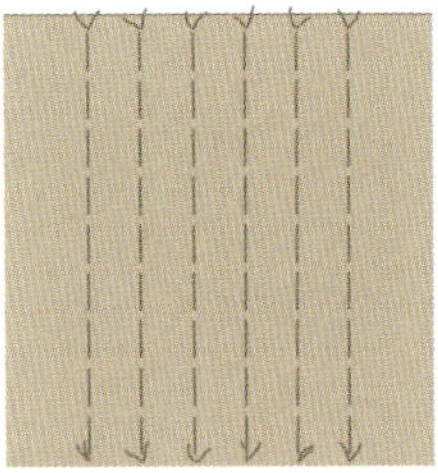

1 Position und Größe der Biesen auf dem Stoff markieren – z. B. mit Heftfädchen oder Schneiderkreide.

2 Die Fältchen überbügeln – sie lassen sich dann viel leichter abnähen.

3 Im Abstand von 2 mm mit Geradstich an jeder Faltlinie entlangnähen.

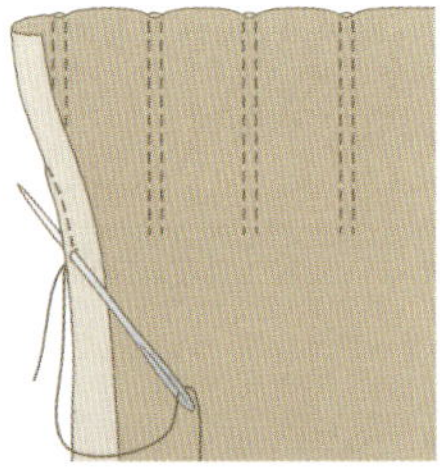

4 Die Fadenenden von Hand mit einer Nadel in der Stoffrückseite vernähen.

Nähtipps

- Die Fältchen auf der linken Seite überbügeln – die erhabenen Biesen liegen auf der Stoffoberseite.
- Mit Metallicgarn können Sie einen dezenten Schmuckeffekt erzielen.

Biesen mit Zwillingsnadel

Sie sehen aus wie normale Biesen, werden aber mit einer Zwillingsnadel auf die Stoffoberseite genäht. Dabei zieht der Spulenfaden auf der Rückseite den Stoff zu einer schmalen Falte bzw. zu einem Wulst zusammen.

Werkzeug und Material

- Grundausstattung (S. 13)
- Zwillingsnadel
- Biesenfuß

1 Die Position der Biesen auf dem Stoff markieren.

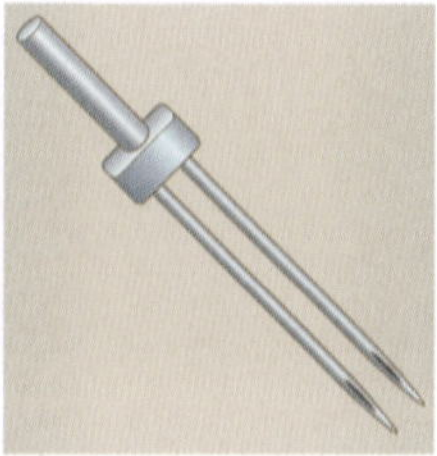

2 Eine Zwillingsnadel in die Maschine einsetzen. Spezielle Hinweise in der Bedienungsanleitung beachten.

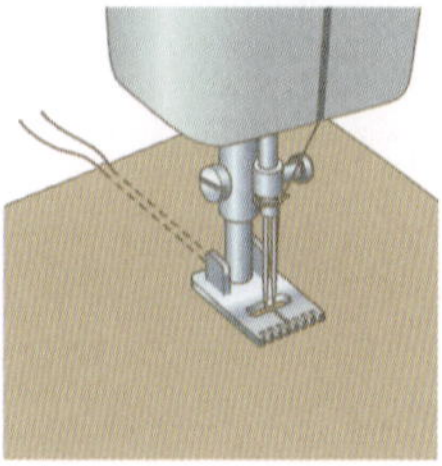

3 Alle Biesen in dieselbe Richtung nähen. Hier könnte sich ein spezieller Biesenfuß als hilfreich erweisen.

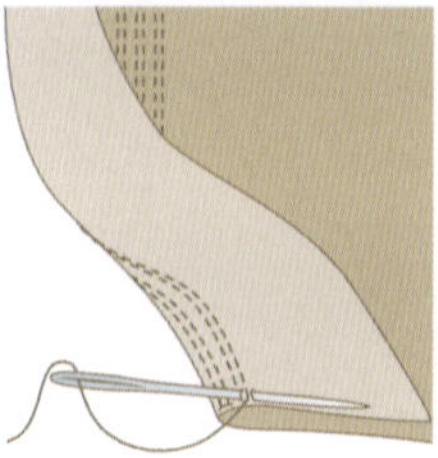

4 Fadenenden von Hand auf der Stoffrückseite vernähen.

Nähtipps

- Erst auf einem Stoffrest ausprobieren und die Fadenspannung verändern, bis die Naht den gewünschten Effekt erzielt.
- Um die Biesen zusätzlich zu stabilisieren, können Sie zwischen Stoff und Spulenfaden einen Gimpefaden mitlaufen lassen.

- Kellerfalte
- Quetschfalte
- Messerfalte

Falten

Falten lassen sich auf vielerlei Weise geschickt einsetzen – ob als Stilelement oder zum Einhalten von Weite und Fülle an bestimmten Stellen. Ob scharfe und weiche Falten – in jedem Fall müssen sie sorgfältig abgemessen werden.

Kellerfalte

Falten kann man absteppen oder an einem Saum oder Taillenbund aufspringen lassen. Sie werden scharf eingebügelt oder fallen als weiche Rollfalten. Bei einer Kellerfalte liegt der Falteneinschlag auf der Innenseite.

Werkzeug und Material

- Grundausstattung (S. 13)
- Bügeltuch

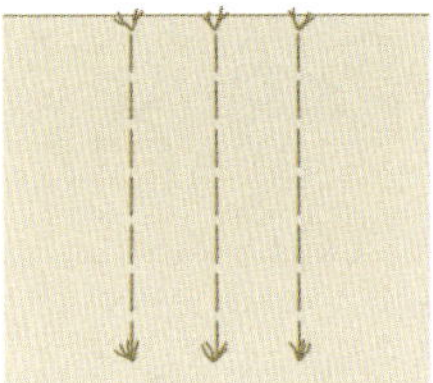

1 Position und Größe der Falte mit Heftfädchen oder Schneiderkreide auf der linken Stoffseite markieren.

2 Den Stoff an der Mittellinie rechts auf rechts falten. Mit Geradstichen entlang der Markierung eine Naht ziehen.

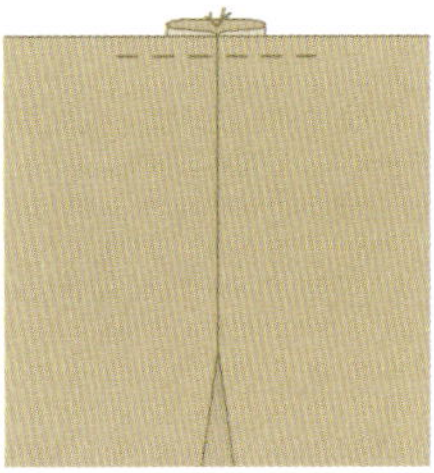

3 Naht flachbügeln und so legen, dass die Falzlinie direkt mittig unter der Nahtlinie liegt. Innerhalb der Saumzugabe heften.

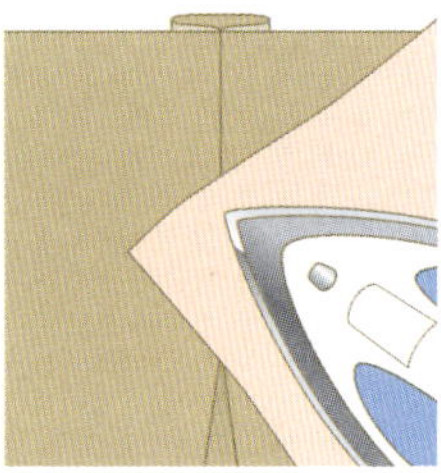

4 Die Rockfalte unter einem schützenden Bügeltuch glätten und mit der nächsten Falte fortfahren.

Nähtipps

- Kellerfalten verwendet man bei Röcken und an den Passen von Blusen und Kleidern. Wählen Sie einen Stoff, in dem sich die Faltenform gut hält.
- Zum Festnähen und zum sauberen Abschluss über den Endstichen wenden.

Quetschfalte

Eine Quetschfalte ist eine umgekehrte Kellerfalte, d. h. auf der Stoffoberseite zeigen die Faltenkanten voneinander weg, so dass sich eine breite senkrechte Falte ergibt. Geeignet für Röcke, Taschen und Hemdenrücken.

Werkzeug und Material

- Grundausstattung (S. 13)
- Bügeltuch

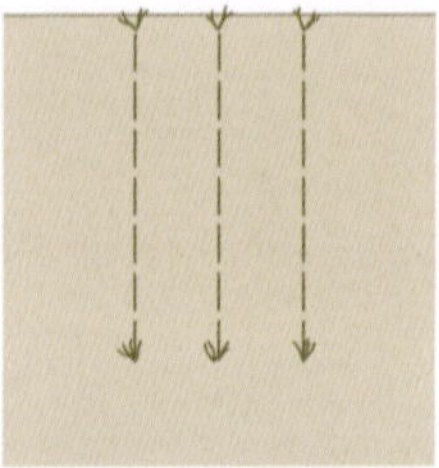

1 Position und Größe der Falte mit Heftfädchen oder Schneiderkreide markieren.

2 Den Stoff links auf links entlang der Mittellinie falten. Mit Geradstichen eine Naht entlang der Markierungslinie nähen.

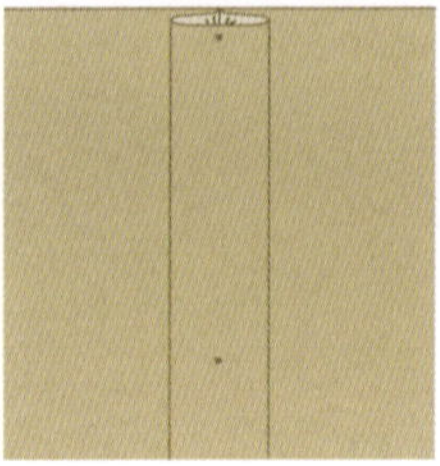

3 Naht flachbügeln und so legen, dass die Mittelnaht flach und mittig direkt unter der Mittellinie der Kellerfalte liegt. Innerhalb der Saumzugabe heften.

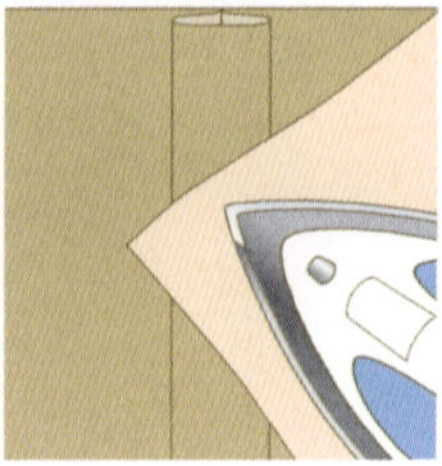

4 Die Kellerfalte unter einem schützenden Bügeltuch glätten und die nächste Falte arbeiten.

Nähtipps

- Quetschfalten können wie beschrieben ein Stück nach unten eingesteppt werden, aber auch frei vom Taillenbund oder von einer Naht herabhängen.
- Wählen Sie den Stoff sorgfältig aus. Synthetics dürften für Kellerfalten zu elastisch sein, während sich Stoffe aus Naturfasern gut in Falten legen lassen, aber oft stark knittern.
- Fadenenden sichern und beim Bügeln ein schützendes Tuch unterlegen.

Messerfalten

Messerfalten oder einfache Falten weisen alle in dieselbe Richtung. Sie können sie in kleiner Zahl oder für den gesamten Teil eines Kleidungsstückes verwenden. Die Falten können fest eingebügelt oder auch nur weich geglättet werden.

Werkzeug und Material

- Grundausstattung (S. 13)
- Bügeltuch

1 Position und Größe der Falten mit Heftfädchen oder Schneiderkreide sorgfältig markieren.

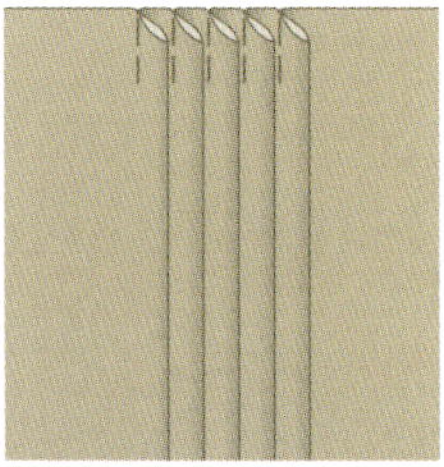

2 Quer über die Oberkanten heften (5 cm weit), um die Falten vor dem Anbringen an den Taillenbund oder die Passe zu fixieren. Das Kleidungsstück weiter arbeiten.

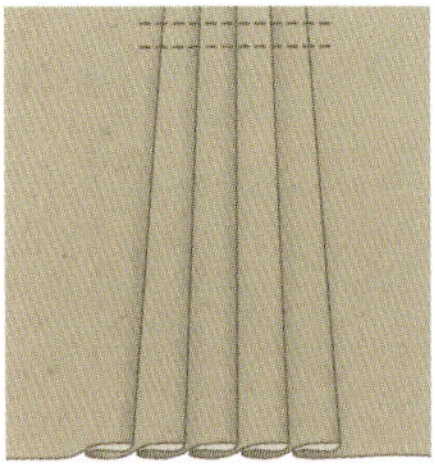

3 Nach dem Festnähen alle Heftfäden entfernen und das Kleidungsstück bügeln.

Nähtipps

- Setzen Sie zwei zur Seitennaht weisende Messerfalten auf ein Rock- oder Hosenvorderteil – oder nähen Sie einen ringsum mit Falten versehenen Schottenrock.
- Die Falten können mit Kantenstichen festgenäht oder scharf eingebügelt werden.
- Beim Bügeln ein Tuch unterlegen, um den Stoff zu schonen.

- Tunnelzug
- Vierteltechnik
- Einnähen

Gummiband

Ein Gummiband wird entweder direkt auf den Stoff genäht oder durch einen Tunnel gezogen. Auf diese Weise kann man leichter in ein Kleidungsstück hinein- und hinausschlüpfen.

Gummi-Tunnelzug

Die klassische Methode, um einen Saum elastisch zu gestalten: Man fertigt einen Stofftunnel und zieht ein Gummiband hindurch. Ideal für Ärmelabschlüsse und Taillenbund.

Werkzeug und Material

- Grundausstattung (S. 13)
- Gummiband
- Sicherheitsnadel oder Durchziehnadel

1 Den Stoff zusammennähen. Mit einem durchgehenden Teil kann man leichter und sauberer arbeiten.

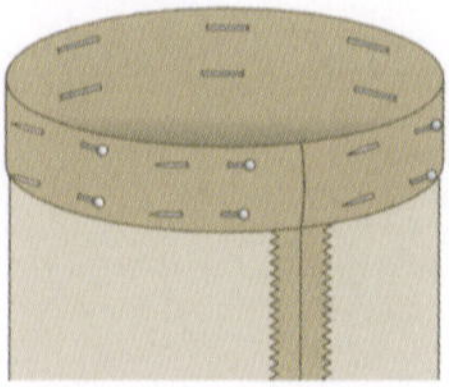

2 Oberkante 6 mm auf links umbügeln. Den Stoff in der Breite des Gummibands mit 3 mm Zugabe nochmals einschlagen und quer feststecken.

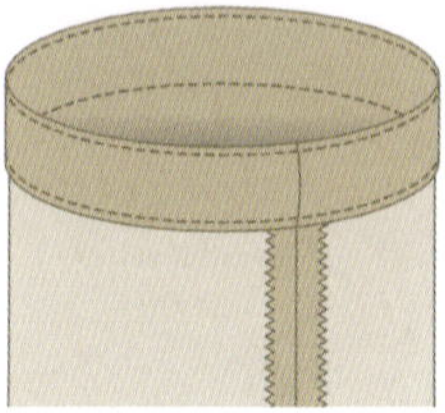

3 Den Tunnel erst unten und dann oben mit Geradstichen knappkantig festnähen. Zum Fadensichern die letzten vier Stiche über die ersten vier nähen.

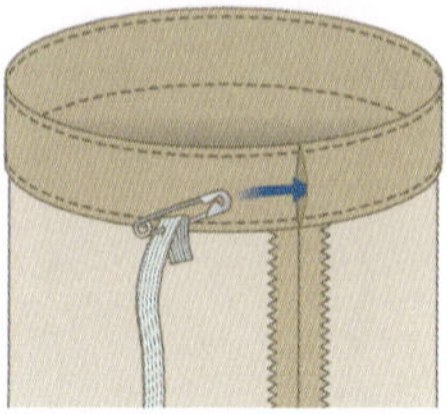

4 Einige Stiche öffnen und das Gummiband durch den Tunnel fädeln. Auf die gewünschte Länge abschneiden, Enden festnähen und Tunnel schließen.

Nähtipp

In den Seitennähten durch alle Stofflagen nähen, um das Gummiband zu fixieren. Es kann sich dann nicht verdrehen und die Fältchen werden vorne und hinten gleichmäßig verteilt.

Gummizug geviertelt

Die Vierteltechnik ist ein nützliches Verfahren, um ein Gummiband zum Festnähen vorzubereiten. Die Fältchen können sich dadurch ringsum gleichmäßig verteilen.

Werkzeug und Material

- Grundausstattung (S. 13)
- Gummiband

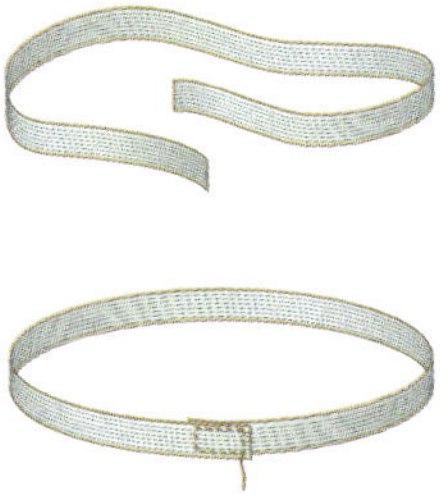

1 Das Gummiband auf die erforderliche Länge schneiden. Die Enden ein Stück überlappen und fest zusammennähen. Das Kleidungsteil rund zusammennähen.

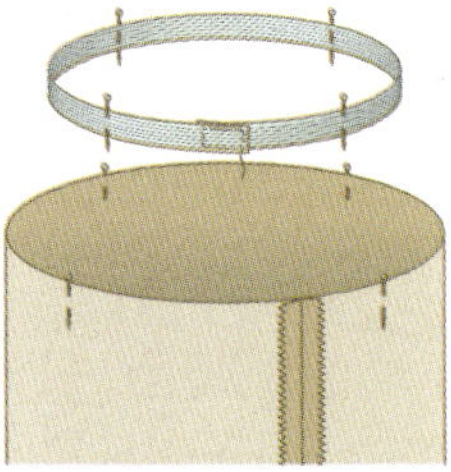

2 Das Gummiband in vier Abschnitte unterteilen und markieren. Auf die gleiche Weise das Kleidungsteil unterteilen – z. B. den Taillenbund.

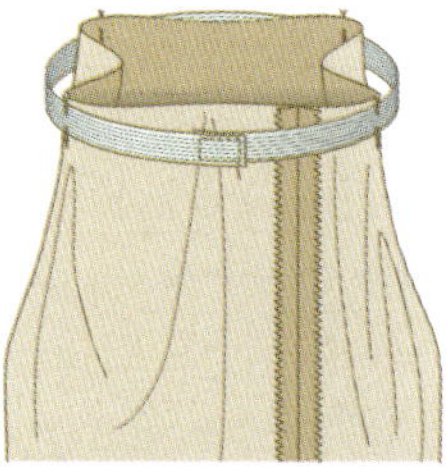

3 Die markierten Viertel am Gummiband passgenau mit denen am Bund ausrichten. Beide Teile zusammenstecken.

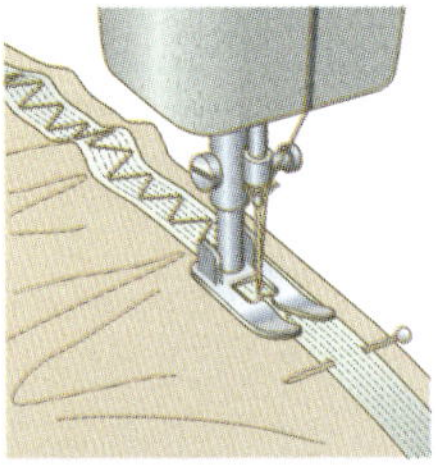

4 Beim Nähen den Gummizug jeweils zwischen zwei Markierungen dehnen. Auf diese Weise abschnittsweise von einem Viertel zum nächsten vorarbeiten.

Nähtipps

- Hinweise zum Annähen des Gummibandes finden Sie auf S. 85.
- Da dieser Gummizug schön flach liegt und kaum aufträgt, eignet er sich gut für Badekleidung und Unterwäsche, aber auch für einen Taillenbund.

Gummiband annähen

Manchmal ist es praktischer, ein Gummiband direkt auf dem Stoff zu befestigen – es kann sich dann nicht verdrehen, und die Fältchen lassen sich ringsum regelmäßig verteilen.

Werkzeug und Material

- Grundausstattung (S. 13)
- Gummiband

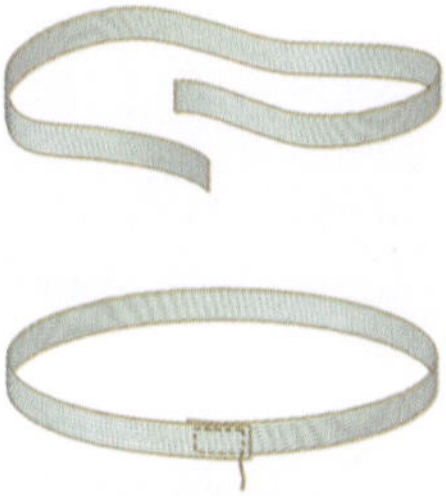

1 Das Gummiband auf die erforderliche Länge kürzen und die Enden vernähen. Das Kleidungsteil rund zusammennähen.

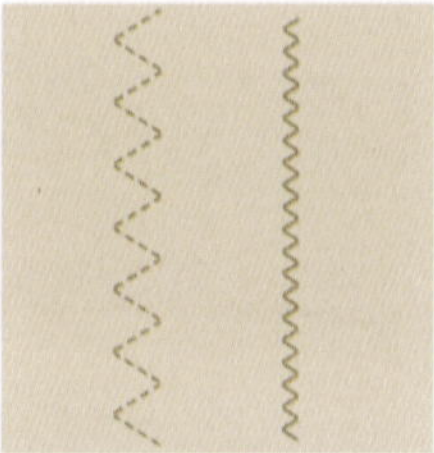

2 An der Maschine den geeigneten Stich einstellen: für schmalen Gummi einen breiten 3-stufigen Zickzack-Stich; für breiteren Gummi einen schmalen Stretch-/Elastik-Stich.

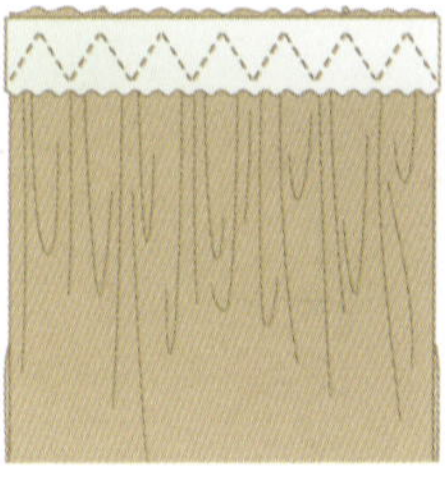

3 Das Gummiband auf die rechte Stoffseite legen, mit der weicheren Seite nach oben. Dann wie auf S. 84 beschrieben auf das Kleidungsteil nähen.

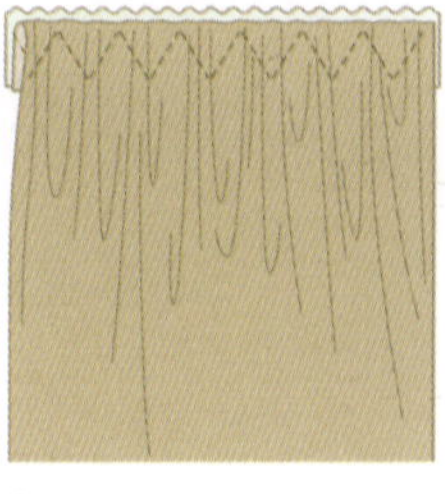

4 Das Gummiband nach innen umschlagen und erneut festnähen – mit den gleichen Stichen wie oben in Schritt 2 empfohlen.

Nähtipps

- Beim Abmessen das Gummiband auf eine komfortable Länge schneiden und dann um 20 % kürzen. Beim Tragen dehnt sich das Gummiband aufgrund der Nahtstiche aus, aber es soll straff genug bleiben, sonst hält es nicht richtig.
- Beim Aufnähen der Gummibänder immer bedenken, dass die Länge später nur schwer verändert werden kann.
- Bei Verwendung eines 3-stufigen Zickzack-Stiches die Stichlänge vergrößern – wenn sich das Gummiband nach dem Dehnen zusammenzieht, sitzen die Stiche dichter zusammen.

Kräuseln

Kräuselfalten dienen dazu, die Stoffweite einzuhalten – durch Zusammenziehen eines Fadens aus einer Reihe nebeneinander liegender Nähte. Dabei entstehen viele lockere Fältchen oder Rüschen.

Rüschen nähen

Mit Nadel und Faden (oder langem Geradstich) lässt sich an Taillenbünden, Manschetten, Rockstufen und gesmokten Oberteilen eine hübsche Kräuselung erzeugen.

Werkzeug und Material

• Grundausstattung (S. 13)

1 Die Maschine auf den Geradstich mit der längsten Stichlänge einstellen.

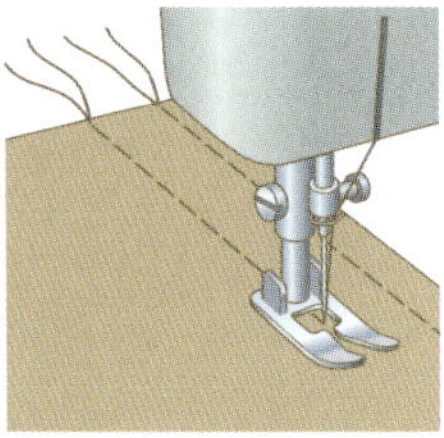

2 Zwei parallele Nähte steppen, die jeweils 3 mm rechts und links von der Nählinie verlaufen. Die beiden Fäden an jedem Ende etwa 7 cm lang lassen.

3 Den Stoff auf die gewünschte Länge zusammenziehen; dabei auf eine gleichmäßige Kräuselung achten.

4 Rüschen am Taillenbund, an der Passe oder an der Manschette feststecken und annähen. Zugfäden herausziehen.

Nähtipps

• Längere Stoffteile in kleineren Teilabschnitten kräuseln, damit der Faden beim Raffen nicht reißt.
• Bei schwereren Stoffen mit Zickzack-Stichen über ein Stück Kordel nähen (und es dabei umfassen).

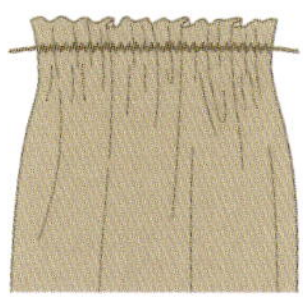

Einhalten

Einhalten funktioniert im Prinzip wie Kräuseln, allerdings wird der Stoff dabei ohne sichtbare Fältchen gerafft – z. B. um einen Ärmel in ein Armloch oder einen Rock in einen Taillenbund einzupassen.

Werkzeug und Material

- Grundausstattung (S. 13)

1 Die Maschine auf den längstmöglichen Geradstich einstellen.

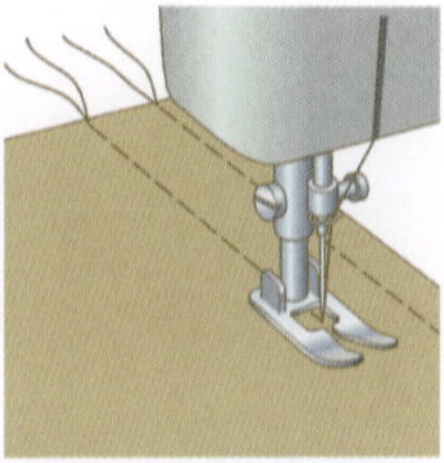

2 Zwei parallele Nähte nähen, die jeweils 3 mm rechts und links von der Nählinie verlaufen.

3 Den Stoff mithilfe der Fadenenden gleichmäßig zusammenschieben, bis er die erwünschte Weite erreicht hat. Dabei darf sich nichts falten oder kräuseln.

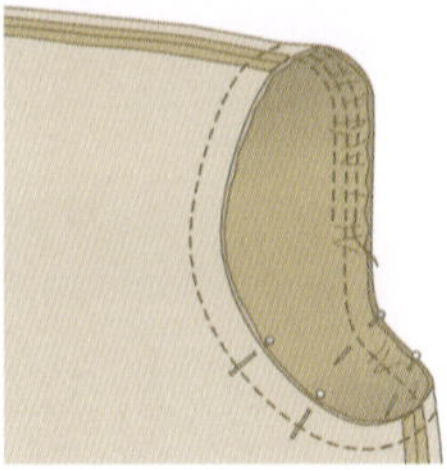

4 Am Armloch bzw. am Taillenbund annähen, dann die Zugfäden herausziehen.

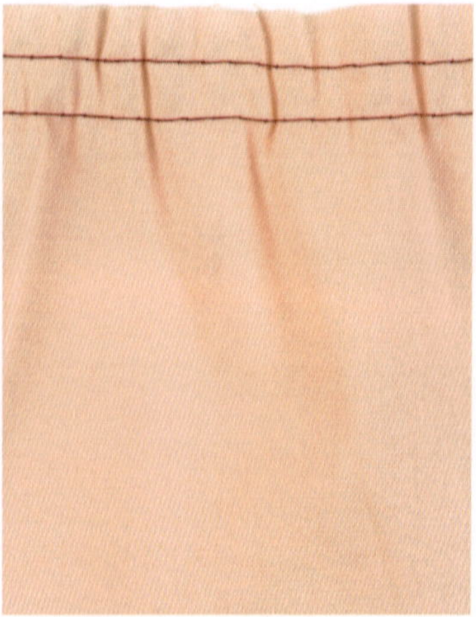

Nähtipp

Bei sehr feinen Stoffen werden die beiden Langstich-Nähte innerhalb der Saumzugabe genäht – so wird der Stoff später beim Herausziehen der Zugfäden nicht beschädigt.

- Beidseitig
- Einseitig
- Handversäubert
- Nahtfein
- Teilbar
- Hosen

Reißverschlüsse

Reißverschlüsse gibt es in unterschiedlichsten Variationen, Materialien und Stärken, sodass sich für jedes Kleidungsstück oder Accessoire der passende Typ finden lässt.

Beidseitig verdeckt

Die Reißverschlusszähne sitzen dabei genau auf einer Mittelnaht – auch für Anfänger kein Problem.

1 Eine einfache Naht steppen, aber die Länge des Reißverschlusses plus 1,5–2,5 cm offen lassen.

2 Mit der größten Stichlänge den Rest der Naht heften. Fadenenden nicht fixieren – sie werden später entfernt.

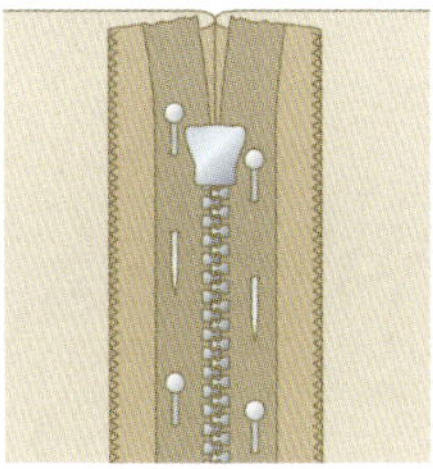

3 Naht aufbügeln, linke Stoffseite nach oben. Reißverschluss mit den Zähnen nach unten mittig auf die Naht legen und beidseitig feststecken.

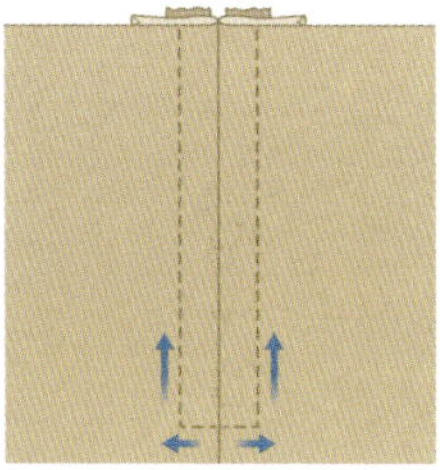

4 Reißverschluss festheften und Arbeit wenden. Unten beginnend jeweils bis zur oberen Kante steppen. Heftfäden entfernen.

Werkzeug und Material

- Grundausstattung (S. 13)
- Reißverschluss
- Reißverschlussfuß

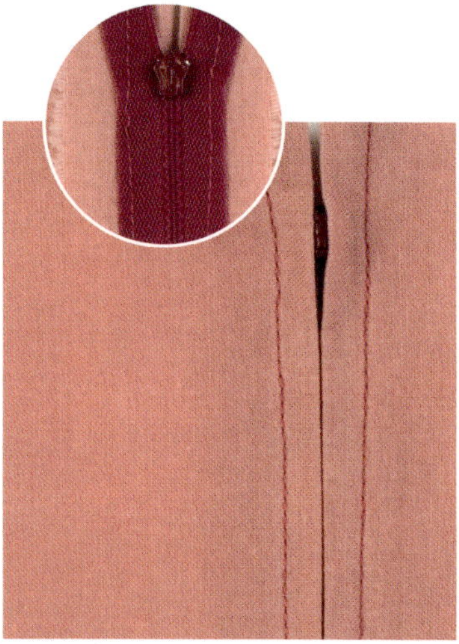

Nähtipps

- Profischneider arbeiten mit einer Nahtzugabe von 2,5 cm; das erleichtert das Einnähen.
- Die obere Stichlinie mit einem selbstlöschenden Textilstift oder mit Schneiderkreide markieren

Einseitig verdeckt

Bei einem einseitig verdeckten (oder überlappten) Reißverschluss verläuft eine Naht dicht der Zahnreihe. Die gegenüberliegende Stoffkante bedeckt die Zähne.

Werkzeug und Material

- Grundausstattung (S. 13)
- Reißverschluss
- Reißverschlussfuß

1 Eine einfache Naht steppen. Die Länge des Reißverschlusses offen lassen. Fadenenden gut vernähen und die Naht auseinanderbügeln.

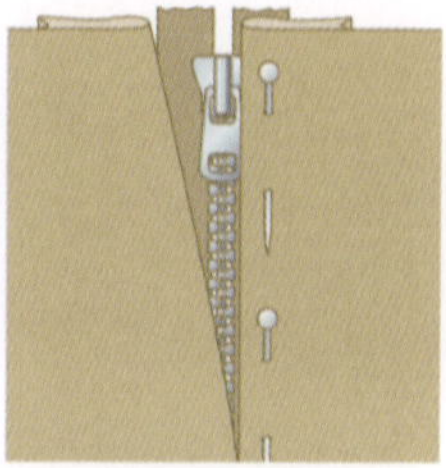

2 Den Reißverschluss nach oben auf die Arbeitsfläche legen und die offen gelassene Naht darüber legen. Die Nahtzugabe rechts von den Zähnen feststecken. Ggf. heften, dann maschinensteppen.

3 Die linke Stoffkante so auf die Zähne legen, dass sie auf die rechte Faltkante trifft. Diese Stoffkante am darunter liegenden Reißverschlussband feststecken und ggf. heften.

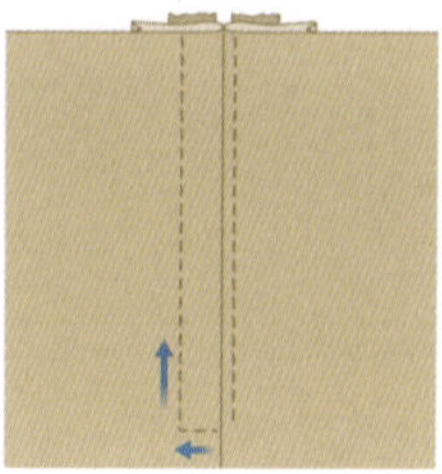

4 Nählinie mit Kreide oder einem selbstlöschenden Stift markieren, dann den Verschluss von unten nach oben annähen. Heftfäden entfernen. Leicht überbügeln.

Nähtipps

- Am Reißverschluss-Schieber vorbei nähen: Steppnaht unterbrechen, Nadel im Stoff gesenkt lassen. Nähfuß heben, den Schieber vorsichtig etwas an der Nadel vorbei aus dem Weg schieben, dann den Nähfuß wieder absenken und weitersteppen.
- Den Reißverschluss immer von der Unterkante aus nach oben festnähen, damit später unten keine Falten entstehen können.

Handversäubert

In der feinen Maßschneiderei wird der Reißverschluss zunächst fest eingesteppt und mit Handstichen fertiggestellt – das verleiht dem Stück einen Hauch Haute Couture.

Werkzeug und Material

- Grundausstattung (S. 13)
- Reißverschluss
- Reißverschlussfuß
- Seidengarn

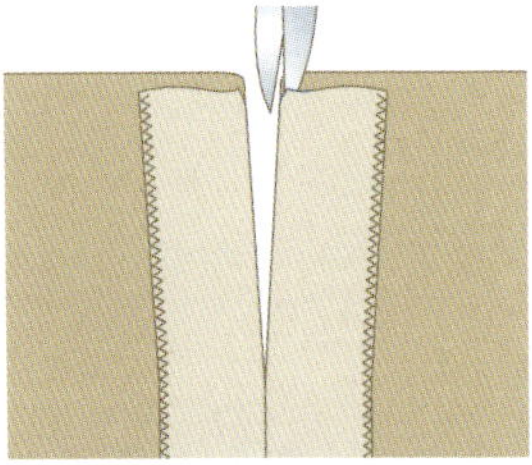

1 Eine einfache Naht steppen. Die Länge des Reißverschlusses offen lassen. Fadenenden gut vernähen und die Naht auseinanderbügeln. Nahtkanten oben mit winzigen Einschnitten markieren.

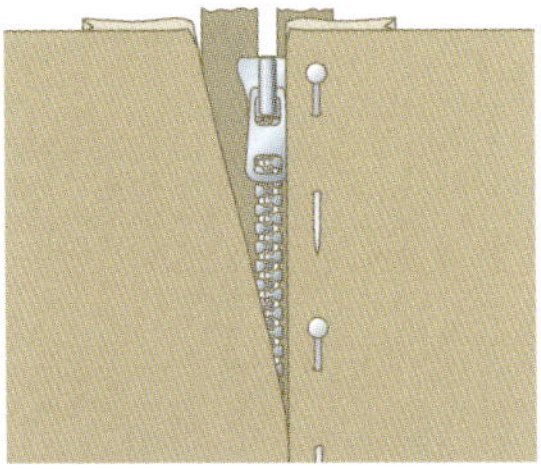

2 Den Reißverschluss nach oben auf die Arbeitsfläche legen und die offen gelassene Naht darüber legen. Die rechte Faltkante feststecken.

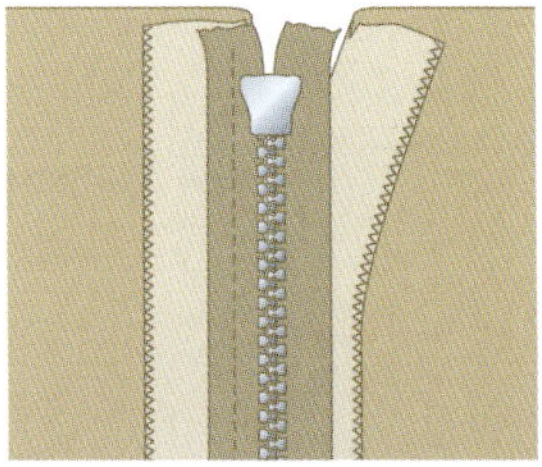

3 Die Arbeit wenden und die Nahtzugabe mit Geradstichen und ca. 6 mm Abstand von den Zähnen am Reißverschlussband feststeppen.

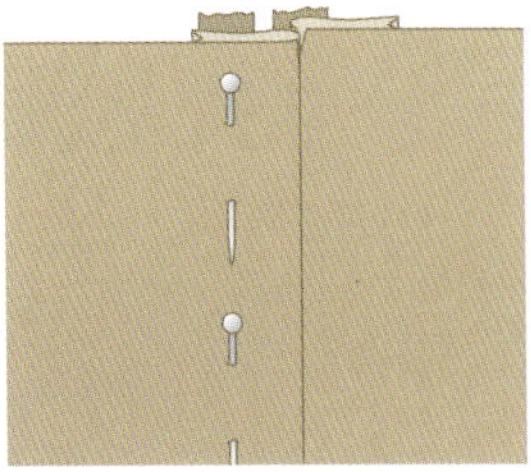

4 Arbeit wieder auf rechts wenden und die linke Faltkante so über die Zähne legen, dass linke und rechte Faltenkante zusammenstoßen. Linke Stoffkante feststecken.

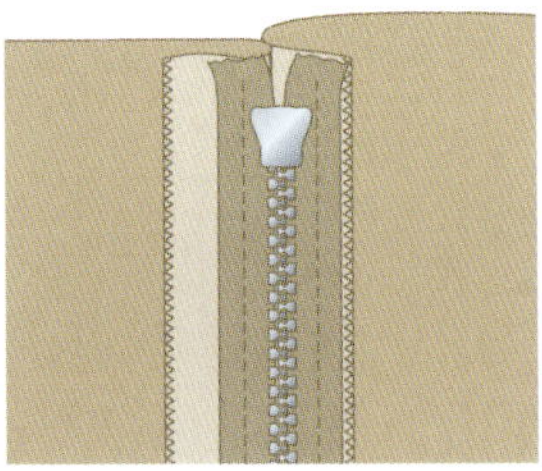

5 Arbeit erneut wenden und das Reißverschlussband feststecken (nur an der Nahtzugabe). Mit Geradstichen dort ansteppen.

6 Die Arbeit wieder auf rechts wenden und links durch alle Stofflagen feststecken. Unten am Reißverschluss beginnend mit winzigen, regelmäßigen und nicht zu dicht aneinander liegenden Handstichen nach oben nähen.

Beleg anfügen

Oberkante mit einem Beleg abschließen:

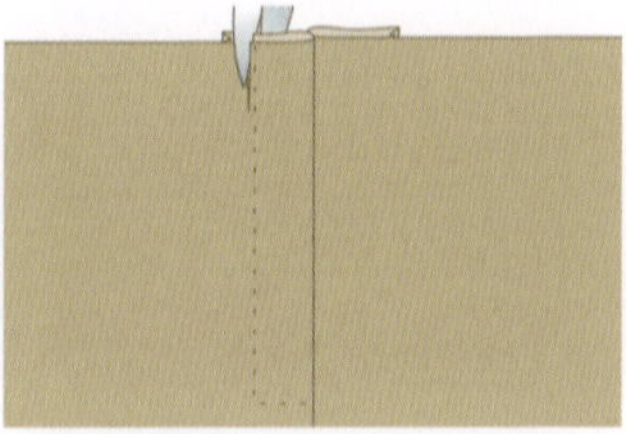

a) Die Nahtzugabe von oben links an der Nahtlinie einschneiden.

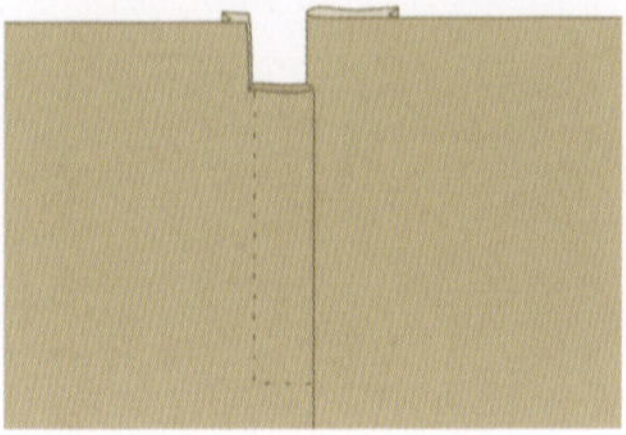

b) Diesen Teil nach innen umschlagen und mit Blindstichen annähen.

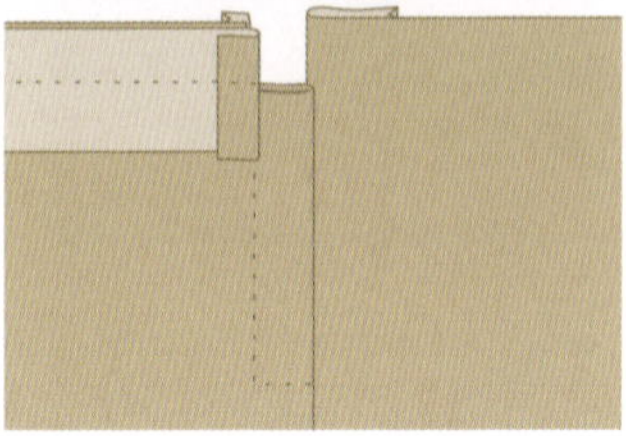

c) Den Beleg bis zu dieser Stelle annähen; an der Oberkante genügend Platz für den Reißverschluss-Schieber freilassen.

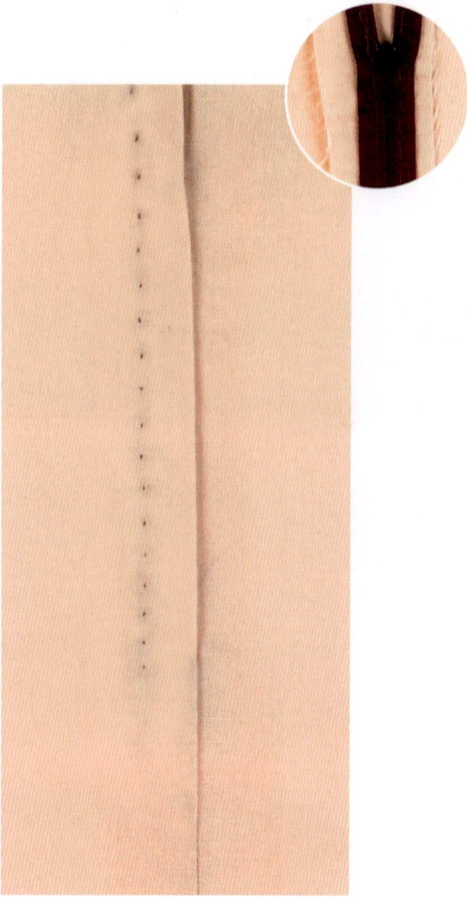

Nähtipps

- Für die Punktstiche am besten Seidengarn verwenden – es verheddert nicht so leicht.
- Beim Handnähen den Faden lieber eher kürzer halten, um ein Verknoten/Verheddern zu vermeiden.
- Liegen die Punktstiche dicht hintereinander, fallen sie stärker auf.

Nahtfeiner Reißverschluss

Ein solcher Reißverschluss liegt unsichtbar in einer Naht verborgen. Mit dem richtigen Nähfuß lässt er sich leicht einsetzen und verträgt sich mit den meisten Stoffen.

Werkzeug und Material

- Grundausstattung (S. 13)
- Nahtfeiner Reißverschluss
- Reißverschlussfuß
- Spezialnähfuß für nahtfeine Reißverschlüsse

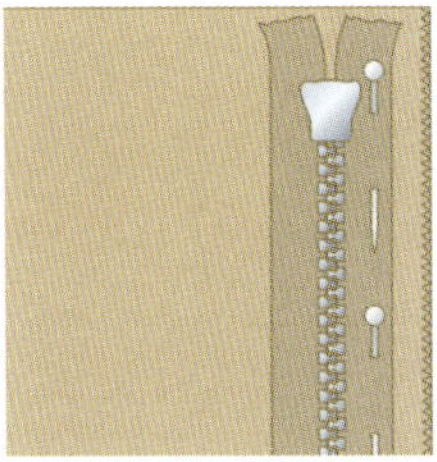

1 Eine Hälfte des Verschlusses auf die rechte Stoffseite legen. Reißverschlussband bis zur Nahtzugabe feststecken. Verschluss öffnen.

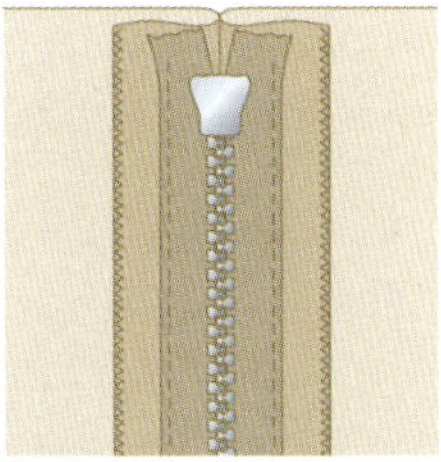

2 Normalen Reißverschlussfuß einsetzen. Reißverschlussband und Nahtzugabe zusammennähen, dabei die Nadeln nach und nach entfernen. Die andere Hälfte ebenso einnähen.

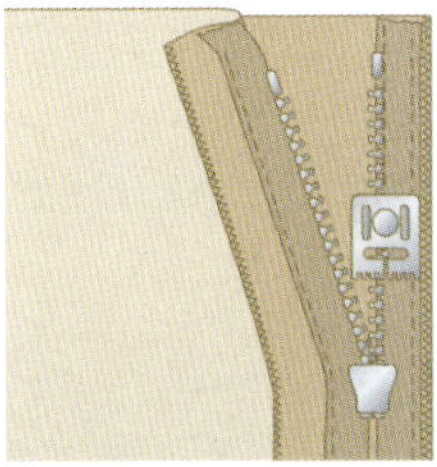

3 Den Spezialfuß einsetzen und den Reißverschluss ansteppen. Mit diesem Fuß kann man sehr dicht an der Zahnreihe nähen. Danach die andere Verschlusshälfte steppen.

4 Wieder den normalen Reißverschlussfuß einsetzen und die Naht auf den letzten Stichen an der Unterkante des Verschlusses beginnend bis zum Saum steppen.

Nähtipps

- Naht erst schließen, wenn der Reißverschluss eingesetzt ist – das verhindert Buckel und Wellen am unteren Ende.
- Mit dem Spezialfuß für nahtfeine Reißverschlüsse können die Stiche ganz knapp entlang der Zahnreihe gesetzt werden, sodass von dem Verschluss später tatsächlich nichts zu sehen ist.
- Reißverschlüsse immer länger als nötig kaufen, da der untere Teil der Zahnreihe nicht verwendet werden kann.
- Bei Samt ist ein nahtfeiner Reißverschluss besonders vorteilhaft, da rechts keine Steppnaht sichtbar ist.

Teilbarer Reißverschluss

Der teilbare Reißverschluss lässt sich aushaken und zweiteilen – das erleichtert nicht nur das Einnähen, sondern macht ihn auch besonders nützlich für Jacken aller Art, aber auch für Mieder und sogar Zelte.

Werkzeug und Material

- Grundausstattung (S. 13)
- Teilbarer Reißverschluss
- Reißverschlussfuß

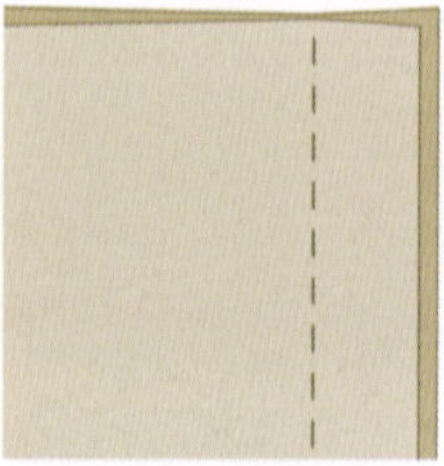

1 An der Maschine den längsten Geradstich einstellen. Saum heften und auseinanderbügeln.

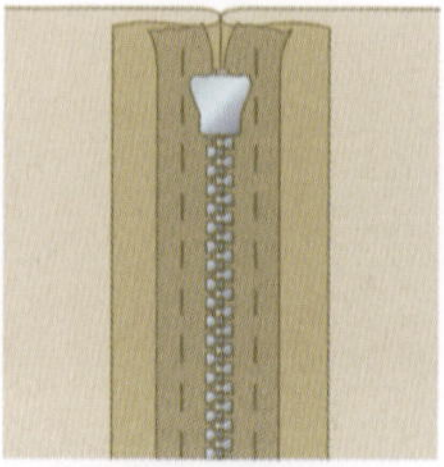

2 Den Reißverschluss mittig auf die Nahtzugaben legen (Schieber unten). Das Reißverschlussband beidseitig feststecken und heften.

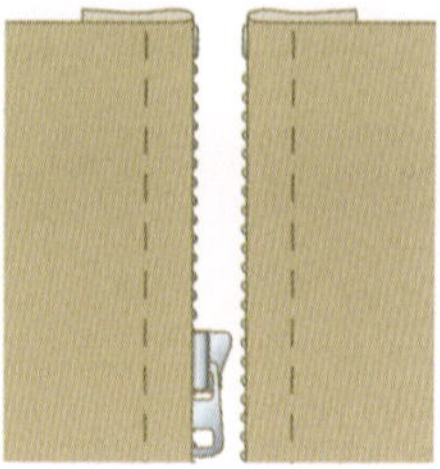

3 Fäden von den Maschinenstichen herausziehen und den Reißverschluss auseinanderhaken.

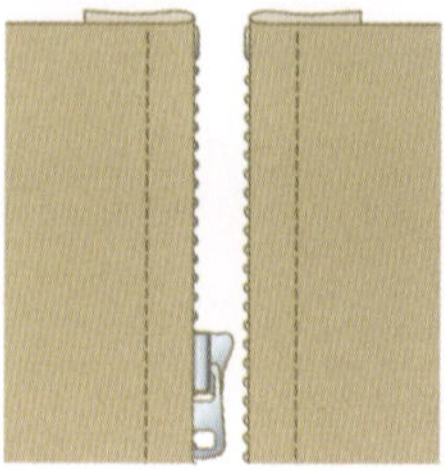

4 Reißverschlussfuß einsetzen und beidseitig jeweils 1 cm von den Zähnen entfernt entlangsteppen.

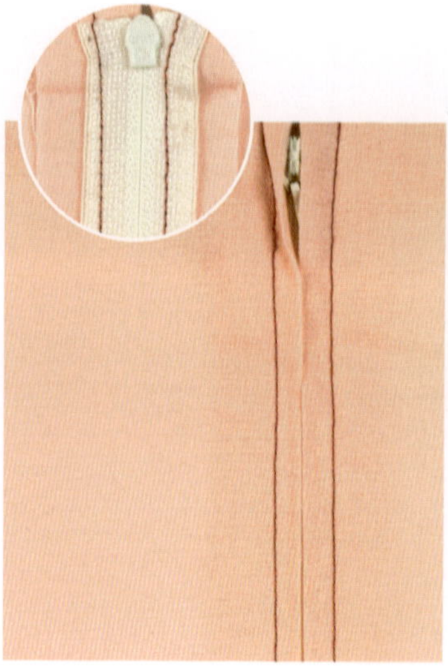

Nähtipps

- Stoffe wie Fleece oder Jersey können sich beim Einnähen von Reißverschlüssen dehnen und später Wellen werfen. Hier sollten Sie die Kanten vorher mit Bügelband oder einer Stütznaht stabilisieren.
- Für Mieder und Korsagen gibt es teilbare Reißverschlüsse aus sehr feinem Material und in unterschiedlichen Längen. Sehr nützlich auch für Brautkleidung.

Hosenreißverschluss

Bei diesem Reißverschluss, der sich für Hosen und Rocke eignet, sind die Zähne vollständig bedeckt. Bei Männerhosen wird der Reißverschluss mit der rechten Seite über der linken eingesetzt, bei den Damen andersherum.

Werkzeug und Material

- Grundausstattung (S. 13)
- Hosenreißverschluss
- Reißverschlussfuß

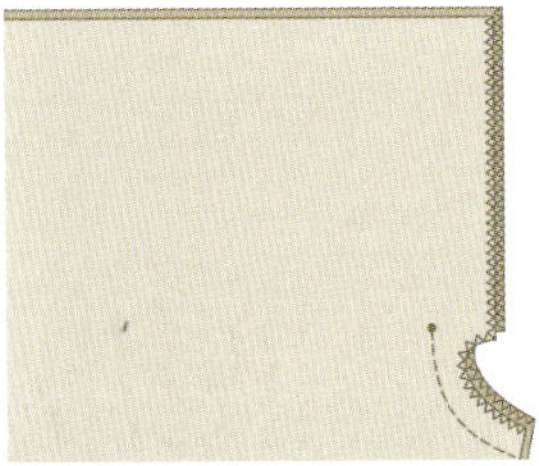

1 Die Naht vom unteren Ende des Reißverschlusses bis zum Schritt mit der Maschine steppen.

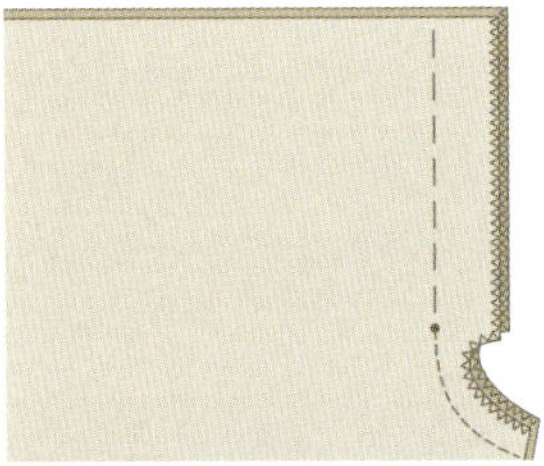

2 Mit der längsten Geradstichlänge die Öffnung heften, in die der Reißverschluss eingesetzt wird. Mit den Fingern auseinanderdrücken.

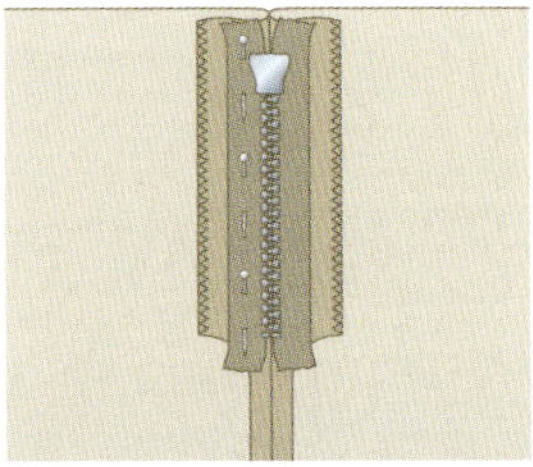

3 Stoff auf die Arbeitsfläche legen (rechte Seite unten) und den Verschluss mittig auf die geheftete Naht legen (rechte Seite unten). Linkes Verschlussband nur an der Nahtzugabe feststecken.

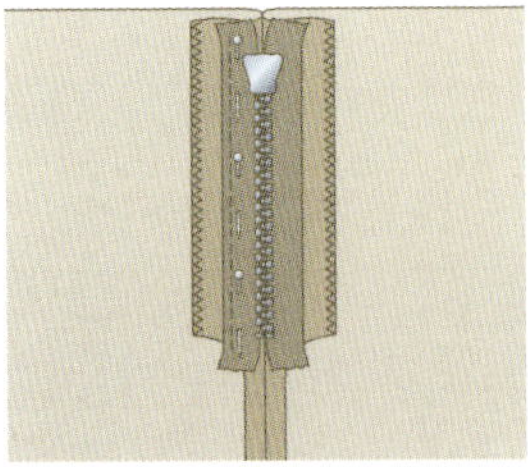

4 Reißverschlussfuß einsetzen und durch Band und Nahtzugabe steppen – mit 6 mm Abstand von der Bandkante.

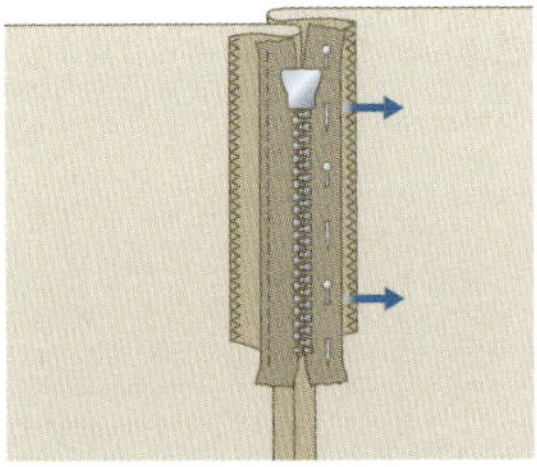

5 Reißverschlussband nach rechts ziehen und an der rechten Kante durch alle Stofflagen feststecken. Arbeit wenden und erneut sorgfältig feststecken, damit alle Falten glatt liegen.

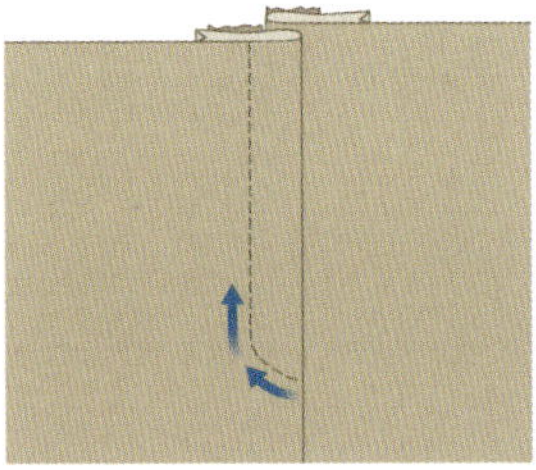

6 Mit Kreide o. Ä. eine Hilfslinie markieren und den Reißverschluss unten beginnend zur Hüftlinie feststeppen. Alle Heftfäden entfernen und Reißverschluss testen.

7 Ein Stück Stoff als Untertritt zuschneiden (10 cm breit und länger als der Reißverschluss). Rechts auf rechts falten, unten absteppen und wenden. Nahtzugaben versäubern. Flachbügeln.

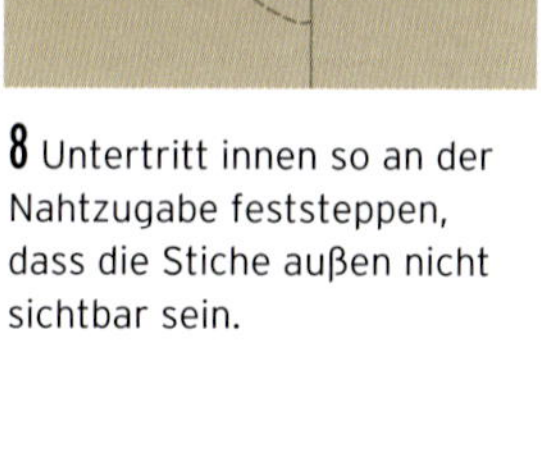

8 Untertritt innen so an der Nahtzugabe feststeppen, dass die Stiche außen nicht sichtbar sein.

Nähtipps

- Für ein Männer-Kleidungsstück (Reißverschluss links über rechts) die oben beschriebene Technik spiegelverkehrt nacharbeiten.
- Der Reißverschluss sollte genau die richtige Länge haben, da Sie beim Steppen darum herumarbeiten müssen. Bei einem längeren Verschluss könnte die Nadel auf die Metallzähne treffen und brechen.

- Schrägstreifen zuschneiden
- Schrägband annähen
- Godets

Schrägschnitt

Anstatt in Webrichtung können gewebte Stoffe auch im schrägen Fadenlauf zugeschnitten werden. Dies verändert die Eigenschaften des Stoffes – er schmiegt sich besser an und fällt eleganter.

Streifen zuschneiden

Mit Schrägstreifen lassen sich Kanten sauber einfassen und verstärken. Diagonal zum Fadenlauf geschnittener Stoff ist leichter zu handhaben und passt sich Ecken und Kurven besser an. Es gibt auch fertige Schrägbänder zu kaufen - man kann sie aber leicht selber machen.

Werkzeug und Material

- Grundausstattung (S. 13)
- Rollschneider und Schneidematte

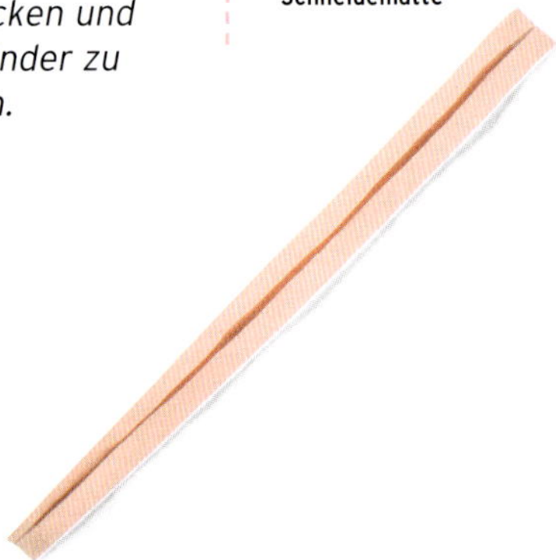

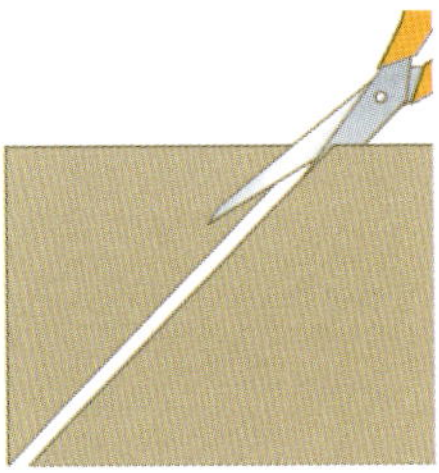

1 Ein Stück Stoff diagonal falten, sodass Schnitt- und Webkante aufeinanderliegen. Den Stoff an dieser Linie auseinanderschneiden.

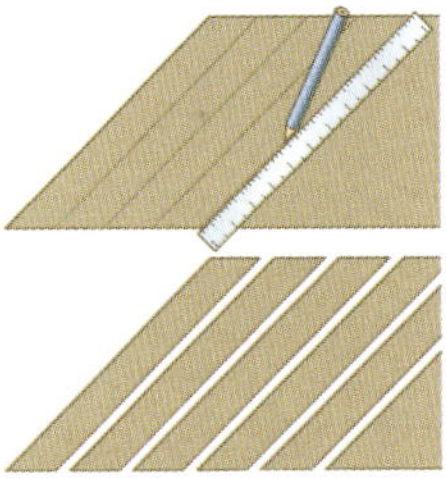

2 Parallele Schräglinien in der gewünschten Breite markieren und die erforderliche Anzahl Streifen ausschneiden.

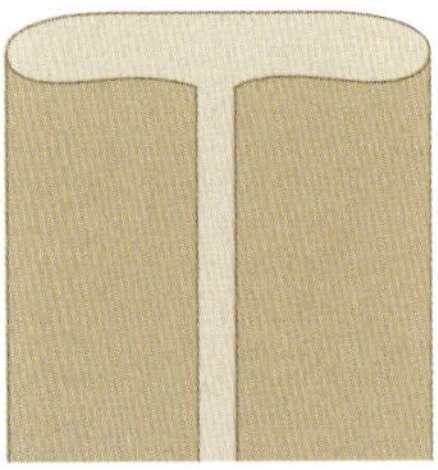

3 Streifen der Länge nach zur Hälfte falten, um die Mittellinie zu markieren. Glattbügeln und die Außenkanten nach innen zur Mitte umschlagen.

Nähtipps

- Für sehr lange Stoffkanten zwei Streifen rechts auf rechts legen und die Endkanten 6 mm überlappen lassen. Mit 6 mm Nahtzugabe zusammensteppen.
- Schrägband um eine Kante herum nähen: Siehe S. 68, Schrägbandeinfassung.

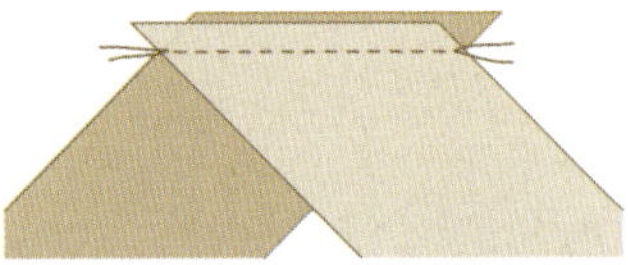

Kleider im Schrägschnitt

Manche Stoffe werden schräg zum Fadenlauf zugeschnitten, weil sie dann weicher fallen. Rock- und Kleiderbahnen umfließen den Körper besser als im geraden Fadenlauf zugeschnittene. Hier sind bestimmte Techniken zu beachten.

Werkzeug und Material

- Grundausstattung (S. 13)
- Baumwolltuch
- Rollschneider und Schneidematte

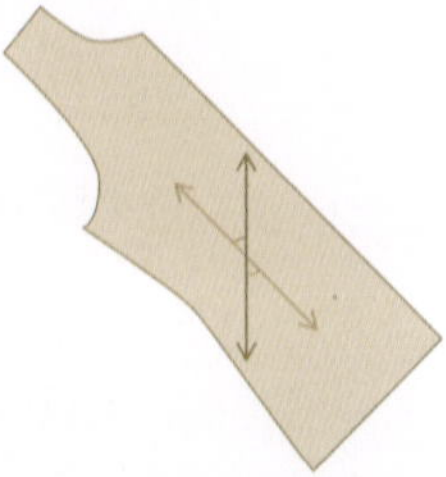

1 Zum Anpassen der Schnittteile den Fadenlauf im 45°-Winkel zum Original neu einzeichnen.

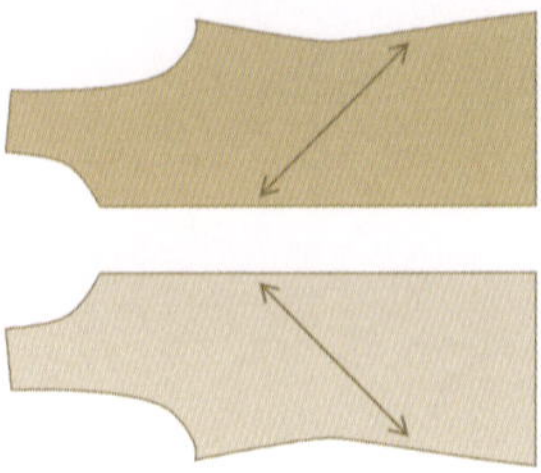

2 Jedes Einzelteil entsprechend des neuen Fadenlaufs ausschneiden. Aufpassen, dass die rechten und linken Teile des Kleidungsstücks korrekt geschnitten werden, d. h. dass deren linke bzw. rechte Stoffseite richtig liegt (ein Teil umdrehen um sicherzustellen, dass jeweils eine linke und eine rechte Seite ausgeschnitten werden).

Nähtipps

- Arbeitsfläche mit einem Baumwolltuch abdecken, damit der Stoff sich nicht so leicht verschiebt oder verrutscht.
- Am besten eine scharfe, lange Schere oder einen Rollschneider verwenden.
- Breitere Nahtzugaben (2,5 cm) einplanen, die Mittelnähte zuerst nähen und die Passform dann bei Bedarf an den Seitennähten korrigieren.
- Wenn die Nähte maschinengesteppt werden, den Stoff leicht dehnen bzw. ziehen. Die entstehenden Fältchen lassen sich später ausbügeln, und der Faden kann nicht so leicht reißen.
- Vor dem Säumen das Kleidungsstück 24 Stunden hängen lassen. Die Unterkante vor dem Versäubern eventuell begradigen.
- Schmale Säume bzw. Säume mit Formbesatz arbeiten.

Godets

Godets sind runde oder keilförmige Stoffeinsätze, die in einen Saum oder Schlitz eingearbeitet werden. Sie verleihen einem Rock oder Ärmel schwingende Weite.

Werkzeug und Material

- Grundausstattung (S. 13)
- Seidenorganza-Rest (falls erforderlich)
- Bügeltuch

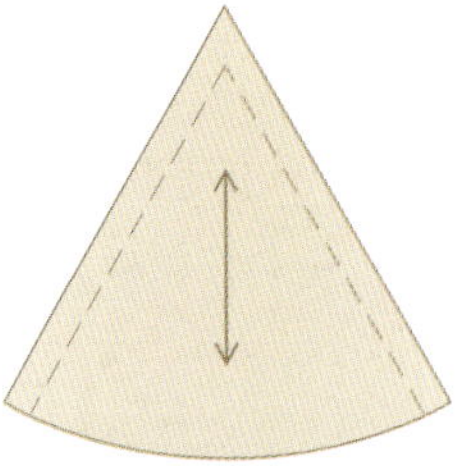

1 Godet ausschneiden (Fadenlauf von der Spitze senkrecht zur Unterkante). Seitenlängen entsprechen denen des Schlitzes plus Nahtzugabe ringsum.

2 Saum bis zur Position des Godets steppen und die Fadenenden vernähen.

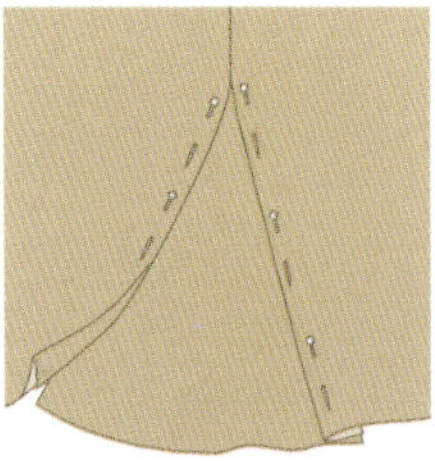

3 Das Kleidungsstück über das Godet legen (rechte Stoffseiten oben). Zunächst am Saum feststecken. Arbeit wenden und Saum- und Godetkanten vollständig zusammenstecken.

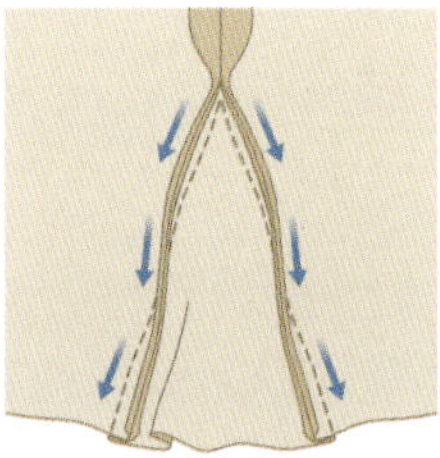

4 Wenn alles glatt und faltenfrei liegt, jede Seite von der Spitze nach unten bis zum Saum steppen.

Nähtipps

- Beim Nähen von Godets die Stichlänge etwas verkürzen – besonders an Stellen mit minimaler Nahtzugabe.
- Andersfarbige Godets heben sich dekorativ ab.
- Godets im leicht schrägen Fadenlauf ergeben einen asymmetrischen Effekt.
- Wird das Godet in einen Schlitz eingesetzt, muss die Spitze vorher mit einem Seidenorganza-Quadrat (2,5 x 2,5 cm) stabilisiert werden. Festnähen, dann den Schlitz öffnen und vor dem Weiterarbeiten auf links wenden.

- Zwischen-futter
- Klassische Einlagen
- Bügelbare Einlagen

Einlagestoffe

Sie unterfüttern die linke Seite des Oberstoffs und verleihen einem Kleidungsstück mehr Stand und Festigkeit – ob einem kleinen Kragen oder ganzen Rockbahnen.

Zwischenfutter

Das Zwischen- oder Innenfutter wird direkt auf der linken Seite des Oberstoffes aufgebracht, bevor das Kleidungsstück in Angriff genommen wird.

Werkzeug und Material

- Grundausstattung (S. 13)
- Einlagestoff
- Seidengarn

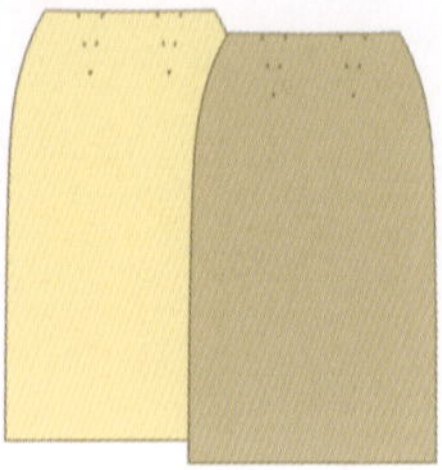

1 Jedes Teil aus dem gewählten Stoff und auch aus einem geeigneten Zwischenfutterstoff ausschneiden – z. B. Habotai-Seide, Seidenorganza oder Baumwoll-Linon.

2 Die jeweiligen Stoffpaare links auf links aufeinanderlegen und an den Außenkanten feststecken.

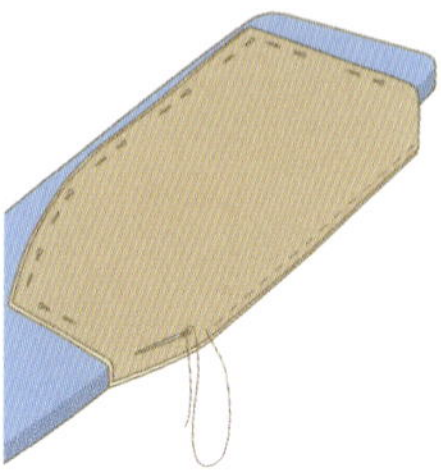

3 Beide Stofflagen in der Nahtzugabe von Hand zusammenheften (Oberstoff liegt oben). Die Kanten liegen nicht exakt aufeinander, weil das Zwischenfutter etwas größer erscheint als der Oberstoff.

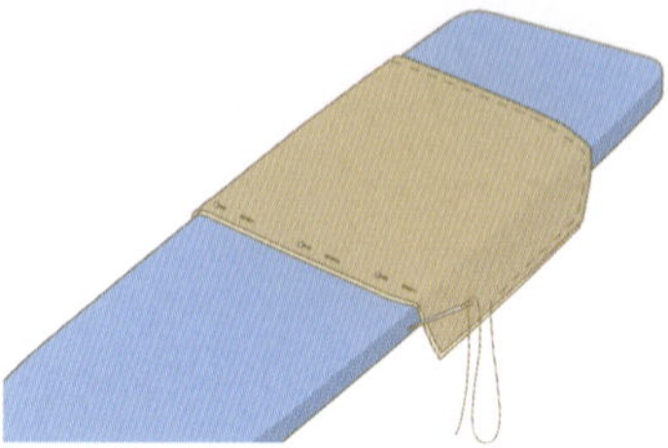

4 Nach dem Zusammennähen wird das Kleidungsstück normal weitergefertigt. Eventuell ist zusätzlich noch ein Futter erforderlich.

Klassische Einlagen

Haareinlagen, Leinen und Seidenorganza werden mit Fischgrätstichen per Hand aufgenäht; sie verstärken den Brust- und Kragenbereich von Mänteln und Jacken. Kanten versteifende Gewebebänder und Seidenorganza-Stoßbänder werden mit Hexenstichen am Oberstoff befestigt. Bügeln bringt den Stoff zum Schluss perfekt in Form.

Werkzeug und Material

- Grundausstattung (S. 13)
- Geeigneter Einlagestoff
- Schneiderbock
- Bügeltuch

Einlage mit Fischgrätstichen annähen

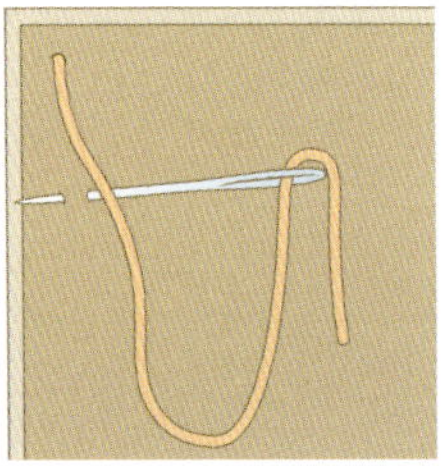

1 Auf der Einlageseite einen Schrägstich von links oben nach rechts unten führen. Den unten liegenden Stoff nur leicht mitfassen.

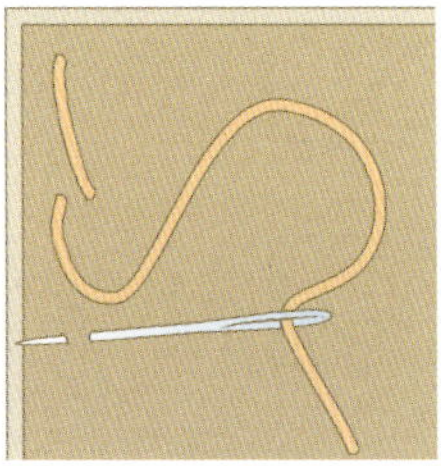

2 Einen zweiten Stich unterhalb des ersten und parallel zu diesem nähen. Stichreihe fortsetzen.

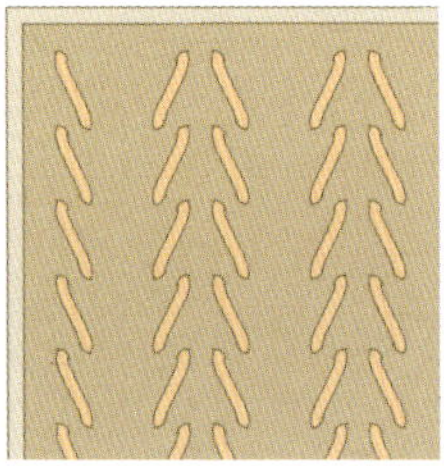

3 Weitere senkrechte Reihen von Schrägstichen nähen, bis die Stoffe flächendeckend miteinander verbunden sind.

Einlage mit Hexenstichen annähen

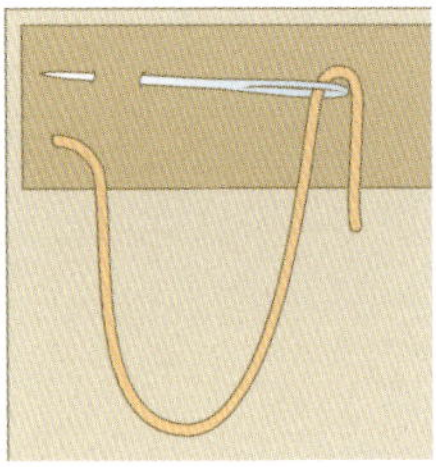

1 Band fixieren und von links beginnend einen Stich schräg nach oben rechts führen.

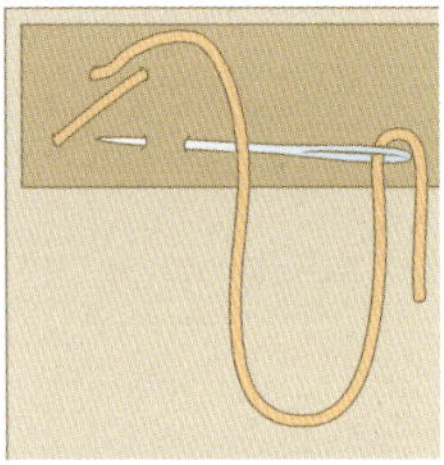

2 Auf dieser Höhe eine Stichlänge nach links nähen, dann Nadel nach rechts unten führen und eine Stichlänge nach links nähen.

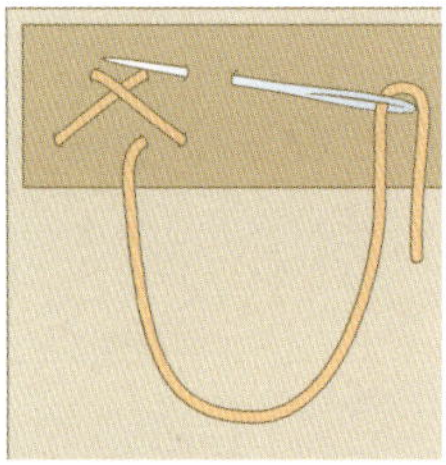

3 Einen weiteren Schrägstich nach rechts oben führen und eine Stichlänge nach links nähen. Auf diese Weise das Band fertig annähen.

Bügelbare Einlage

Bei diesen modernen Einlagen handelt es sich um Web- oder Vliesstoffe, die einseitig mit einer Klebeschicht versehen sind, die bei Hitze schmilzt. So lassen sich zwei Stofflagen schnell und bequem zusammenfügen.

Werkzeug und Material

- Grundausstattung (S. 13)
- Geeigneter Einlagestoff
- Schneiderbock
- Bügeltuch

Einlage auf die Stoffunterseite aufbügeln

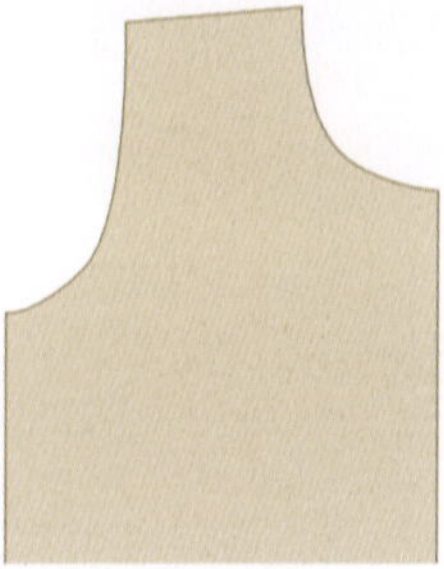

1 Oberstoffteile ausschneiden und mit der rechten Seite nach unten auf das Bügelbrett legen.

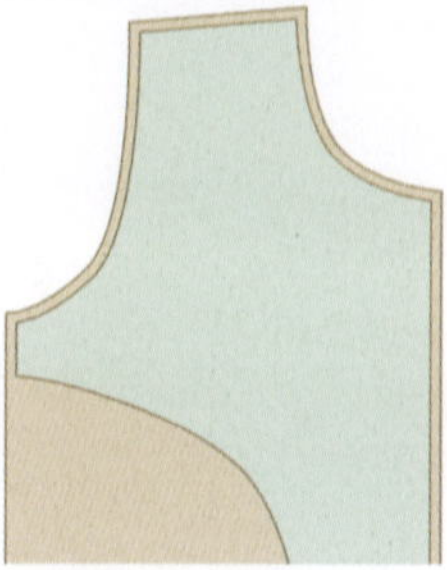

2 Einlage ringsum 1 mm kleiner zuschneiden als das Stoffteil, damit keine Klebmasse auf das Bügelbrett geraten kann. Einlage mit der beschichteten Seite nach unten auf den Stoff legen.

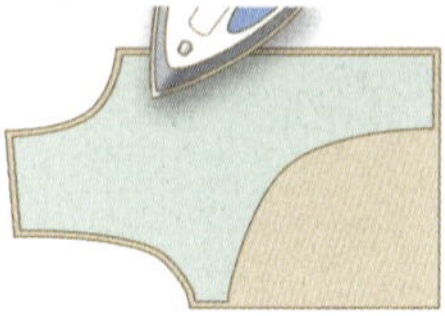

3 Das Dampfbügeleisen über die Einlage bewegen und Dampf darüberströmen lassen.

4 Stück für Stück das Eisen jeweils wenige Sekunden aufdrücken, bis Einlage und Stoff vollflächig aneinanderhaften.

Nähtipps

- Oberstoff und Einlage zum Vorschrumpfen vorher lauwarm waschen. Aber auch Schritt 3 (Überdämpfen) beugt Nachschrumpfen vor.
- Bei manchen klebstoffbeschichteten Einlagen muss ein Bügeltuch aufgelegt werden, damit sie unter der direkten Hitze des Eisens nicht zerschmelzen.

Nähtechniken

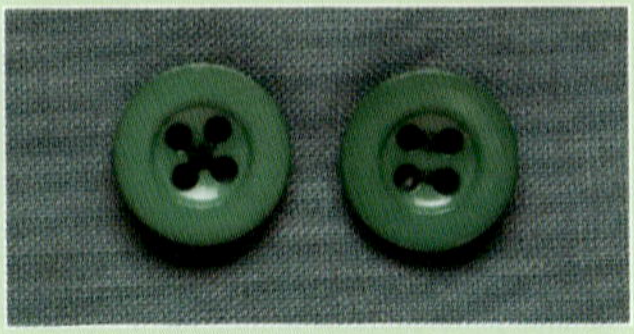

Ob Hosenumschlag oder Top mit Nackenträger – das Ergebnis soll überzeugen! In diesem Abschnitt erwartet Sie eine Fülle von anschaulich bebilderten Schritt-für-Schritt-Anleitungen und hilfreichen Tipps, die Ihnen die Grundtechniken für die verschiedensten Aufgaben vermitteln. So wird Ihr Projekt ganz sicher gelingen!

Taillenbund

- Umgeschlagen
- Standard
- Gürtelschlaufen
- Elastikbund
- Mit Beleg
- Zweiteilig
- Couture
- Aufhängeband

Bei Röcken, Hosen und Kleidern lässt sich der Taillenabschluss auf verschiedene Weise gestalten. Da man sich in diesem Bereich intensiv bewegt, muss ein Taillenbund gut, aber auch bequem sitzen. Besonders komfortabel ist ein Elastikbund, bei dem auch nach einer üppigen Mahlzeit nichts kneift. Für ein schickes, geschneidertes Kleidungsstück ist eine solch legere Lösung jedoch weniger geeignet. Auch ein belegverstärkter Bund trägt sich bequem; er ist formstabil und schlägt keine Falten.

Zweiteiliger Taillenbund

Dieser Bund ist in der hinteren Mitte geteilt und wird normalerweise bei Männerhosen verwendet, um Weitenänderungen zu erleichtern. Aber auch bei Damenhosen lässt sich die Passform auf diese Weise perfekt auf den Körper abstimmen – und ist die ideale Lösung für ein Problem, das viele Frauen betrifft: ein Hohlkreuz.

Standardmuster

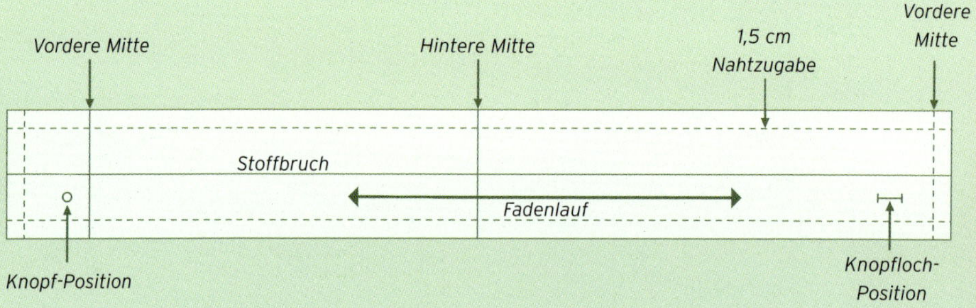

Umschlagbündchen

Dieser schmale Taillenbund ist rasch genäht, bequem zu tragen und bildet eine unauffällige, saubere Abschlusskante.

Werkzeug und Material

- Grundausstattung (S. 13)
- Leichte Bügeleinlage
- Haken mit Riegel/Öse oder kleiner Knopf

1 Bündchen aus einem Stück Stoff ausschneiden. Die Bügeleinlage auf die linke Stoffseite aufbügeln.

2 Bündchen der Länge nach rechts auf rechts auf die Taillenkante legen. Ein Ende etwas länger lassen; dort wird später der Verschluss angenäht. Feststecken und mit Geradstich ansteppen. Überstehenden Stoff an der Taillenkante zurückschneiden und flachbügeln.

3 Die andere Bündchenkante mit Zickzack- oder Overlock-Stich versäubern. Bündchen über die unversäuberten Kanten nach innen falten, aber nicht einschlagen. Im Nahtschatten festnähen.

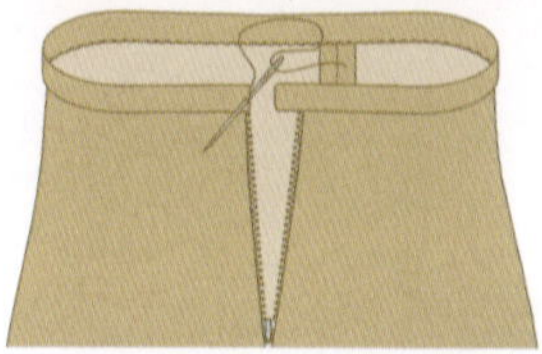

4 Die schmalen Bündchenkanten versäubern und die Fadenenden mit Saumstichen gut vernähen. Zum Verschließen Haken mit Öse bzw. Riegel annähen.

Nähtipps

- Ein Bündchen immer im Fadenlauf aus dem Stoff ausschneiden.
- Vor dem Anbringen des Bündchens zur Sicherheit stets noch einmal nachmessen, ob die Taillenweite wirklich richtig passt.
- Die Bündchenenden mit einem geeigneten Verschluss versehen.

Standardbund

Ein Taillenbund lässt sich vorne, hinten oder seitlich öffnen und bildet den oberen Abschluss eines Rocks bzw. einer Hose. Dieser Standardbund eignet sich für alle Arten von Kleidungsstücken, an denen Kräusel, große oder kleine Falten oder Abnäher ansetzen.

Zur Verstärkung und Fixierung wird eine Einlage eingearbeitet. Hierfür gibt es Stanzbänder sowie gerade und gebogene Gurtbänder in jeweils unterschiedlichen Breiten, die auf die linke Stoffseite aufgebügelt oder -genäht werden.

Werkzeug und Material

- Grundausstattung (S. 13)
- Bundeinlage
- Haken mit Öse/Riegel oder Knopf

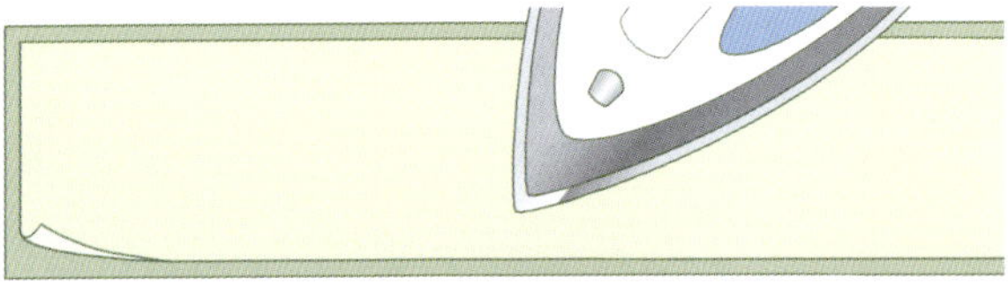

1 Taillenbund in der richtigen Breite und Länge plus Nahtzugaben zuschneiden. Einlage auf die linke Seite aufbügeln.

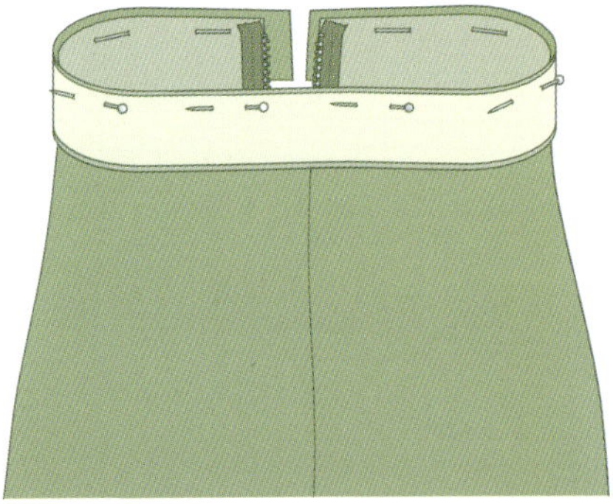

2 Die unversäuberte Bundkante rechts auf rechts auf die Taillenkante legen. Feststecken und mit Geradstich zusammensteppen.

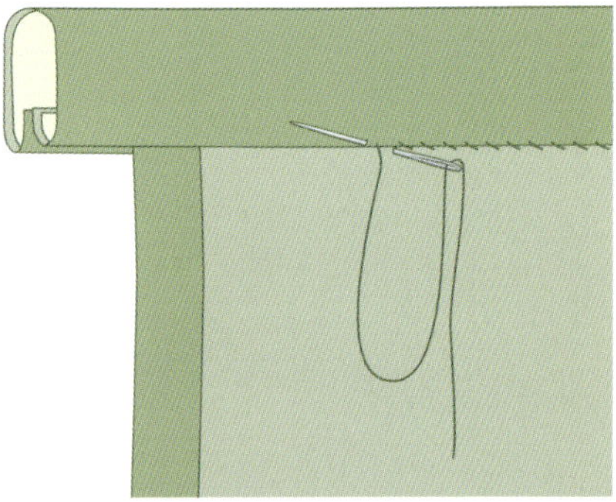

3 Bund längs umfalten und über die Taillenkante legen, um die unversäuberten Kanten zu umschließen. Gegenüberliegende Kante einschlagen und feststecken. Für den Verschluss 3 cm überstehen lassen. Außen im Nahtschatten absteppen oder innen mit der Hand säumen.

Nähtipps

- Taillenbund im Fadenlauf zuschneiden; für besondere Effekte auch quer – aber niemals schräg zum Fadenlauf, weil er dann nicht mehr stabil genug ist.
- Beim Ausschneiden des Bundes für die Bequemlichkeit immer 1,25 bis 2,5 cm Länge zur Taillenweite zugeben.
- Vor dem Anbringen des Bundes sicherstellen, dass Kräusel an der Taille gleichmäßig verteilt werden bzw. Abnäher oder Biesen korrekt positioniert sind.

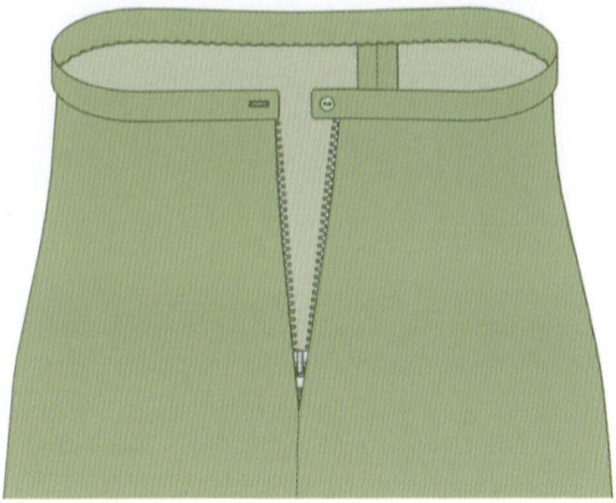

4 Das eine Bundende einschlagen und mit Saumstichen versäubern. Die offenen Kanten am gegenüberliegenden längeren Ende einschlagen und mit Saumstichen fixieren. Bundverschluss aus Haken und Ösen/Riegel oder Knopf und Knopfloch arbeiten.

Alternative

Die Bundkante mit Zickzack- oder Overlock-Stichen versäubern und ohne einzuschlagen flach nach innen legen. Von außen im Nahtschatten ansteppen.

Gürtelschlaufen

Solche Schlaufen zum Durchziehen eines Gürtels lassen sich leicht an Hosen und Jeans anbringen. Sie werden einzeln angefertigt und auf den Taillenbund aufgenäht.

Werkzeug und Material

- Grundausstattung (S. 13)
- Jeansnadel
- Steppgarn

1 Für fünf Gürtelschlaufen ein etwa 50 x 4 cm großes Stoffstück ausschneiden. Eine der Längskanten mit Zickzack- oder Overlock-Stichen versäubern. Stoff dann 2x längs so falten, dass die unversäuberte Kante innen liegt. Gefaltete Stoffstreifen beidseitig entlang der eingeschlagenen Kanten zusammensteppen.

Alternative: Stoff rechts auf rechts legen, mit 6 mm Nahtzugabe längs absteppen und verstürzen, so dass ein Schlauch entsteht. Längs knappkantig absteppen.

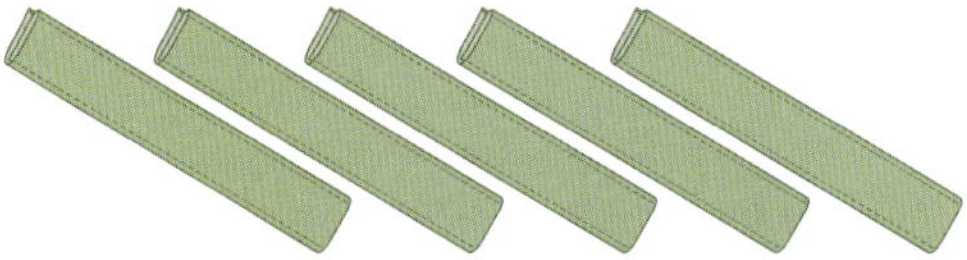

2 Den abgesteppten Streifen in 5 Teile zerschneiden.

3 Die Gürtelschlaufen rechts auf rechts auf den Taillenbund setzen. Den Bund feststecken und fertigstellen.

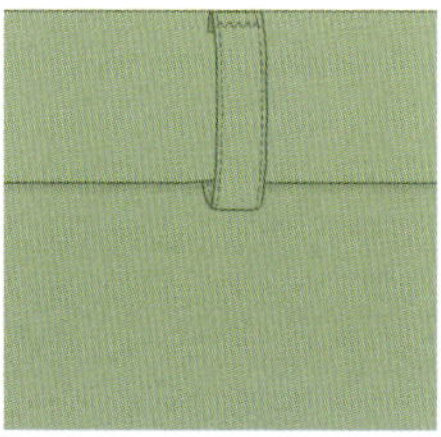

4 Streifen hochklappen und an der Oberkante des Taillenbundes feststecken. Dann beide Teile ansteppen. Riegelstiche sorgen für mehr Festigkeit. Überstehende Teile abschneiden.

Nähtipp

Zum Nähen der Riegelstiche eine stabile Jeansnadel verwenden, da diese mehrere feste Stofflagen durchdringt – andere Nadeln könnten dabei brechen.

Elastikbund

Ein dehnbarer Taillenbund trägt sich sehr bequem und eignet sich für Kinder- und Sportkleidung, aber auch für Unterwäsche und Pyjamas. Das Gummiband wird entweder direkt auf die Taillenkante aufgesteppt oder durch einen Tunnel gezogen (S. 83). Ein Tunnelzug ist einfacher auf Taille zu regulieren, sieht aber nicht ganz so professionell aus. Er eignet sich eher für breite Gummibänder, die recht stabil sind und sich nicht so leicht verdrillen.

Werkzeug und Material

- Grundausstattung (S. 13)
- Breites Gummiband
- 15 cm langes Lineal oder Saumlineal

1 An der Taillenkante einen Tunnel fertigen. Wenn dieser Durchgang fest angesteppt ist, lässt sich das Band problemlos hindurchziehen, liegt aber flach.

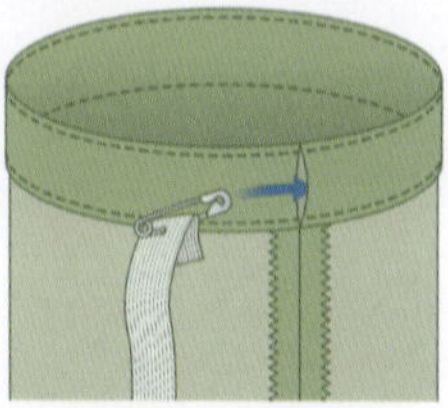

2 Die Stiche an den Tunnelenden öffnen und das Gummiband flach durch den Tunnel hindurch ziehen. Bandenden übereinanderlegen und zusammensteppen.

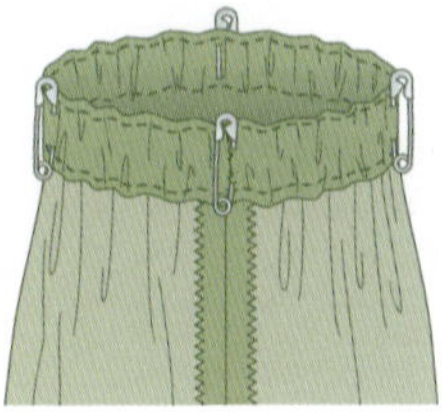

3 Die Fältchen gleichmäßig verteilen und seitlich sowie hinten und vorne mit Nadeln fixieren.

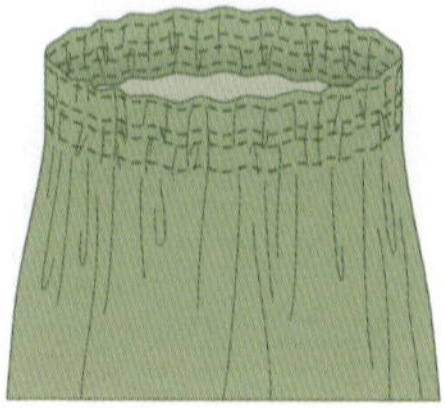

4 Maschine auf Geradstich stellen und den Tunnel der Länge nach mehrmals übersteppen; dabei das Gummiband dehnen und nach und nach die Nadeln entfernen.

Nähtipps

- Diese Methode können Sie an Röcken und Hosen vorne mit einem Standardbund kombinieren (S. 106–107). Das bietet Bequemlichkeit und wirkt gleichzeitig professionell.
- Auf S. 85 wird beschrieben, wie ein schmales Gummiband eingenäht wird. Hilfreich ist hierzu auch die Anleitung auf S. 84.

Taillenabschluss mit Beleg

Hier ist von außen kein Bundabschluss zu sehen; man spricht auch von angeschnittenem Bund. Zur Gestaltung des Taillenabschlusses wird innen ein Beleg eingenäht, der sich glatt um die Taille legt und alle Stoffkanten verbirgt. Kneift nicht und ist sehr bequem zu tragen, wenn die Oberkante auf der Taille oder über der Hüfte liegt.

Werkzeug und Material

- Grundausstattung (S. 13)
- Einlage zum Nähen oder Aufbügeln
- 6 mm breites Verstärkungsband

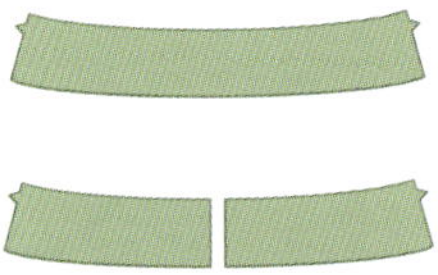

1 Anhand der oberen 5 bis 7,5 cm des Schnittteils ein Muster für den Beleg anfertigen und aus dem Oberstoff ausschneiden.

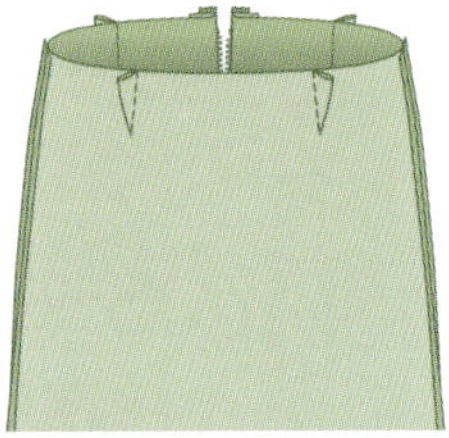

2 Reißverschluss in der Naht einsetzen (seitlich oder hinten).

3 Die Belegstücke zusammenlegen und rechts auf rechts zusammenfügen und kantenbündig auf das Kleidungsstück legen. Feststecken und mit 1,5 cm Nahtzugabe zusammensteppen. Überstand abschneiden.

4 Gleich neben der Taillennaht ein Verstärkungsband auf den Beleg steppen, um die Kante zu verstärken.

Nähtipp

Nahtzugaben und Band durch Untersteppen dicht entlang der Nähte am Beleg befestigen, damit sich der Beleg nicht nach außen schiebt. Hierfür die Nahtzugabe in den Beleg legen und knappkantig durch Beleg und Nahtzugabe steppen.

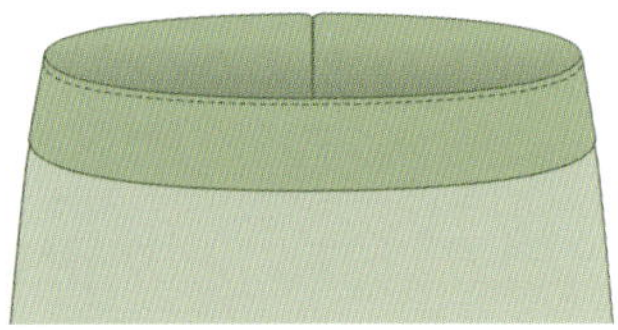

Zweiteiliger Bund

Dieser Bund hat eine Mittelnaht im Rückenteil, sodass man eine Hose später ohne Aufwand erweitern oder enger machen kann. Meistens an Männerhosen verwendet, ist er aber genauso gut für Damenhosen geeignet.

Werkzeug und Material

- Grundausstattung (S. 13)
- Steifes Einlageband (z. B. Ripsband)

Vorbereitung

Schneidern Sie den Bund in zwei Teilen (links und rechts), und versäubern Sie je eine Längsseite.

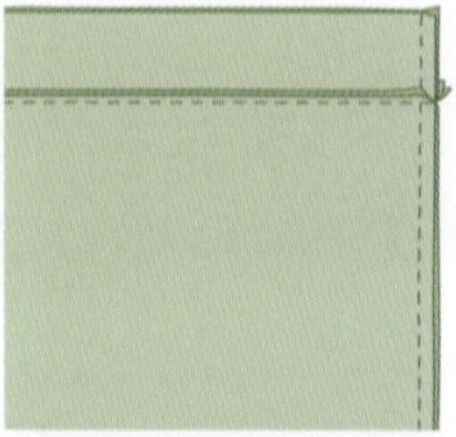

1 Die unversäuberten Längskanten der beiden Bundteile an die Hose nähen. In der Mitte hinten getrennt lassen.

2 Die hintere Mittelnaht fertignähen und den Bund hinten in der Mitte zusammennähen. Zwei Arbeitsschritte!

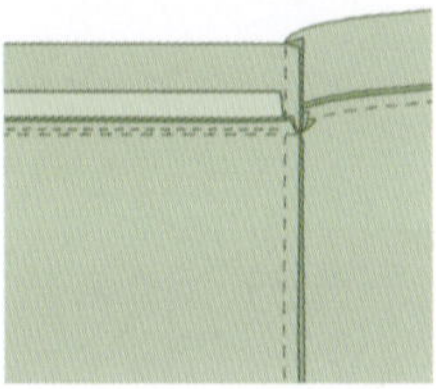

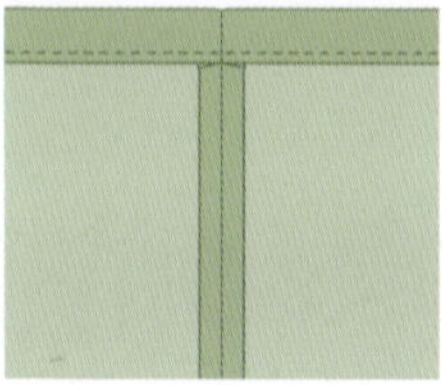

3 Zwei Streifen Einlageband passend zuschneiden. Auf der einen Seite das Band auf der Nahtzulage des Bundes platzieren, mit der Kante dicht neben der hinteren Mittelnaht. Knappkantig ansteppen. Das zweite Bundteil genau so annähen.

4 Bund über das Einlegeband falten, so wie man ein Buch einschlägt. Kanten und Ecken sauber feststecken. Untere, versäuberte Kante flachlegen und durch die Bundnaht feststecken. Bund von rechts im Nahtschatten feststeppen. Enden mit Saum- oder Kantenstichen fixieren.

Nähtipp

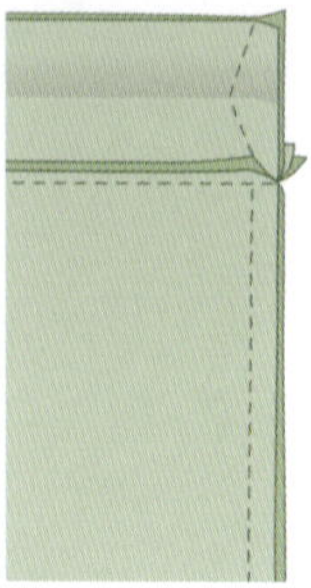

Die hintere Mittelnaht winklig nach innen versetzt nähen – der Bund sitzt dann etwas näher am Körper. Die Einlagebänder an dieser Stelle entsprechend zurückschneiden. Dieser Trick ist hilfreich beim Anpassen an ein Hohlkreuz.

Couture-Taillenbund

Diese Bundvariante wirkt sehr professionell und sitzt superbequem. Ein lohnender Extra-Aufwand!

Werkzeug und Material

- Grundausstattung (S. 13)
- Leichte Bügeleinlage (z. B. Stanzband)
- Steifes Einlageband (z. B. Ripsband)
- Rollschneider
- Druckknöpfe mit Werkzeug

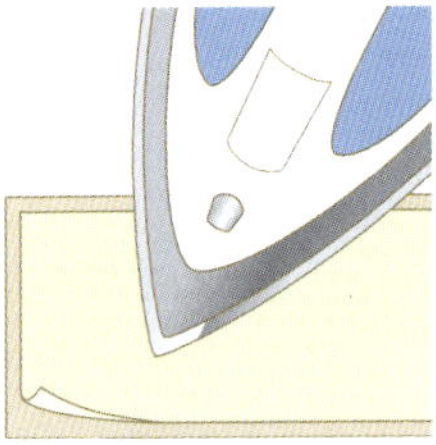

1 Einen Bund zuschneiden und die verstärkende Einlage auf die linke Stoffseite bügeln. An der Taillenkante festnähen.

2 Das steife Einlageband auf die Nahtzugabe legen, gleich neben den Nahtstichen. Knappkantig durch die Nahtzugaben und die Einlage festnähen.

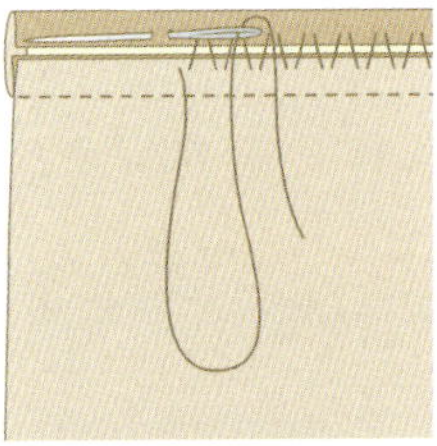

3 Den Stoff über das steife Band falten und zurückschneiden. Die unversäuberte Kante von Hand an den Nahtzugaben annähen. Stiche straff ziehen, damit der Stoff vorne glatt liegt.

4 Für die Innenseite des Bundes ein Stück Einlage zuschneiden. Es sollte gleich lang und breit sein, plus Nahtzugaben. Die Nahtzugaben unterbügeln und an der Innenseite des Bundes feststecken, um die unversäuberten Kanten zu verbergen. Einlage mit winzigen Saumstichen annähen.

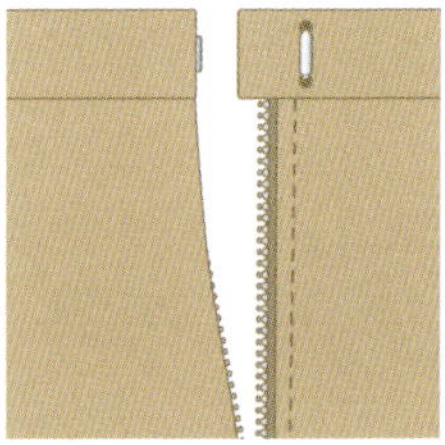

5 Wahlweise einen mit Stoff überzogenen Druckknopf (S. 186) oder einen Haken mit Riegel aufnähen.

Aufhängebänder

An diesen raffiniert eingenähten Schlaufen hängt ein Rock sicher im Schrank. Der Clou: Die Schlaufen sind beim Tragen unsichtbar, anders als übliche Aufhängebänder.

Werkzeug und Material

- Grundausstattung (S. 13)
- Rollschneider und Schneidematte
- Wendewerkzeug

1 Aus Einlagematerial einen etwa 40 cm langen und 2,5 cm breiten Streifen schräg zum Fadenlauf ausschneiden.

2 Den Streifen zur Hälfte falten und mit ca. 6 mm Kantenabstand absteppen. Mithilfe eines Wendewerkzeugs umstülpen. In zwei Stücke schneiden.

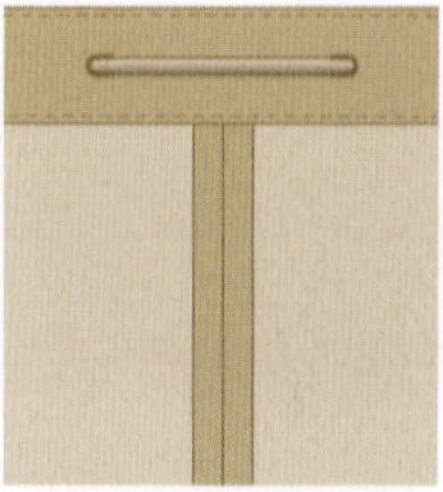

3 Die Enden nach innen stopfen, und die Schläuche mittig auf die Seitennähte legen. Mit der Hand festnähen.

4 An diesen Schlaufen lässt sich ein Rock wunderbar aufhängen – beim Tragen verschwinden sie und können nirgends herausrutschen.

Säume

- Doppelt eingeschlagen
- Maschinengesteppt
- Handgenäht
- Overlock
- Rollsaum
- Saum mit Formbesatz
- Verstärkt
- Geklebt
- Spitzensaum
- Hosenaufschläge
- Ripsband
- Saumansatz

Für die Verarbeitung der Saumkanten an Röcken, Kleidern, Hosen, Oberteilen, Jacken und Mänteln gibt es vielerlei Methoden – für welche Sie sich entscheiden, hängt vor allem vom Stil des Kleidungsstücks und von der Stoffart ab.

Auf den folgenden Seiten zeigen wir Ihnen unterschiedliche Saumtechniken zum Nacharbeiten.

Tipps für ordentliche Säume

- Mithilfe einer Schneiderpuppe, die auf die richtigen Körpermaße (Größe, Umfang) eingestellt ist, können Sie den Saum selbst abstecken.
- Verwenden Sie zum Anzeichnen spezielle, im Handel erhältliche Markierhilfen.
- Lassen Sie Kleider und Röcke aus schräg zum Fadenlauf geschnittenem Stoff vor Anzeichnen der Saumlinie 24 Stunden aushängen.
- Nicht vergessen: Ein üppiger Bauch oder Po kann sich auf den Saumverlauf auswirken. Vor dem Nähen die Saumlinie nochmals auf waagrechten Verlauf kontrollieren.

Standardmuster

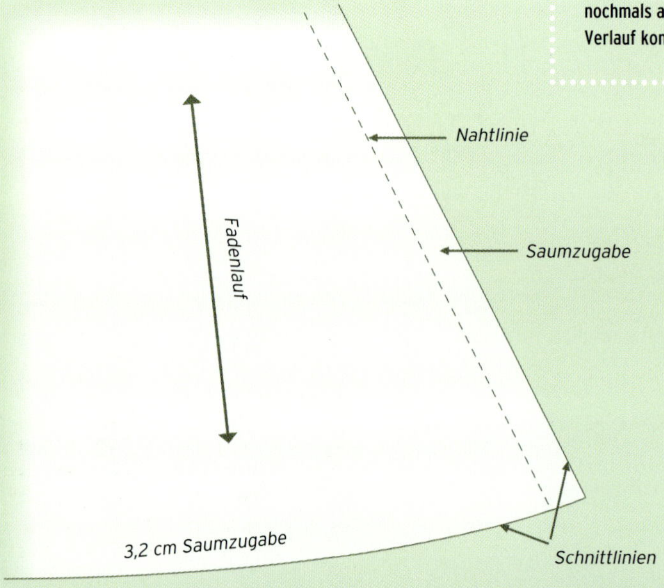

Doppelter Saum

Hier wird der Stoff zweimal eingeschlagen, um die unversäuberten Kanten darunter zu verbergen. Ob breit oder schmal, diesen Saum können Sie mit der Maschine steppen oder mit Handstichen nähen. Geeignet für Hemden, Blusen, T-Shirts und Hosen aus gewebten und gestrickten Stoffen.

Werkzeug und Material

- Grundausstattung (S. 13)
- 15 cm langes Lineal oder Saumlineal

1 Die unversäuberte Stoffkante ringsum bis zur Saumlinie auf links falten.

2 Ein weiteres Mal umfalten. Nun verschwindet die unversäuberte Kante auf Saumhöhe. Feststecken.

3 Den Saum mit gleichmäßigen Stichen von Hand nähen (S. 117) oder mit der Maschine steppen (S. 116).

Breiter Saum

Schmaler Saum

Nähtipp

Diese Methode funktioniert am besten mit einem geraden Saum. Verläuft der Saum gekrümmt, bilden sich beim Umschlagen kleine Fältchen. Dann sollte der Saum entweder nur sehr schmal umgefaltet oder mit einem Besatz (S. 120–121) abgeschlossen werden.

Säumen mit der Maschine

Mit der Maschine geht das Säumen kinderleicht und in kürzester Zeit. Abgesteppte Säume eignen sich am besten für dünne bis mittelschwere Stoffe – schwere Stoffe tragen zu sehr auf. Sie können den Saum wahlweise mit einer einzelnen Naht oder mit zwei parallelen Geradeausnähten arbeiten.

Werkzeug und Material

- Grundausstattung (S. 13)
- Steppgarn
- Steppnadel (mit großem Öhr)/ggf. Zwillingsnadel
- evtl. Obertransporteur (auch: Oberstofftransportfuß)

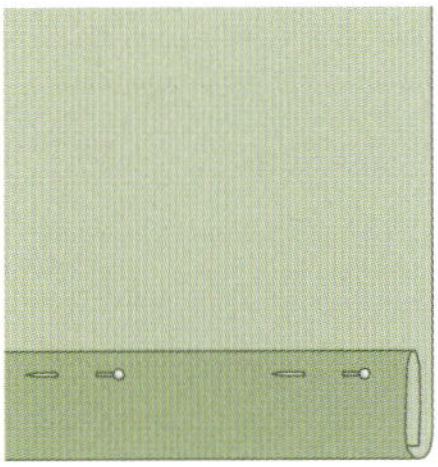

1 Den Saum vorbereiten wie auf Seite 115 beschrieben, dann feststecken oder heften.

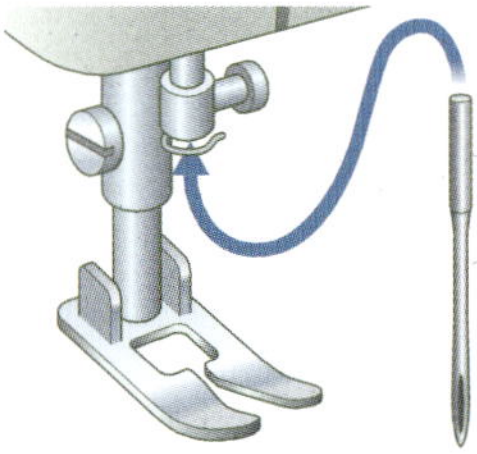

2 Eine Nadel mit großem Öhr in die Maschine einsetzen und Steppgarn einfädeln. Stichlänge auf 3 mm einstellen (8–10 Stiche pro 2,5 cm).

Einfach gesteppter Saum

Mit der Zwillingsnadel gesteppter Saum

3 Auf der rechten Stoffseite knappkantig an der oberen Faltkante entlangsteppen.

Nähtipp

Bei Stretchstoffen am besten eine Zwillingsnadel und einen Obertransporteur (Oberstofftransportfuß) einsetzen. Dieser Spezialfuß sorgt für einen gleichmäßigen Transport an der Stoffober- und -unterseite und verhindert Faltenwurf oder Verrutschen. Auf der Rückseite bilden die Stiche eine Zickzacknaht, was dem Saum Elastizität verleiht.

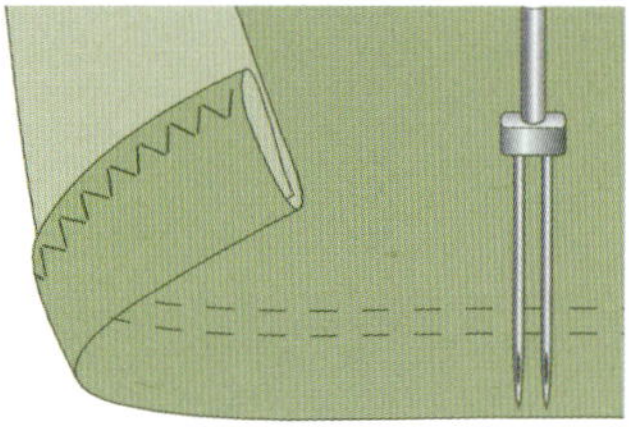

Handgenähter Saum

Wenn von rechts keine Stiche zu sehen sein sollen – z. B. an Rock- und Hosensäumen, nähen Sie den Saum am besten von Hand an. Welchen Saumstich Sie wählen, hängt vom der Art des Stoffes ab – und welcher Stich Ihnen am besten liegt. Ein handgenähter Saum ist nicht ganz so stabil wie ein maschinengesteppter, aber dafür sind rechts keine Stiche zu sehen.

Werkzeug und Material

- Grundausstattung (S. 13)
- Seidengarn

1 Saumkante auf links bis zur Saumlinie falten und Schnittkante einschlagen.

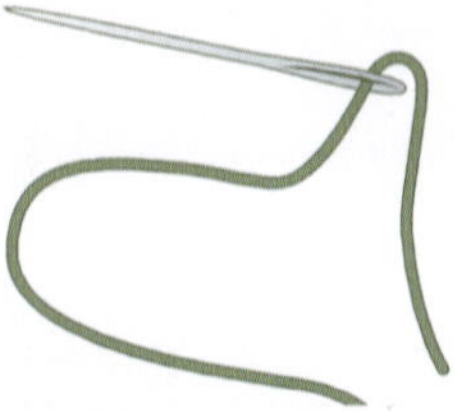

2 In eine kurze, feine Nadel einen nicht allzu langen Faden in der Stofffarbe einfädeln.

Nähtipp

Die Fäden sollten nicht zu lang sein, um Verknoten und Verheddern zu vermeiden.

3 Nun den Saum mit einem dieser Stiche festnähen.

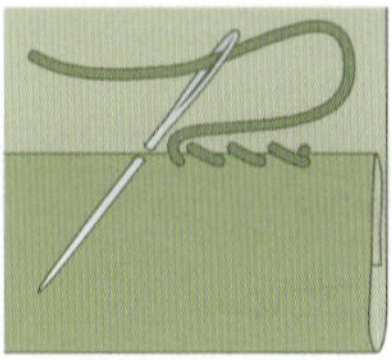

SAUMSTICH

Mit diesem Stich wird der Saum an Kleidungsstücken aus mittelschweren und schweren Stoffen besonders fest und sicher.

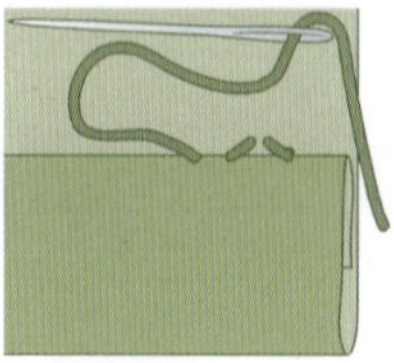

BLINDSTICH

Noch unauffälliger als der Saumstich und somit ideal für feine Stoffe. Die Stiche nicht zu dicht nebeneinander und möglichst regelmäßig setzen. Die Garnfarbe sollte der Stofffarbe bestmöglich entsprechen.

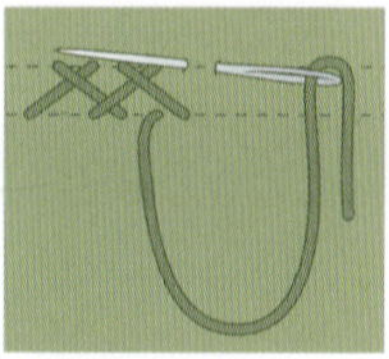

HEXENSTICH

Geeignet für mittelschwere und schwere Stretchstoffe, da die Stiche „nachgeben“, wenn sich der Stoff verzieht.

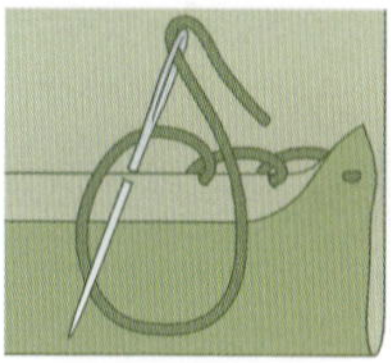

STEPPSTICH

Hier verlaufen Schlaufen um die Stiche herum – das bedeutet, wenn der Faden an einer Stelle reißt, geht nicht gleich der ganze Saum auf. Die Stiche nicht zu dicht und in gleichmäßigen Abständen nähen.

Overlocksaum

Mit einem Overlock-Stich lässt sich eine Stoffkante in einem Arbeitsgang versäubern und der Überstand abschneiden. Der Saum muss daher nur einmal eingeschlagen werden und nicht doppelt (wie auf S. 115). Für alle Stoffarten geeignet, aber besonders nützlich für schwere, dickere Materialien, da dieser nur einmal eingeschlagene Saum weniger aufträgt.

Werkzeug und Material

- Grundausstattung (S. 13)
- Overlock-Maschine

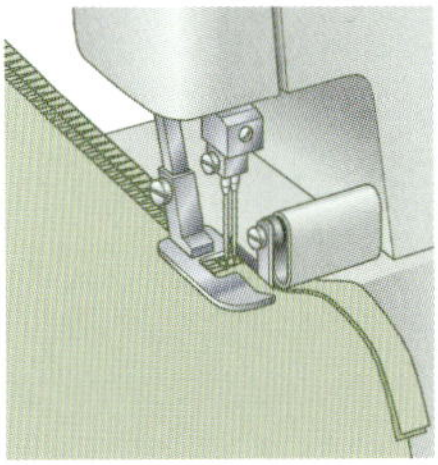

1 Saumkante mit der Overlock-Maschine mit drei Fäden knappkantig einfassen. Bei dickeren Stoffen vier Fäden verwenden.

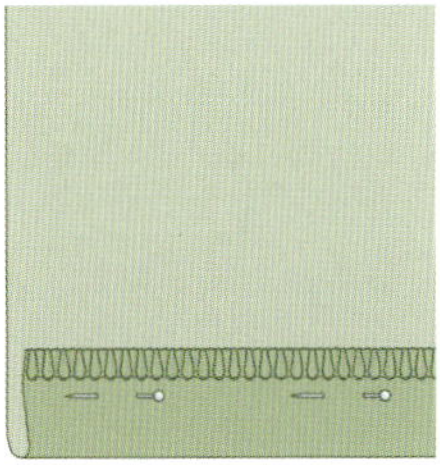

2 Saum auf die gewünschte Höhe umfalten. Feststecken und/oder heften und die Saumfalte flachbügeln.

3 Den Saum mit Handstichen annähen (S. 117), steppen (S. 116) – oder mit der Maschine einen Blindstichsaum arbeiten (S. 124). Mit der Zwillingsnadel wird ein Saum besonders stabil.

Nähtipp

Probieren Sie verschiedene Möglichkeiten aus: Ziersteppgarn im oberen und unteren Greifer ergibt effektvolle Abschlüsse, dekorative Overlockstiche für sichtbare Saumeinfassungen oder einen Rollsaum für besonders feine, hauchdünne Stoffe (S. 119).

Rollsaum

Dieser Saum ist besonders schmal und eignet sich daher vor allem für feine und transparente Stoffe wie Chiffon oder Seide. Er kann von Hand oder mit der Nähmaschine oder mit einer Overlock genäht werden.

Werkzeug und Material

- Grundausstattung (S. 13)
- Rollsaumfuß oder Overlock

Mit der Hand

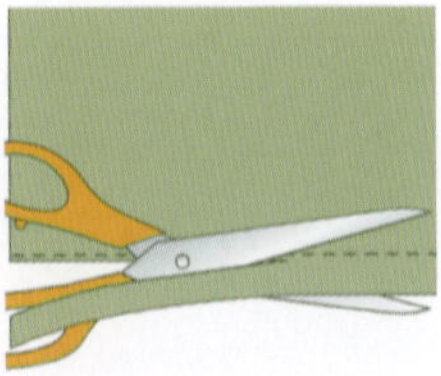

1 Dicht unterhalb der Saumlinie entlangsteppen. Saumzugabe dann sehr knapp neben dieser Naht abschneiden.

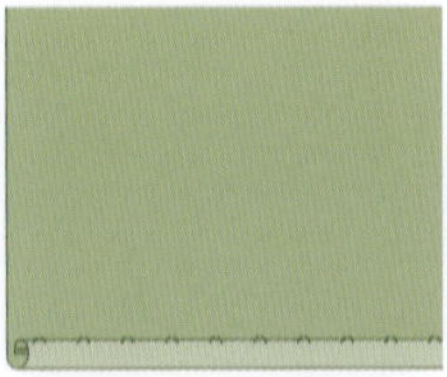

2 Kante mit Daumen und Zeigefinger zu einem Röllchen drehen und mit winzigen Blindstichen festnähen.

Rollsaum mit der Overlock

Mit der Maschine

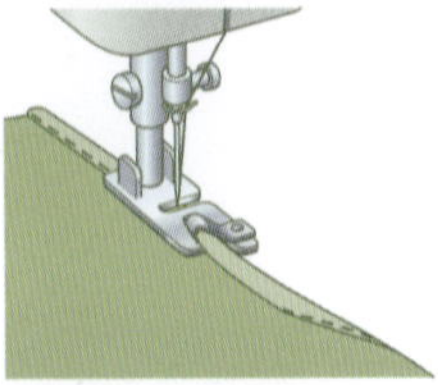

1 Dicht unterhalb der Saumlinie entlang steppen. Kante ganz knapp neben der Naht abschneiden (s. o. Schritt 1). Rollsaumfuß einsetzen und die gesteppte Kante einführen. Den Stoff weiterschieben, während der Fuß die Kante umklappt und unter die Nadel schiebt.

Mit der Overlock

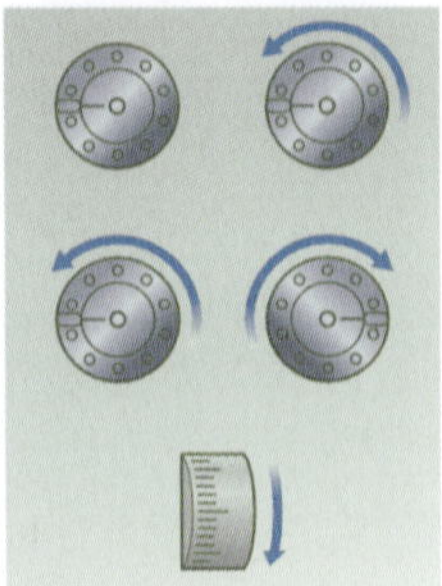

1 Die Anweisungen in der Bedienungsanleitung beachten und den Rollsaumstich einstellen. Für einen Rollsaum die Stichlänge auf „1“, für eine Wellenkante (Picotkante) auf „3“ stellen.

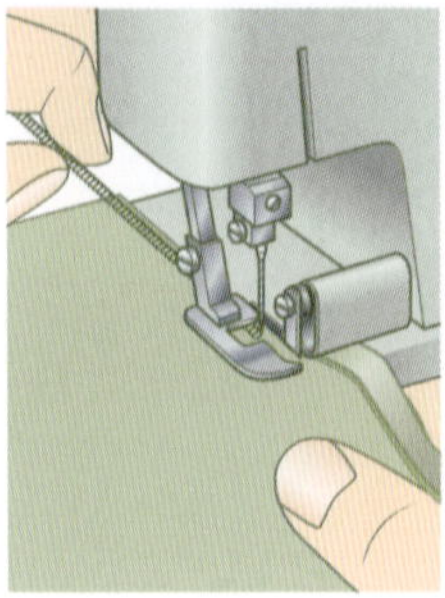

2 Die Stoffkante unter den Fuß schieben. Während des Nähvorgangs wird der überstehende Stoff vom Messer entsprechend abgeschnitten.

Saum mit Formbeleg

Erfordert eine geschwungene Kante einen breiten Saum, wäre ein doppelter Einschlag eher ungünstig – dabei entstünden Falten, die man durch Kräuseln bändigen müsste. Hier bietet sich ein Formbeleg an, der von vornherein flach liegt und leichter zu handhaben ist. Besonders geeignet für weite, ausgestellte Röcke bei Braut- und Abendkleidung. Zusatzeffekt: Der Saum wird schwerer und fällt besser.

Werkzeug und Material

- Grundausstattung (S. 13)
- 15 cm langes Lineal oder Saumlineal

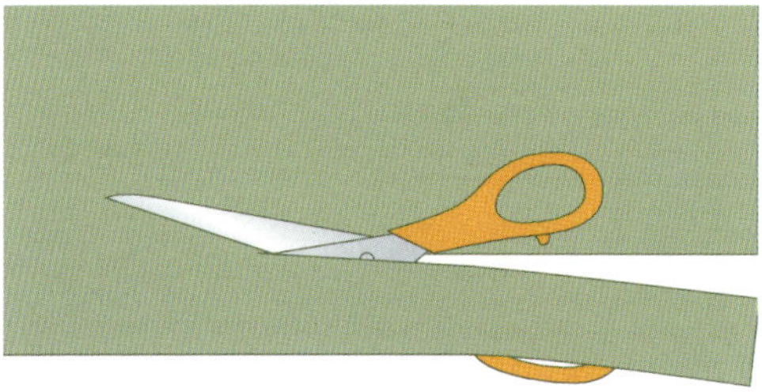

1 Die Saumlinie festlegen und 1,5 cm zugeben. Überstehende Stoffkante abschneiden

2 Belege anhand des Schnittmusters zuschneiden. Sie sollten 5–9 cm breit sein und die gleiche Form haben wie die Saumkante, einschließlich Nahtzugabe.

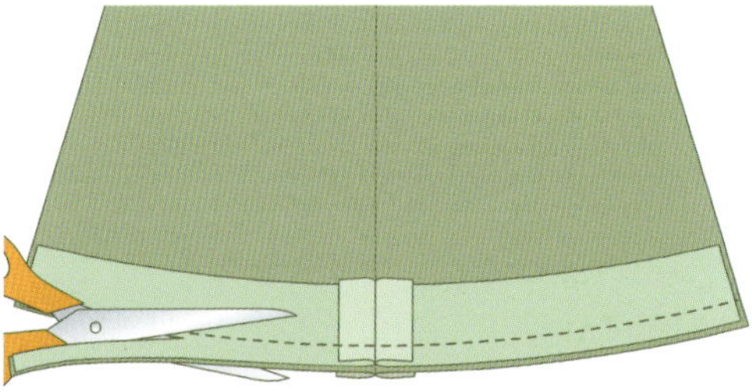

3 Die Belege rechts auf rechts auf die Rockkante legen, mit den Kanten exakt übereinander. Feststecken und zusammensteppen. Überstand abschneiden.

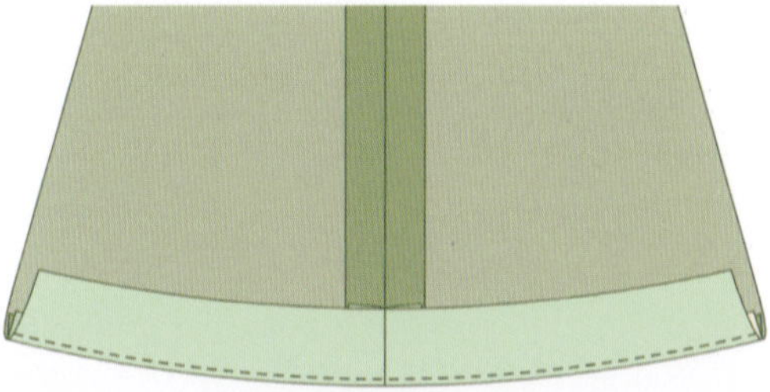

4 Belege auf den Nahtzugaben untersteppen, auffalten und durch Bügeln vorsichtig zurechtschieben.

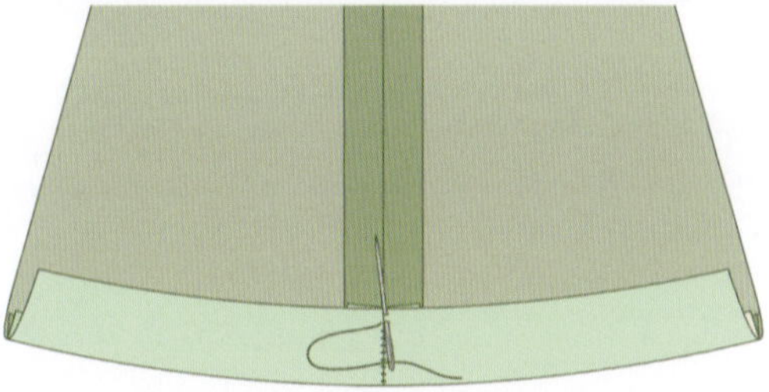

5 Belege und Rocknähte genau aufeinanderpassen. Nahtzugaben einschlagen und mit Blindstichen zusammenfügen.

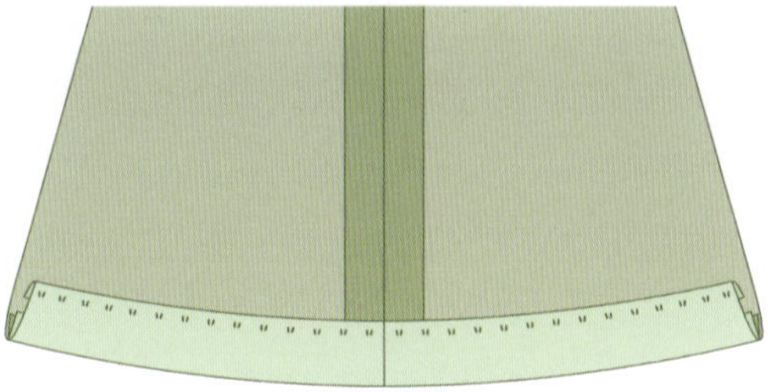

6 Die Belegoberkante einschneiden, nach innen umfalten und mit Blind- oder Steppstich von Hand festnähen.

Nähtipps

- Bei einem Rock können Sie als Belegstoff auch Seidenorganza verwenden. Der belegte Saum kann dann von Hand daran festgenäht werden, damit von rechts keine Stiche zu sehen sind.
- Eine preiswertere Alternative für ein langes Brautkleid wäre steife Gaze.
- Ist ein Saum mit Formbeleg nicht möglich, arbeiten Sie einen Rollsaum – (S. 119) oder einen schmalen, doppelt eingeschlagenen Saum (S. 115).

Verstärkter Saum

Ein Saum mit einer versteifenden Einlage (in der klassischen Schneiderei verwendete man Rosshaar) verleiht knöchel- oder bodenlangen Röcken einen besonders eleganten Fall.

Werkzeug und Material

- Grundausstattung (S. 13)
- Nylonband, schmal oder breit

1 Die fertige Saumlänge markieren und die Bandbreite plus 6 mm Nahtzugabe hinzurechnen. Stoff zurückschneiden.

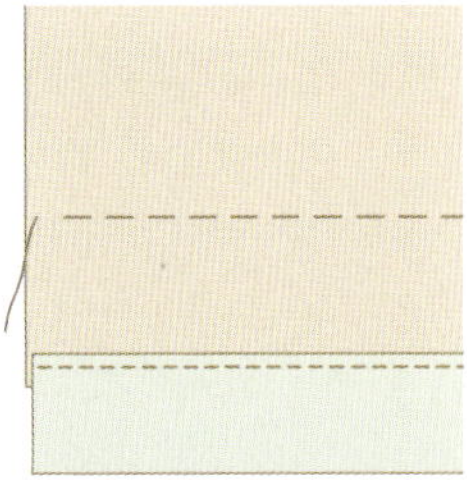

2 Band auf der linken Stoffseite entlang der Saumkante legen, sodass es diese 6 mm überlappt. Band knappkantig ansteppen.

3 Das Band zweimal umfalten, sodass es im Saum verschwindet. Schmale Bänder mit Stepp- und Kantenstichen, breitere Bänder von Hand mit Blind- oder Steppstich befestigen.

Nähtipp

Das Nylonband beim Anbringen nicht zu straff ziehen, sonst bildet sich eine wellige Saumkante.

Geklebter Saum

Bei Materialien wie Kunstleder oder Vinylstoffen, die sich nur schwer nähen lassen oder durch Stiche beschädigt werden könnten – z. B. wasserdichte Jacken – kann der Saum festgeklebt werden. Für hitzeverträgliche Gewebe gibt es Saumvlies zum Aufbügeln, während für Leder und Pelz ein Klebstoff die beste Wahl ist.

Werkzeug und Material

- Grundausstattung (S. 13)
- Aufbügelbares Saumvlies
- PVA-Kleber (Bastelkleber) oder ein Kleber auf Gummibasis
- Gewichte

1 Die Schnittkante bei Bedarf versäubern und dann etwa 2,5–5 cm nach innen umschlagen.

2 Klebstoff auf den Saumbereich auftragen (Herstellerhinweise beachten!) und mit Gewichten beschweren, bis der Kleber trocken ist.

Alternative

Statt des Klebstoffs können Sie auch ein Saumvlies verwenden: Das Band (Klebeseite nach unten) in die Saumfalte legen, ggf. Trägerpapier abziehen, Saumkante einschlagen und überbügeln. Durch Hitze und Druck werden die Stoffe miteinander verbunden.

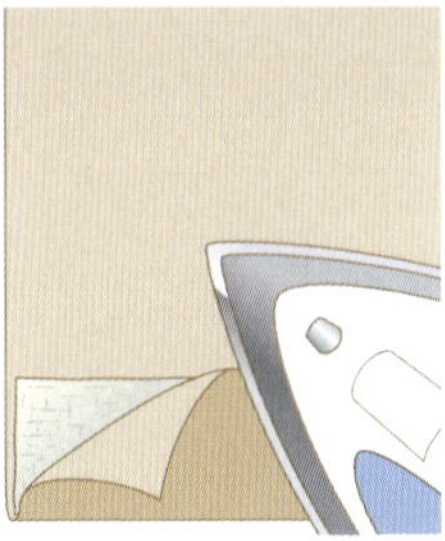

Blindstich-Saum

Mit dem Blindstichfuß und einem vorprogrammierten Blindstich können Sie mit der Maschine nahezu unsichtbare Säume nähen. Diese Technik eignet sich für dicke und mittelschwere Stoffe, da die Stiche im Material „versinken“. Bei feinen Stoffen sind sie allerdings sichtbar.

Werkzeug und Material

- Grundausstattung (S. 13)
- Blindstichfuß

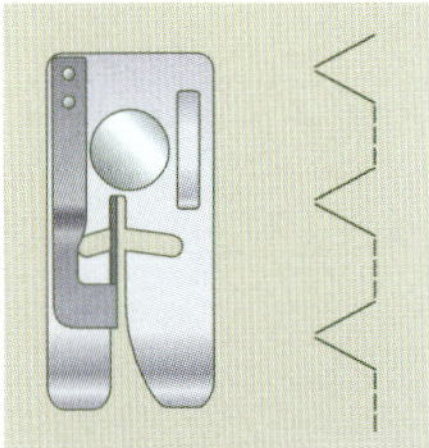

1 Einen geeigneten Stich auswählen und den Blindstichfuß einsetzen.

2 Den Saum auf die gewünschte Höhe umschlagen (nur einmal, wenn die Kante nicht ausfransen kann, sonst doppelt umschlagen).

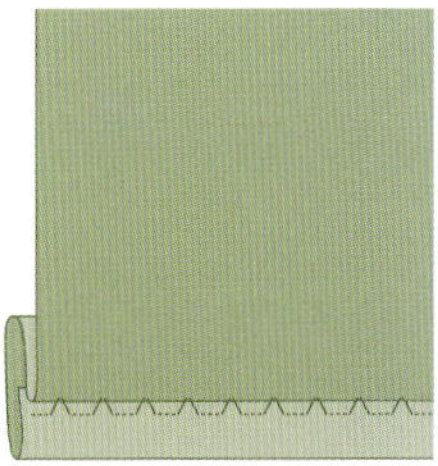

3 Den Saum nach hinten klappen, sodass noch 6 mm überstehen. Ggf. feststecken oder -heften. Nähfuß als Führung verwenden und die Kante steppen.

4 Wenn die Naht fertig ist, Saum nach unten ziehen, bis er richtig liegt, dann flachbügeln.

Nähtipps

- Wenn Sie eine längere Stichlänge einstellen, fallen die Stiche auf der rechten Stoffseite weniger auf.
- Besonders darauf achten, dass der Faden möglichst die gleiche Farbe hat wie der Stoff.

Spitzensaum

Die Säume von Unterwäsche und Nachtbekleidung werden gerne mit zarter Spitze besetzt. Gerade verlaufende Spitze können Sie einfach Stoß an Stoß an die Saumkante anfügen, während Spitze mit Bogenkante den Saum zunächst überlappt und der darunter liegende Stoff nach dem Aufsteppen weggeschnitten wird.

Werkzeug und Material

- Grundausstattung (S. 13)
- Spitze mit Bogenkante

1 Die Spitze auf den Kleiderstoff legen, mit der Unterkante auf der Saumlinie. Feststecken und ggf. anheften.

2 Auf der Maschine einen Zickzack-Stich einstellen und durch Spitze und Stoff hindurch an der Bogenkante entlangsteppen.

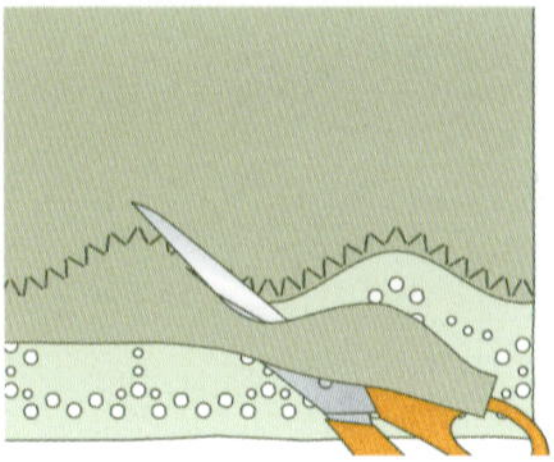

3 Mit einer sehr scharfen Schere den Stoff unter der Spitze dicht an der Zickzack-Naht entlang wegschneiden.

Nähtipp

Wählen Sie einen Stoff, der nicht allzu sehr ausfranst. Gut geeignet sind feine Interlock-Stoffe. Alternativ können Sie einen gewebten Stoff quer oder schräg zum Fadenlauf schneiden; auch dann lässt er sich sehr knapp am Spitzenbesatz entlang abschneiden.

Hosenaufschläge

Ein Aufschlag an einer Hose wirkt immer chic und maßgeschneidert. Wenn Sie genau abmessen und sorgfältig bügeln, wird Ihnen das perfekt gelingen.

Werkzeug und Material

- Grundausstattung (S. 13)
- 15 cm langes Lineal oder Saumlineal
- Selbstlöschender Markierstift oder Schneiderkreide

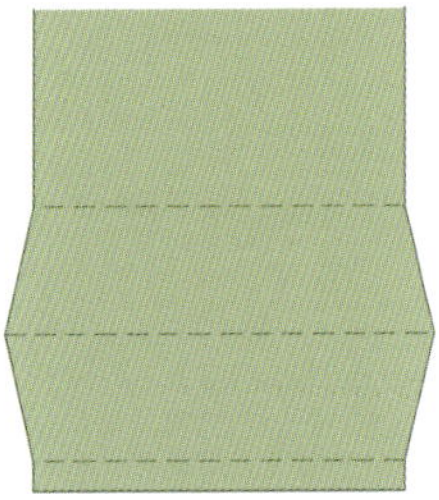

1 Alle Markierungen von einem Schnittmuster mit eingezeichnetem Hosenaufschlag auf den Stoff übertragen. Falls Sie kein Schnittmuster haben, geben Sie zur Hosenunterkante die doppelte Aufschlagshöhe plus 2,5 cm Nahtzugabe hinzu. Eine kleine Ausbuchtung hinzufügen (siehe Abb.), damit der Aufschlag später faltenfrei liegt.

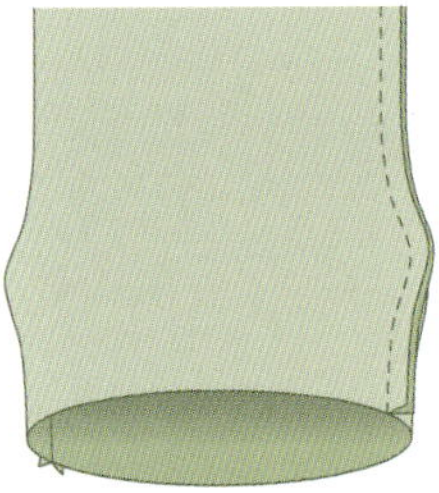

2 Die Seitennähte der Hose steppen.

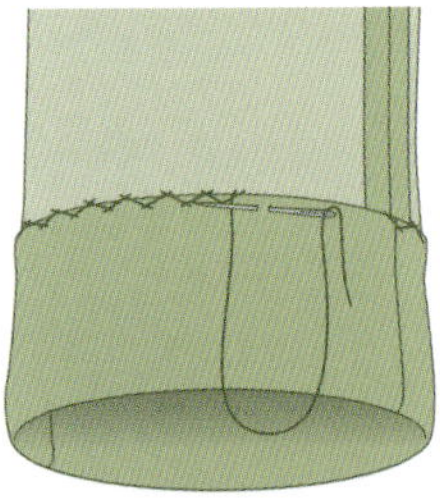

3 Die Kanten mit Schrägband einfassen (S. 68), dann eine Aufschlaghöhe plus der Nahtzugabe auf links falten. Mit Hexenstichen festheften.

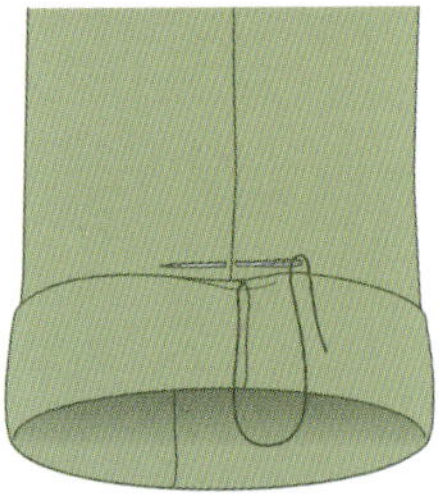

4 Aufschlag auf der Saumlinie nach außen umschlagen und mit kleinen Handnähstichen an den Nahtlinien befestigen. Bügeltuch auflegen, um den Stoff zu schützen, und die Aufschlag-Faltkanten vorne und hinten flachbügeln.

Schneidertipp

Besonders professionell ist es, wenn Sie vor dem Annähen des Saums einen Belegstreifen auf die Innenseite des Aufschlages legen.

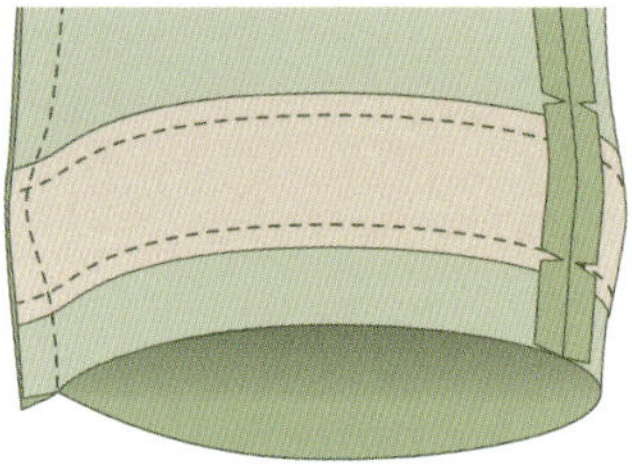

Ripsband einnähen

Ein festes Ripsband unten entlang der Innenkante eines Saumes schützt den Stoff vor Abnutzung.

Werkzeug und Material

- Grundausstattung (S. 13)
- 15 cm langes Lineal oder Saumlineal
- 1,5 cm breites Rips- oder Polyesterband (es gibt auch fertiges Hosenschoner- oder Stoßband)

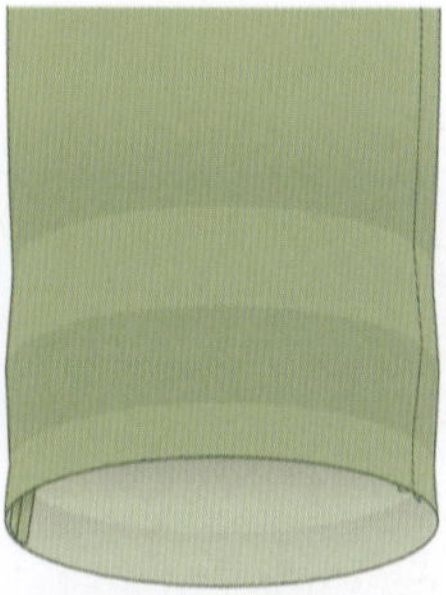

1 Hosenaufschlag vorbereiten (S. 126). Die Querfalten als Markierungslinien in den Saum hineinbügeln, dann alles wieder nach außen falten.

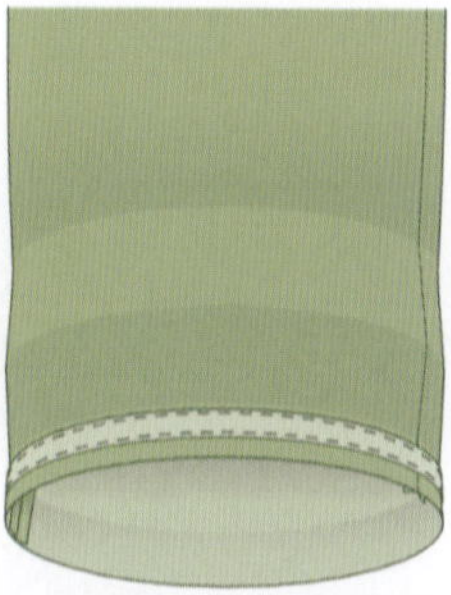

2 Das Ripsband auf die rechte Stoffseite der Manschette legen, knapp oberhalb der Saumkante. Feststecken, heften und dann knappkantig ansteppen.

3 Die Manschette wie auf S. 126 beschrieben fertigstellen. Das Band liegt nun an der Aufschlagkante innen am Hosenbein und schützt den Saum vor dem Abscheuern an den Schuhen.

Nähtipp

Mit dieser Technik können Sie übrigens die Säume von jeder Hose schonen – nicht nur von Aufschlaghosen.

Saumansatz

Ein solcher Saumabschluss lässt sich kinderleicht nähen und eignet sich für feste, gewebte Stoffe ebenso wie für elastische Strickstoffe. Sie können hierzu eine Standard-Nähmaschne oder eine Overlock mit Flatlock-Ziernaht und automatischer Fadenspannung verwenden.

Werkzeug und Material

- Grundausstattung (S. 13)

Vorbereitung
Schneiden Sie einen Streifen aus dem anzusetzenden Stoff zu – doppelt so breit wie der gewünschte Ansatz und mit Nahtzugaben an beiden Enden.

Mit der Nähmaschine

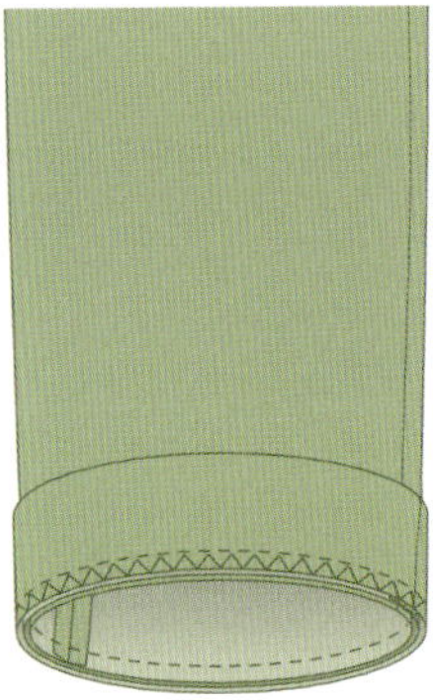

1 Streifen längs zur Hälfte falten und mit der rechten Stoffseite auf die offene Saumkante legen. Ggf. feststecken und heften, dann mit Geradstich ansteppen. Die Kante mit Zickzack- oder Überwendlingstich versäubern, Überstand abschneiden.

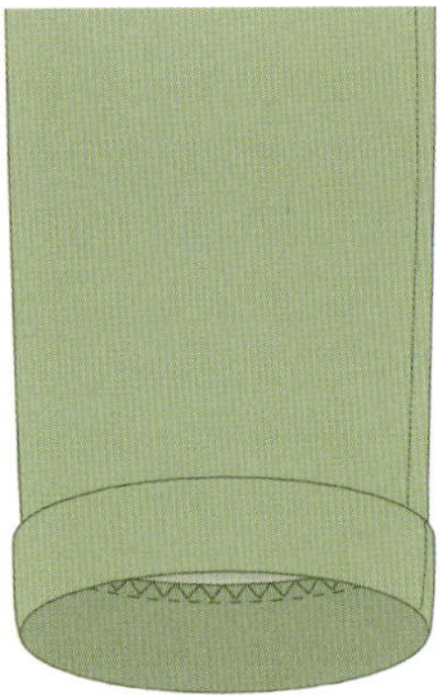

2 Stoff nach unten stülpen und die Nahtzugabe nach innen einschlagen. Flachbügeln.

Nähtipp

Einige Nähmaschinen haben einen Überwendlingstich, der einem Overlockstich sehr ähnlich ist. Die Nahtzugabe dann mit der Schere auf 6 mm zurückschneiden und den Überwendlingfuß einsetzen. Weitere Nähhinweise finden Sie in der Bedienungsanleitung.

Overlock/Automatische Fadenspannung

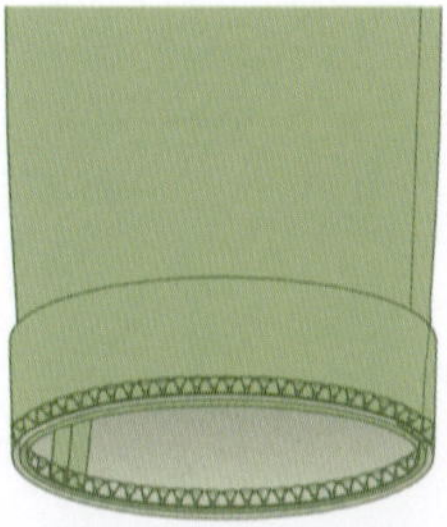

1 Streifen längs zur Hälfte falten und auf die rechte offene Saumkante legen. Ggf. feststecken, heften, mit 4-Faden-Overlockstich festnähen.

2 Stoff nach unten stülpen und die Nahtzugabe nach innen einschlagen. Flachbügeln.

Overlock-/Flatlock-Stich

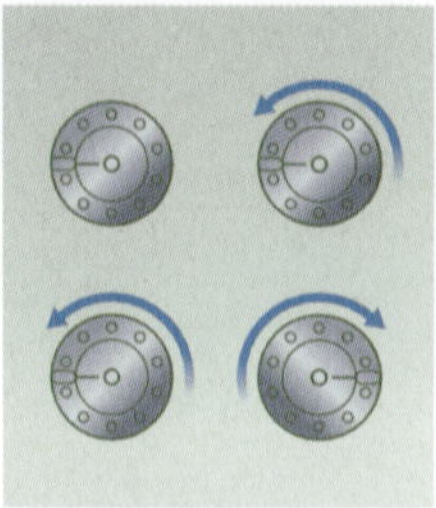

1 Stellen Sie die Maschine anhand der Anleitung auf einen 2- oder 3-Faden-Flatlock-Stich ein.

2 Den Streifen auf die linke Stoffseite legen, mit den offenen Kanten genau aufeinander. Feststecken, dann zusammensteppen.

3 Den Streifen aus dem Kleidungsstück herausziehen; dabei legen sich die Stiche flach. Von rechts sieht man dekorative Schlingen, von links Leiterstiche.

Alternativ

Sollen anstatt der Schlingenstiche außen lieber die Leiterstiche sichtbar sein, legen Sie den anzusetzenden Stoffstreifen zum Festnähen einfach auf die rechte Stoffseite.

Ärmel

- Gerafft
- Schulterpolster
- Eingehalten
- Zweiteilig
- Raglan
- Kimono
- Keulenärmel
- Hemdärmel
- Einfassen des Ärmelansatzes
- Gefaltet

Ärmel gibt es in den verschiedensten Variationen: lange, kurze, dreiviertellange, geraffte, eingehaltene, gefaltete, einteilige oder zweiteilige, Raglanärmel etc.

Auch das Einsetzen der Ärmel in ein Kleidungsstück unterscheidet sich, sowohl aufgrund der Entwürfe als auch aufgrund von Art und Stärke des Stoffes. Eine Bluse aus leichtem Baumwollbatist kann zum Beispiel einen Puffärmel haben, während ein elastischer Jerseystoff sich eher für einen Kimono- oder Raglanärmel eignet. Ein zweiteiliger Ärmel mit eingehaltenem Ärmelkopf passt sehr gut zu einem traditionellen Tweed-Jackett.

Tipps für gelungene Ärmel

- Passzeichen genau übertragen.
- Unterarmteil des Ärmels so ins Armloch einpassen, dass die Passzeichen genau übereinstimmen, dann obere Armkugel entlang der Schulternaht einhalten, falten oder raffen.
- Mit Einfassstreifen über den Nahtzugaben der Schulterform Halt geben.
- Mit diskreten Schulterpolstern die Passform des Kleidungsstücks verbessern und länger erhalten.
- Besonders beanspruchte Stellen mit einer zweiten Naht verstärken – besonders an der Rückseite des Armlochs.

Standardschnittmuster

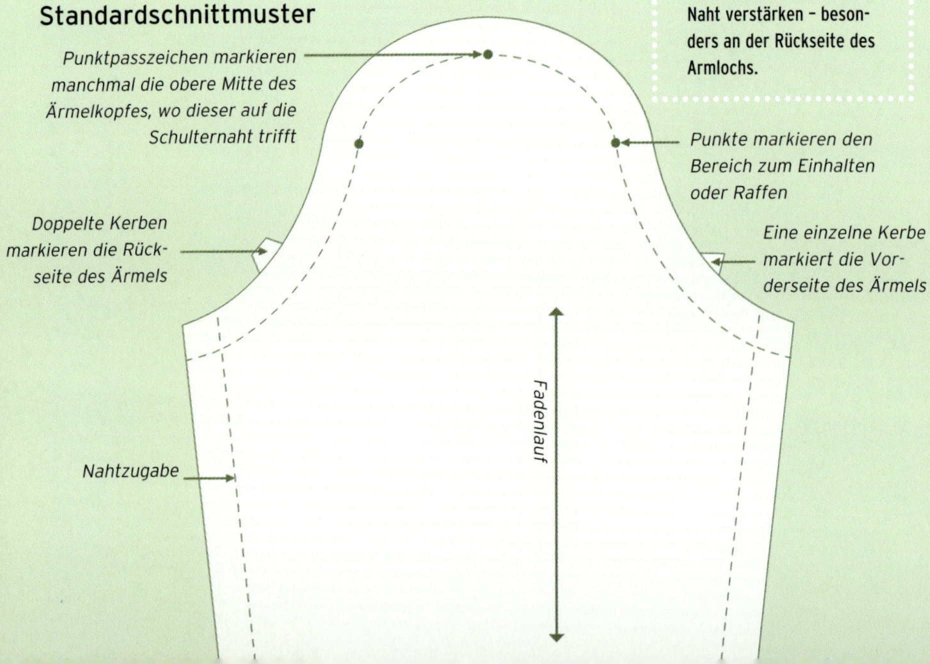

Geraffter Ärmelkopf

Bei einem gerafften Ärmel entsteht die Weite durch deutliche Abnäher an der Schulternaht. Modetrends ändern sich häufig, aber bei kleinen Mädchen sind „Puffärmel" immer beliebt. Diese Technik ist leichter als ein eingehaltener Ärmel, die Raffung muss jedoch gleichmäßig sein.

Werkzeug und Material

- Grundausstattung (S. 13)

Vorbereitung
Vorm Einsetzen des Ärmels Schulter- und Seitennähte des Kleidungsstücks, Ärmelnaht und Saum oder eventuelles Bündchen fertigstellen. (Ein Bündchen zu arbeiten ist einfacher, wenn man nur einen einzelnen Ärmel vor sich hat, als wenn der Ärmel an einem ganzen Kleidungsstück hängt.)

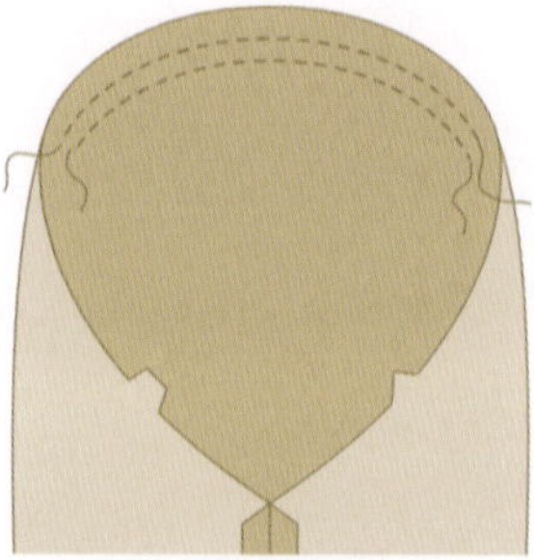

1 Nähmaschine auf den längsten Geradstich einstellen und zwei parallele Linien zwischen den Punkten auf dem Schnitt und zu jeder Seite der Nahtlinie nähen (oder bei feinem Stoff gerade eben in der Nahtzugabe).

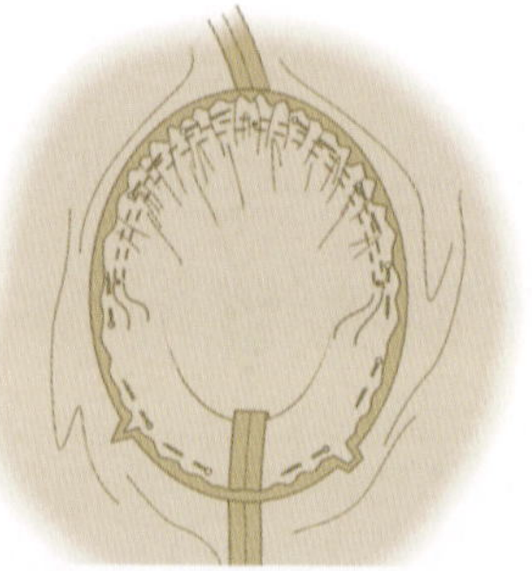

2 Ärmel in das Armloch einsetzen, Punkte und Kerben des Schnitts anpassen. Raffungen zusammenziehen und über den Ärmelkopf verteilen. Von innen die Nahtlinien mit Stecknadeln fixieren. Naht heften, damit die Raffung gleichmäßig bleibt.

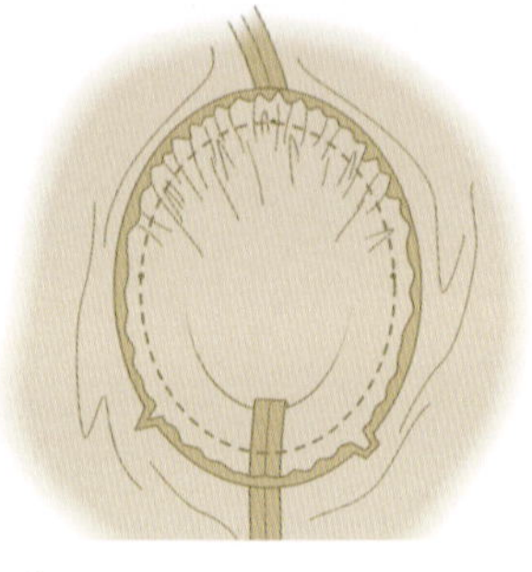

3 Stoff wenden und überprüfen, ob die Raffung gut sitzt; dann mit der Maschine die Naht steppen. Hilfsfäden für die Raffung entfernen und Ränder begradigen. Nahtzugabe zum Ärmel bügeln.

Schulterpolster

Schulterpolster können einem Kleidungsstück eine perfekte Form verleihen oder es völlig verderben. In der Modegeschichte waren Schulterpolster manchmal extrem voluminös, aber ganz ohne sie fehlt dem Kleidungsstück oft der Halt. Einlagen und Gewebe für die Innenseite von Jacketts oder Mänteln wirken zusammen mit Schulterpolstern wie ein innerer Bügel.

Werkzeug und Material

- Grundausstattung (S. 13)
- Volumenfleece oder Wattierung
- Gaze
- Schaumstoffpolster

1 Ein Gaze-Quadrat auf die Arbeitsfläche legen und mit einem Quadrat Einlagestoff oder Volumenfleece bedecken. Schulterpolster diagonal in die Mitte legen.

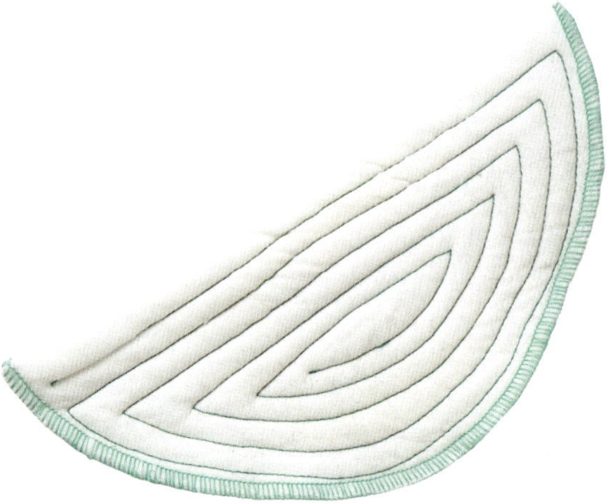

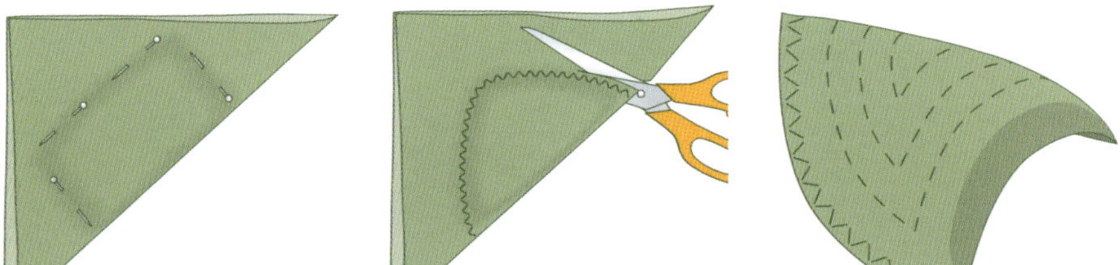

2 Schulterpolster „einwickeln" und die beiden Stofflagen um den Rand herum zusammenstecken.

3 Genaue Form und Größe bestimmen, um den Rand herum mit Zickzackstich zusammennähen. Überschüssigen Stoff abschneiden.

4 Mit langem Geradstich das Schulterpolster von außen beginnend durch alle Lagen hindurch absteppen. Polster in Form ziehen und in das Kleidungsstück einnähen.

Eingehaltener Ärmel

Ein im Schulterbereich eingehaltener Ärmel hat einen glatten Ansatz ohne Abnäher und Falten. Der Ärmel kann kurz oder lang, schmal oder weit sein, soll aber am Schulteransatz in einer einfachen, flachen Linie verlaufen.

Werkzeug und Material

- Grundausstattung (S. 13)

Vorbereitung
Schulter- und Seitennähte des Rumpfes und Ärmelnaht schließen. Am besten auch den Ärmelsaum bzw. das Bündchen fertigstellen, bevor man den Ärmel in das Armloch näht.

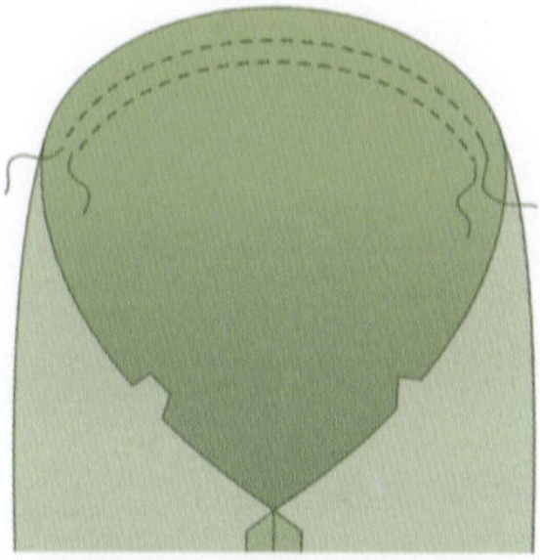

1 Nähmaschine auf den längsten geraden Stich einstellen und zwei parallele Linien am Rand des Ärmelkopfes zwischen den Markierungen auf dem Schnittmuster und zu jeder Seite der Nahtlinie steppen (oder im Fall von feinen Stoffen knapp innerhalb der Nahtlinie).

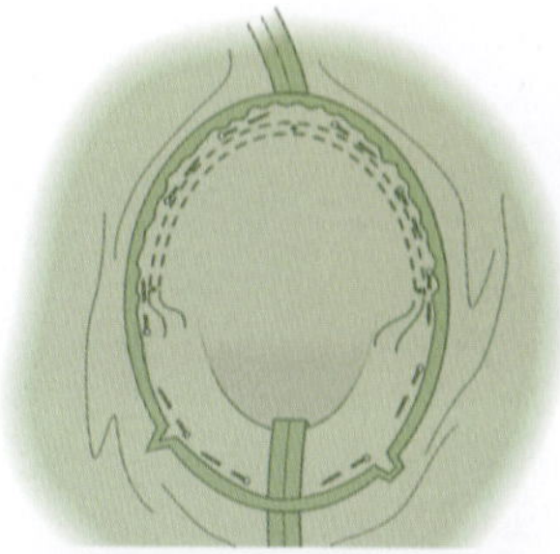

2 Mit den Hilfsfäden etwas einhalten und Ärmel rechts auf rechts in den Armausschnitt einpassen. Vom Inneren des Ärmels her alle Passzeichen zusammenfügen. An der Nahtlinie mit Stecknadeln fixieren, die eingehaltene Weite gleichmäßig verteilen.

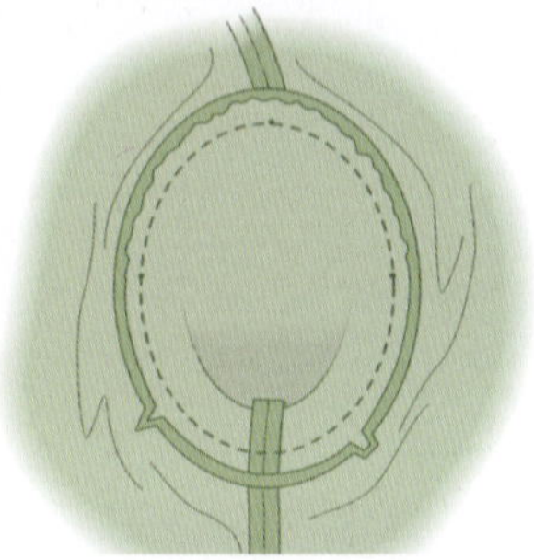

3 Im zusammengesteckten Zustand wenden und überprüfen. Falls nötig korrigieren, dann zurückwenden und mit normal langem Geradstich nähen. Fertige Ärmelnaht überprüfen, dann die Stoffkanten auf der Innenseite mit einem dreifädigen Overlock-Stich oder auf der Nähmaschine mit Zickzackstich oder einem anderen geeigneten Stich versäubern. Überschüssigen Stoff abschneiden.

Nähtipp

Der Trick für einen glatten Ärmelansatz besteht darin, die kleinen Stofffältchen sehr gleichmäßig über den Ärmelkopf zu verteilen. Arbeiten Sie von der Innenseite des Ärmels, passen Sie den eingehaltenen Ärmel dem Ärmelloch an, dann korrigieren Sie die Stoffverteilung, bis die kleinen Fältchen alle flach liegen.

Zweiteiliger Ärmel

Ein zweiteiliger Ärmel besteht aus einem Oberärmel und einem Unterärmel oder einem Vorderärmel und einem Hinterärmel und hat eine leicht eingehaltene Armkugel. Zusätzliche Nähte verbessern die Passform und geben Raum für die Armkrümmung. Der Saumrand hat einen Schlitz, der mit Knopf und Knopfloch geschlossen wird, und eine Einlage zur Unterstützung der Form.

Werkzeug und Material

- Grundausstattung (S. 13)
- Seidenorganza

1 Kürzere Ärmelnähte (Unterarm) aufeinander legen und mit Stecknadeln fixieren, dabei die Weite zwischen den Ellbogen-Passzeichen einhalten. Mit dem unteren Ärmel zuoberst nähen.

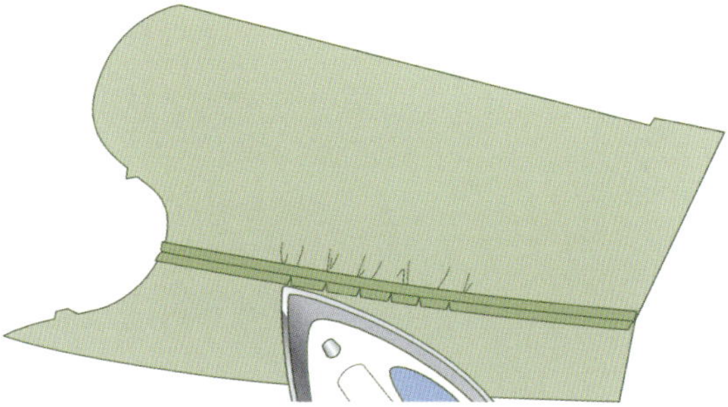

2 Beschneiden und die Saumzugaben aufklappen; Ärmel auf ein Bügelbrett legen – linke Seite oben und mit dem Unterärmel Ihnen zugewandt. Den Saum so bügeln, dass eine Wölbung entsteht und den Ärmel so formt, dass er der natürlichen Armkrümmung entspricht.

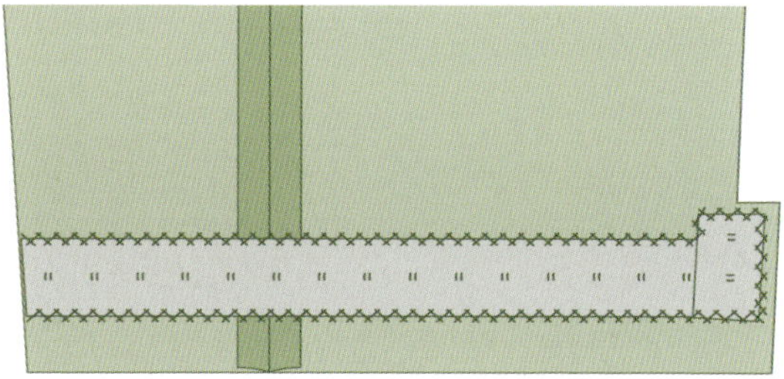

3 Saumfalte und Ärmelschlitz einbügeln. Schrägstreifen aus Seidenorganza ausschneiden und über die Saumfalte, 12 mm vom unteren Rand entfernt, in den Saum legen. Per Hand durch die Saumfalte steppen und oben und unten mit Hexenstich annähen.

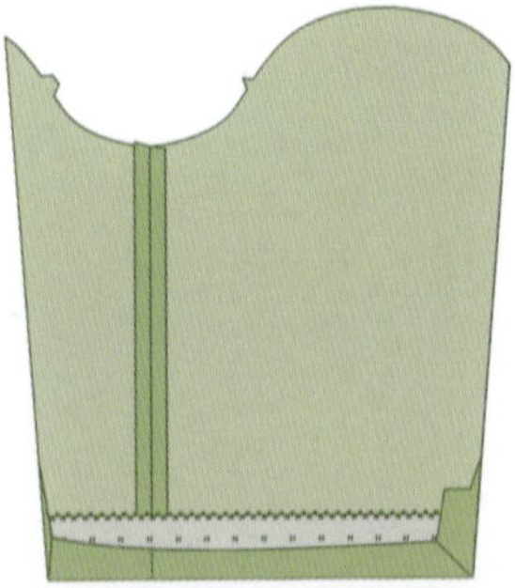

4 Schlitzecke diagonal falten und die beiden Ränder gegeneinander legen, sodass eine Gehrung entsteht. Dann gewendet mit der Maschine nähen oder mit kleinen Saumstichen per Hand.

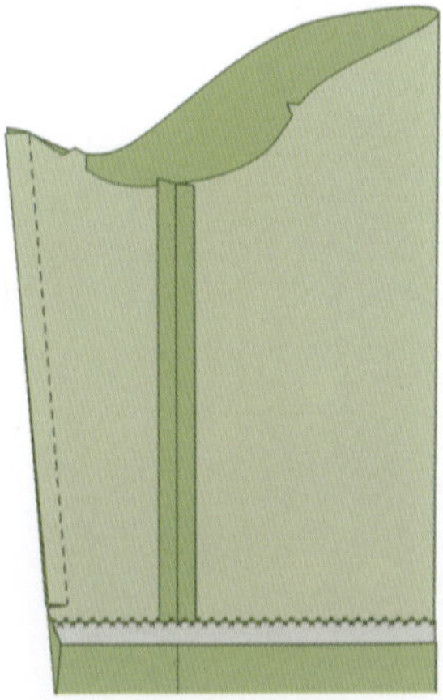

5 Die zweite Ärmelnaht rechts auf rechts aneinanderlegen und mit dem aufgeschlagenen Saum entlang der Naht mit Stecknadeln fixieren. Zum Aufdecken der Passzeichen Schlitz zurückfalten, dann bis dorthin nähen.

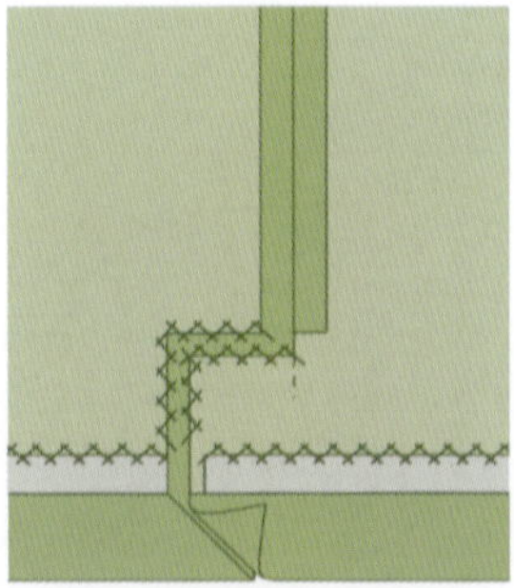

6 Naht aufbügeln und den überstehenden Rand zum Schlitz hin bügeln. In der Nahtzugabe kleine Knipse anbringen, damit sie flach liegt. Am Ende den Saum mit Kreuzstichen festnähen.

Nähtipps

- Vor dem Zusammensetzen des Ärmels mit Seidenorganza unterlegen. Das gibt dem Stoff Körper ohne Gewicht oder Dicke.
- Die korrekte Ärmellänge überprüfen, bevor man den Saum näht; das ist einfacher beim Ärmel allein, als wenn er bereits am Kleidungsstück befestigt ist.
- Um die Form des Ärmels zu stabilisieren, einen Streifen Seidenorganza-Stoßband mit Kreuzstichen an die Naht des Oberärmels am Ellbogen einnähen.

Raglanärmel

Ein Raglanärmel hat diagonale Nähte vom Unterarm zum Halsrand und trägt sich sehr bequem. Es gibt verschiedene Raglanstile: dicht anliegend oder weit geschnitten, hoch an der Schulter oder weiter im Rumpf angesetzt. Die Arbeitstechnik ist einfach, da die Nähte gerade sind und weder gerafft noch eingehalten werden.

Werkzeug und Material

- Grundausstattung (S. 13)

1 Ärmel rechts auf rechts mit dem Vorder- bzw. Rückenteil des Rumpfes zusammennähen.

2 Vorder- und Rückenteil aufeinander legen, Nähte unter dem Arm anpassen.

3 Ärmel- und Seitennähte zusammenstecken und nähen.

Tipp für elastische Stoffe

Raglanärmel werden oft bei elastischen Stoffen gewählt, bei denen eine Overlockmaschine sehr nützlich ist. Haben Sie keine, arbeiten Sie auf der Nähmaschine mit einem kleinen Zickzackstich oder einem elastischen Stich, und setzen Sie einen Obertransportfuß ein, damit der Stoff sich nicht kräuselt.

Kimonoärmel

Der Kimonoärmel ist eine einfache Form, bei der das Annähen an den Rumpf entfällt. Wenn der Ärmel schmal geschnitten ist, gibt der Einsatz eines Unterarmzwickels mehr Bewegungsfreiheit. Ohne Zwickel ist der Kimonoärmel leicht zu nähen und eine gute Wahl für Anfänger.

Werkzeug und Material

- Grundausstattung (S. 13)

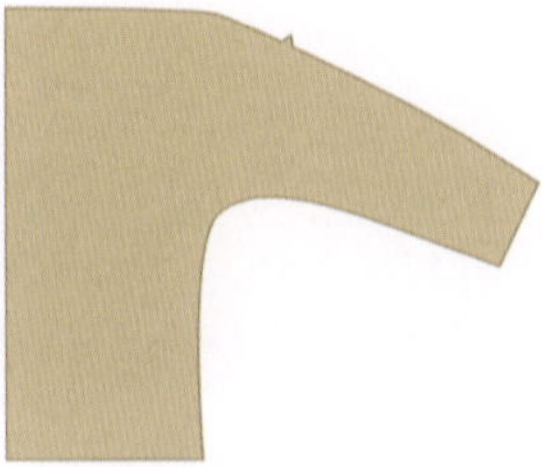

1 Vorderseite und Rückseite des Ärmels zuschneiden, alle Passzeichen übertragen.

2 Rechts auf rechts die beiden Seiten aufeinander legen, feststecken und Schulter- und Unterarm-/ Seitennaht schließen.

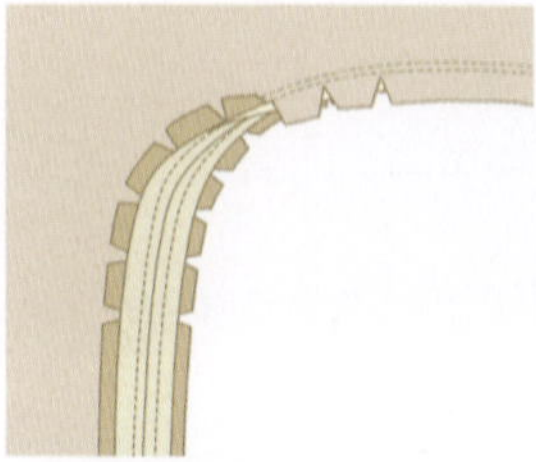

3 Nahtzugaben evtl. einschneiden und versäubern. Im besonders beanspruchten Bereich des Unterarms mit einem Schrägband die Nahtzugaben verstärken.

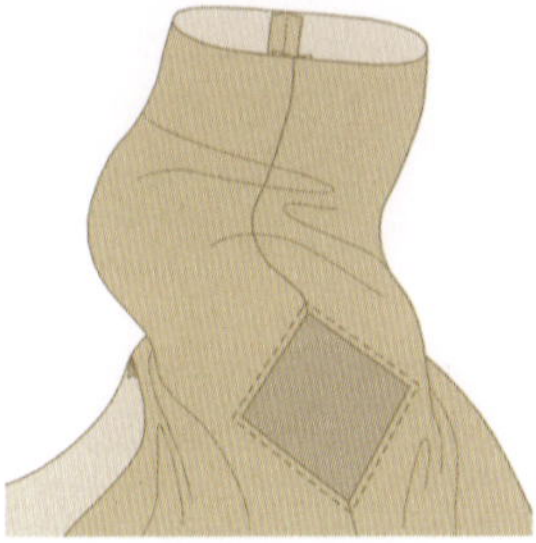

Einen Zwickel einsetzen
Diese Technik ist ein wenig komplizierter: unter der Achselhöhle einen diagonalen Schnitt anbringen und ein Stück Stoff einfügen – dieses kann aus einem Teil oder zwei Teilen bestehen.

Keulenärmel

Der anschauliche Name bezieht sich auf die kugelige Form am oberen Ärmel über einem eng anliegenden unteren Ärmel. Dieser Stil ist zurzeit nicht hoch in Mode, findet sich aber häufig bei historischen Kostümen.

Werkzeug und Material

- Grundausstattung (S. 13)
- Seidenorganzaeinlage

1 Unteren Ärmelteil mit Saum oder Manschette zusammennähen.

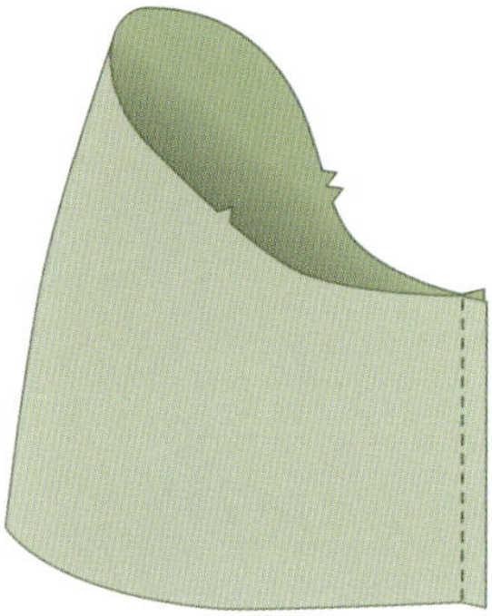

2 Oberen Ärmelteil zusammenstecken und steppen.

3 Mit dem längsten Geradstich zu beiden Seiten der unteren Naht zwei parallele Linien steppen. Das Gleiche am Ärmelkopf zwischen den beiden Kerben.

Nähtipps

- Um die Nahtzugaben zu verbergen und für bequemeres Tragen den Ärmel füttern. Das Futter am Bündchen annähen und mit dem Ärmel zusammen in die Armkugel einfügen.
- Oberes Ärmelteil in Seidenorganza zuschneiden und auf die linke Stoffseite aufbringen, bevor der Ärmel zusammengesetzt wird. Diese Einlage stützt die bauschige Form.

5 Der Ärmel ist jetzt fertig und kann in den Rumpf des Kleidungsstücks eingesetzt werden.

4 Raffungen anbringen und die beiden Ärmelteile zusammensetzen: rechts auf rechts zusammenstecken und nähen. Die vorläufigen Rafffäden entfernen, Nahtzugaben beschneiden und versäubern.

Hemdärmel

Ein traditioneller Hemdärmel wird normalerweise in einem Stück gearbeitet und mit einer französischen Naht geschlossen. Der Hemdärmel an sich ist nicht schwer herzustellen, vor allem wenn Sie die Tipps auf Seite 141 beherzigen. Schwieriger sind Ärmelschlitz und Manschettenöffnung (siehe Seiten 148–150).

Werkzeug und Material

- Grundausstattung (S. 13)
- 15 cm langes Lineal oder Maßband

Vorbereitung
Alle Teile zuschneiden und alle Passzeichen übertragen. Schulternaht des Hemds schließen.

1 Den Schlitz auf den Manschettenrand des Ärmels nähen (siehe Seiten 148–150) und parallele Nähte zum Einhalten der Weite am oberen Ärmelrand anbringen.

2 Passzeichen aufeinander legen und rechts auf rechts den Ärmel mit Stecknadeln auf dem Armloch fixieren. Ärmel einpassen und darauf achten, dass auch am eingehaltenen Bereich keine Falten zu sehen sind. Feststecken und zusammennähen.

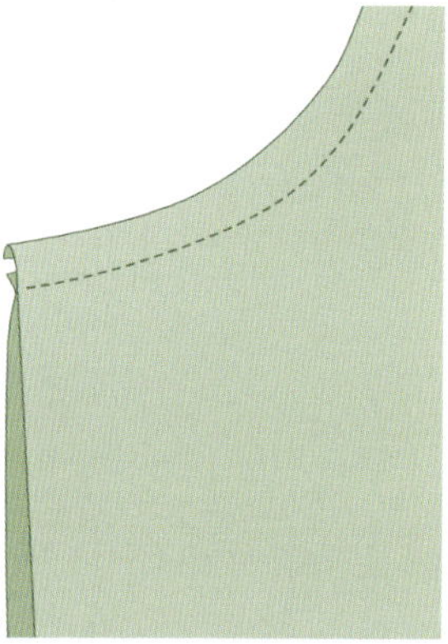

3 Schulternahtzugabe auf 6 mm zurückschneiden und Saum unter den Ärmel bügeln. Gefaltete Ärmelkante über das beschnittene Armloch kippen, feststecken und per Hand zusammenheften.

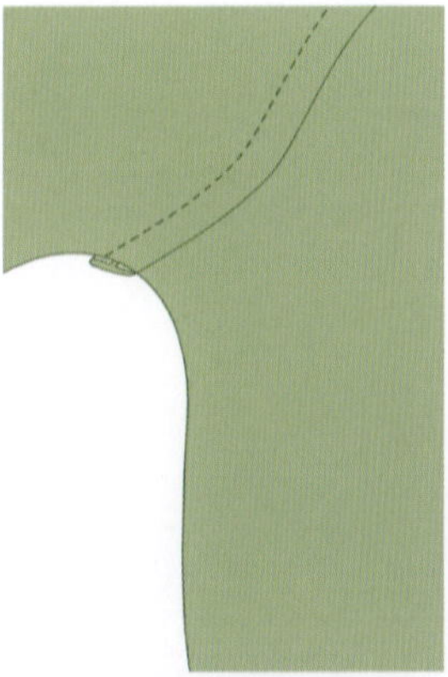

4 Von rechts arbeiten und 9 mm von der Naht entfernt Naht anbringen, dabei den eingefalteten Rand darunter einschließen.

5 Ärmelnaht und Seitennaht des Hemdes mit einer französischen Naht (Seite 57) oder einer falschen französischen Naht (Seite 60) in einem Schritt schließen.

Tipp für Anfänger

Ärmel ins Armloch einnähen und mit Zickzack oder Overlock versäubern, dann Richtung Körper bügeln. Wie in Schritt 4 durch alle Lagen steppen. Sieht von außen genauso aus.

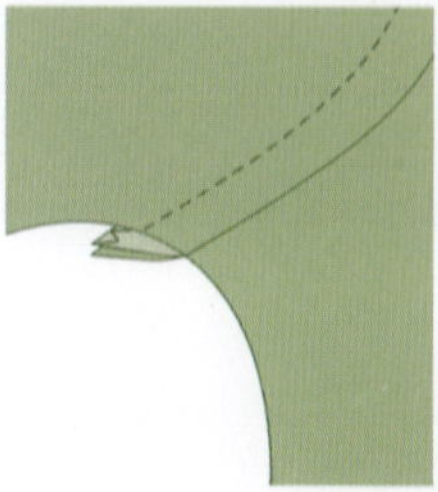

Ärmelansatz einfassen

Dieser Abschluss verbessert die Passform der Schulterlinie. Zusammen mit einem Schulterpolster eignet er sich besonders für Jacketts oder Mäntel. Das Volumenvlies für die Einfassung wird vom Futter verborgen. Auch bei Blusen oder Kleidern sorgt diese Technik für einen besseren Sitz von Armloch und Schulter, doch sind hier eher Schrägstreifen aus weicher, gewebter Einlage geeignet als das auftragende Volumenvlies.

Werkzeug und Material

- Grundausstattung (S. 13)
- Volumenvlies oder weiche gewebte Einlage

Vorbereitung

Armloch des Kleidungsstücks fertigstellen.

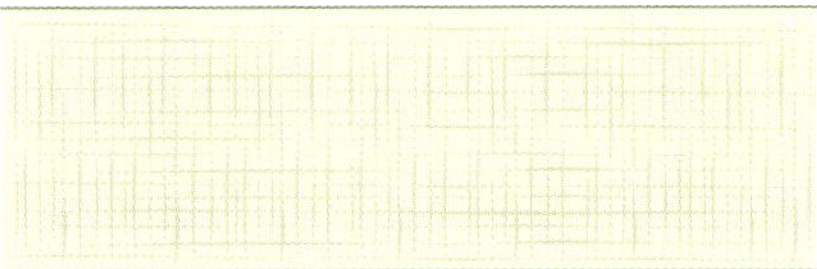

1 Für Blusen und Kleider schräg geschnittenen weichen Einlagenstoff verwenden, für ein Jackett Volumenvlies. Einen 8 cm breiten Streifen ausschneiden, der 5 cm kürzer als der Umfang des Armlochs ist.

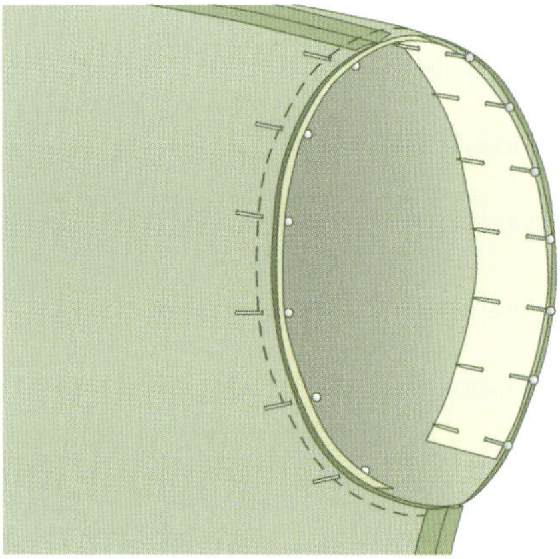

2 Nahtzugabe auf 1 cm beschneiden und einen Rand des Einfassstreifens an den beschnittenen Rand des Ärmels anpassen. Mit Stecknadeln fixieren, dabei jeweils 4 cm rechts und links der Seitennaht freilassen.

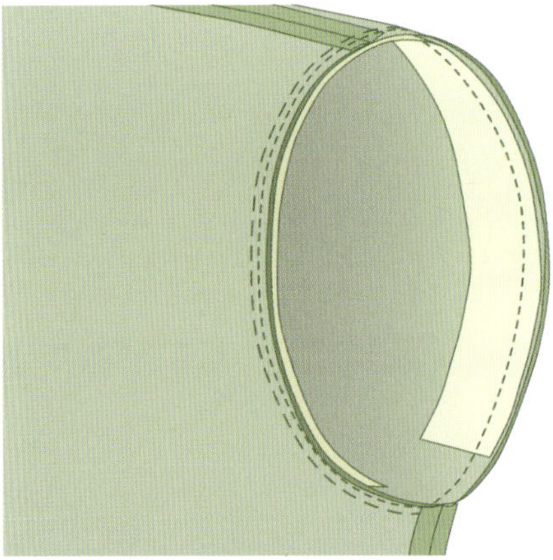

3 Jetzt einmal um das Armloch herum 3 mm von der Nahtlinie entfernt durch alle Stoffe hindurchnähen.

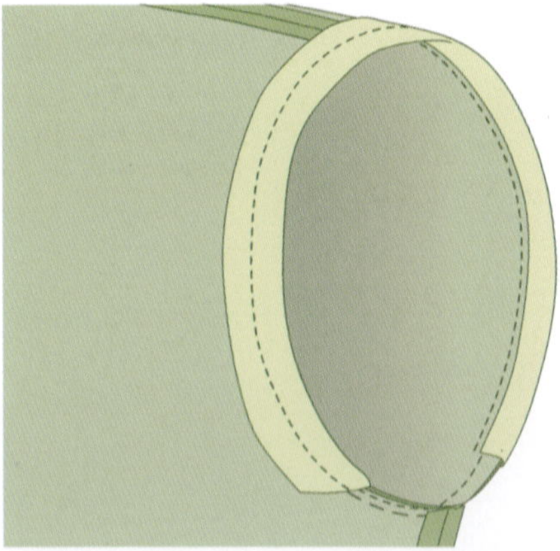

4 Streifen um die unversäuberten Stoffkanten herum biegen und feststecken. Von der Ärmelseite aus zwischen Nahtlinie und Umschlag des Einfassbandes annähen.

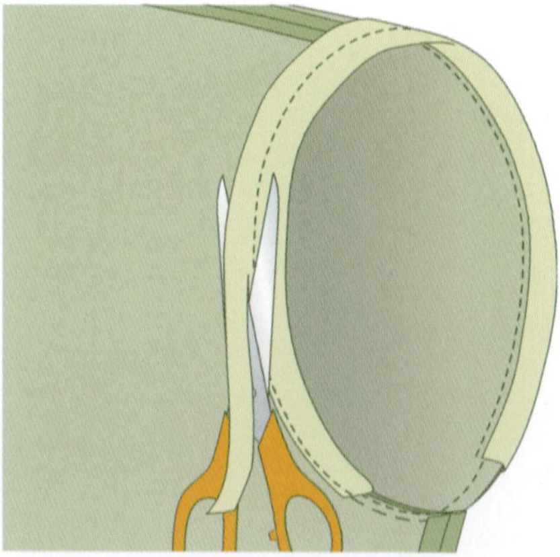

5 Zum Schluss überschüssiges Volumenvlies oder Einlagenstoff abschneiden.

Nähtipp

Bei Verwendung eines aufbügelbaren Einfassstreifens die aufbügelbare Seite nach innen legen.

Gefalteter Ärmelkopf

Bei diesem Stil erhält der Ärmel die Weite nicht durch Raffung oder Einhalten, sondern durch Falten am Ansatz.

Werkzeug und Material

- Grundausstattung (S. 13)
- 15 cm langes Lineal oder Maßband

Vorbereitung

Schulter- und Seitennähte des Rumpfes schließen, ebenso die Ärmelnaht, den Saum und die Manschette. Alle Passzeichen übertragen, das hilft beim Formen der Falten.

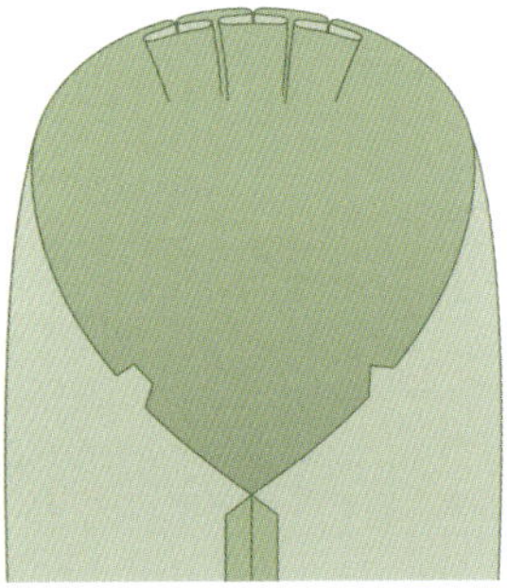

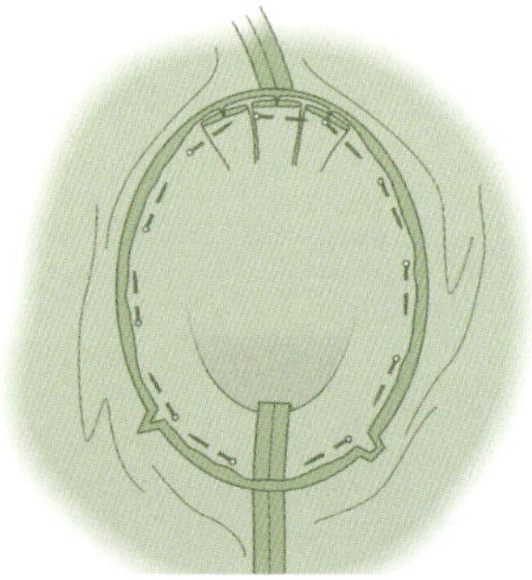

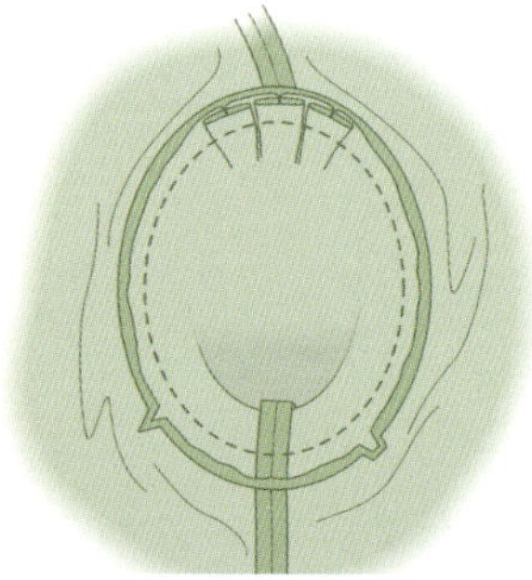

1 Mit der Hand Falte oder Falten feststecken und heften.

2 Ärmel in das Armloch einpassen, alle Passzeichen beachten. Feststecken, heften und auf rechts drehen, um die Wirkung der Falten zu überprüfen. Wenn nötig korrigieren.

3 Entlang der Heftlinie nähen, um den Ärmel in das Armloch einzufügen. Stoffränder beschneiden und versäubern, dann in den Ärmel hineinbügeln. Zur Unterstützung von Fülle und Form der Falten Schulterpolster anbringen.

Nähtipp

Zur Verstärkung des Armlochs eine doppelte Naht anbringen, verstärken oder Dreifachstich wählen. Dieser Bereich bildet sonst vor allem bei einer eng anliegenden Form eine Schwachstelle.

Ärmelabschlüsse

- Hemd
- Schlitze
- Bündchen
- Umschlag
- Rüschen
- Jackett
- Paspel

Für Ärmelabschlüsse gibt es vielfältige Möglichkeiten. Oft werden sie aus einer äußeren Lage Stoff und einer Einlage gefertigt. Sie können duftig leicht sein und locker fallen oder dekorative Details aufweisen. Hemdenmanschetten sind im Allgemeinen mit einer Einlage versehen und bilden einen steifen Abschluss mit fester Kante.

Bei einem Manschettenabschluss muss meist im Ärmel noch ein Schlitz angebracht werden, damit das Hemd leichter an- und ausgezogen werden kann. Wählen Sie eine Methode, die zu Material und Stil Ihres Kleidungsstückes passt.

Tipps für Manschetten

- Passzeichen von Fertigschnitten ganz exakt übertragen.
- Für einen scharfkantigen Manschettenrand Nahtzugaben beschneiden, damit sie nicht auftragen.
- Absteppnähte geben dem Kleidungsstück ein professionelles Aussehen. Dafür eignet sich gut eine Steppnadel mit größerem Nadelöhr.

Standardschnittmuster

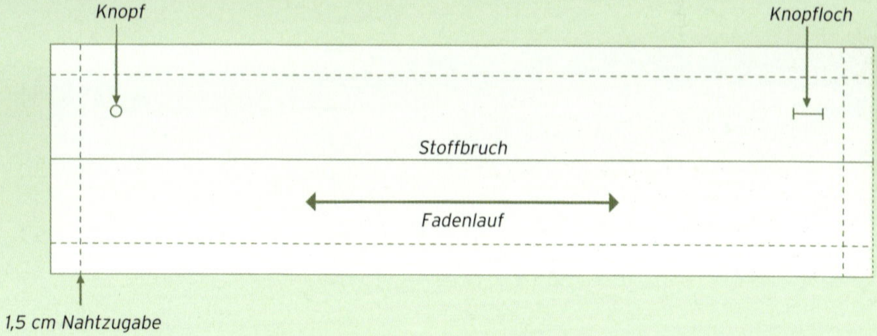

Hemdenmanschette

Eine traditionelle Hemdenmanschette wird mit Canvasstoff versteift, was ihr ein glattes, festes Aussehen verleiht. Dafür können auch steife Bügeleinlagen verwendet werden, die unten vorgeschlagene Technik verbindet einen festen Canvasstoff mit einer leichten Bügeleinlage.

Werkzeug und Material

- Grundausstattung (S. 13)
- Canvasstoff für Manschetten
- Leichte Bügeleinlage
- Bleistift und Lineal

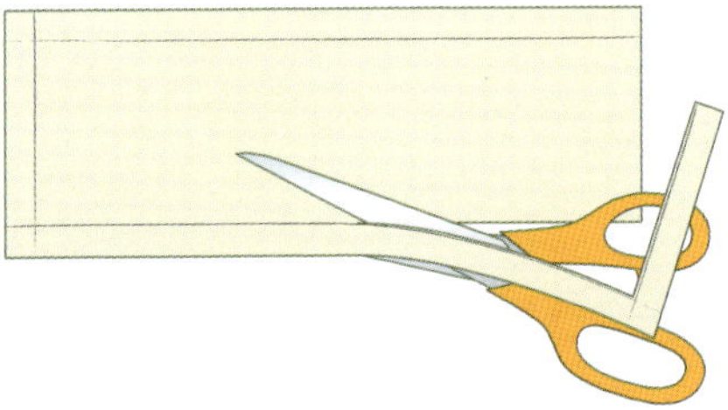

1 Mit Bleistift und Lineal auf dem Canvasstoff die Nahtzugaben 1,5 cm vom Rand entfernt einzeichnen. Nahtzugabe einschließlich Bleistiftstrich abschneiden.

2 Manschette mit linker Seite nach oben aufs Bügelbrett legen. Canvas in der Mitte der Manschette platzieren. Bügeleinlage mit Haftseite nach unten auflegen, sodass der Canvas von zwei Stoffen eingeschlossen ist. Die drei Lagen sorgfältig zusammenbügeln.

3 Nahtzugabe des oberen Randes der Manschette über den Canvasstoff herum zur linken Manschettenstoffseite bügeln. Dadurch entsteht ein scharfer Rand.

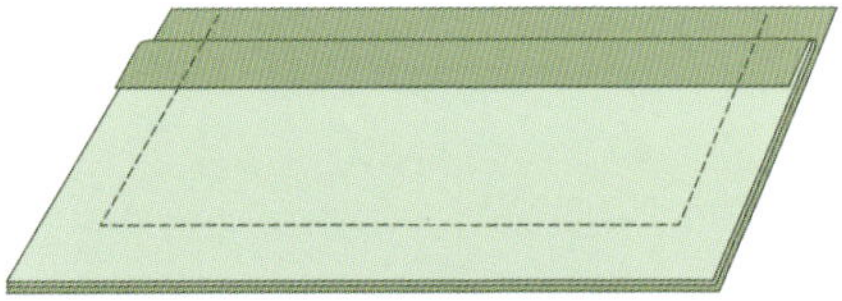

4 Manschette rechts auf rechts auf ihre Blende legen, entlang der Nahtlinien um die Außenseiten herum nähen, dicht am Canvasstoff, aber nicht durch ihn hindurch.

5 Nahtzugaben umklappen und Ecken vor dem Wenden einfalten.

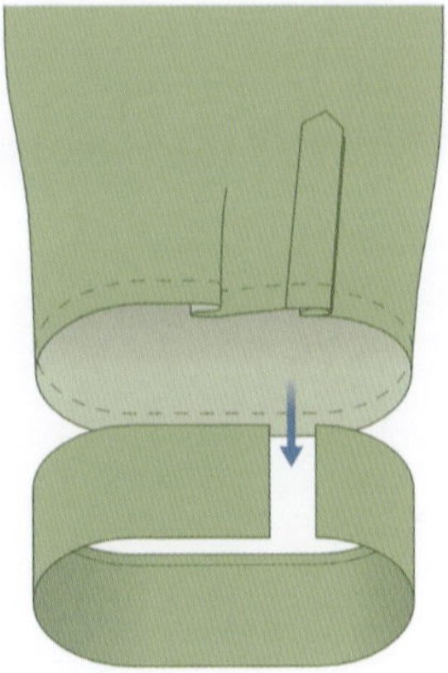

6 Den Nahtrand der Manschettenblende nach innen falten, dann den Ärmel in die Manschette einpassen und feststecken. Nun von der Außenseite die Manschette an den Ärmel steppen.

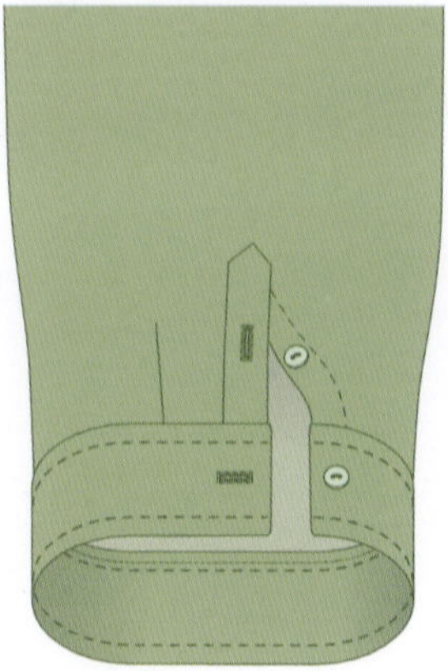

7 Knopflöcher fertigen und Knöpfe annähen.

Nähtipp

An den Ecken der Manschette bei den Nahtzugaben nichts abschneiden, um die Stoffdichte zu reduzieren, sondern übereinanderfalten ohne einzuschneiden. Die Stofflagen liegen flach aufeinander, und so können sich die Fäden nicht lösen, wenn die Manschette gewendet wird.

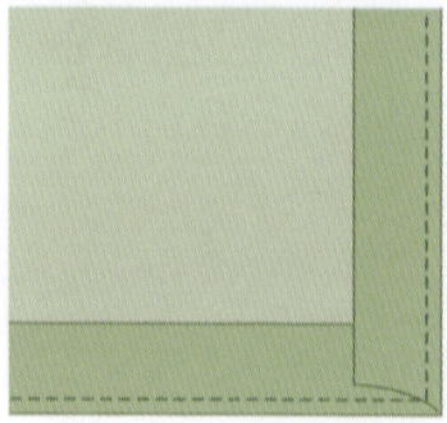

Ärmelschlitze

Werkzeug und Material

- Grundausstattung (S. 13)
- 15 cm langes Lineal oder Maßband

Wenn am Handgelenk kein elastischer Einsatz oder Strickstoff verwendet wird, muss für das An- und Ausziehen des Hemdes am unteren Ärmel ein Schlitz angebracht werden. Die Manschette kann dann eng am Handgelenk anliegen, und das Hemd ist trotzdem leicht zu öffnen. Es gibt viele Methoden zum Anbringen eines Ärmelschlitzes, wählen Sie eine, die zum Stil Ihres Kleidungsstücks und zur Art des Stoffes passt.

Verstürzter Schlitz

Dies ist die einfachste Methode für einen Ärmelschlitz.

1 Ein Stück Stoff ausschneiden, das ca. 5 cm breit und 3 cm länger als die Schlitzöffnung ist. Die beiden langen und eine kurze Seite durch Umnähen versäubern.

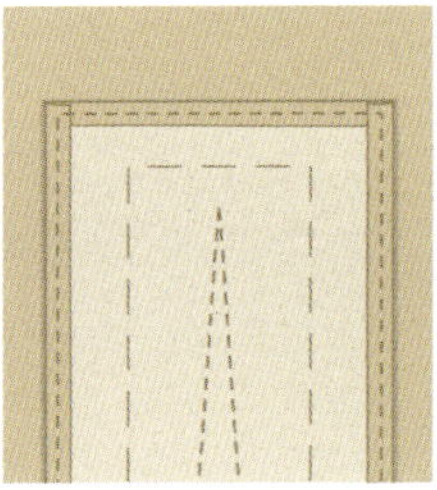

2 Schlitzbesatz rechts auf rechts auf den Ärmel legen, Schlitzposition genau in der Mitte. Zusammenheften, dann 6 mm von der Mitte des unteren Randes zur Spitze der Schlitzöffnung und zurück bis 6 mm von der anderen Seite der Mitte steppen.

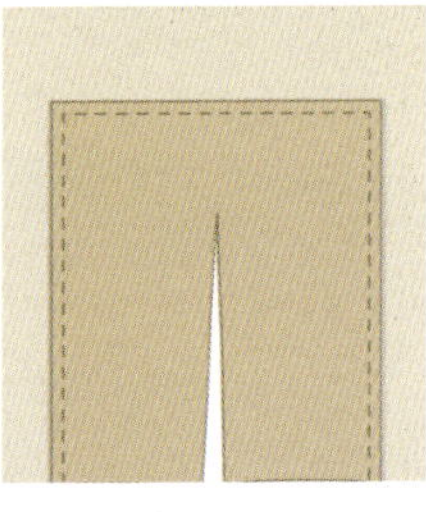

3 In der Mitte einen Schnitt anbringen und wenden. Flach bügeln und mit Saumstich sorgfältig an den Ärmel nähen.

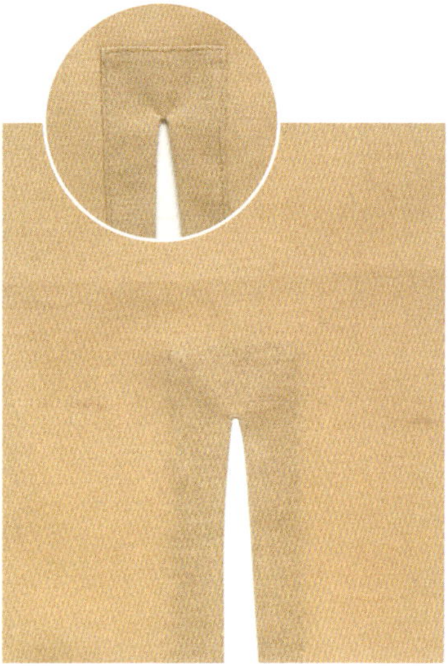

Nähtipp

In Schritt 2 doppelt nähen, um die Öffnung zu verstärken. Besser als die Nadel an der Spitze zu wenden, führen Sie einen kleinen Stich quer über die Spitze aus.

Eingefasster Ärmelschlitz

Dies ist eine ordentliche Art zur Versäuberung eines Schlitzes, aber für ein gutes Ergebnis braucht man etwas Geschick. Besonders schwierig ist diese Technik bei stark ausfransenden Stoffen. Ein Stoff aus Naturfasern ist einfacher zu handhaben.

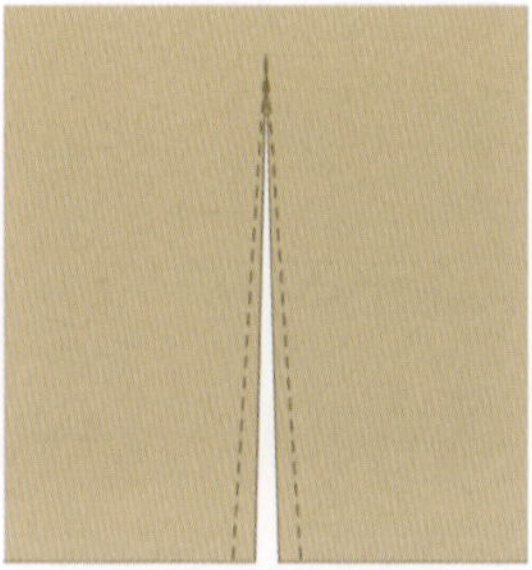

1 Schlitz auf dem Ärmel einzeichnen, an beiden Seiten mit Steppnaht verstärken – 6 mm von der Mitte des unteren Rande schräg hoch zur Mitte und auf der anderen Seite zurück. Mitte einschneiden.

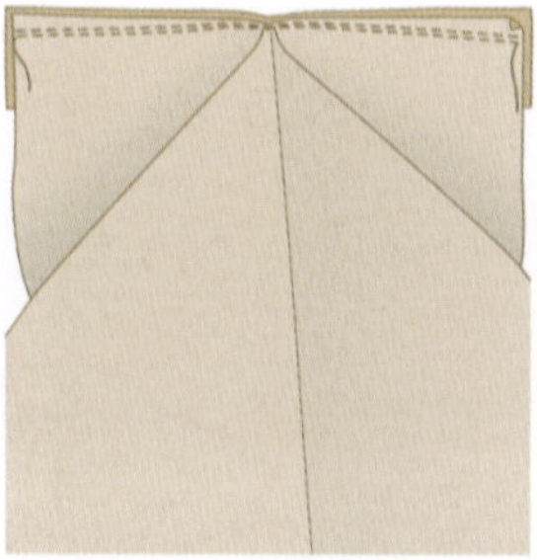

2 Stoffstück 4 cm breit und so lang wie der Schlitz zuschneiden. Rechts auf rechts entlang der Öffnung auflegen und 6 mm vom Rand knapp neben der Verstärkungsnaht aufnähen.

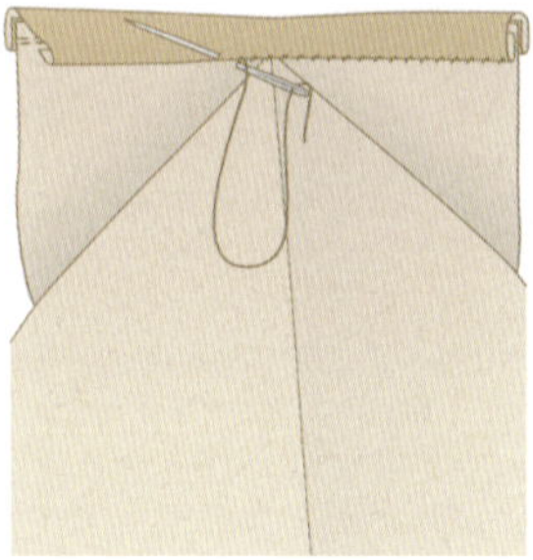

3 Kanten einschlagen und mit Saumstich über dem Saum annähen. Nach innen bügeln und über die Falte nähen, damit der überlappende Rand fest sitzt.

Nähtipp

Da die Nahtzugaben minimal sind, mit kleiner Stichlänge nähen, um den Schlitz sicherer zu machen.

Hemdenärmelschlitz

Der Hemdenschlitz erfordert sehr genaues Falten und Nähen, erbringt aber ein schönes Ergebnis. Sollte im Fertigschnittmuster kein Teil für den Schlitz enthalten sein, fertigen Sie sich selbst einen Schnitt nach dieser Vorlage.

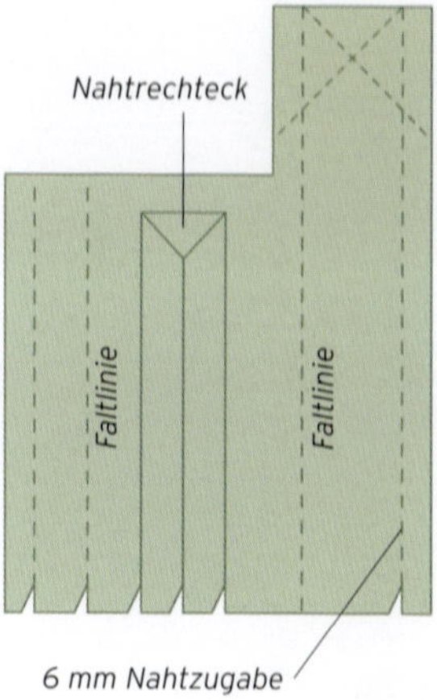

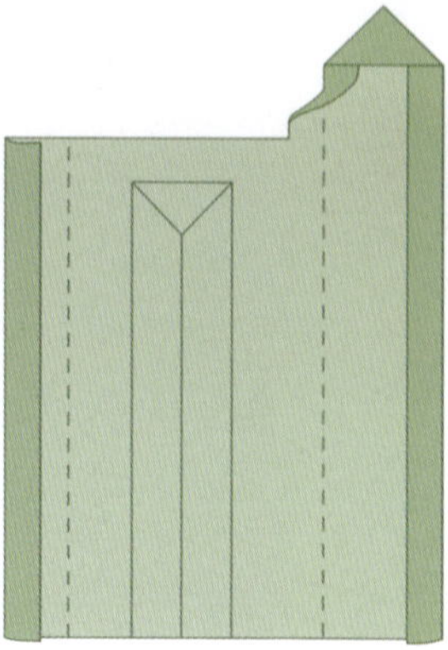

1 Die linke Seite nach oben, seitliche Kanten umwenden und die obersten Ecken nach unten klappen, sodass ein Dreieck entsteht.

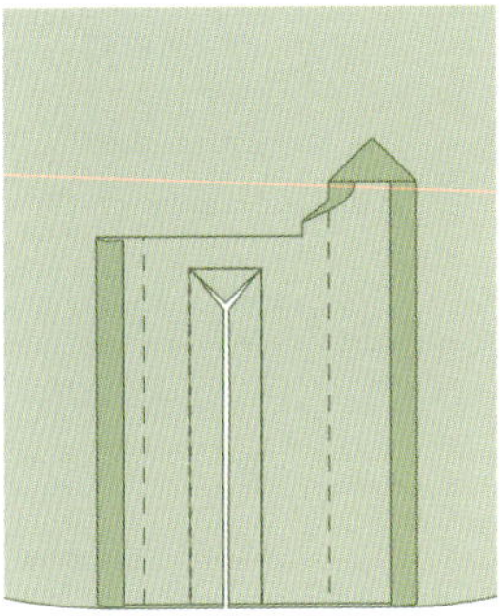

2 Rechte Seite des Besatzes über der Schlitzposition auf die linke Seite des Ärmels legen, zusammenstecken und um das Nahtrechteck herum nähen. Schnitt in der Mitte anbringen und in die beiden Ecken fortführen.

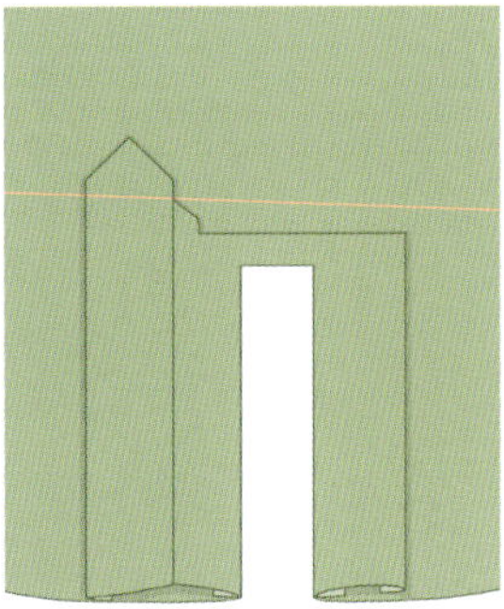

3 Das Rechteck auf die rechte Seite umklappen und flach bügeln.

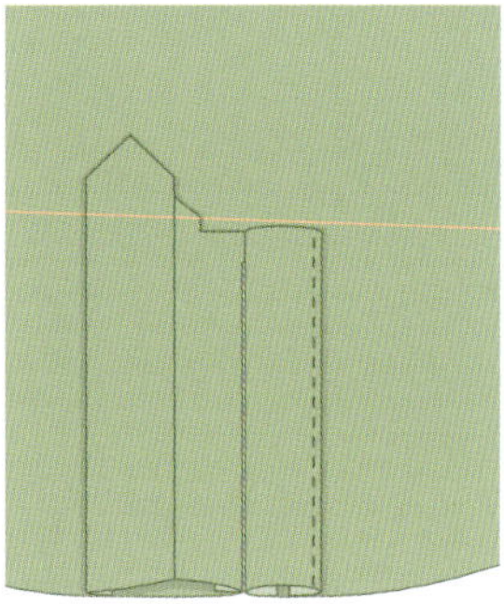

4 Kurze Seite des Schlitzes über die Stoffkante bügeln und knappkantig aufsteppen. In Richtung der Öffnung bügeln.

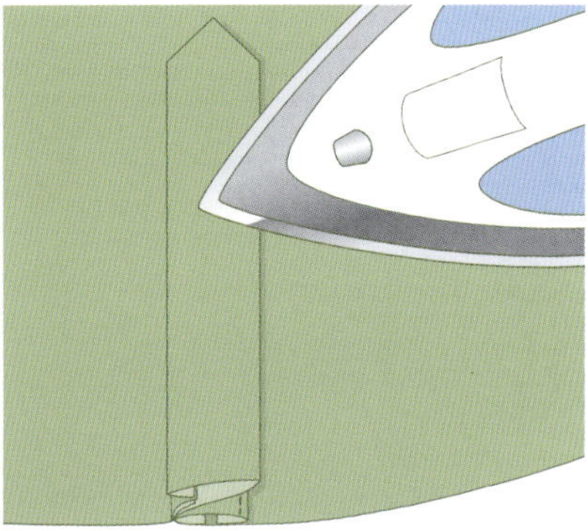

5 Den längeren Rand mit der dreieckigen Spitze falten und über die gegenüberliegende Seite legen und flach bügeln. Heften, dann knappkantig aufsteppen.

Ärmelbündchen

Diese Art Ärmelabschluss eignet sich für Kleidung aus elastischen Stoffen; der Ärmel gleitet über die Hand, ohne dass ein Schlitz nötig ist. Für Sweatshirts gibt es Stretchband in vielen Farben, aber Sie können auch den gleichen elastischen Stoff wie für das Kleidungsstück nehmen. Schneiden Sie das Bündchen dann etwas schmaler zu als die Ärmelweite. Wenn es Elastan oder Lycra enthält, dehnt es sich zum Anziehen.

Werkzeug und Material

- Grundausstattung (S. 13)
- Overlock

Vorbereitung

Ärmelnaht schließen.

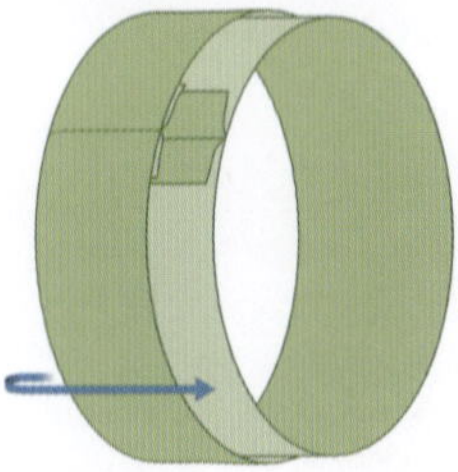

1 Bündchen zuschneiden. Rechts auf rechts einen Tunnel nähen. Beschneiden, auf rechts wenden, sodass die Stoffkanten verschwinden.

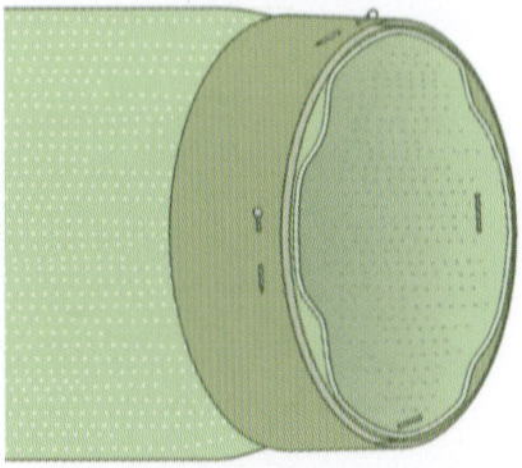

2 Bündchen und Ärmel je in Viertel aufteilen und dann rechts auf rechts mit den Stoffkanten aufeinander zusammenstecken.

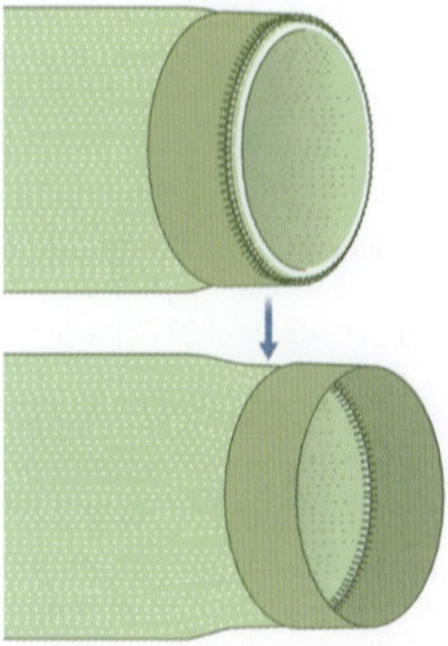

3 Mit der Overlock das Bündchen durch alle Stofflagen an den Ärmel nähen und Fadenenden sichern.

Nähtipp

Für elastische Stoffe eine Overlock benutzen. Diese ist besonders für sich dehnende Stoffe geeignet, und Nahtzugaben werden auf ein Minimum reduziert. Falls Sie mit einer normalen Nähmaschine arbeiten, setzen Sie den Obertransportfuß ein und nähen Sie mit Zickzack- oder elastischem Stich.

Umschlagmanschette

Die Umschlag- oder Doppelmanschette wird auf sich selbst zurückgefaltet und eher mit Manschettenknöpfen als Knöpfen geschlossen. Ihre Herstellung funktioniert ähnlich wie bei der normalen Manschette, die offenen Kanten liegen jedoch aneinander an und überlappen sich nicht.

Werkzeug und Material

- Grundausstattung (S. 13)
- Canvasstoff
- Leichte Bügeleinlage
- Bleistift und Lineal
- Manschettenknöpfe

Vorbereitung

Schlitz fertigen (S. 148–150) und Manschette zum Ansetzen an den Ärmel vorbereiten (S. 146–147).

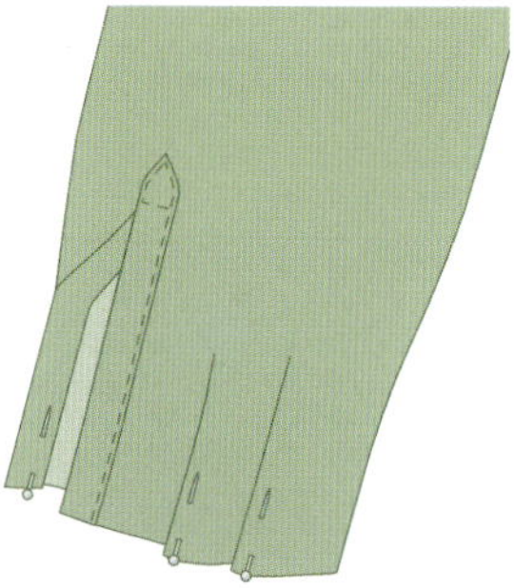

1 Innenseite des Schlitzes zum Hemd zurückfalten und feststecken.

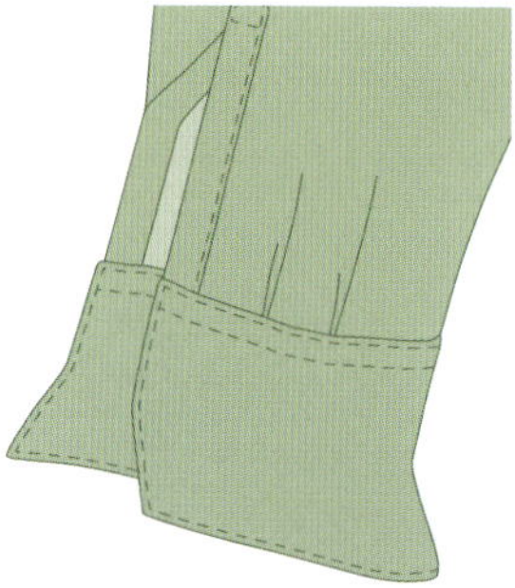

2 Ärmel in die Manschette schieben, Falten gleichmäßig verteilen. Feststecken, wenn nötig heften, dann einmal knappkantig, einmal dicht daneben absteppen und dabei den Ärmel festnähen.

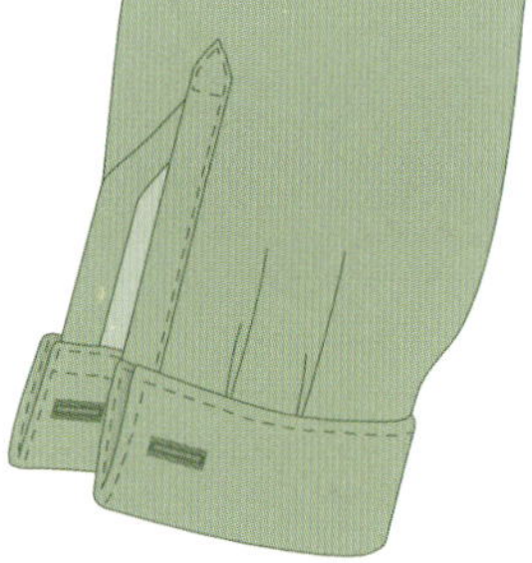

3 Mit der Maschine je zwei Knopflöcher für die Manschettenknöpfe anbringen.

Rüschenmanschette

Bei manchen Blusenstilen ist ein weicherer Ärmelabschluss passender als eine Hemdenmanschette. Ein Volant oder eine Rüsche kann mit oder ohne Schlitz den Ärmel abschließen. Normalerweise fertigt man diesen Abschluss aus einer einzigen Stofflage ohne Blende oder Einlage.

Werkzeug und Material

- Grundausstattung (S. 13)
- Rollsaumfuß

Vorbereitung

Volant oder Rüschenbesatz zuschneiden und Ärmelnaht schließen; ein fertiger Volant kann in der Weite dem Ärmelrand entsprechen, eine noch zu raffende Rüsche muss mehr Weite enthalten.

1 Volant/Rüschenbesatz wenn nötig zusammennähen, dann den unteren Rand mit Rollsaum mit Overlock oder Nähmaschine versäubern.

2 Den oberen Rand des Rüschenbesatzes mit zwei parallelen Nähten aus langen geraden Stichen raffen. Dies ist beim Volant nicht nötig.

3 Rüschenbesatz/Volant rechts auf rechts auf den unteren Ärmelrand legen. Zusammennähen, die Stoffkanten versäubern und in den Ärmel bügeln.

Schneidertipp

Nahtzugaben zurückschneiden und in den Ärmel bügeln. Schrägstreifen zuschneiden und Stoffkanten nach innen umschlagen. Mit diesem gefalteten Streifen die Stoffkanten überdecken und per Hand mit Saumstich aufnähen.

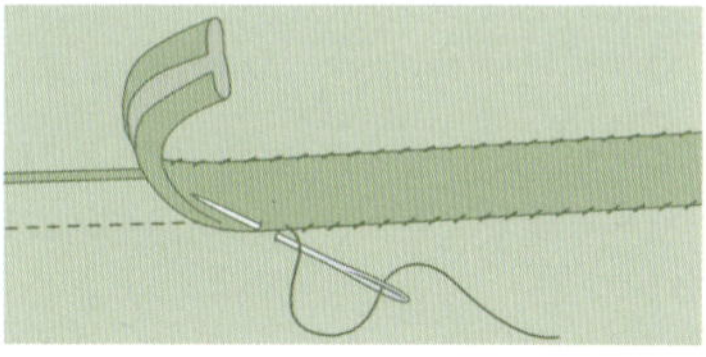

Jackettärmel

Der Ärmelabschluss eines Jacketts hat einen Schlitz, der normalerweise mit Knöpfen und Knopflöchern geschlossen wird. Er ist für besseren Sitz mit einer Einlage aus einer gewebten Bügeleinlage, aus Seidenorganza oder mit beidem verstärkt.

Werkzeug und Material

- Grundausstattung (S. 13)
- Seidenorganza
- Weiche gewebte Einlage

Jackettrand

Bei dieser Methode stabilisiert Seidenorganza den Ärmelrand. Für einen weicheren Abschluss siehe Schneidertipps S. 155.

Vorbereitung

Zweiteiligen Ärmel fertigen (S. 134–135, Schritte 1 und 2).

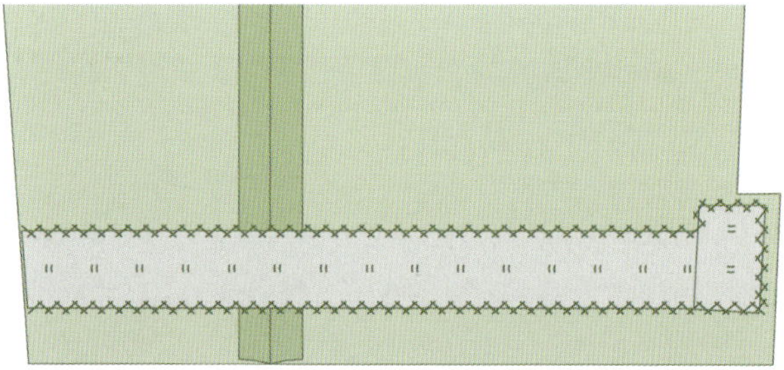

1 Saumfalte und Ärmelschlitz nach innen bügeln. Einen Schrägstreifen Seidenorganza zuschneiden und 1,2 cm vom Saum entfernt über die Saumfalte legen. Per Hand durch die Saumfalte steppen und oben und unten mit Hexenstich annähen.

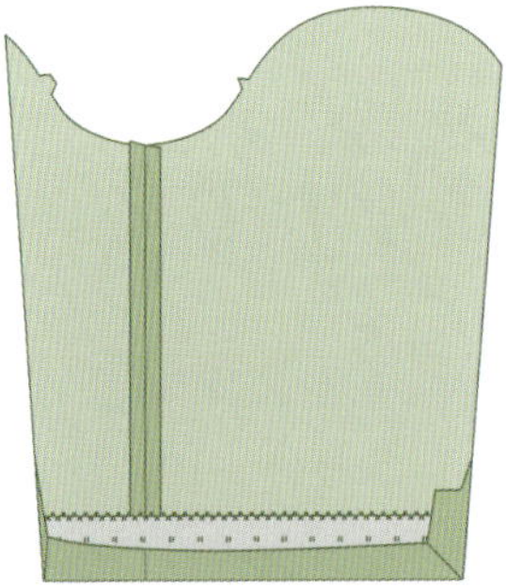

2 Schlitzecke diagonal falten und beide Ränder gegeneinander legen, sodass sie eine saubere Gehrung bilden. Diese kann gewendet mit der Maschine genäht werden, aber kleine Saumstiche per Hand halten den Saum auch sicher zusammen.

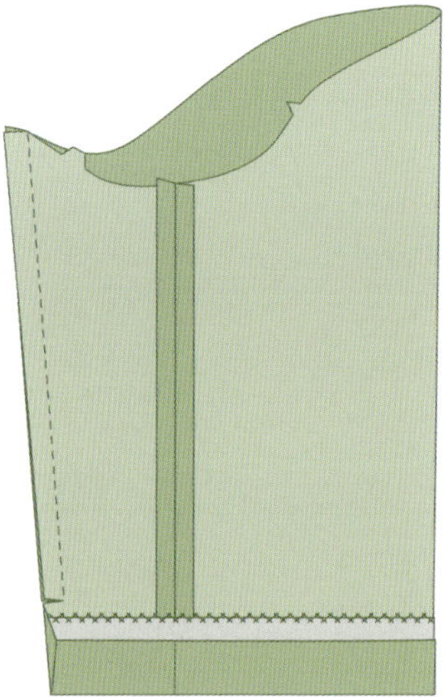

3 Die zweite Ärmelnaht rechts auf rechts aufeinander legen und mit dem aufgeschlagenen Saum entlang der Naht mit Stecknadeln fixieren. Zum Aufdecken des Passzeichens Schlitz zurückfalten, dann bis dorthin nähen.

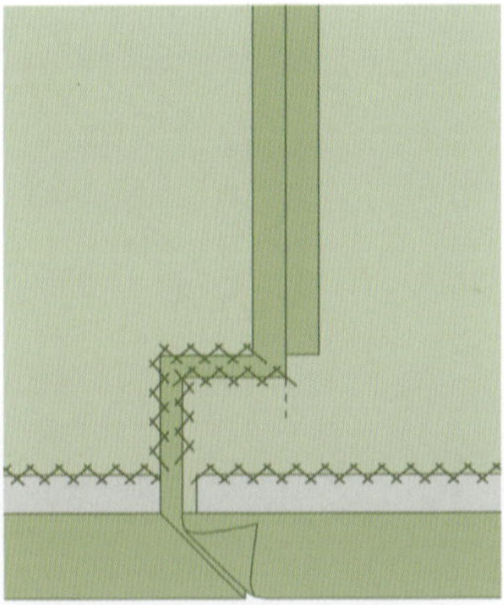

4 Naht aufbügeln und den überstehenden Rand zum Schlitz hin bügeln. Diagonal in die Nahtzugabe knipsen, damit sie flach liegt.

Schneidertipps

- Um einen weicheren Abschluss zu erreichen, über den Organza mit Hand einen schmalen Streifen weiche gewebte Einlage nähen. Dadurch wirkt der Ärmelrand nach dem Einschlagen des Saums weicher.
- Das Fertigen des Ärmelabschlusses geht schneller, wenn Sie anstatt Organza eine gewebte Bügeleinlage verwenden. Schneiden Sie einen Schrägstreifen zu, und bügeln Sie ihn in den Saum, um sich das Einnähen mit Hand zu ersparen.

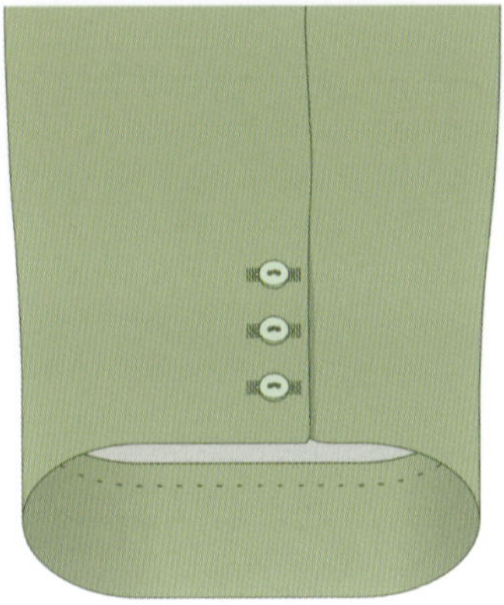

5 Knopflöcher und Knöpfe anbringen und Ärmelsaum steppen.

Paspelmanschette

Eine Paspel am Manschettenrand ist ein attraktives Detail. Verwenden sie ein feines Paspelband, und beziehen Sie es mit dem Ärmelstoff oder einem Stoff in Kontrastfarbe.

Werkzeug und Material

- Grundausstattung (S. 13)
- Paspelband
- Paspelfuß oder Reißverschlussfuß

Vorbereitung

Manschetten, Besätze und Einlagen zuschneiden und die Einlagen auf die linken Seiten der Manschetten bügeln.

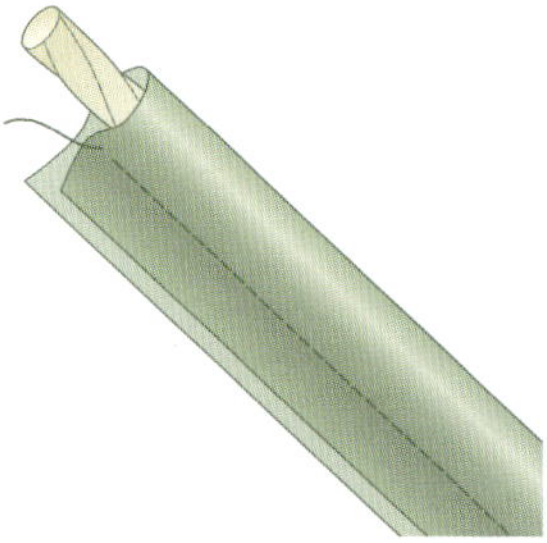

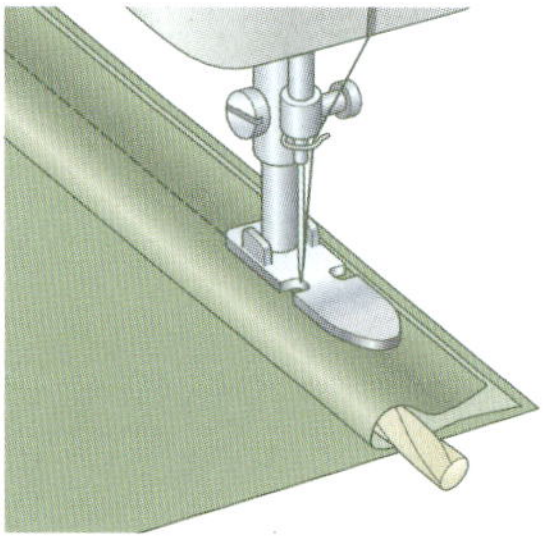

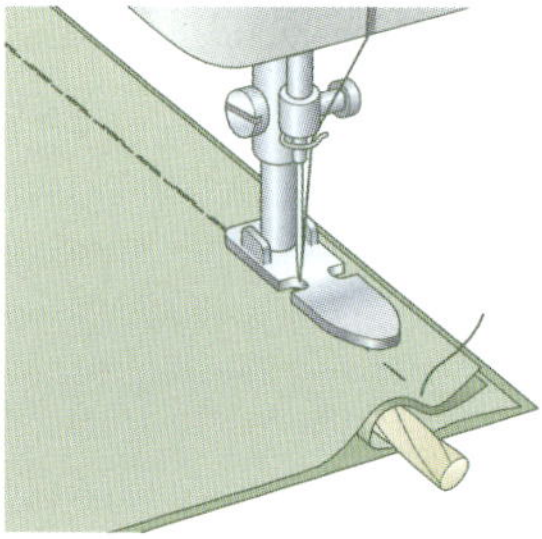

1 Einen ca. 3 cm breiten Schrägstreifen zum Beziehen des Paspelbandes zuschneiden. Um das Band herumlegen und mit langem Geradstich steppen. Mit dem Spezialfuß können Sie eng am Band nähen.

2 Bezogenes Band auf den Manschettenrand legen, alle Stoffkanten übereinander. An den Ecken den Schrägstreifen einschneiden, damit er glatt liegt. Zusammenstecken, falls nötig heften und annähen.

3 Den Besatz auflegen und alle Lagen zusammenheften. Von der Manschettenseite nähen, um sicher zu gehen, dass die Stiche sehr nahe am Band sitzen. Nahtzugaben beschneiden, versäubern und wenden.

Nähtipps

- Mehr Ideen mit Paspeln finden Sie auf S. 229.
- Bei feinen Stoffen für ein glattes Paspelband den Schrägstreifen mit ebenfalls diagonal geschnittenem Baumwollbatist unterlegen.

Halsabschlüsse

- Besatz
- Halsbündchen
- Neckholder
- Einfassung
- Träger
- Spaghetti-träger
- Trägerlos
- Passe

Halsabschlüsse rahmen das Gesicht ein und machen einen wichtigen Teil der Gesamtwirkung eines Kleidungsstücks aus. Ob rund oder eckig, V-Ausschnitt, Sweetheart-Ausschnitt oder mit Kapuze – der Halsabschluss muss besonders sorgfältig gearbeitet sein, denn an dieser zentralen Stelle fällt jeder Fehler sofort ins Auge. Wählen Sie ein Design, das zur Form des Kleidungsstückes passt, und folgen Sie den Schritt-für-Schritt-Anleitungen, um ein perfektes Ergebnis zu erreichen.

Tipps für Ausschnitte

- Für ein absolut symmetrisches Ergebnis Passzeichen genau übertragen.
- Stofflagen vor dem Zusammennähen mit der Hand heften.
- Wählen Sie einen Stil, der zu Gesicht und Figur passt.
- Wählen Sie die für Stofftyp und -stärke passende Einlage, die dem Ausschnitt Halt gibt, ohne aufzutragen.
- Wird die Mitte des Vorderteils entlang dem Stoffbruch zugeschnitten, achten Sie vor dem Zuschneiden darauf, dass der Fadenlauf genau darauf verläuft.

Standardschnittmuster

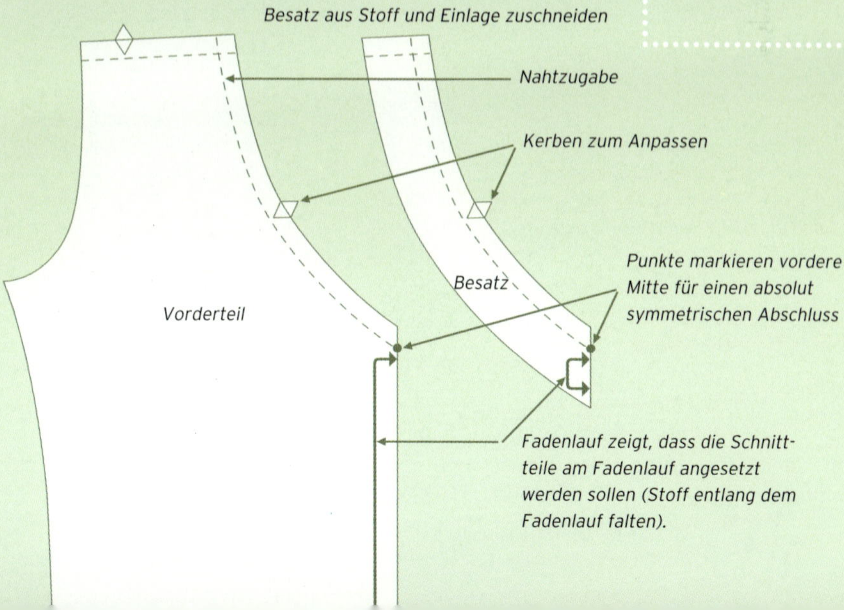

Ausschnitt mit Besatz

Ein Besatz eignet sich für die meisten Ausschnittformen. Er ist leicht anzufertigen und bildet einen sauberen Abschluss. Um die Passform des Ausschnitts zu stabilisieren, versieht man ihn normalerweise mit einer Einlage.

Werkzeug und Material

- Grundausstattung (S. 13)
- Bügeleinlage

Vorbereitung

Schulternähte schließen und versäubern.

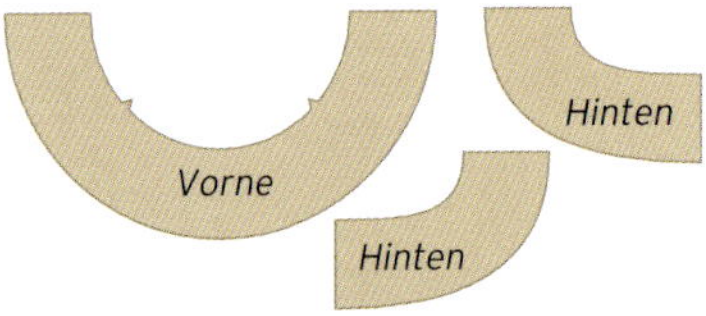

1 Besatzmuster aus Stoff und Einlagenstoff zuschneiden. Wenn dafür kein Schnitt vorhanden ist, stellen Sie selbst einen entsprechend dem Ausschnitt her, Breite ca. 6 cm.

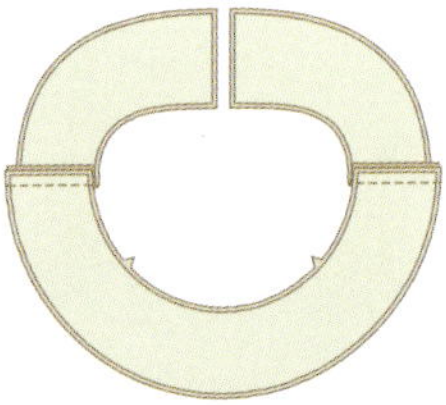

2 Einlage auf die linke Seite des Besatzes bügeln, dann die Teile zusammennähen. Äußeren Rand versäubern.

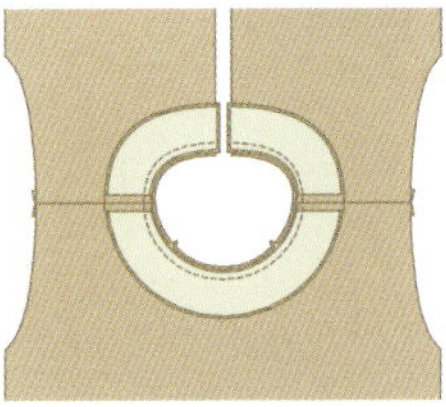

3 Besatz rechts auf rechts auf den Ausschnitt legen, alle Nähte und Passzeichen müssen übereinstimmen. Zusammenstecken und -nähen, besonders strapazierte Stellen eventuell doppelt nähen.

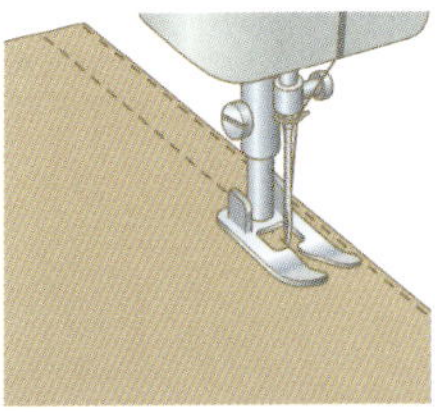

4 Zum Abschluss Nahtzugabe an den Besatz nähen oder von rechts Halsausschnitt entweder mit passendem oder mit Kontrastgarn einfach oder doppelt dicht am Rand absteppen.

Nähtipps

- Anfänger sollten auf eine Steppnaht von rechts verzichten. Der Halsrand sieht auch so gut aus, und die geringste Unebenmäßigkeit würde verraten, dass das Kleidungsstück „selbst gemacht" ist. Das Annähen der Einlage an die Nahtzugaben fixiert den Ausschnitt auch, ohne dass eine Naht zu sehen ist.
- Alternativ können Sie auch den Besatz innen anbringen, nach außen klappen und ihn auf die Vorderseite des Kleidungsstücks aufnähen.

Bündchen

Bei einem T-Shirt oder einem lässigen Oberteil aus elastischem Stoff wird der Hals oft mit einem Bündchen abgeschlossen. So ist das Kleidungsstück bequem zu tragen und an- und auszuziehen, und man braucht keinen zusätzlichen Verschluss.

Werkzeug und Material

- Grundausstattung (S. 13)
- Overlock

Vorbereitung
Schultersäume nähen und Kanten versäubern.

1 Bündchen in doppelter Bündchenbreite mit Nahtzugaben zuschneiden. Es kann etwa ein Fünftel kürzer als der Umfang des Halsausschnitts sein, da es sich beim Nähen weitet und so dem Ausschnitt Halt gibt.

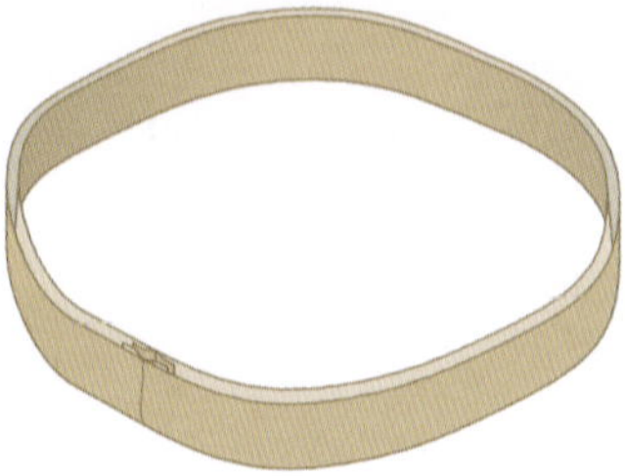

2 Rechts auf rechts das Band zu einem Kreis zusammennähen und der Länge nach auf die Hälfte falten.

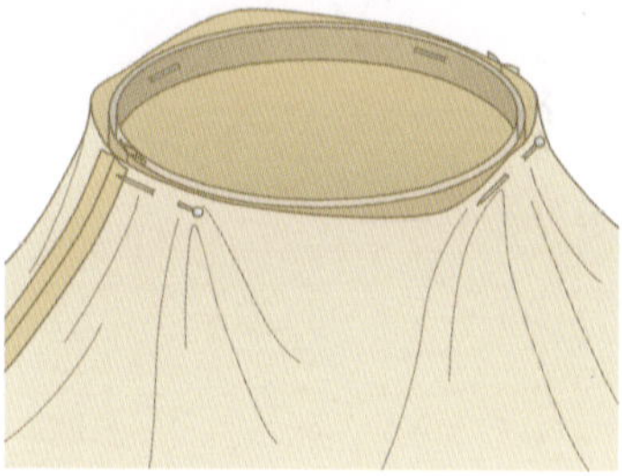

3 Bündchen und Halsausschnitt jeweils in gleich lange Viertel einteilen und rechts auf rechts die Stoffkanten aufeinander legen und mit Stecknadeln fixieren. Beim Zusammennähen der Stofflagen das Bündchen dehnen, damit es der Weite des Ausschnitts entspricht.

Tipp für Schnelle

Bei elastischen Stoffen versäubert eine Overlock die Kanten und reduziert gleichzeitig die Nahtzugaben.

Neckholder

Ein Neckholder besteht aus Trägern, die von vorne abgehen und hinten zusammengebunden werden. Das Rückenteil muss gut sitzen, da es von oben nicht gehalten wird.

Werkzeug und Material

- Grundausstattung (S. 13)

Vorbereitung

Alle vertikalen Nähte des Kleidungsstücks schließen und versäubern.

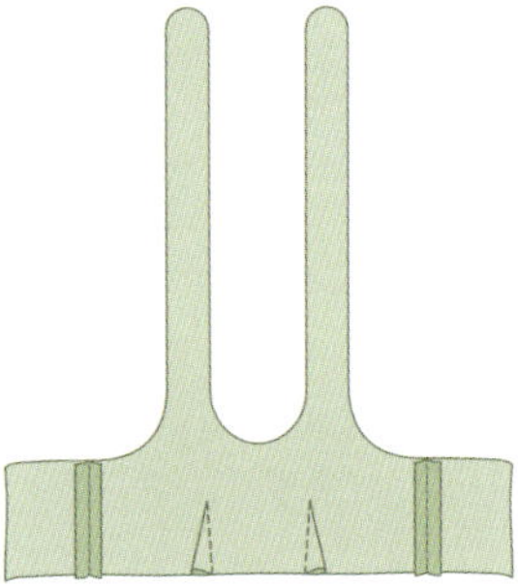

1 Besatz für den oberen Teil des Kleidungsstücks vorbereiten. Beschneiden und Nähte aufbügeln.

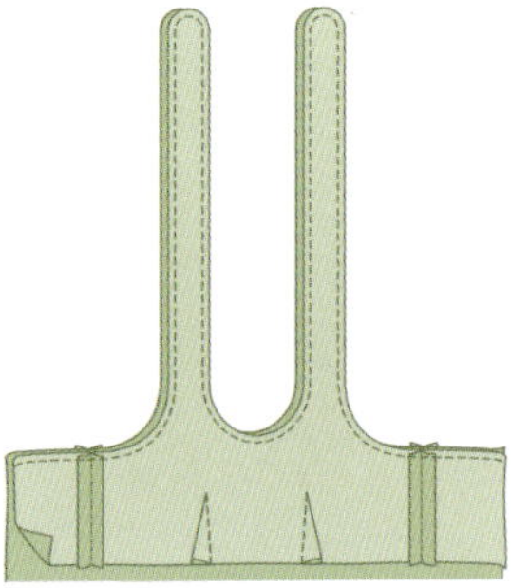

2 Rechts auf rechts Besatz an Oberteil anpassen und feststecken. Zusammennähen und Zugaben dicht an der Naht beschneiden, damit sie nicht auftragen.

3 Wenden und bügeln oder knappkantig absteppen, um die Kontur der Bänder zu festigen.

Nähtipps

- Der Besatz geht normalerweise bis zur Taille, planen Sie das in solchem Fall von vornherein mit ein.
- Bei mittelschweren und schweren Stoffen die Nähte des Besatzes mit einer Overlock und kurzem Dreifadenstich nähen. Das erspart das Beschneiden der Nahtzugaben.

Eingefasster Ausschnitt

Der eingefasste Ausschnitt ist ein einfacher Abschluss, der alle Stoffkanten am Hals ordentlich versäubert. Sie verschwinden unter der Einfassung, und da diese mit einem Schrägband ausgeführt wird, liegt sie auch bei einem geformten Ausschnitt glatt an. Das Band ist zu sehen, daher bietet sich eine Kontrastfarbe zum Kleidungsstück an.

Werkzeug und Material

- Grundausstattung (S. 13)

Vorbereitung
Schulternähte schließen und Nahtzugaben am Halsrand zurückschneiden.

1 Schrägstreifen aus dem Stoff des Kleidungsstücks schneiden, der viermal so breit wie der sichtbare Streifen ist. Äußere Kanten zur Mitte hin bügeln (S. 96). Alternativ fertigen Streifen kaufen.

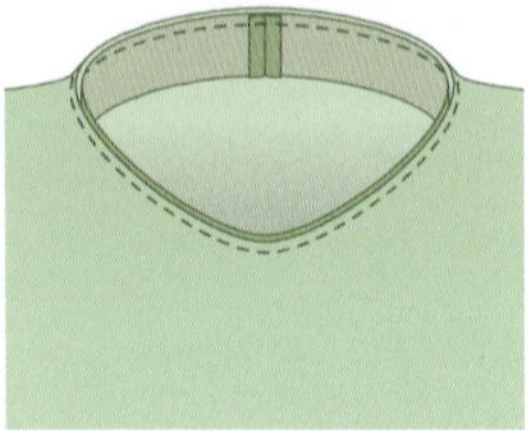

2 Eine Kante des Schrägstreifens wieder aufklappen und von innen an die Stoffkante des Halsausschnitts legen. Feststecken und steppen.

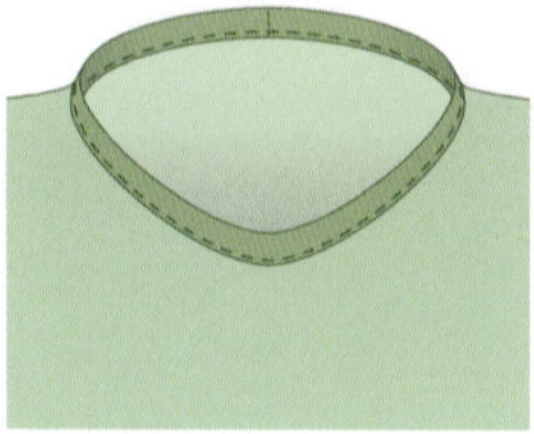

3 Den Streifen über die Stoffkante zur rechten Seite klappen, sodass die sichtbaren Nähte bedeckt sind. Von rechts dicht am Rand aufsteppen, dabei durch alle Stofflagen nähen.

Nähtipp

Am offenen Ende des Streifens ein Ende nach innen falten und über das andere Ende legen, um die Stoffkante zu verdecken. Wenn nötig mit Hand säumen.

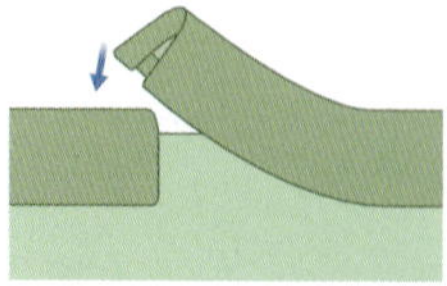

Träger

Schulterträger geben einem Kleidungsstück ohne Schultern Halt und können unterschiedlich breit sein, die dünnsten werden Spaghettiträger genannt. Im Allgemeinen befinden sich die Stoffkanten der Träger innen.

Werkzeug und Material

- Grundausstattung (S. 13)
- Stricknadel

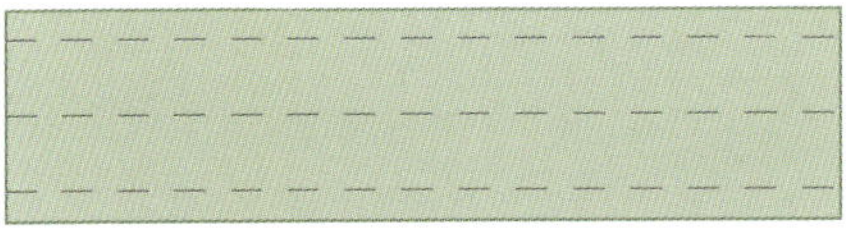

1 Streifen in der benötigten Länge zuschneiden. Zur Berechnung der Weite: Gewünschte Weite des fertigen Trägers verdoppeln und zweimal Nahtzugabe hinzufügen.

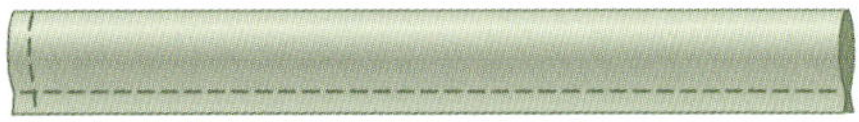

2 Längs zur Hälfte falten und entlang der Nahtlinie und über ein Ende zusammennähen. Kanten zurückschneiden.

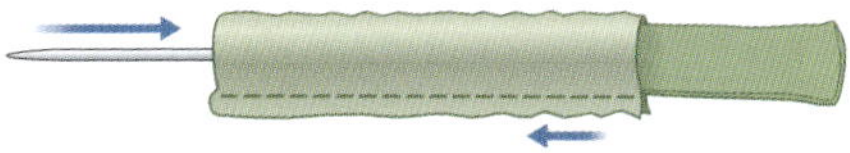

3 Vom genähten Ende her wenden, indem man es mit dem stumpfen Ende einer Stricknadel in die Röhre hineindrückt. Flach bügeln. Träger annähen oder vorher noch dicht am Rand absteppen.

Tipp für guten Sitz

Träger müssen genau sitzen und dürfen sich weder in die Haut „eingraben" noch von der Schulter rutschen. Zum Verstellen der Länge können Sie Ringe und Schnallen oder in einen Teil des Trägers ein Gummiband einarbeiten.

Spaghettiträger

Diese sehr dünnen Träger werden oft bei Sommer- oder Abendkleidern verwandt. Dafür wird ein schmaler, zusammengenähter Stoffstreifen gewendet.

Werkzeug und Material

- Grundausstattung (S. 13)
- Schlaufenwender

1 Einen ca. 2,5 cm breiten Schrägstreifen ausschneiden.

2 Rechts auf rechts längsseits auf die Hälfte falten.

3 Mit kleinem Stich ca. 6 mm von der Faltung entfernt nähen. Zur Verstärkung eine zweite Naht hinzufügen. Nahtzugaben nicht beschneiden.

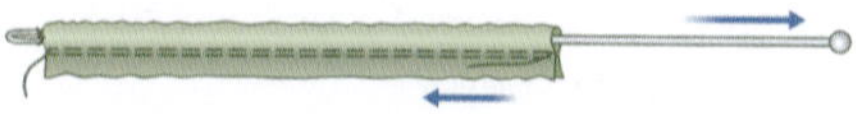

4 Schlaufenwender durch den Träger schieben, gegenüberliegendes Ende greifen und durchziehen.

Alternative

Eine bezogene Kordel herstellen, indem man einen Stoffschrägstreifen um die Kordel legt (die doppelt so lang wie der Stoffstreifen ist), mit einem Reißverschlussfuß eng an der Kordel zusammensteppt und am Ende durch die Kordel näht. Nahtzugaben minimieren und Stoff über die andere Hälfte der Kordel ziehen. Restkordel abschneiden.

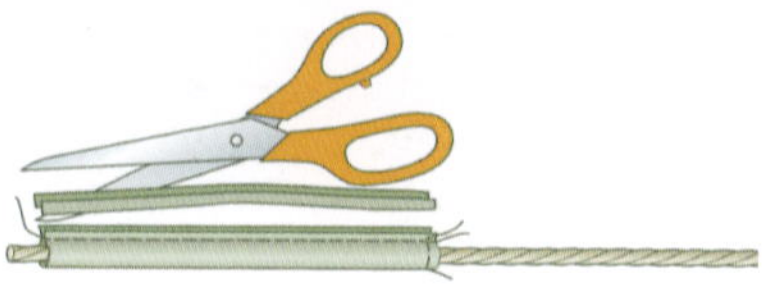

Trägerloses Oberteil

Damit ein schulterloses Oberteil ohne Träger sicher sitzt, muss es ganz genau passen. Bei der hier beschriebenen Methode dient eine Unterlage aus festem Einlagestoff als Grundlage für den Kleiderstoff. Bei Oberteilen mit Stäbchen ist für den Außenstoff Samt besonders geeignet, weil er sich glatt zieht und nicht gebügelt werden muss.

Werkzeug und Material

- Grundausstattung (S. 13)
- Fester Einlagenstoff
- Batist
- Plastikstäbchen
- 2 cm breites Satinschrägband

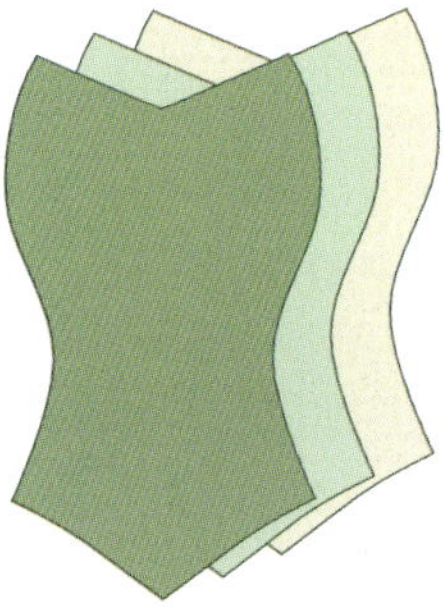

1 Teile des Rumpfes in Oberstoff, Batist und Einlagenstoff zuschneiden.

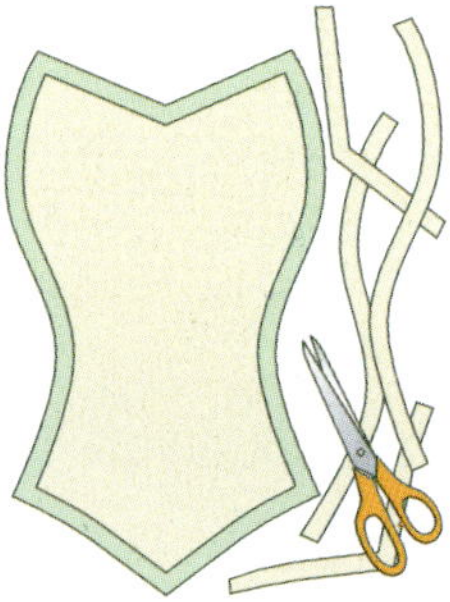

2 Von den Einlagen Nahtzugaben abschneiden und sie auf die Mitte des Batists legen.

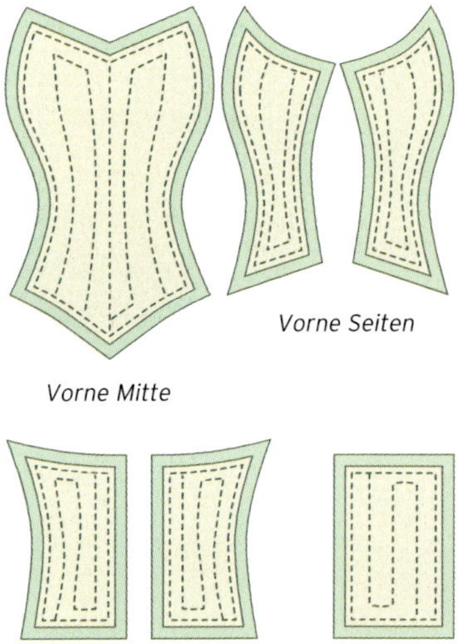

3 Mit einem 3-mm-Geradstich den Einlagenstoff auf den Batist nähen, zuerst an den Rändern, dann die Stoffe „zusammenquilten".

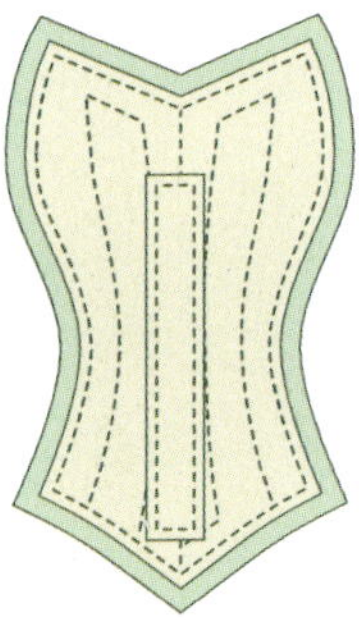

4 In die Mitte des jeweils mittleren Vorder- und Rückenteils Stäbchen einnnähen.

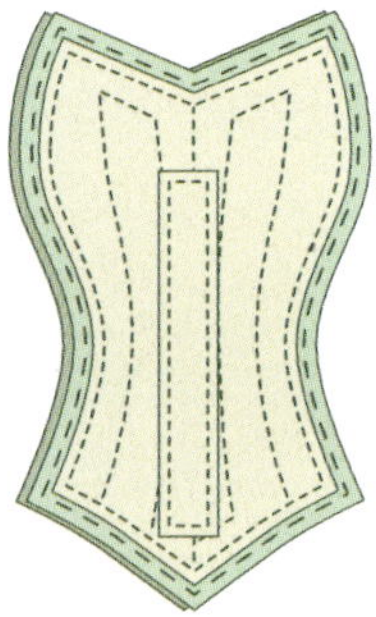

5 Batist auf die linke Seite des Stoffes legen und mit der Maschine zusammenheften, 2 mm vom Rand des Einlagestoffes entfernt.

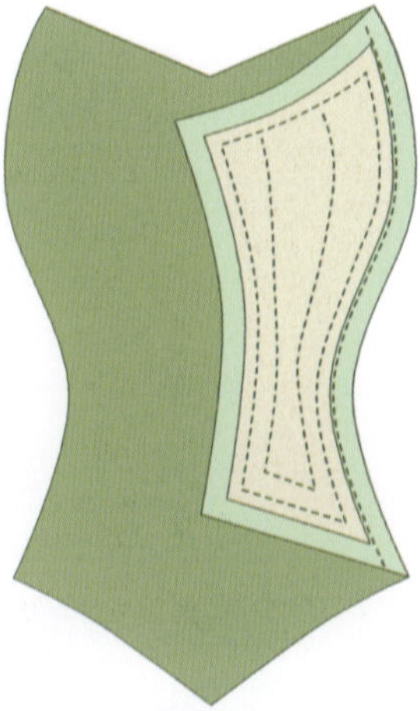

6 Teile zusammenstecken und dann am Rand des Einlagestoffes durch Stoff und Batist zusammennähen. Reißverschluss nach Wunsch in der mittleren Rückennaht oder der Seite anbringen.

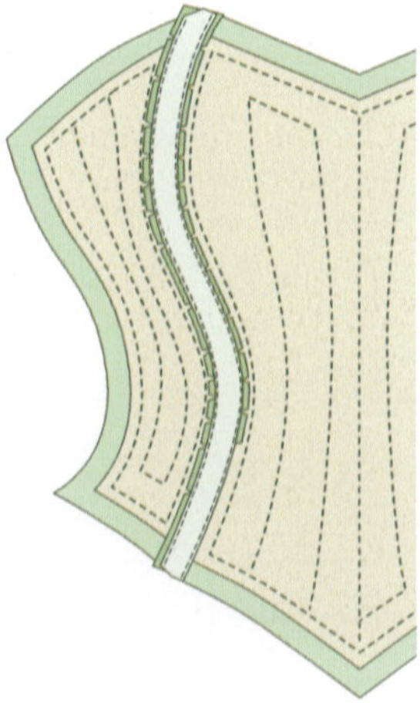

7 Satinschrägband an die Nahtzugaben nähen und Stäbchen einbringen. Die Stäbchen nicht auf der Seitennaht anbringen, damit man im Bedarfsfall hier die Weite ändern kann.

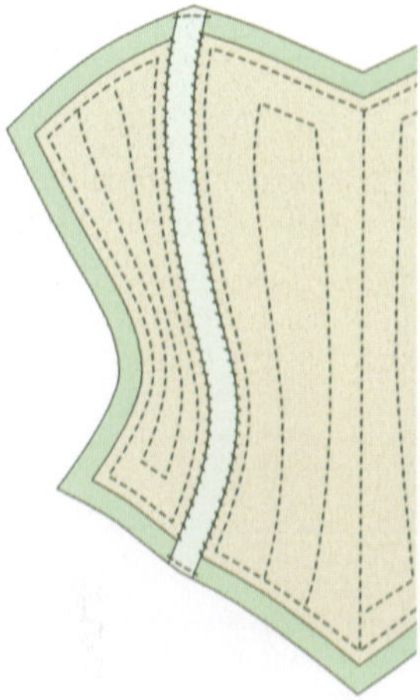

8 Mit Hand die Ränder der mit Stäbchen unterlegten Streifen auf die Einlage säumen.

Zum Abschluss

Futter einnähen und Kleidungsstück fertigstellen.

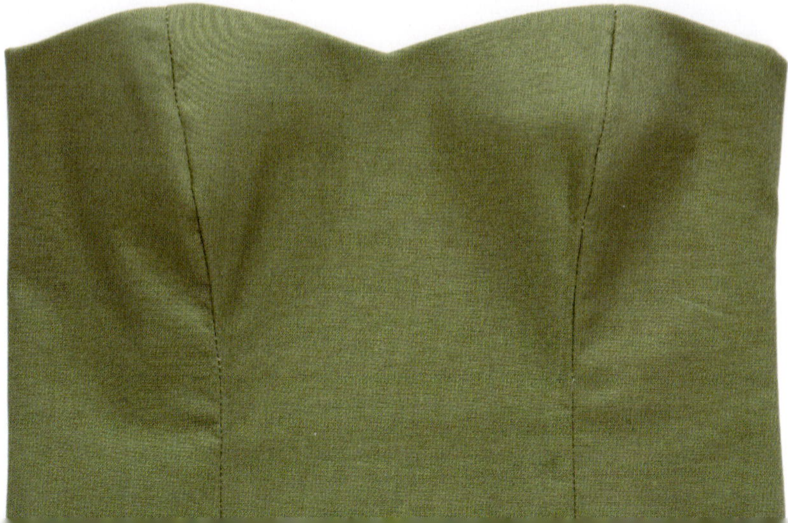

Passe

Eine Passe bedeckt einen Teil des oberen Rückens und die Schultern und besteht aus einer äußeren Lage Stoff und einer unteren Lage oder einem Besatz. Sie verdeckt Stoffkanten und verleiht zusätzliche Festigkeit.

Werkzeug und Material

- Grundausstattung (S. 13)

Vorbereitung

Die Vorder- und Rückseite sollte mit Raffungen, Falten und anderen Einzelheiten fertiggestellt sein.

1 Rechte Seite der äußeren Passe auf die rechte Seite des Rückens legen. Passzeichen aufeinander legen und mit Stecknadeln fixieren.

2 Rechte Seite der unteren Passe auf die linke Seite des Rückens legen, sodass der Rücken zwischen den beiden Passenteilen liegt. Wieder feststecken und auf der Nahtlinie zusammensteppen.

3 Nahtzugaben stufig zurückschneiden.

Schneidertipp

Schritt 5 und 6 können zusammengefasst werden, indem man für das Steppen die rechte Seite der Einlage auf die rechte Seite der Passe zieht. Nun die Stoffkanten zurückschneiden, wenden und bügeln.

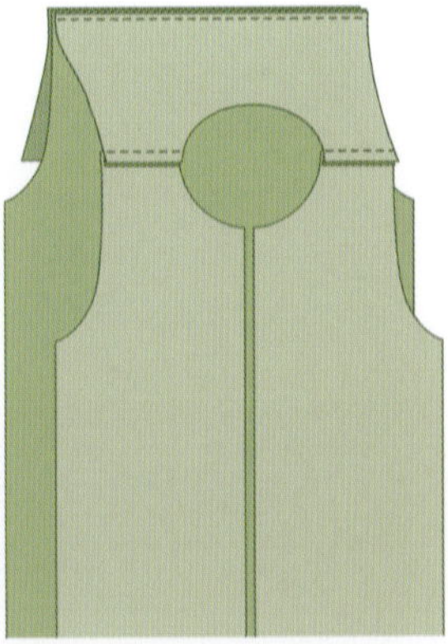

4 Rechte Seite der äußeren Passe auf das Vorderteil legen – rechts auf rechts. Passzeichen beachten, feststecken und zusammennähen.

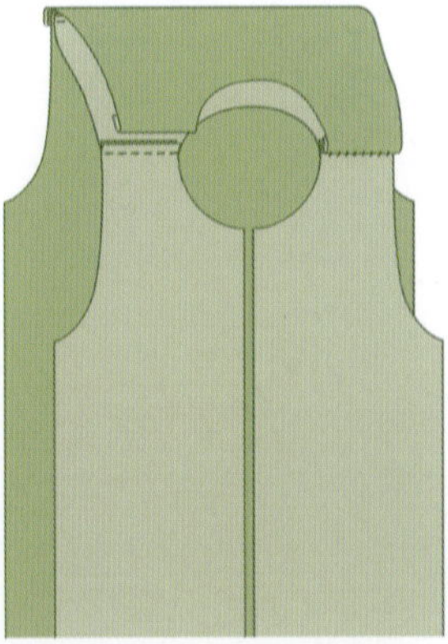

5 Nahtzugaben unter die Vorderkanten der Einlage falten und an die vorderen Nähte der Passe anlegen.

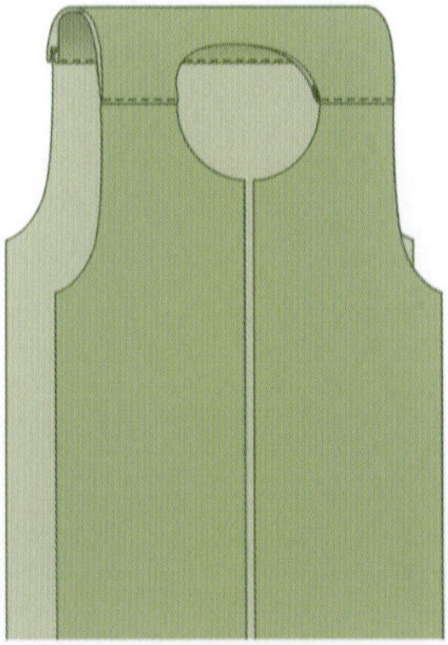

6 Die Lagen mit der Hand zusammennähen oder mit der Maschine dicht am Rand aufsteppen.

Kragen

- Stehkragen
- Hemdenkragen
- Reverskragen klassisch
- Jackett schnelle Methode
- Hemdblusenkragen
- Schildkröte
- Peter Pan
- Matrose

Ein Kragen ist eine weitere Möglichkeit für einen Halsausschnitt. Es gibt die unterschiedlichsten Stile – vom kleinen Stehkragen über alle Formen und Größen bis zu Kragen, die die ganze Schulter bedecken.

Jackettkragen liegen normalerweise um den Hals herum und werden über die Vorderseite nach unten weitergeführt, wobei der Revers genannte Aufschlag unterschiedlich breit sein kann. So gibt es für jeden einen passenden Stil.

Meist besteht ein Kragen aus einer äußeren oder oberen Lage, dem Unterkragen (dem Besatz) und einer Einlage dazwischen. Die Einlage verleiht dem Kragen Festigkeit und betont seine Form.

Tipps für klassische Kragen

- Symmetrie ist extrem wichtig – Passzeichen des Musters exakt übertragen.
- Wählend Sie passenden Einlagenstoff – steif für feste Kragen, leicht und gewebt für weichere Wirkung.
- Einlagenstoffe für Kragen gibt es in vielen Ausführungen: von schweren, steifen Stoffe zum Einnähen bis zu leichten Webeinlagen aus Seide oder Organza. Bügeleinlagen erleichtern die Arbeit.
- Kragenspitzen nehmen rasch Flecken an. Achten Sie auf eine saubere Bügeleisensohle.
- Verwenden Sie für schwere Kragen ein Bügeltuch und Dampf; Kragenecken sollen scharfe Spitzen aufweisen.

Standardschnittmuster

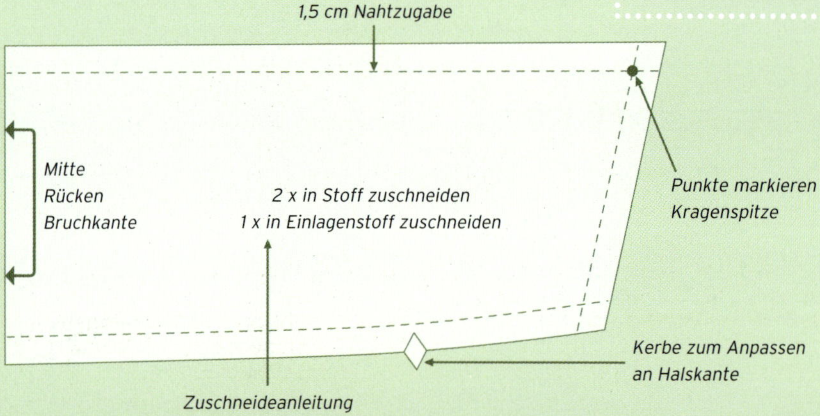

Stehkragen

Der Kragensteg allein, ohne einen Kragenumschlag, wird manchmal als Mandarinkragen bezeichnet oder einfach als Stehkragen. Er besteht aus einem Band mit Einlage, das alle Stoffkanten des Halsausschnitts einfasst.

Werkzeug und Material

- Grundausstattung (S. 13)
- Passende Einlage

Vorbereitung

Schulternähte schließen (und eventuell Passe einfügen), damit der Kragen an den Halsausschnitt angesetzt werden kann.

1 Einlage auf linke Seite des Außenkragens aufbügeln.

2 Mit Einlage verstärkten Außenkragen als ein Stück behandeln und rechts auf rechts mit dem Innenkragen zusammennähen. Nahtzugaben gestuft zurückschneiden, in der Biegung einknipsen.

3 Wenden und den Außenkragen rechts auf rechts auf den Halsausschnitt legen, zusammenstecken und entlang der Nahtlinie steppen. Beschneiden, um die Nahtzugaben innen zu reduzieren.

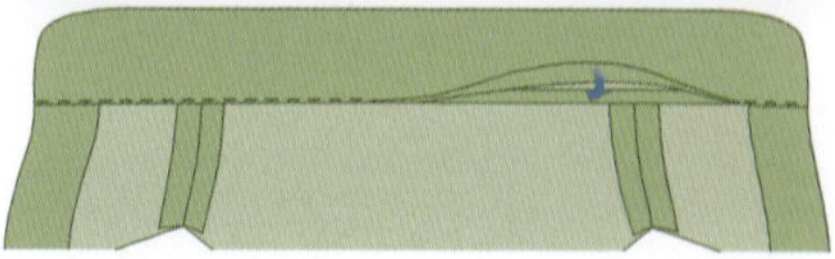

4 Nahtzugaben des Innenkragens nach innen falten und den Kragen auf die Naht legen, mit der der Außenkragen auf das Hemd genäht wurde. Von der rechten Seite knappkantig absteppen. Knopf und Knopfloch am Kragen anbringen, falls er in der vorderen Mitte überlappt.

Tipp für Anfänger

Anstatt den Stehkragen zum Schluss mit einer Absteppnaht zusammenzunähen, innen mit Saumstichen festnähen.

Hemdenkragen

Ein Hemdenkragen ist sozusagen ein erweiterter Stehkragen, bei dem der aufrechte Hemdensteg (S. 169) auf dem Ausschnittrand sitzt und der Umschlag der obere Teil des Kragens ist, der nach unten fällt und den Stehkragen bedeckt.

Oberhemden sind normalerweise ziemlich steif und können entweder mit der Knopfleiste bis oben zugeknöpft und mit einer Krawatte oder offen ohne Krawatte getragen werden. Die Art der Einlage bestimmt, wie steif oder locker der Kragen sitzt. Die Kragenecken können an das Hemd angeknöpft werden, und sie können spitz zulaufen oder sogar abgerundet sein.

Werkzeug und Material

- Grundausstattung (S. 13)
- Dünne gewebte Bügeleinlage
- Steife Krageneinlage

Vorbereitung

Halsausschnittrand zum Ansetzen des Kragens fertigstellen.

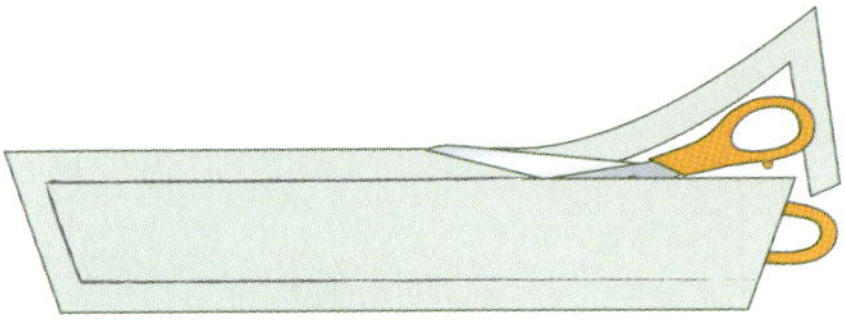

1 Nahtzugaben auf die Ränder der steifen Krageneinlage einzeichnen, dann einschließlich Markierungsstrich wegschneiden.

2 Die steife Einlage mittig auf die linke Seite des Außenkragens legen, leichte Bügeleinlage obenauf legen. Zusammenbügeln, sodass die steife Einlage fest zwischen Außenkragen und Bügeleinlage sitzt.

3 Oberen und unteren Kragen rechts auf rechts zusammensetzen, Kragenpunkte mit Markierstift oder Markierungsfaden kennzeichnen, dann entlang der Nahtlinie steppen. Nahtzugaben beschneiden, wenden und flach bügeln. Knappkantig absteppen.

4 Steife Einlage für den Kragensteg wie oben beschrieben vorbereiten, auf die dem Hals am nächsten liegende Seite aufbügeln.

5 Den Kragen zwischen die beiden Teile des Kragenstegs schieben, dabei alle Passzeichen beachten. Zusammennähen, Nahtzugaben innen stufig zurückschneiden, wenden und glatt bügeln.

6 Außenseite des Kragenstegs an die rechte Seite der Halskante legen und zusammennähen. Falls nötig Nahtzugaben einschneiden, um das Anpassen zu erleichtern.

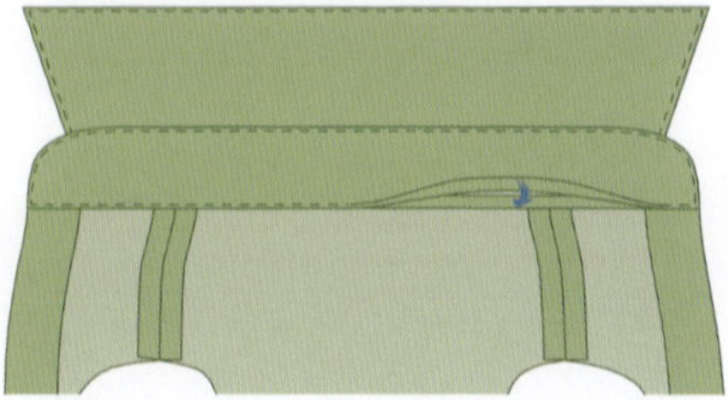

7 Nahtzugaben in die Innenseite des Kragenstegs stecken, mit Stecknadeln fixieren und knappkantig durch alle Lagen steppen.

Schneidertipps

- Einen Tunnel für ein kleines Plastikstäbchen zum Versteifen der Kragenecke so in den Unterkragen einnähen, dass man das Stäbchen entfernen und wieder einsetzen kann.
- Damit die Nähte auch wirklich zur Unterseite des Kragens zeigen, vor dem Annähen an den Oberkragen den Unterkragen um 1 mm beschneiden.
- Man kann den Hemdenkragen auch in einem Stück zuschneiden, sodass Steg und Umschlag ein Teil sind.
- Das Anbringen von Knopflöchern im Kragen für Buttondown-Hemden ist einfacher, wenn es vor dem Anfügen des Kragens an die Halskante geschieht.

Klassischer Reverskragen für Jackett oder Mantel

Ein Schneiderkragen an einem Jackett oder einem Mantel ist schon aufgrund des Einlagenmaterials und der feinen Machart etwas Besonderes. Er wirkt sehr plastisch und ist robust genug für viele Jahre.

Werkzeug und Material

- Grundausstattung (S. 13)
- 1 cm breites Leinenverstärkungsband
- Organzastoßband, 1,5 cm breit geschnitten, zur Eckenverstärkung
- Bügelkissen
- Einlagen – Rosshaar und Leinen

Fischgrätstich

Lagen aus Einlagenstoff und Unterfutter werden mit kleinen diagonalen Stichen auf der linken Seite des Kleiderstoffes festgenäht. Dadurch werden die Lagen zusammengehalten und zusätzlich die Form der Aufschläge und des Unterkragens stabilisiert.

Hexenstich

Mit Hexenstich sichert man Bänder an den Rändern eines Kleidungsstücks, um seine Konstruktion zu stabilisieren und der Form mehr Halt zu geben.

Vorbereitung

Alle Einlagen am Rumpf des Jacketts anbringen und Schulternähte schließen.

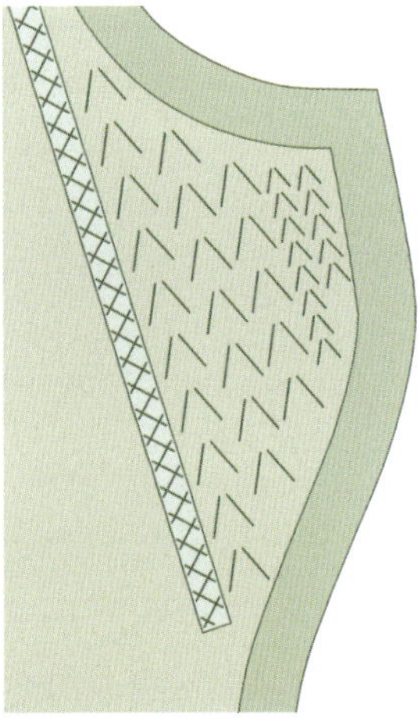

1 Die Verstärkungsbänder aus Leinen auf die Falten beider Aufschläge nähen. Aufschlag mit Fischgrätstichen versehen.

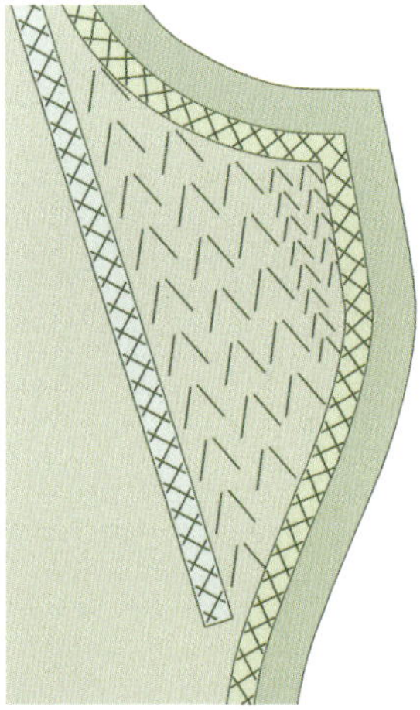

2 Organzastoßband auf die Nahtlinie an Aufschlag- und Halskanten nähen, um den Rand zu stabilisieren.

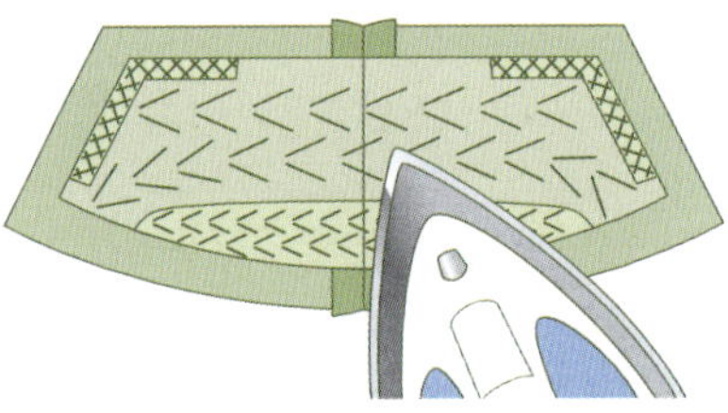

3 Unterkragen für stabilere Form mit Fischgrätstichen versehen und Organzastoßband in den Ecken auf der Nahtlinie anbringen. Ein Dampfbügeleisen hilft den Unterkragen in Form zu bringen.

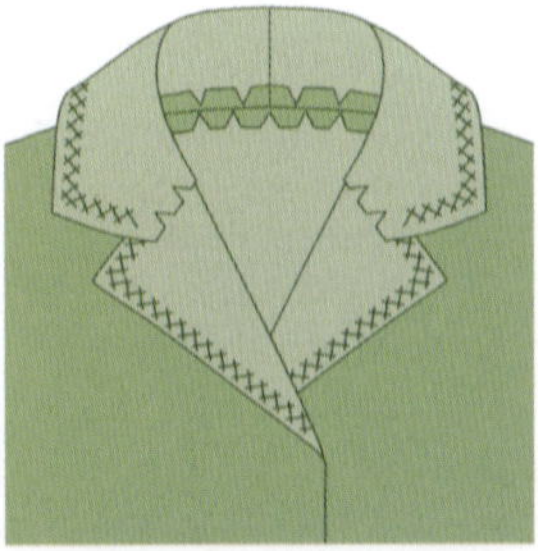

4 Unterkragen an den Halsrand nähen. In den Nahtzugaben Knipser anbringen, damit der Kragen gut aufliegt.

5 Oberkragen rechts auf rechts auf den Unterkragen legen und zusammenstecken. Steppen, Nahtzugaben gestuft beschneiden und wenden. Mit Dampfbügeleisen und einem Bügelkissen in Form bügeln.

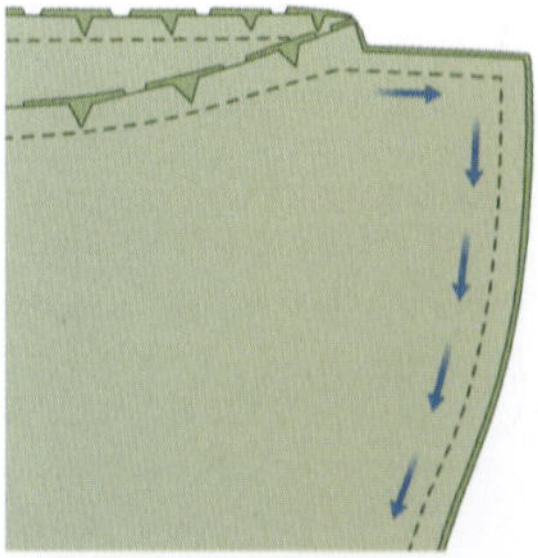

6 Die Aufschlagbesätze rechts auf rechts auf die Aufschläge legen und feststecken. Auf jeder Seite vom Hals an zum Saum zusammennähen.

7 Wo die Auflage auf den Kragen trifft, Nahtzugaben nach innen falten. Ränder mit Hand mit Leiterstich zusammenziehen.

Schneidertipp

Den Oberkragen ca. 2 mm größer als den Unterkragen zuschneiden, aber die Ränder beim Nähen genau aufeinander legen. Die Nähte wenden sich dann leicht zur Unterseite, was das Ergebnis verbessert. Bei den Aufschlägen genauso vorgehen.

Jackettkragen (schnelle Methode)

Bei der schnellen Methode für die Herstellung eines maßgeschneiderten Jacketts werden die Einlagen aufgebügelt – das erspart Ihnen die mühsamen, per Hand ausgeführten Vorbereitungen der traditionellen Maßschneiderei. Trotzdem erfordert auch diese schnellere Methode Sorgfalt und Zeit. Die hier beschriebene Methode unterscheidet sich von der in den meisten Schnittmustern angegebenen, macht es aber leichter, die Nähte anzulegen und die Unter- und Oberkragen gleich groß zu fertigen.

Werkzeug und Material

- Grundausstattung (S. 13)
- Gewebte aufbügelbare Einlagen
- Aufbügelbares Schrägband
- Aufbügelbares gerade geschnittenes Band

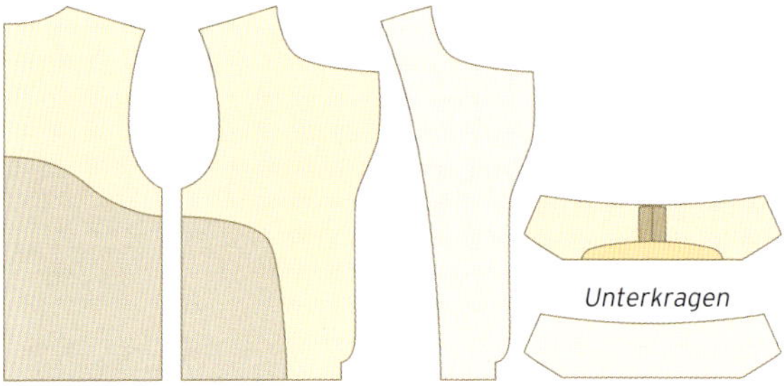

Vorbereitung

Alle Passzeichen auf die Stoffteile übertragen und Bügeleinlagen ausschneiden. Für Vorderseite, oberen Rücken und Unterkragen eine mittelschwere Einlage, eine leichte für den Besatz und den Oberkragen und eine schwere für den Kragensteg. Die Einlagen an die vorgesehenen Stellen auf die linken Seiten der Stoffteile bügeln.

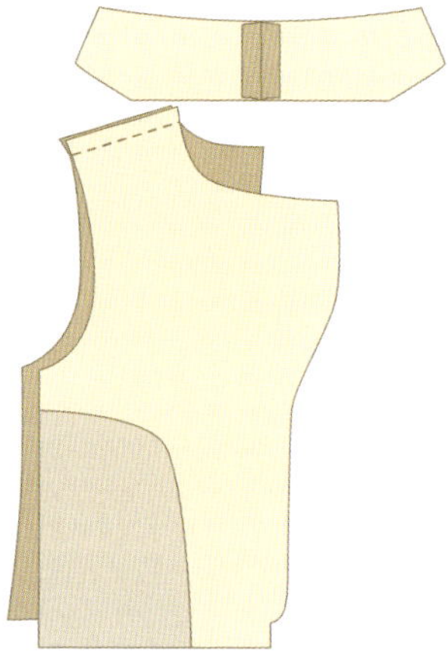

1 Schulternähte vorbereiten und die beiden Unterkragenteile zusammenfügen.

2 Auf den vorderen Rand des Jacketts einen Schrägstreifen aufbügeln und ein gerade geschnittenes Fixierband auf die Faltlinie des Kragens. Die schwerere Einlage auf den Stegbereich des Unterkragens bügeln und das Schrägband zu den Spitzen, die später nach vorne weisen.

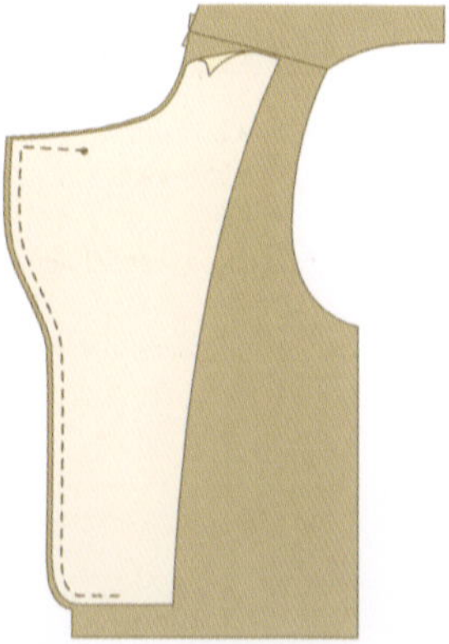

3 Jackettvorderteil und Einlagenränder aufeinander legen und vom Punktpasszeichen am Kragen zur Kerbe am Saum nähen. Nahtzugaben stufig beschneiden, wenden und flach bügeln.

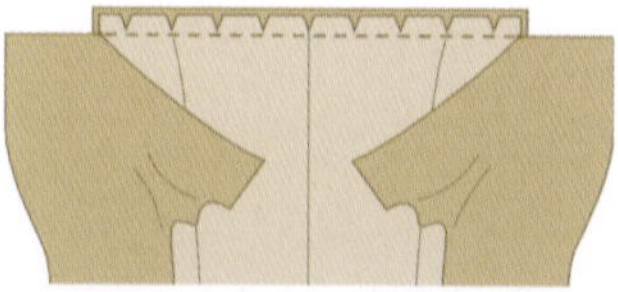

4 Unterkragen rechts auf rechts auf dem Halsrand feststecken. Die Nahtzugabe am Halsrand einknipsen, um beide Teile leichter anpassen zu können, dann zusammennähen.

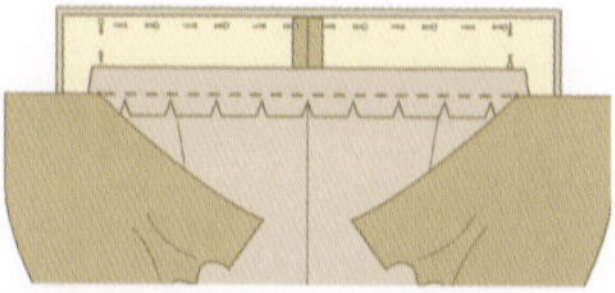

5 Oberkragen rechts auf rechts auf den Unterkragen legen und zusammenstecken. Beide Teile zusammennähen. Nahtzugaben stufig beschneiden, wenden und den Kragen flach bügeln.

Nähtipp

Genauigkeit ist der Schlüssel zum perfekten Kragen. Ein falscher Stich kann das ganze Ergebnis ruinieren.

6 Kragen über einem Bügelkissen oder auf einer Schneiderpuppe in Form bringen. Nahtzugaben von Oberkragen und Einlage nach innen falten und mit Saumstich zusammennähen.

7 Entweder auf die Innenseite wenden und entlang der Heftlinie steppen oder von der Außenseite mit einem winzigen Leiterstich oder Saumstich zusammennähen.

Zum Abschluss

Entweder mit einem Dampfbügeleisen glatt bügeln oder den Reversrand knappkantig absteppen, um die Ränder flach zu halten.

Hemdblusenkragen

Der Hemdblusenkragen ist weicher als der Hemdenkragen und kann entweder bis oben zugeknöpft oder aufgeschlagen getragen werden. Auf der Innenseite reicht die Einlage bis zur Schulternaht.

Werkzeug und Material

- Grundausstattung (S. 13)
- Leichte Bügeleinlage

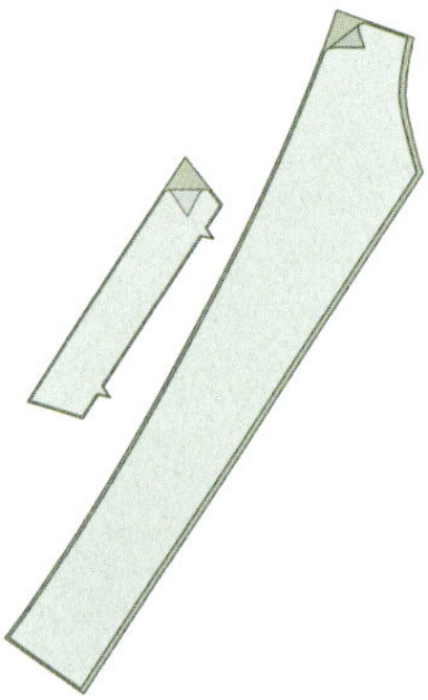

1 Einlage auf die linke Seite des Oberkragens und auf die vorderen Besätze aufbügeln.

2 Ober- und Unterkragenteile rechts auf rechts zusammenlegen und steppen. Nahtzugabe beschneiden, wenden und flach bügeln. Je nach Design eventuell Ränder knappkantig absteppen.

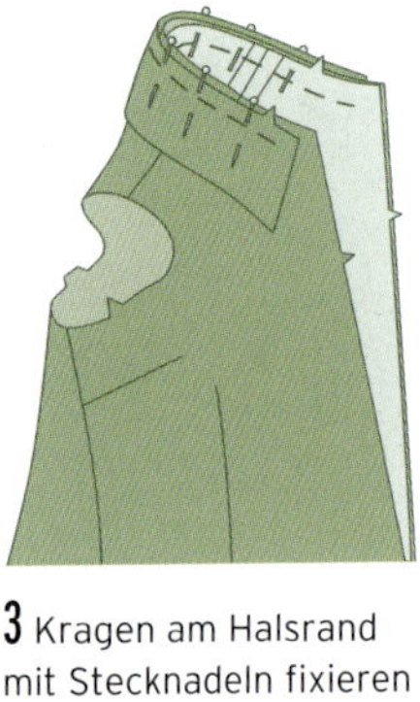

3 Kragen am Halsrand mit Stecknadeln fixieren und anheften.

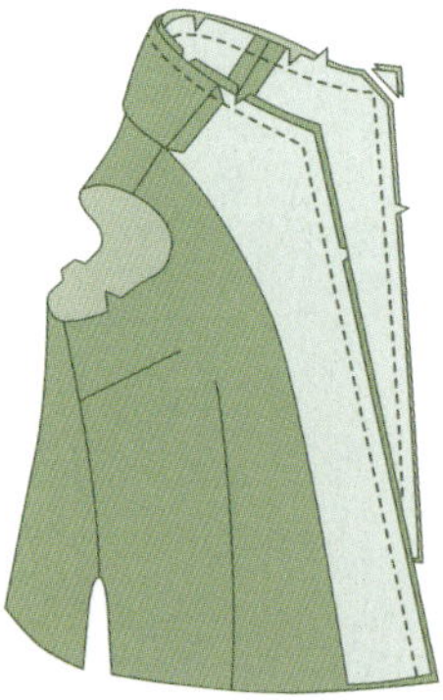

4 Besatz mit rechter Seite auf den Kragen legen und die Stofflagen zusammennähen. Nahtzugaben stufig zurückschneiden und einknipsen soweit nötig, damit nichts aufträgt. Wenden und bügeln.

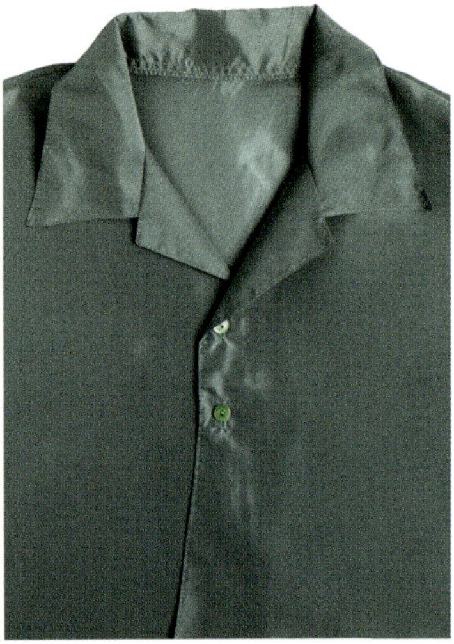

Zum Abschluss

Mit der Overlock oder einem Zickzackstich die Stoffkanten des Kragens am hinteren Hals versäubern. Alternativ kann dort ein Besatz angebracht werden.

Nähtipp

Stoffe mit einem hohen Anteil an synthetischen Fasern halten im Allgemeinen die Form nicht so gut wie Baumwolle, Leinen oder Seide. Bei ihnen bietet sich für einen gut liegenden Kragen eine knappkantige Steppnaht an. Naturfasern reagieren auch besser aufs Bügeln, daher erzielt man hier auch ohne Kantennaht ein gutes Ergebnis.

Schildkrötenkragen

Der Stil des Schildkrötenkragens ist eher lässig. Er wird in doppelter Kragenbreite zugeschnitten und die obere Hälfte über die untere Hälfte umgeschlagen. Dieser Kragen ist für Jerseystoffe besonders geeignet. Ein Kragen aus Webstoff muss diagonal zugeschnitten werden.

Werkzeug und Material

- Grundausstattung (S. 13)

Vorbereitung

Schulternähte schließen, sodass der Kragen angefügt werden kann.

1 Kragenenden mit der rechten Seite nach innen zusammenbringen. Auf der Nahtlinie steppen, sodass eine Röhre entsteht.

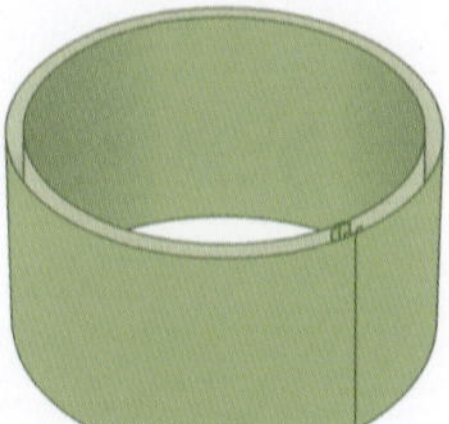

2 Nahtzugaben beschneiden und die Röhre längs auf die Hälfte falten, linke Stoffseite innen.

3 Stoffkanten aufeinander und auf den Halsrand des Kleidungsstückes legen, der Kragen befindet sich dabei innen. Zusammenstecken, alle drei Lagen zusammennähen und versäubern.

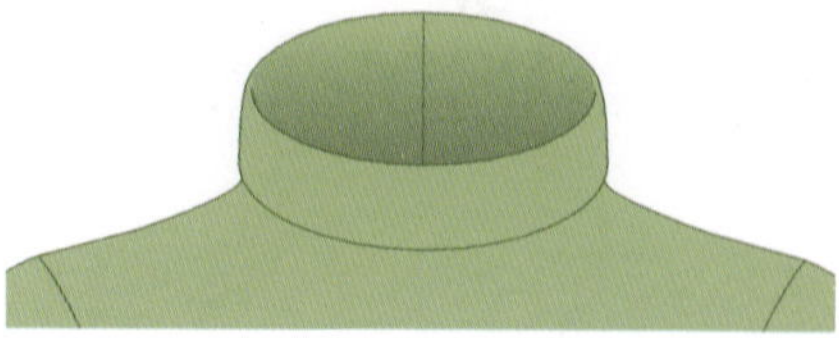

4 Kragen herausziehen und so formen, dass er über die Halsrandnaht fällt und diese verdeckt.

Nähtipp

Für die Fertigung eines Schildkrötenkragens eignet sich am besten eine Overlockmaschine, da der Jerseystoff sich dehnt.

Peter-Pan-Kragen

Der Peter-Pan-Kragen ist ein Flachkragen, der ohne Steg am Ausschnitt angebracht ist und auf dem Oberteil aufliegt. Er ist weich gerundet ohne Spitzen. Dieser Kragen findet sich oft bei Kinderkleidung.

Werkzeug und Material

- Grundausstattung (S. 13)
- Leichte Bügeleinlage

Vorbereitung
Schulternähte an Passe und Besatz fertigstellen.

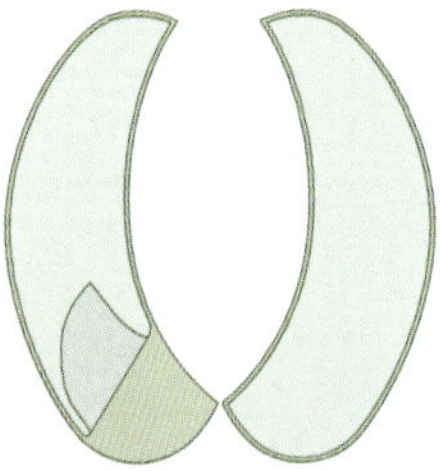

1 Einlage auf die linke Seite des oberen Kragenteils bügeln.

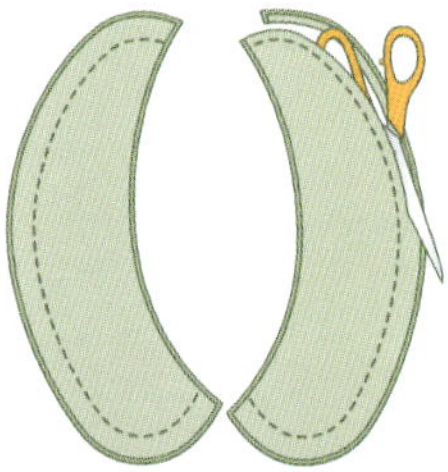

2 Ober- und Unterkragen rechts auf rechts aufeinander legen. Auf der Nahtlinie steppen, überschüssige Nahtzugaben abschneiden.

3 Kragenteile wenden und bügeln, dann Stoffkante des Kragenrandes auf den Ausschnittrand legen und heften.

4 Besatz nach oben legen, rechte Seite zum Oberkragen. Auf der Nahtlinie des Halsrandes nähen. Beschneiden und die Nahtzugabe einknipsen. Wenden und Halsrand bügeln, damit er flach liegt.

Nähtipp

Nahtzugaben dicht an der Nahtlinie an den Besatz nähen, damit der Kragen besser liegt.

Stilbemerkung

Diesen Flachkragen kann man auch größer zuschneiden und erhält dann einen weichen, kleidsamen Halsabschluss für Damengarderobe.

Matrosenkragen

Ein Matrosenkragen liegt über den Schultern, der oberen Brust und dem Rücken. Der Halsausschnitt ist im Allgemeinen wie ein „V“ geformt und kann vorn in der Mitte noch mit Bändern versehen werden. Er imitiert eine Matrosenuniform und findet sich vor allem bei Kinderbekleidung.

Werkzeug und Material

- Grundausstattung (S. 13)
- Leichte Bügeleinlage

Vorbereitung

Schultersäume und Ausschnittbesatz fertigstellen.

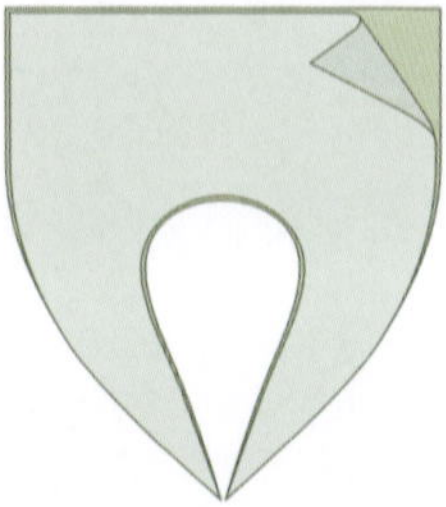

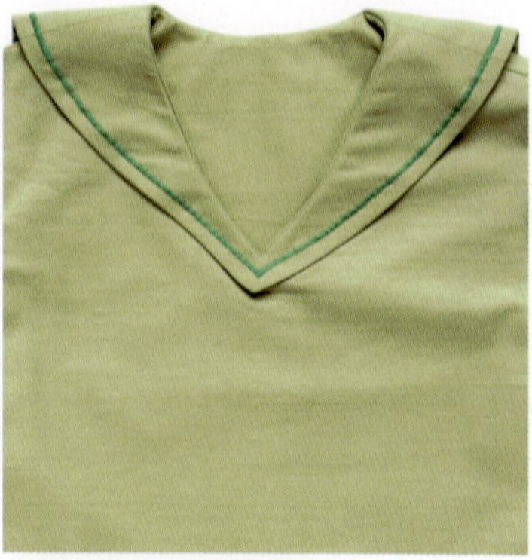

1 Einlage auf die linke Seite des Oberkragens aufbügeln.

2 Oberes und unteres Kragenteil rechts auf rechts legen und auf der Nahtlinie steppen. Nahtzugaben beschneiden, wenden und bügeln.

3 Den Kragenrand auf den Ausschnittrand legen und heften.

4 Den Besatz auf den Kragen legen, die rechten Seiten gegeneinander, und um den Halsrand herumnähen. Nahtzugaben stufig zurückschneiden und einknipsen, damit der Kragen nach dem Wenden flach liegt.

Schneidertipp

Für Kinderkleidung können Sie Bänder oder andere Applikationen hinzufügen (siehe Seiten 208–238 mit vielen Vorschlägen).

Verschlüsse

- Knöpfe
- Knopflöcher
- Druckknöpfe
- Haken und Ösen
- Ösen
- Posamentenverschlüsse

Zu den Verschlüssen zählen Haken, Ösen, Druckknöpfe und Knöpfe. Es gibt sie in den verschiedensten Größen und Arten, und sie werden entweder angenäht oder mit speziellen Werkzeugen am Stoff befestigt. Manche sind rein funktional, während andere kunstvoll und dekorativ sind.

Standardschnittmuster

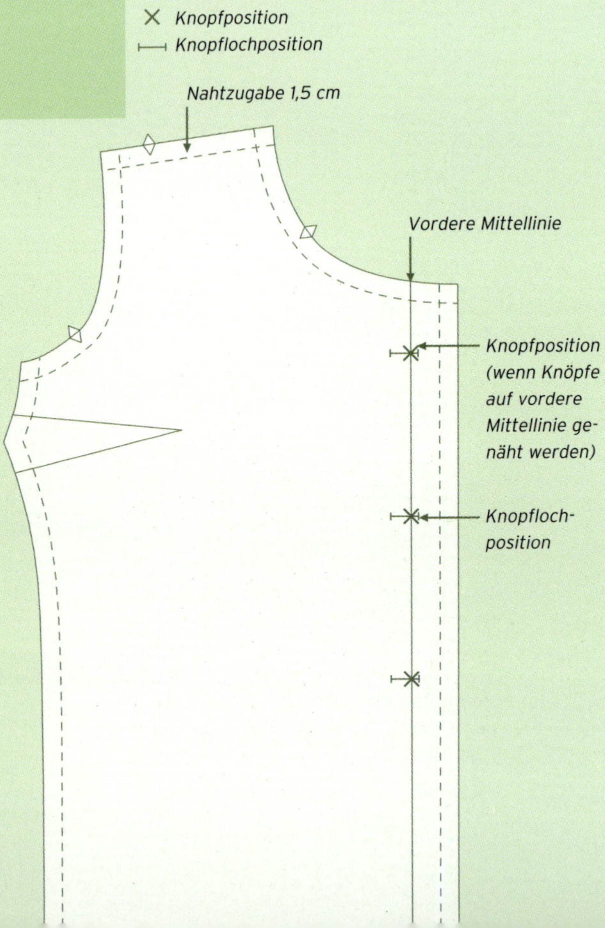

Tipps für ausgefallene Verschlüsse

- Druckknöpfe auf einem Band für Kissenbezüge kaufen und das Band mit einem Reißverschlussfuß aufnähen.
- Richtiges Werkzeug zum Befestigen von Druckknöpfen verwenden. Sie müssen sicher angebracht sein, um ihre Funktion zu erfüllen.
- Das Gewicht von Verschluss oder Knopf muss zu Stoff und Kleidungsstück passen.
- Damenkleidung wird von rechts nach links geknöpft, Herrenkleidung von links nach rechts. Bringen Sie die Verschlüsse auf der richtigen Seite an.
- Wenn Sie einen besonders großen, dekorativen Knopf verwenden, nähen Sie lieber Druckknöpfe auf die Unterseite als ein großes, hässliches Knopfloch anzubringen.
- Überziehen Sie Knöpfe selbst mit Stoff, damit die Farbe perfekt passt.
- Nähen Sie Haken, Ösen und Druckknöpfe mit doppeltem Faden.
- Verwenden Sie Seidenfaden fürs Nähen mit Hand, da dieser nicht so leicht Knötchen bildet und sich verheddert.

Knöpfe

Knöpfe gibt es meist in drei Arten: mit zwei Löchern, vier Löchern oder einem Steg. Beim Annähen eines Knopfes mit Löchern stellen Sie selbst einen kleinen Stiel her (siehe unten), damit der Knopf nicht zu dicht anliegt. Nähen Sie den Knopf mit starkem Garn auf eine doppelte Stofflage. Bei besonders großen Knöpfen nähen Sie auf der Rückseite einen kleinen Knopf gegen.

Werkzeug und Material

- Grundausstattung (S. 13)
- Seidengarn
- Knopflochgarn oder starkes Garn

Knöpfe mit Löchern

1 Fadenende im Stoff sichern und die Nadel nach oben durch ein Loch stechen.

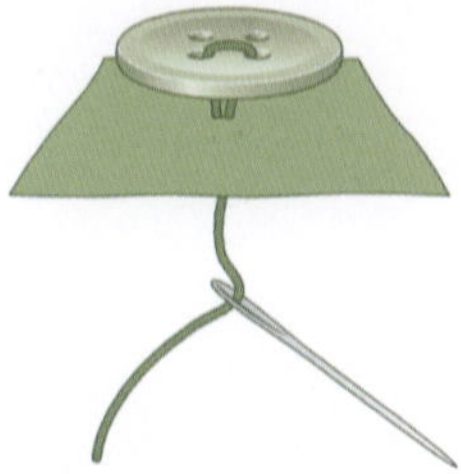

2 Nadel durch ein anderes Loch nach unten stechen, Faden locker lassen, sodass zwischen Knopf und Stoff ein Abstand bleibt – eventuell ein Streichholz als Abstandhalter verwenden.

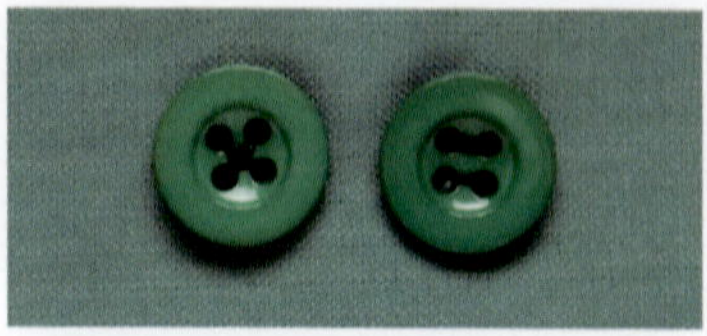

Knöpfe mit Löchern

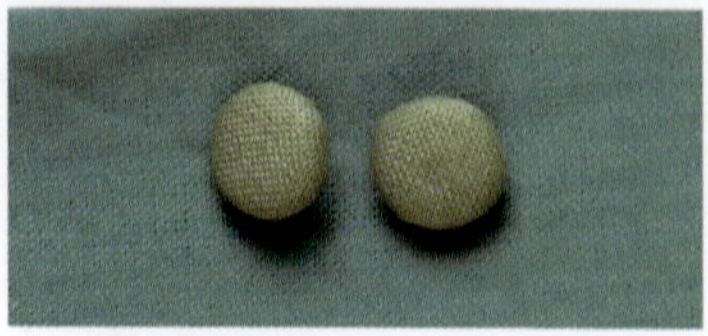

Knöpfe mit Steg

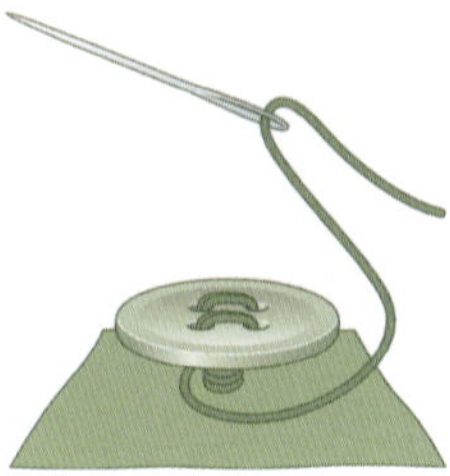

3 Mehrere Stiche wie oben beschrieben machen, dann die Nadel zwischen Knopf und Stoff ausstechen. Für den Stiel ein paarmal um die losen Fäden herumwickeln.

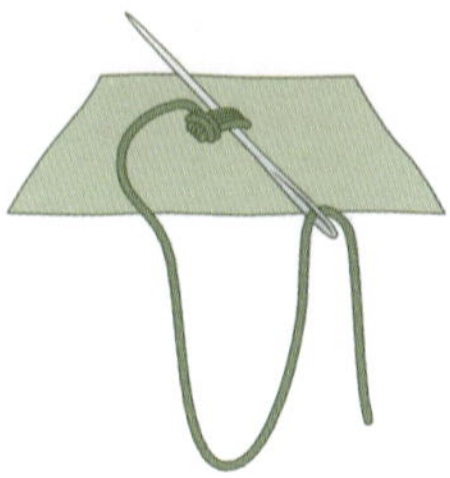

4 Nadel auf die linke Seite durchstechen und durch die Fäden schlingen, um sie zusammenzuhalten. Fadenende sichern.

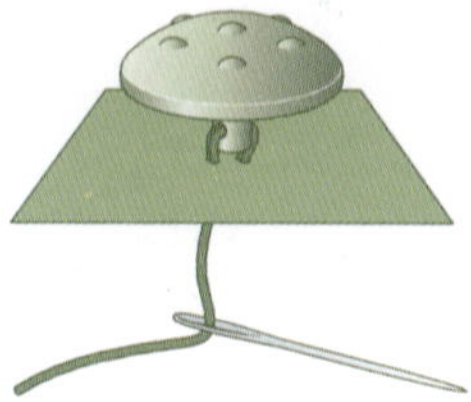

Knopf mit Steg

Wie oben nähen, aber Nadel direkt durch den Steg stechen, ohne die Fäden lose zu lassen. Auf der linken Seite mit den Fäden genauso verfahren wie bei einem Knopf mit Löchern.

Knopflöcher

Die heutigen Nähmaschinen bieten eine große Auswahl an vorprogrammierten Knopflöchern, die zu verschiedenen Stoffen und Kleidungsstilen passen. Sie können Knopflöcher aber auch von Hand anfertigen oder mit passendem oder kontrastierendem Stoff einfassen. Wenn Ihre Nähmaschine kein Programm zum Knopflochnähen besitzt, folgen sie den hier beschriebenen Schritten.

Werkzeug und Material

- Grundausstattung (S. 13)
- Knopflochfuß
- Nahttrenner

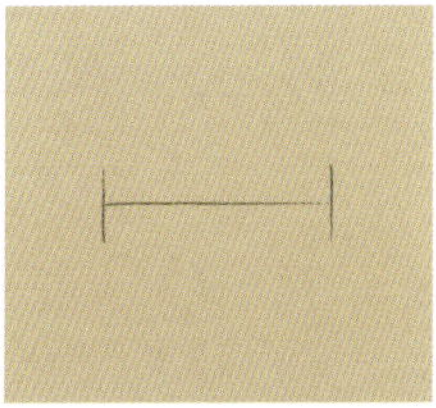

1 Markieren Sie Position und Länge des Knopflochs mit einem auswaschbaren Markierstift.

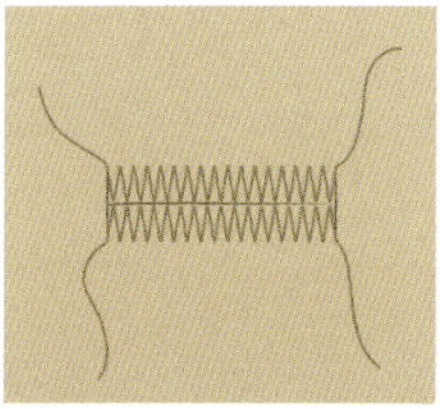

2 Maschine auf engen Satinstich stellen, 2 mm breit und 4 mm lang. Stich vorher testen, um die richtige Größe zu finden. Zwei parallele Linien für Knopflochränder nähen.

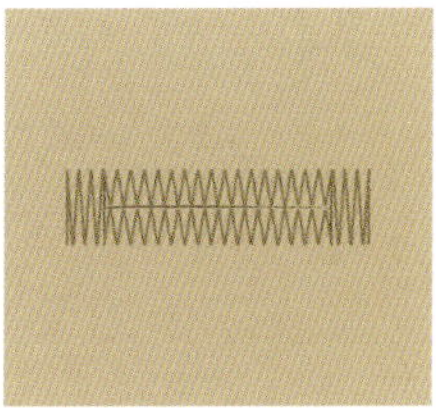

3 Die Stichweite verdoppeln und an beiden Enden des Knopflochs Riegel nähen oder die Riegel per Hand mit Nadel und Faden nähen.

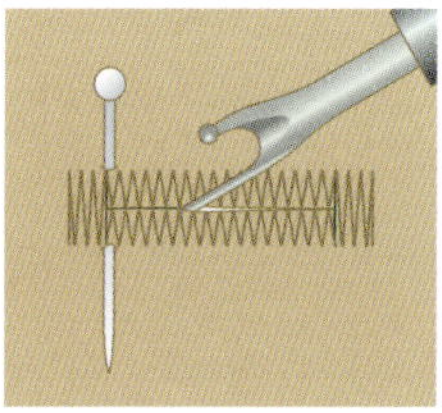

4 Knopfloch mit Nahttrenner aufschneiden. An ein Lochende eine Stecknadel stecken, um den Riegel zu schützen.

Nähtipps

- Fertigen Sie zur Übung einige Knopflöcher an.
- Verwenden Sie eine zweite Stofflage. Bei Stretch, leichtem oder lose gewebtem Stoff ein wieder abziehbares oder auswaschbares Klebeband verwenden, um die Arbeit zu erleichtern.
- Wählen Sie ein zu Stoff und Stil passendes Knopfloch: schmal, breit, eingefasst, Augenknopfloch oder mit Hand gefertigt.
- Nähen Sie das Knopfloch zur Übung zuerst auf ein Rest-Stoffstück, um Aussehen und Größe auszuprobieren.
- Nähen Sie zuerst das Knopfloch, das am wenigsten auffällt, und ganz zum Schluss das auffälligste.

Knopfloch in dünnem Stoff

Bei Knopflöchern in dünnem Stoff ist es wichtig, sie zu stabilisieren, da der Stoff an dieser Stelle besonders viel aushalten muss. Ideal für diesen Zweck ist Organza.

Werkzeug und Material

- Grundausstattung (S. 13)
- Organza
- Transparentes Klebeband
- Knopflochfuß
- Nahttrenner

1 Ein oder zwei Organzastücke zwischen die beiden Stofflagen legen und auf die Oberfläche zum einfacheren Nähen ein Stück durchsichtiges Klebeband kleben.

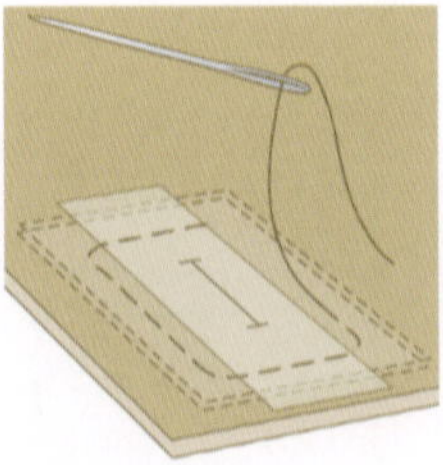

2 Die Lagen zusammenheften, Knopflochposition auf dem Klebestreifen markieren und die Maschine auf Knopflöcher in leichtem Stoff einstellen.

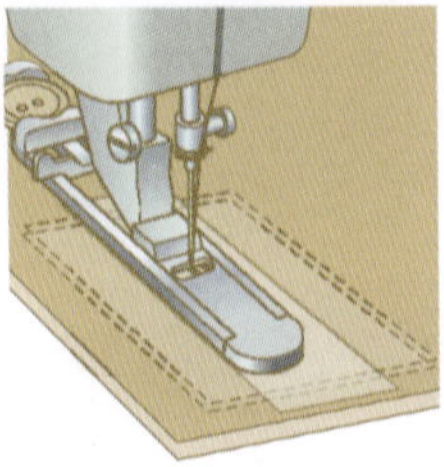

3 Knopfloch nähen.

4 Fadenenden sichern, dann mit einem Nahttrenner Knopfloch aufschneiden.

Nähtipps

- Verwenden Sie eine feine, neue Nadel zum Nähen des Knopflochs.
- Stecken Sie eine Stecknadel durch das Knopflochende, um nicht zu weit zu schneiden.
- Verwenden Sie Organza genauso beim Annähen eines Knopfes in dünnem Stoff, er hält dann besser.

Handgenähtes Knopfloch

Eigentlich ist es heute kaum noch nötig, Knopflöcher mit der Hand zu nähen, da Maschinenknopflöcher sauber und schnell zu machen sind. Aber vielleicht brauchen Sie diese Kenntnisse ja für die Herstellung traditioneller Kleidung oder für historische Kostüme.

Werkzeug und Material

- Grundausstattung (S. 13)
- Bienenwachs

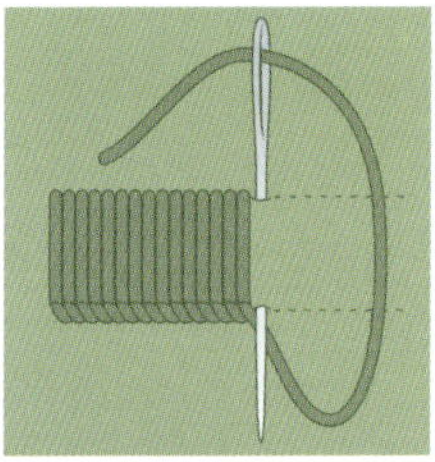

Knopflochstich
Der Knopflochstich entspricht dem Schlingenstich, wobei die Stiche sehr dicht nebeneinander ausgeführt werden.

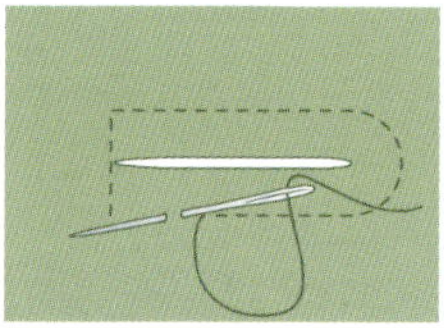

1 Knopflochschlitz einzeichnen und aufschneiden. Im Abstand von 2 mm mit Heftstichen umnähen, ein Ende abrunden. Dies hält die Stofflagen zusammen und dient als Orientierung für die Größe der Stiche.

Nähtipps

- Verwenden Sie Knopflochgarn oder durch Bienenwachs gezogenen Faden.
- Anstatt die Orientierungslinie mit Heftstichen zu nähen, können Sie auch mit der Maschine parallele Linien nähen.
- Bei Augenknopflöchern mit einem Stanzer an einem Ende ein sauberes Loch einstanzen.
- Bei vertikalen Löchern statt eines runden Endes an den Enden Riegel nähen.

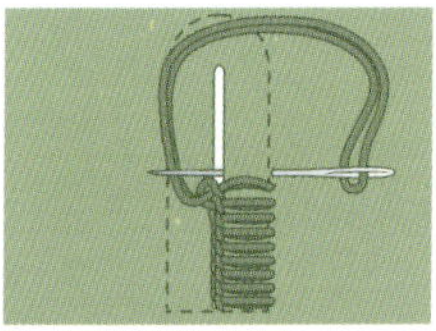

2 Faden doppelt nehmen und durch Bienenwachs ziehen. Knopfloch senkrecht vor sich halten, Faden am unteren Ende des Schlitzes sichern. Stoff in der linken Hand halten und rechten Rand des Schlitzes mit dichten, gleichmäßigen Knopflochstichen bedecken.

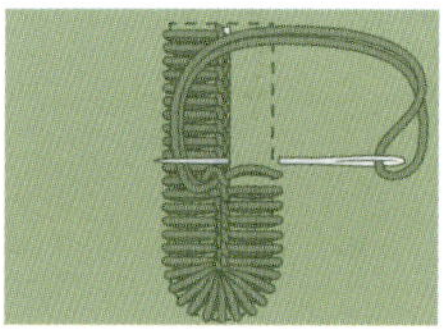

3 Um das runde Ende herumnähen, Arbeit umdrehen, andere Seite bearbeiten.

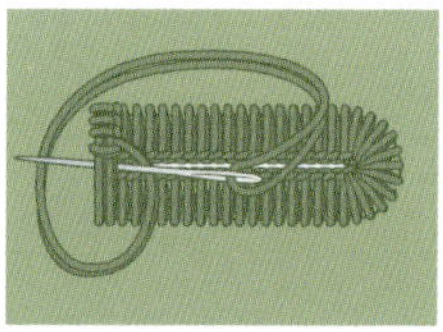

4 Zum Schluss aus zwei oder drei Fäden einen Riegel anlegen und mit Knopflochstichen bedecken.

Mit der Maschine eingefasst

Beim eingefassten Knopfloch werden die Schlitzränder von Stoff statt von Stichen umhüllt. Je nach erwünschter Wirkung kann die Einfassung aus passendem oder kontrastierendem Stoff gearbeitet werden. Die hier vorgeschlagene Methode ist einfach und ergibt ein haltbares Resultat.

Werkzeug und Material

- Grundausstattung (S. 13)
- Bügeleinlage

Vorbereitung
Zur Verstärkung auf die linke Seite des Stoffes eine Einlage bügeln.

1 Ein Stück diagonal geschnittenen Stoff auf die Stoffoberfläche legen und anheften.

2 Knopflochlage und -form einzeichnen, mit kleinem Stich um die Form herumnähen (für besseren Halt in der Mitte beginnen, nicht an einer Ecke).

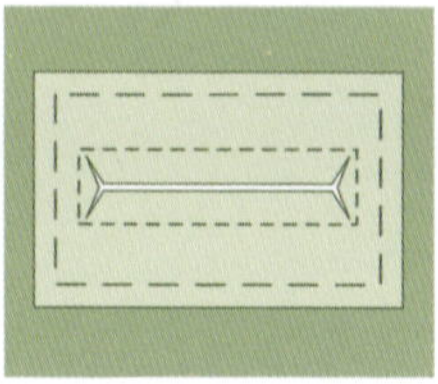

3 Knopflochschlitz einschneiden und dann zu den Ecken hin schneiden, ohne die Fäden zu beschädigen.

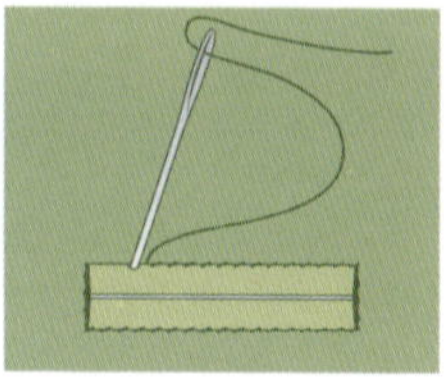

4 Das Stoffstück durch das Loch stecken. Stoff so schieben, dass er flach auf den Streifen liegt, die innen von den Stoffkanten gebildet werden. Im Nahtschatten steppen, um das Loch in Form zu halten. Flach bügeln.

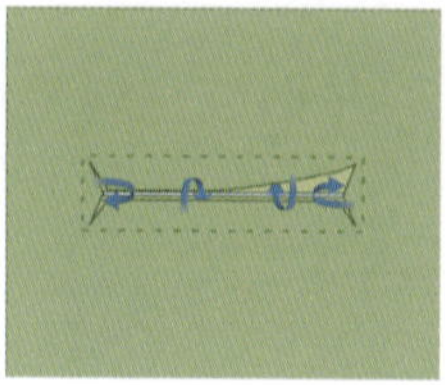

5 Auf dem Besatz die Lage des Knopflochs einzeichnen, quer durch die Mitte und zu den Spitzen hin schneiden. Stoffkanten flach bügeln und an der Rückseite des Knopflochs festnähen.

Druckknöpfe

Druckknöpfe gibt es in verschiedenen Größen und aus Plastik oder in schwarzem oder silberfarbenem Metall. Sie haben Löcher zum Annähen und werden dort eingesetzt, wo die Spannung nicht zu groß ist. Es gibt auch Druckknöpfe, die eingeschlagen werden und nicht genäht werden müssen.

Werkzeug und Material

- Grundausstattung (S. 13)

Druckknöpfe annähen

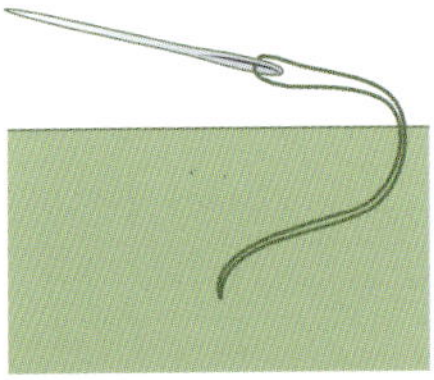

1 Lage des Druckknopfs markieren, und das Ende des doppelten Fadens im Stoff sichern.

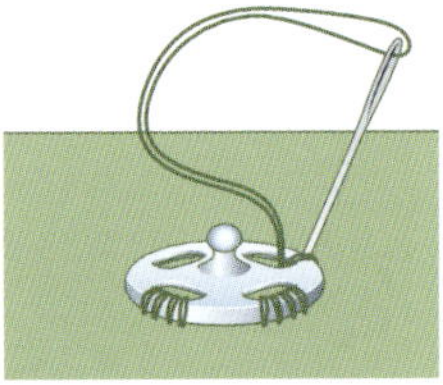

2 Ein paarmal durch jedes Loch und den Stoff nähen. Lagen darunter mitnehmen, aber ohne dass die Stiche auf der linken Seite sichtbar werden.

Handgenähte Metalldruckknöpfe

Stoffbezogene Druckknöpfe

Druckknöpfe beziehen

Sie können Ihre Druckknöpfe auch mit Stoff beziehen, sodass sie fast unsichtbar sind.

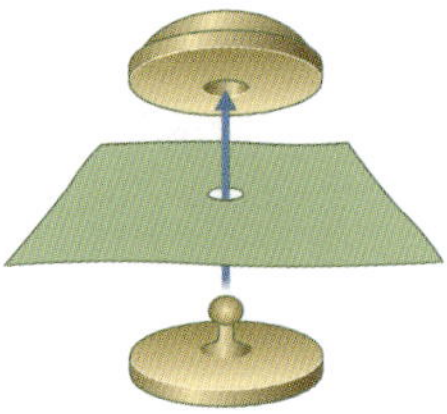

1 In der Mitte eines kleinen Stoffstückes einen winzigen Einschnitt machen und die Kugel der Druckknopfunterseite hindurchschieben. Obere Hälfte aufdrücken.

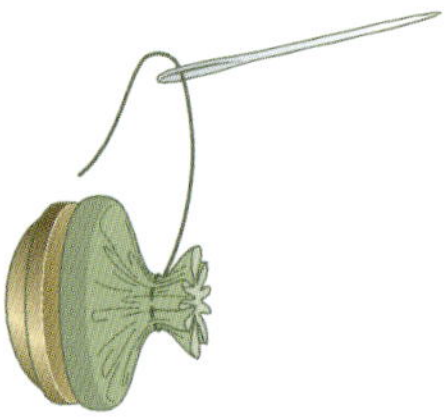

2 Um den Druckknopf herum einen Kreis aus kleinen Vorstichen anlegen und zusammenziehen. Fadenende gut sichern und überschüssigen Stoff abschneiden.

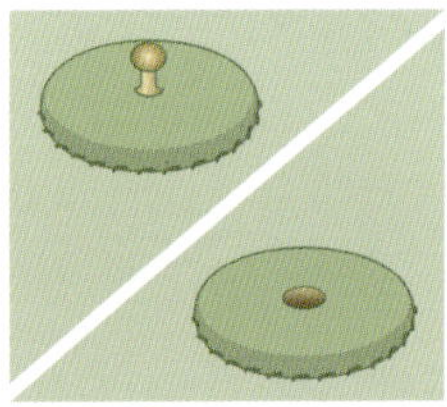

3 Den Vorgang mit der anderen Hälfte des Druckknopfs wiederholen und beide Teile an das Kleidungsstück nähen.

Haken und Ösen

Haken und Ösen werden dort eingesetzt, wo zwei Ränder aufeinandertreffen, am Ende eines Reißverschlusses etwa. Haken und Riegel eignen sich dagegen für überlappende Ränder wie bei einem Bündchen.

Werkzeug und Material

- Grundausstattung (S. 13)

Haken und Ösen annähen

1 Haken und Öse so legen, dass die zwei Stoffränder gerade aufeinanderstoßen.

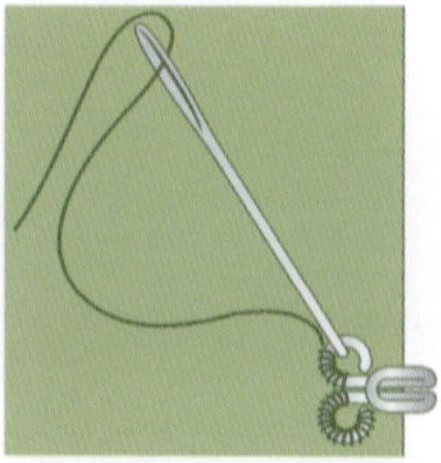

2 Mit Knopflochstichen um das Metall herumarbeiten, um Haken und Öse am Stoff zu befestigen.

Haken und Öse

Haken und Stoffriegel

Haken und Riegel nähen

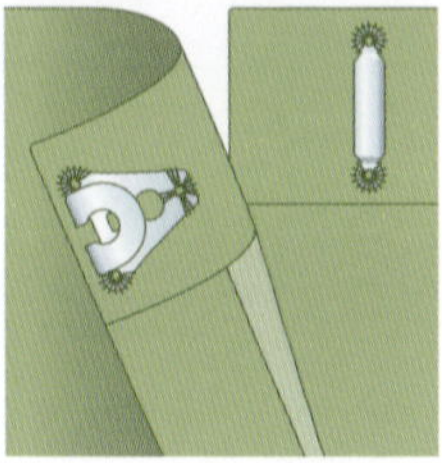

1 Metallene Haken und Riegel so legen, dass beim Überlappen des Stoffes alles perfekt sitzt. Durch die Löcher stechen und in kleinen Kreisen annähen.

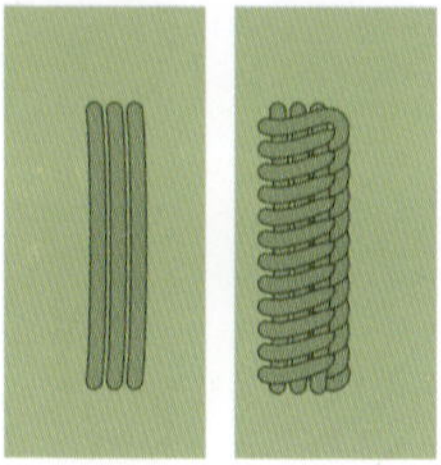

2 Stoffriegel kann man auch selber machen, indem man zwei oder drei Fäden in die Position des Riegels näht und diese dann mit Knopflochstichen umwindet.

Schneidertipp

Wenn Sie Haken und Ösen mit Knopflochstichen bedecken, sind sie fast nicht zu sehen. Beziehen Sie sie mit dem Faden, bevor Sie sie annähen.

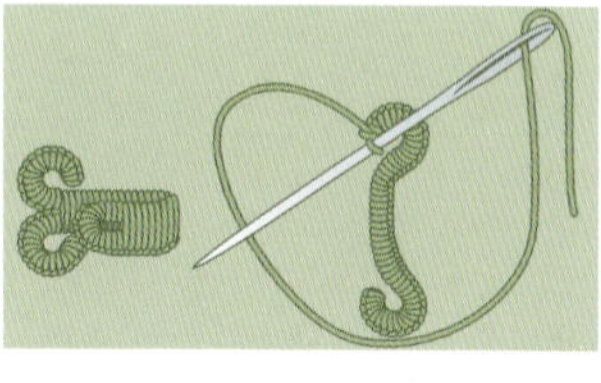

Ösen

Ösenlöcher kann man herstellen, indem man Metallringe in den Stoff einbringt oder ein kleines Loch mit Knopflochstichen einfasst. Metallösen sind in allen Größen erhältlich, es gibt sie in metallenen Farben, in Schwarz, Weiß oder auch in kräftigen Tönen. Metallösen eignen sich ideal für Gürtel mit Schnallen, zum Dekorieren oder zum Verschließen von Miedern.

Werkzeug und Material

- Grundausstattung (S. 13)
- Ösenzange
- Lochzange/Lochstecher

Metallösen

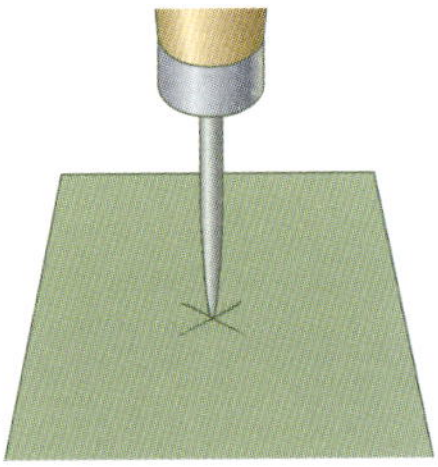

1 Bringen Sie mit Lochzange oder Lochstecher ein Loch in der gewünschten Stelle ein.

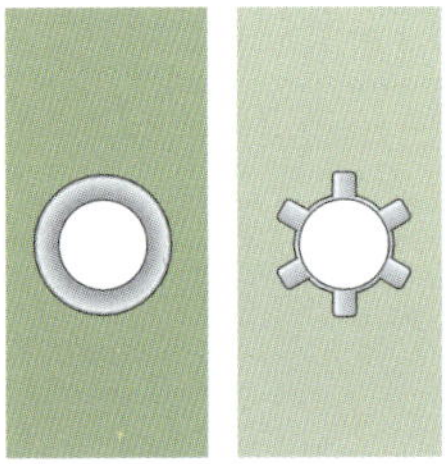

2 Den Ösenring und die Scheibe in das Loch legen. Mit der Ösenzange die Ränder an der Unterseite flach pressen.

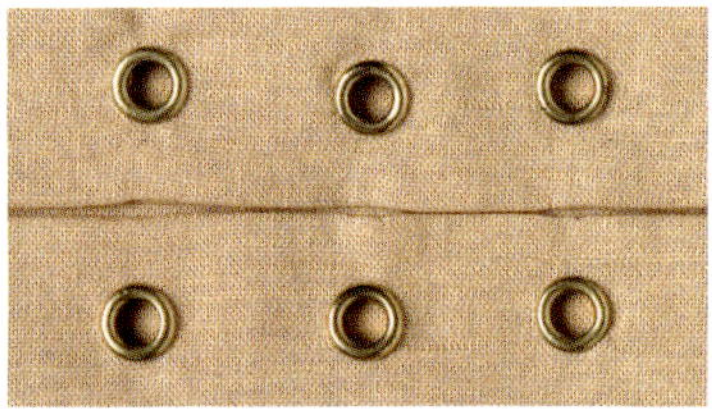

Metallösen

Handgearbeitete Ösen

Handgemachte Ösen

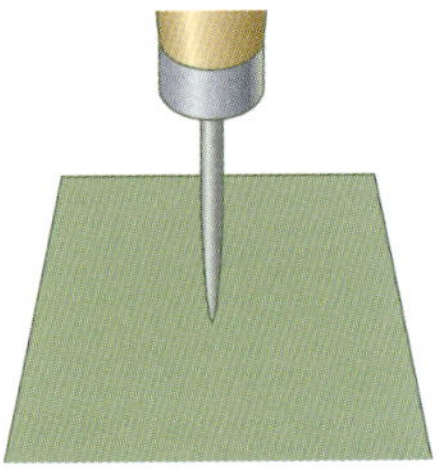

1 Mit Lochzange oder Lochstecher ein kleines Loch an der gewünschten Stelle einbringen.

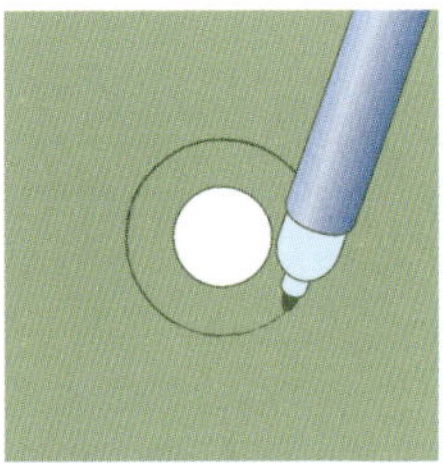

2 Mit auswaschbarem Markierstift etwa 2 mm vom Loch entfernt um das Loch herum einen kleinen Kreis zeichnen.

3 Mit doppeltem Faden durch Knopflochstiche um das Loch herum bis zur eingezeichneten Linie den Rand festigen.

Posamentenverschlüsse

Für diese Verschlüsse verwendet man chinesische Kugelknöpfe, die Sie aus gekaufter Kordel machen können. Damit der Verschluss perfekt zum Kleidungsstoff passt, kann man auch aus Stoffstücken Stoffschläuche fertigen oder aus dem Stoff gezogene Fäden zu Kordeln zusammendrehen und damit Kugelknopf und Schlaufe herstellen.

Werkzeug und Material

- Grundausstattung (S. 13)
- Litze, Kordel oder selbst hergestellter Stoffschlauch

Posamentenverschlüsse

1 Mit einem auswaschbaren Markierstift die Form des Posamentverschlusses aufzeichnen.

2 Die Kordel mit passendem Garn mit winzigen Stichen fixieren. Kordel auf richtige Länge schneiden, Ende unterstecken und festnähen.

Nähtipp

Vor der Verwendung eines auswaschbaren Markierstifts zur Sicherheit auf einem Stoffstückchen testen, ob der Stift wirklich keine Spuren hinterlässt.

Chinesischer Kugelknopf

1 Ca. 25 cm Kordel abschneiden, dann entsprechend der Zeichnung einen großen Knoten formen.

2 Kordel festziehen, sodass sie einen kleinen Ball bildet, dann an der Unterseite mit passendem Garn sichern. Übrige Kordel abschneiden.

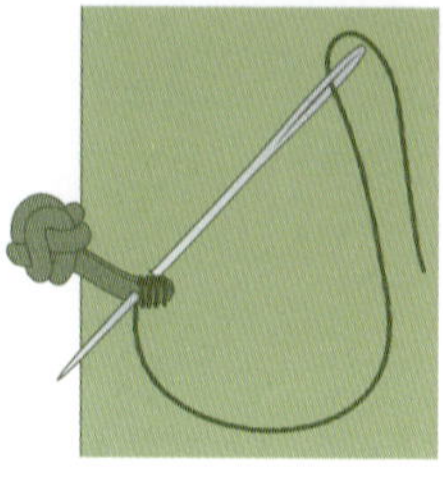

3 Nähen Sie den Knopf an, und fertigen Sie dabei einen kleinen Stiel, damit die Schlaufe beim Verschließen unter dem Knopf Platz hat.

Taschen

- Taschen-klappen
- Aufgesetzt
- Paspeltasche
- Brusttasche
- Hosentasche

Taschen sind eine funktionale und dekorative Ergänzung vieler Kleidungsstücke. Anfänger schrecken oft vor ihrer Herstellung zurück, weil sie befürchten, dass jeder schlecht sitzende Stich ihr perfektes Kleidungsstück ruinieren könnte. Mit unseren Tipps und Anleitungen können sie problemlos attraktive Taschen für Jacketts, Kleider, Hemden und Hosen nähen.

Tipps für perfekte Taschen

- Alle Passzeichen akkurat übertragen, damit die Tasche korrekt sitzt.
- Vorgaben für Nahtzugaben genau befolgen.
- Damit die Tasche besser sitzt, von links eine leichte Einlage aufbügeln.
- Bei gemusterten Stoffen zunächst eine Pappschablone anfertigen. An der richtigen Stelle auf den Stoff legen und das Stoffmuster des Kleidungsstücks auf die Vorlage zeichnen. Jetzt die Schablone mit dem Muster auf die Stoffbahn legen und zuschneiden.
- Nähen Sie die Tasche an, bevor Sie das ganze Kleidungsstück fertigen. Sie ersparen sich beim Nähen das Hantieren mit dem vielen Stoff und seinem Gewicht.

Standard-schnitt-muster

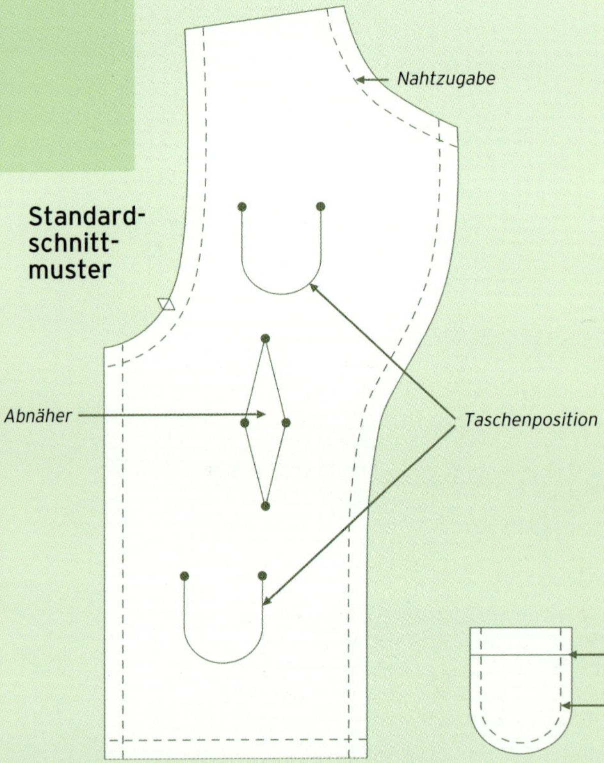

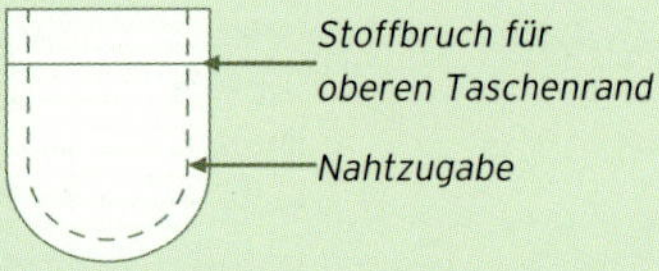

Taschenklappen

Taschenklappen können unterschiedliche Formen haben und den Eingriffschlitz für eine wirkliche Tasche verdecken oder nur als Dekoration dienen.

Werkzeug und Material

- Grundausstattung (S. 13)
- Einlage

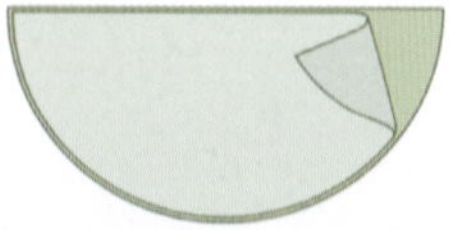

1 Einlage auf die linke Seite der Taschenklappe aufbügeln oder aufnähen. Klappenoberseite rechts auf rechts auf die Klappenunterseite legen, Ränder genau übereinander.

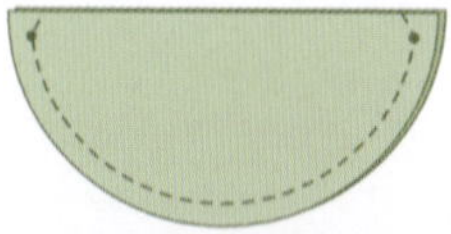

2 Auf der Nahtlinie steppen, oberer Rand bleibt offen. Zur späteren Hilfe die Stiche am oberen Rand innerhalb der Nahtzugabe nach innen stechen.

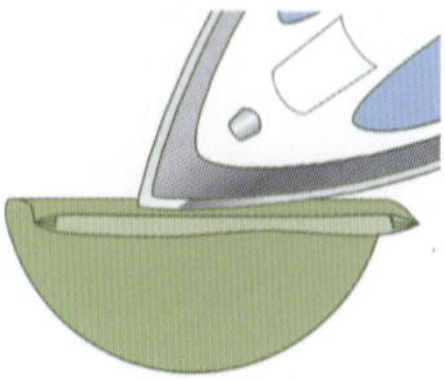

3 Nahtzugaben beschneiden und Taschenklappe wenden. Flach bügeln und Nahtzugabe am oberen Rand zur Unterseite der Klappe bügeln.

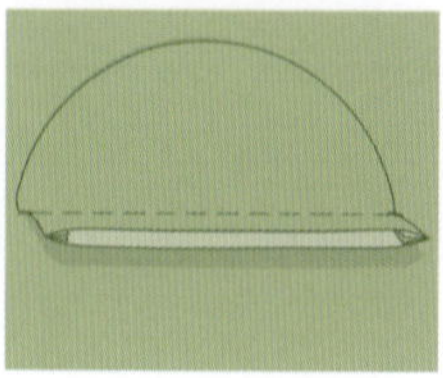

4 Taschenklappe an die richtige Stelle legen und auf der Umbruchlinie feststeppen, Fadenenden in der Klappe sichern. Klappe nicht am Kleidungsstück festnähen.

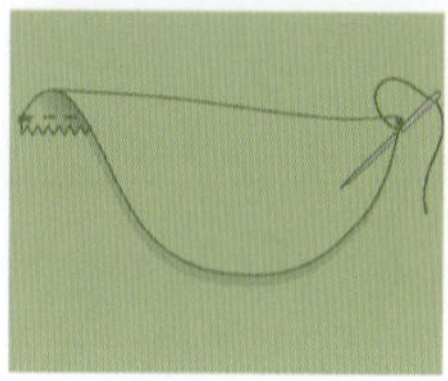

5 Stoffkante auf ein Minimum beschneiden und mit Zickzackstich durch alle Lagen versäubern. Klappe mit ein paar Handstichen an beiden Enden unten halten.

Nähtipp

Die Unterseite der Klappe kann aus Klappenstoff oder Leinen sein. Schneiden Sie ein winziges Stück des Außenrandes der Unterklappe ab, aber legen Sie die Ränder fürs Nähen trotzdem genau aufeinander, damit sich die Nähte zur Unterseite hinziehen.

Aufgesetzte Tasche

Eine aufgesetzte Tasche ist leicht zu nähen. Sie wird ganz einfach auf die rechte Seite des Stoffes aufgesteppt, wobei die Nahtzugaben vorher untergebügelt werden. Sie kann gefüttert oder ungefüttert sein.

Werkzeug und Material

- Grundausstattung (S. 13)
- Bügeleinlage

Vorbereitung
Eine leichte Bügeleinlage auf die linke Seite des Stoffes aufbringen, um der Tasche mehr Festigkeit zu verleihen.

Tipp für Anfänger

Arbeiten Sie mit einem Stoff aus Naturfaser, zum Beispiel Baumwolle oder Leinen. Er ist besser zu handhaben als synthetischer Stoff, der rutschiger ist. Das Herstellen einer perfekten Taschenform gelingt daher leichter.

Ohne Futter

1 Stellen Sie eine Pappschablone der fertigen Tasche ohne die Nahtzugaben her.

2 Oberen Rand der Tasche versäubern und auf die rechte Seite des Stoffes umklappen. Auf der Nahtlinie steppen.

3 Den oberen Rand wenden und die Pappschablone in die Öffnung stecken. Tasche mit rechter Seite nach unten und Pappschablone darin aufs Bügelbrett legen, Ränder über die Pappe bügeln, um die Taschenform zu fixieren. Dann zum Erhalt der Form heften, oberen Rand steppen.

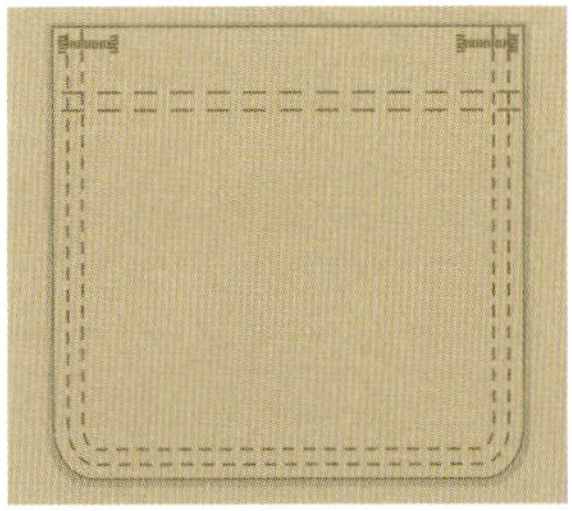

4 Tasche auf das Kleidungsstück legen und doppelt absteppen. Zur Verstärkung die oberen Ecken mit kleinen gehefteten Riegeln abschließen.

Mit Futter

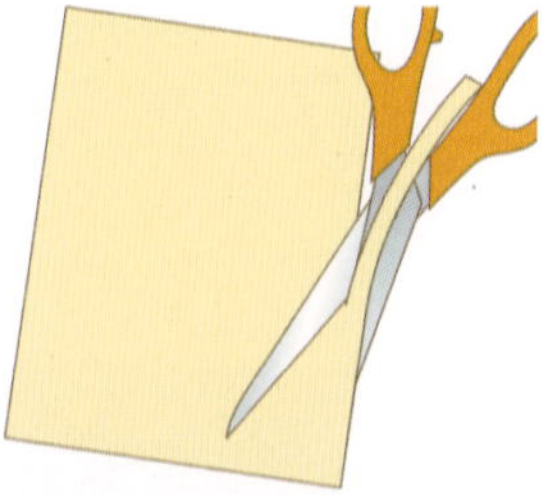

1 Vom Futterrand 2 mm wegschneiden.

2 Futter rechts auf rechts an die Taschenvorderseite nähen, dabei eine Lücke von ca. 4 cm in der Mitte der oberen Naht freilassen. Stoffkante zum Futter hin umbügeln.

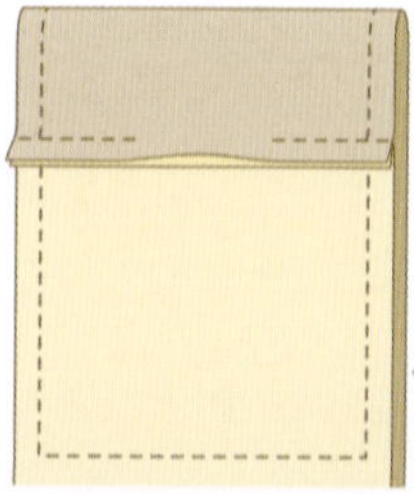

3 Rechts auf rechts und Ränder exakt aufeinander um den Außenrand herum feststecken, dann beide Stofflagen zusammensteppen.

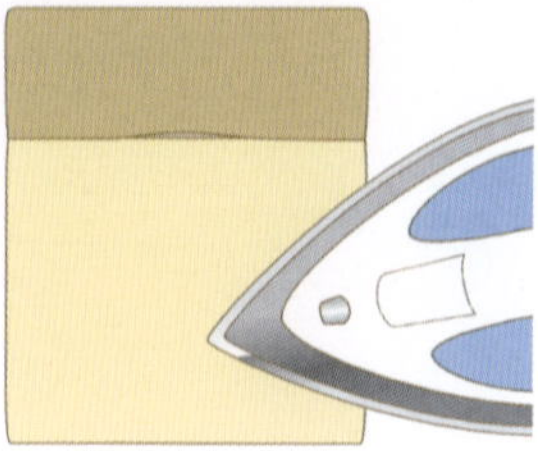

4 Beschneiden, dann durch das zwischen Futter und Tasche offen gelassene Loch hindurch wenden und flach bügeln.

5 Öffnung von Hand mit Saumstich schließen oder für eine dekorative Wirkung von rechts absteppen (was gleichzeitig auch das Loch in der Naht schließt).

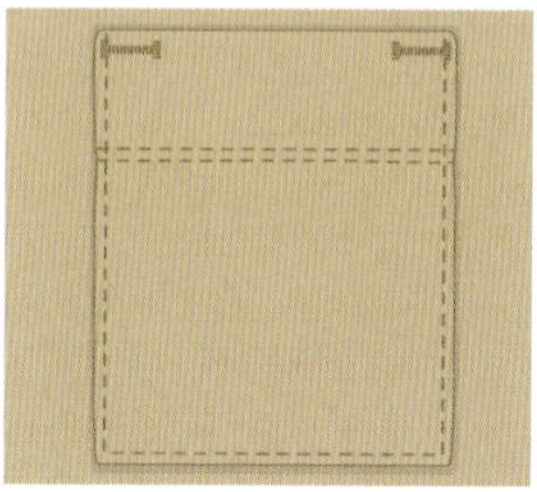

6 Tasche an die richtige Stelle legen und knappkantig absteppen. Wenn gewünscht, noch eine zweite Naht anbringen und zum Schluss die oberen Ecken mit Riegeln verstärken.

Paspeltasche

Eine Paspeltasche ähnelt einem übergroßen eingefassten Knopfloch mit zwei Einfassungen oder Rändern, die die Taschenöffnung einrahmen.

Werkzeug und Material

- Grundausstattung (S. 13)
- Bügeleinlage

Vorbereitung

Eine Bügeleinlage auf die linke Seite des Kleidungsstücks an der Stelle aufbügeln, an der die Tasche sitzen soll.

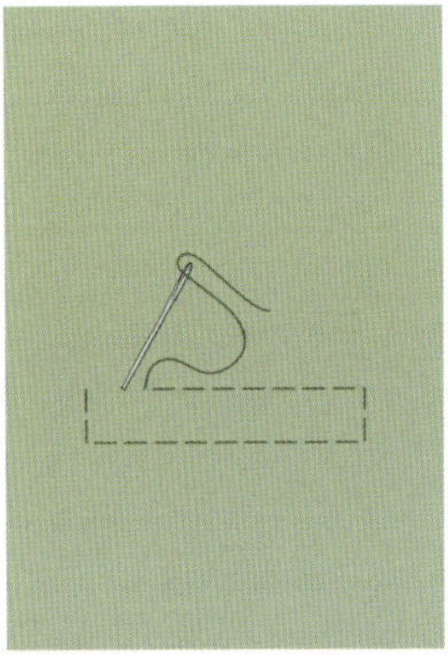

1 Position der Tasche markieren, indem man mit Heftstichen genau die rechteckige Form der Einfassung auf das Kleidungsstück überträgt. Oder mit einem auswaschbaren Markierstift die Taschenposition auf die linke Seite des Stoffes zeichnen.

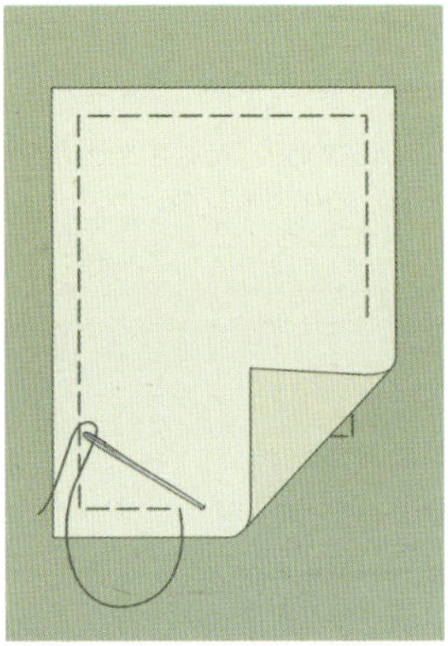

2 Ein Stoffrechteck ca. 20 cm lang diagonal zum Fadenlauf ausschneiden. So auf die rechte Seite des Stoffes legen, dass zwei Drittel oberhalb der markierten Öffnung liegen. Stoff am Außenrand anheften.

3 Von der linken Seite um das geheftete Rechteck der Einfassung herum steppen. In der Mitte beginnen, nicht an einer Ecke. Falls nötig zur Verstärkung doppelt steppen.

4 In der Mitte des Rechtecks einen Schlitz aufschneiden, am Rand jeweils zu den vier Ecken hin, ohne die Naht zu durchtrennen. Heftfäden entfernen.

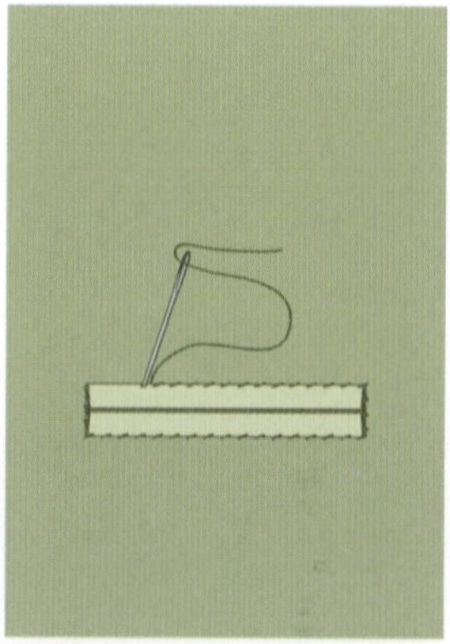

5 Aufgelegten Stoff durch den Schlitz ziehen und flach über den Kanten einschlagen. Stoff zurechtziehen und feststecken. Per Hand mit Rückstich oder mit der Maschine dicht am Umschlagrand feststeppen.

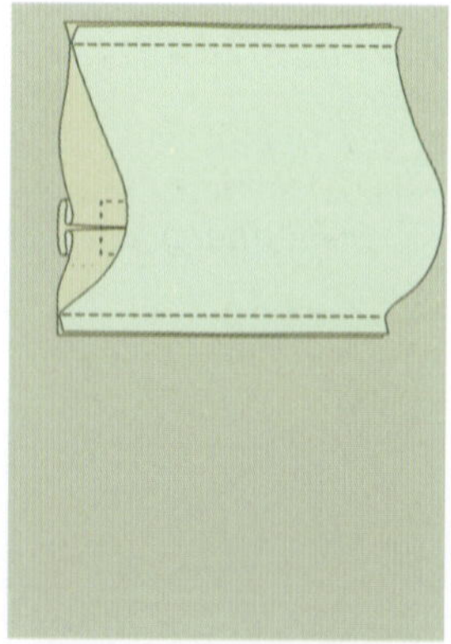

6 Ein Rechteck aus Futterstoff zuschneiden und jedes seiner Enden an die Enden nähen, die von den beiden Einfassstreifen aus abgehen.

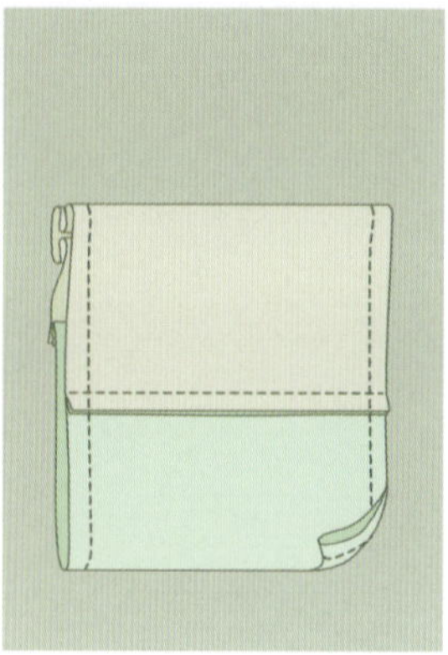

7 Taschenbeutel flach bügeln und Futter auf der linken Seite in die richtige Lage bringen. Feststecken, Seitennähte des Futters zusammennähen und ordentlich versäubern.

Brusttasche

Eine Brusttasche ist leicht herzustellen und ein praktischer und dekorativer Abschluss für ein Jackett. Wie bei allen Taschen wird die linke Stoffseite mit einer Einlage verstärkt, damit die Tasche besser sitzt.

Werkzeug und Material

- Grundausstattung (S. 13)
- Bügeleinlage

1 Für ein Taschenband ein etwa 13 mal 15 cm großes Stück Stoff zuschneiden und auf die Hälfte eine Einlage bügeln.

2 Rechts auf rechts das Band um die Kante der Einlage herum falten und beide Seiten steppen. Nahtzugaben beschneiden und wenden.

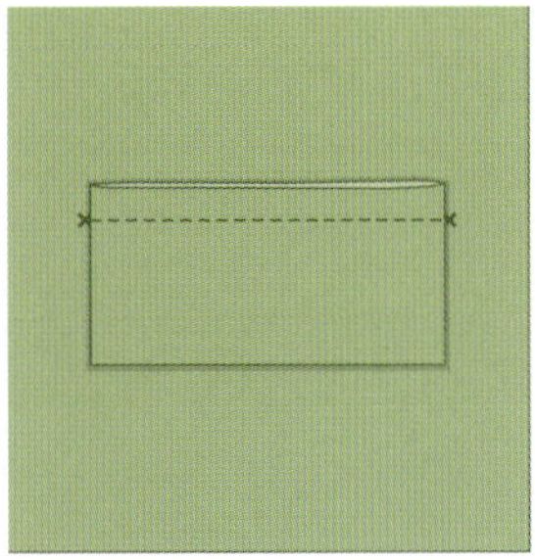

3 Auf die rechte Seite der Jacke zwischen die Markierungen legen, Nahtzugaben oben. Entlang der Nahtlinie nähen und Fadenenden sichern.

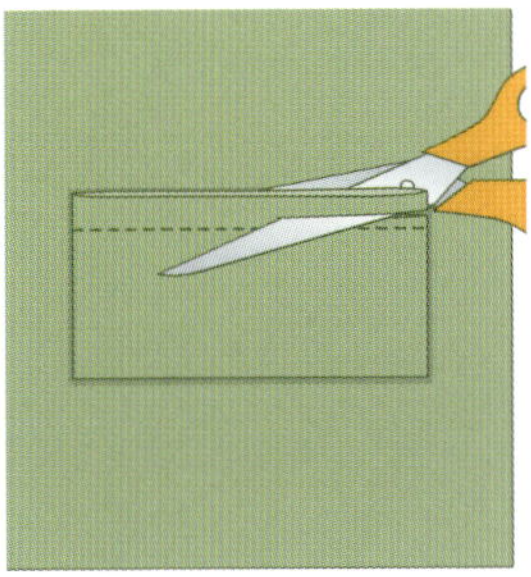

4 Nahtzugaben auf 5 mm zurückschneiden.

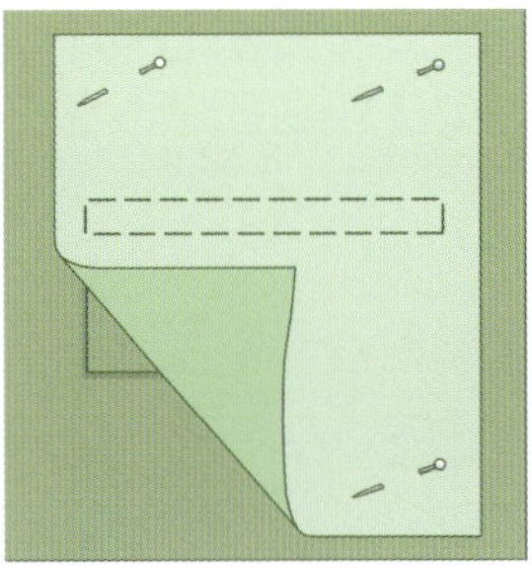

5 Ein ca. 15 mal 20 cm großes Rechteck aus Futterstoff zuschneiden. Rechts auf rechts auf die Brusttasche legen, feststecken oder festheften.

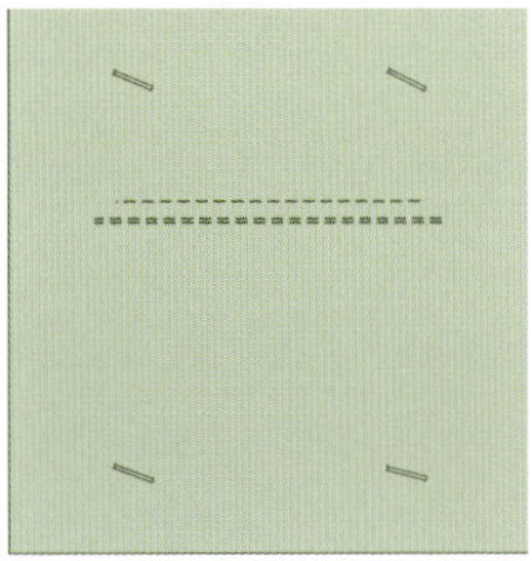

6 Von der linken Seite genau über die sichtbare Naht steppen, die das Taschenband fixiert. Eine zweite, etwas kürzere Reihe Stiche ca. 6 mm von der ersten entfernt steppen, sodass die Nahtzugabe zwischen beiden Nähten liegt.

7 Die Stofflagen dazwischen aufschneiden. Brusttasche aus Futterstoff durch den Schlitz auf die linke Seite der Jacke hindurchziehen.

8 Mit Saumstich die Ränder der Brusttasche an der Jacke festnähen.

9 Das Futter für die Innentasche zusammennähen und die Stoffkanten versäubern.

Nähtipps

- Sie können die Brusttasche zum Schluss mit der Maschine knappkantig absteppen.
- Für eine Brusttasche ohne Innentasche stellen Sie sich eine umgekehrte Taschenklappe vor – den Futterstoff weglassen und zum Abschluss wie in Schritt 5 auf S. 191 vorgehen.

Hosentaschen

Hosen- oder Jeanshosentaschen werden in die Seitennähte eingenäht, in einer über der Vorderseite liegenden Kurve oder Schräge. Sie sind funktional, aber auch Teil des Designs. Da der obere Teil der Tasche in einem Winkel, also schräg zum Fadenlauf geschnitten wird, dehnt er sich leicht. Um dies zu verhindern, verstärkt man ihn mit Nahtband.

Werkzeug und Material

- Grundausstattung (S. 13)
- 6 mm breites Baumwollverstärkungsband

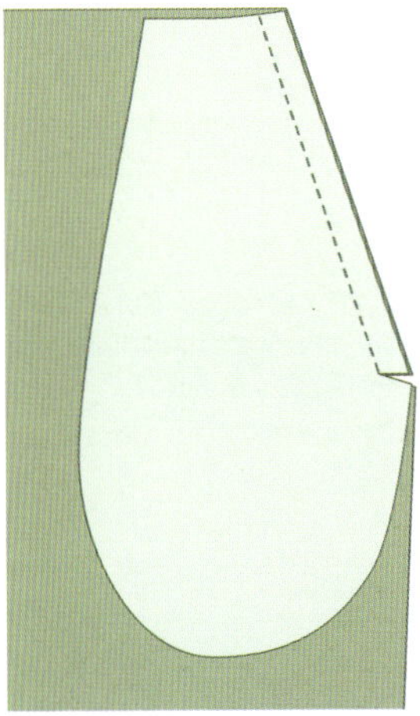

1 Vorderseite des Taschenbeutels rechts auf rechts an die Vorderseite der Hose nähen, aber nur bis zum Passzeichenpunkt der Nahtzugabe. Fadenenden sichern und die Nahtzugabe bis zum letzten Stich einknipsen.

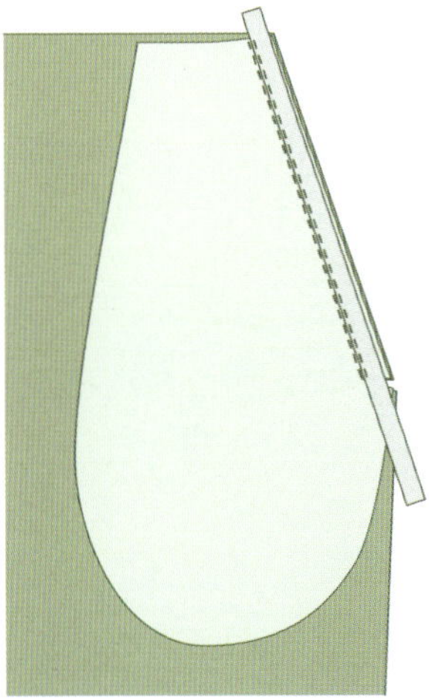

2 Nahtband auf der Taschenseite innerhalb der Nahtzugabe an der Nahtlinie anliegend auflegen. Durch die Nahtzugabe dicht am Rand des Bandes steppen. Nahtzugabe stufig zurückschneiden, damit nichts aufträgt.

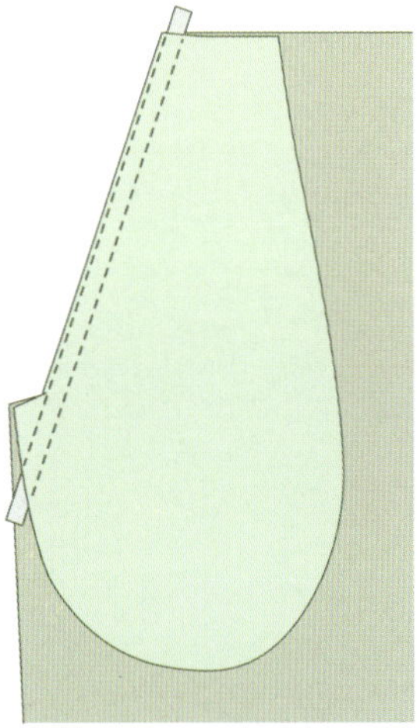

3 Taschenbeutel auf die Innenseite wenden und Seitennahtzugabe herausziehen. Absteppen, wenn nötig zweimal dicht nebeneinander.

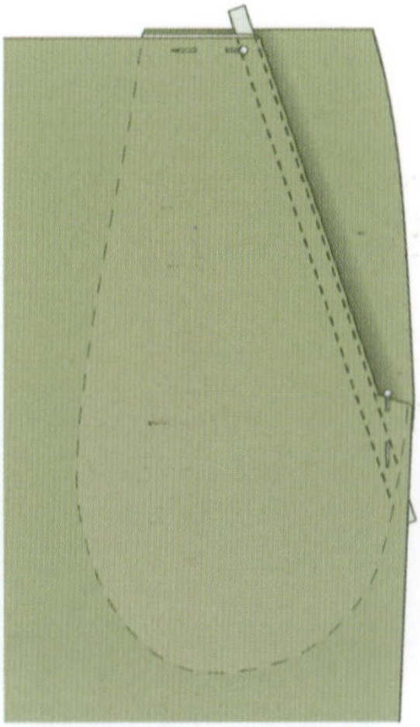

4 Hosenvorderseite auf den Rückteil der Tasche legen. Passzeichen zusammenlegen und an der Seitennaht und der Taille feststecken.

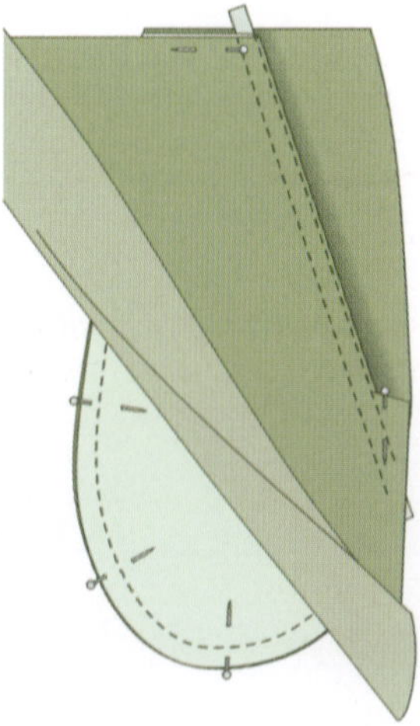

5 Hose mit rechter Seite nach oben auf eine glatte Oberfläche legen, Bein aus dem Weg klappen, um die Tasche darunter zu sehen. Vorder- und Hintertasche zusammenstecken, dann nähen.

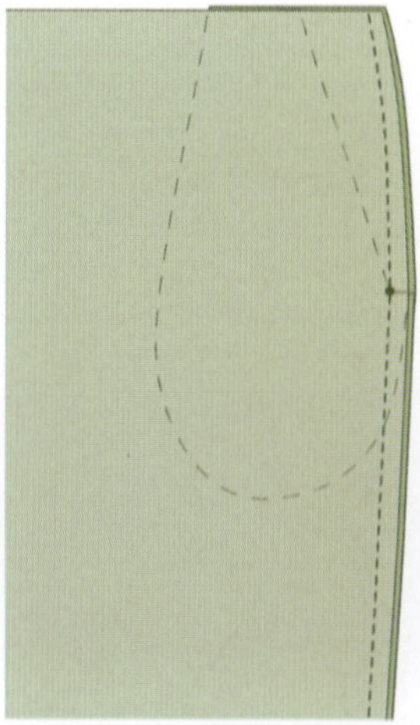

6 Seitennähte der Hose rechts auf rechts zusammenfügen, auf der Nahtlinie steppen, dabei den Rand der Tasche mitfassen.

Nähtipps

- Wenn die Seitennähte den Rand der Tasche auf beiden Seiten genau auf dem Passzeichenpunkt treffen, sind die Taschen absolut symmetrisch. Fällt die Seitennaht zu eng aus, bleiben Fäden sichtbar; fällt sie zu weit aus, wird die Tasche verkürzt.
- Fertigen Sie die Tasche in Futterstoff, damit sie nicht aufträgt, und nähen Sie auf das sichtbare Stück der hinteren Tasche ein Stück Stoff. Tun Sie dies, bevor Sie die Tasche herstellen.

Futter

- Hose
- Rock
- Kleid
- Jackett
- Chanel-Jacke

Ein Futter wird gesondert hergestellt und eingenäht, um die Innenseite eines Kleidungsstücks abzudecken. Gefütterte Kleidungsstücke sehen auch von innen hübsch aus, da keine Nähte und Stoffkanten zu sehen sind. Außerdem verleiht das Futter dem Kleidungsstück mehr Stabilität und bessere Haltbarkeit. Der Futterstoff kann zusätzliche Wärme spenden.

Standardschnittmuster

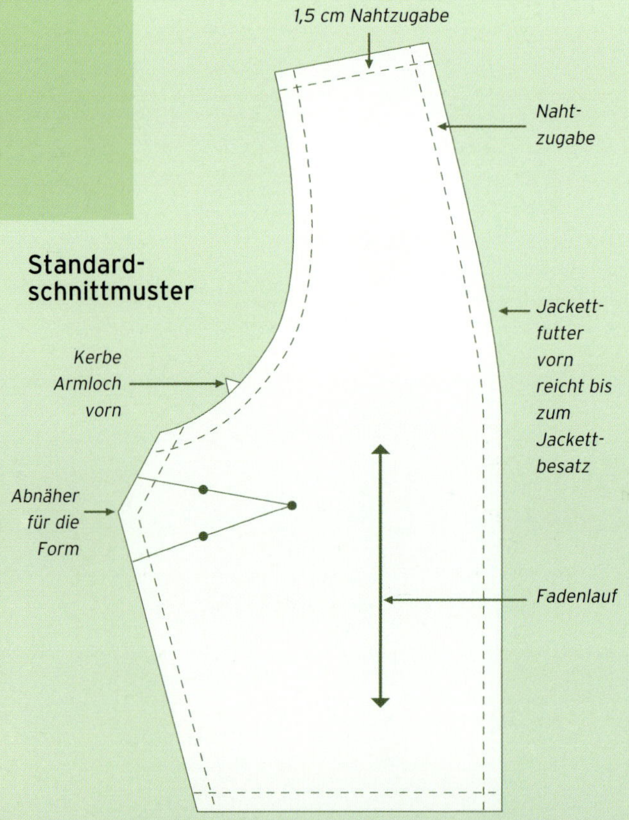

Tipps zum Füttern

- Wählen Sie einen zum Kleidungsstück passenden Futterstoff. Er muss auf die gleiche Art wie der Oberstoff zu waschen oder reinigen sein.
- Wenn Wärme nicht der Hauptfaktor ist, wählen Sie einen Satinstoff, der auf der Kleidung gut gleitet.
- Ein Mantel mit Fellfutter kann ein Kleid oder einen Rock nach oben rutschen lassen, achten Sie auf die Richtung des Flors.
- Wenn es in einem gekauften Schnitt keine Muster für Futter gibt, kann man sich diese leicht selbst machen. Im Allgemeinen brauchen Sie nur dieselben Schnittteile in Futterstoff zuzuschneiden.
- Bei einem Oberteil sollte das Armloch des Futterstoffs minimal kleiner zugeschnitten sein. Das Futter passt so besser in Jacke oder Kleid, und der Abschluss ist glatter.

Hosen füttern

Eine elegante Damenhose sollte gefüttert werden, vor allem wenn sie aus leichtem und weich fallendem Material ist. Anzughosen werden meist nur vorn und bis zum Knie gefüttert. Ein Futter verlängert die Lebensdauer der Hose.

Werkzeug und Material

- Grundausstattung (S. 13)
- Zickzackschere

Anzughosen füttern

1 Wenn es kein Schnittmuster für das Futter gibt, zwei Vorderteile bis gerade unter Kniehöhe in Futterstoff ausschneiden.

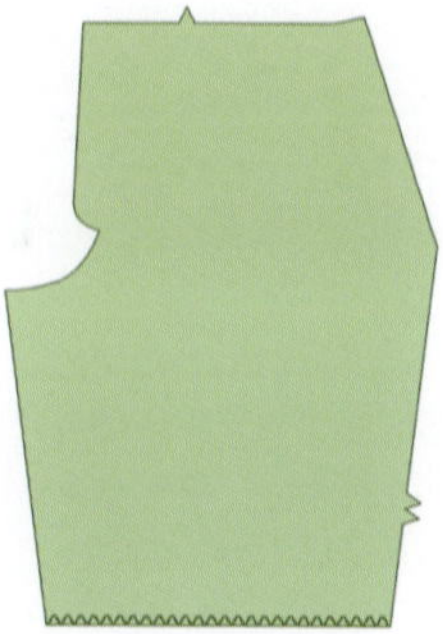

2 Untere Ränder des Futters entweder mit einer Overlock oder einer Zickzackschere versäubern.

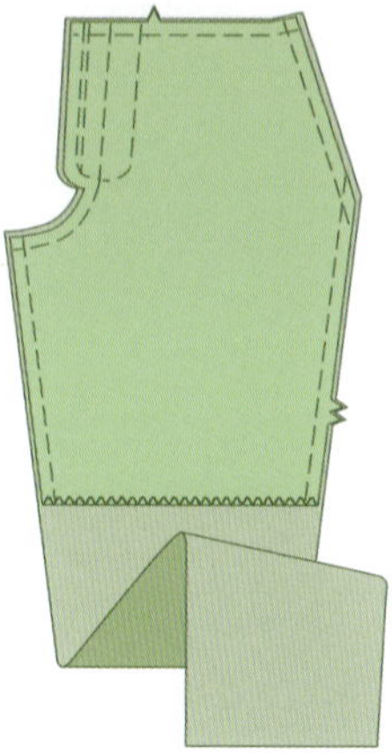

3 Futterteile und Stoffteile links auf links aufeinanderlegen. Innerhalb der Nahtzugaben und an der Taille heften. Nun als ein Teil behandeln und mit der Fertigstellung fortfahren.

Elegante Damenhosen
Die gleiche Methode wie für Röcke verwenden (siehe Seite 202). Ein gesondertes Paar Hosen in Futterstoff herstellen und links auf links in die Hosen stecken. Futterstoffhosen und Hosen zusammen an das Bündchen nähen, aber gesondert säumen.

Futter oder Einlage

Ein Futter ist ein gesondertes „Kleidungsstück", das auf der Innenseite an einer oder mehreren Stellen, z. B. am Bündchen oder Saum, befestigt wird. Eine Einlage ist ein Stoff, der einen Teil des Kleidungsstücks verstärkt, bevor das Ganze zusammengesetzt wird. Bei einem Futter sind die Nähte verdeckt, bei einer Einlage sind sie sichtbar.

Einen Rock füttern

Werkzeug und Material

- Grundausstattung (S. 13)

Ein gefütterter Rock ist angenehmer zu tragen, fällt besser und hält länger. Man kann jeden Rock füttern – sei er nun gerade, ausgestellt, gekraust oder mit Falten versehen. Im Allgemeinen wird der Futterstoff nach dem Rockschnittmuster zugeschnitten, genäht und am Bündchen befestigt.

Gerader oder Bleistiftrock

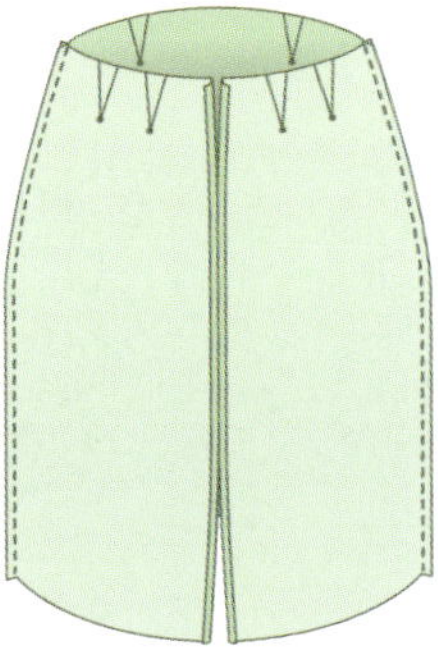

1 Rockteile in Futterstoff zuschneiden und rechts auf rechts zusammennähen. An der Stelle des Reißverschlusses und eventuell des Schlitzes offen lassen. Abnäherpositionen markieren, aber nicht nähen.

2 Futter in den Rock stecken, linke Seiten aufeinander. An der Taille feststecken, Abnäher einschlagen, dann heften.

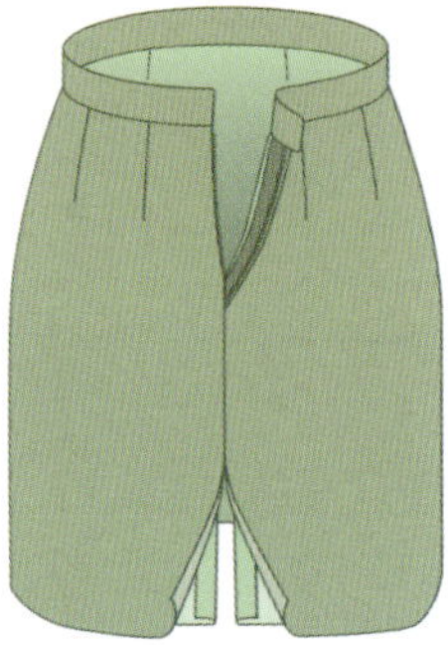

3 Nahtzugaben unter den Reißverschluss schieben und mit Saumstich festnähen. Bündchen hinzufügen, dabei Rock und Futter als eine Lage behandeln. Saum des Futters versäubern. Schlitz im Futter offen lassen, nur die Stoffkanten versäubern.

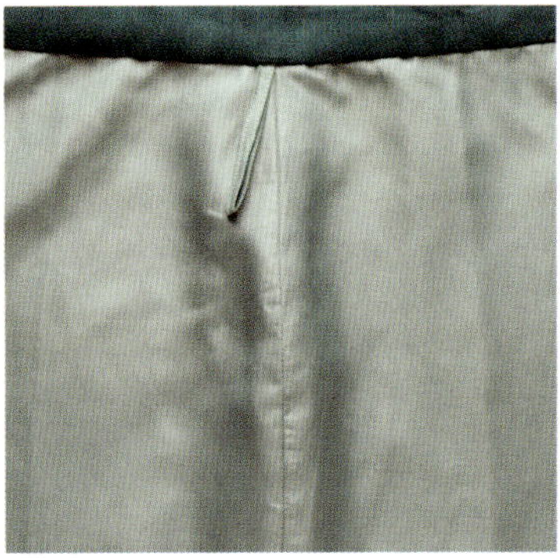

Faltenrock

Futter für einen Faltenrock ohne Falten zuschneiden. Stattdessen mit Nähten ausstatten, die an Stelle der Falten offen bleiben, um Schrittlänge zu geben. Das Futter mit Falten zu nähen, würde nur auftragen.

Gekrauster Rock

Futter für einen geraden Rock zuschneiden und wie beschrieben ans Bündchen annähen. Ein gekraustes Futter würde zu sehr auftragen, und mit einem Schlitz im Futter kann die Schrittlänge ausreichend groß bemessen werden.

Ein Kleid füttern

Werkzeug und Material

- Grundausstattung (S. 13)

Es gibt sehr viele verschiedene Kleiderformen, die alle ihre Besonderheiten beim Zuschneiden und Einfügen des Futters haben. Im Allgemeinen werden jedoch bei Kleidern mit einer Taille Oberteil- und Rockfutter extra gearbeitet und in der Taille zusammengefügt.

Vorbereitung

Oberteil und Rockteile des Kleides fertigen.

1 Futterteile in passendem Futterstoff zuschneiden. Wenn es keine Schnittvorlagen gibt, die Schnittmuster für das Kleid verwenden.

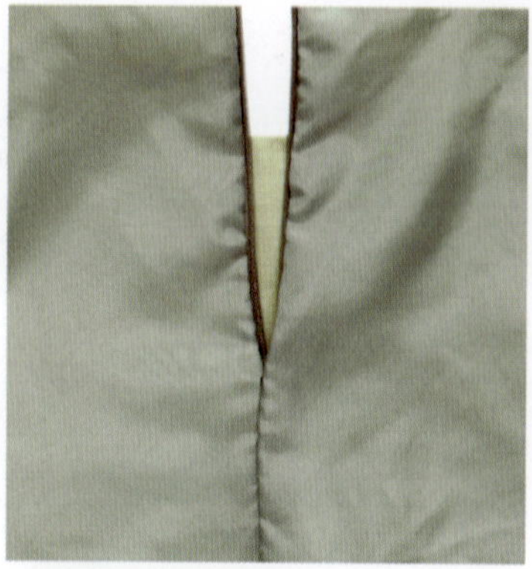

2 Den Futterrock fertigen (siehe Seite 202) und an die Nahtzugabe der Oberteiltaille heften. Festnähen, dabei innerhalb der Nahtlinie nähen.

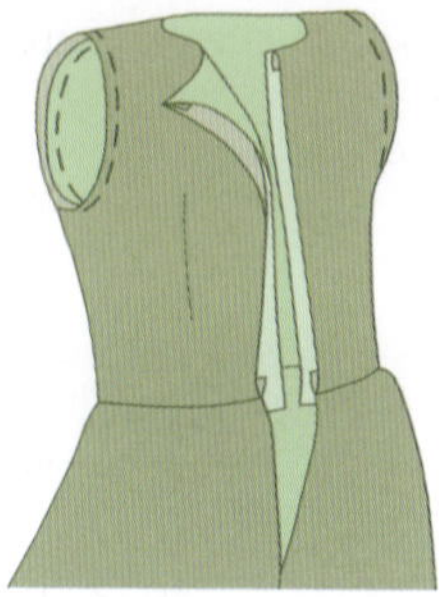

3 Je nach Halsausschnitt kann das Futter mit der Maschine direkt an den Hals oder den Besatz genäht werden. Ist der Halsausschnitt fertig, das Futteroberteil am Armloch in der Nahtzugabe an das Kleid heften.

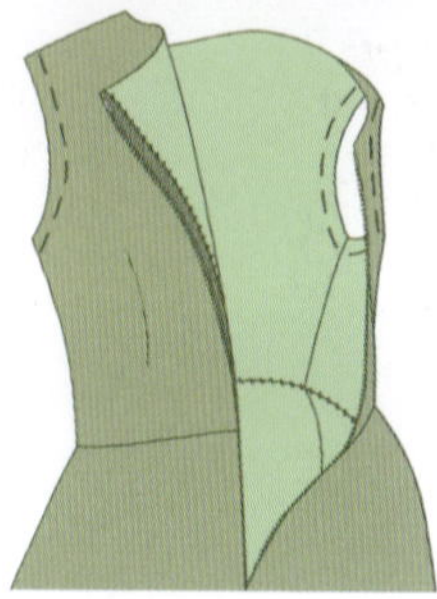

4 An der Taille Nahtzugabe umklappen und feststecken. Mit Saumstich zusammennähen. Am Reißverschluss Futter unter Nahtzugabe stecken und mit Saumstich befestigen. Eventuell gefütterte Ärmel einnähen und Nahtränder versäubern.

Ein Jackett füttern

Bei einem gekauften Jackettschnittmuster liegen normalerweise auch Schnitt und Anleitung für das Futter bei, da sich dessen Form von der des Oberstoffs unterscheidet. Das fertige Futter bedeckt die Innenseite der Jacke und wird an den Besatz des Halsrandes und des Aufschlags angenäht, entweder mit Hand oder Maschine. Hier zeigen wie Ihnen ein konventionelles, mit Hand eingenähtes Futter.

Werkzeug und Material

- Grundausstattung (S. 13)

Vorbereitung
Futterteile ausschneiden.

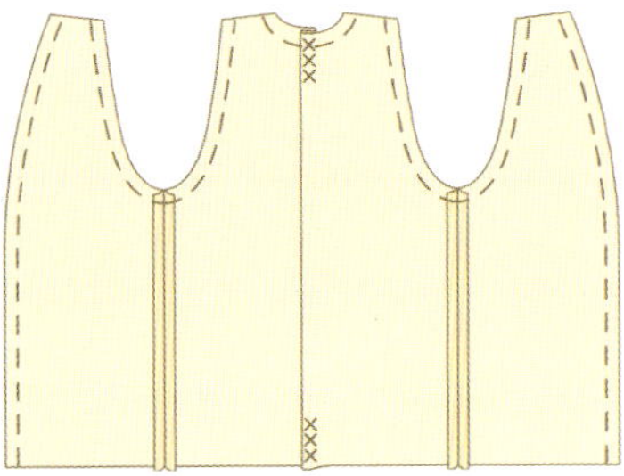

1 Die Falte in der hinteren Mitte heften. Alle vertikalen Nähte schließen und den Halsrand, die Armlöcher und die vorderen Ränder 1,2 cm vom Rand entfernt zur Stabilisierung mit Heftstichen versehen.

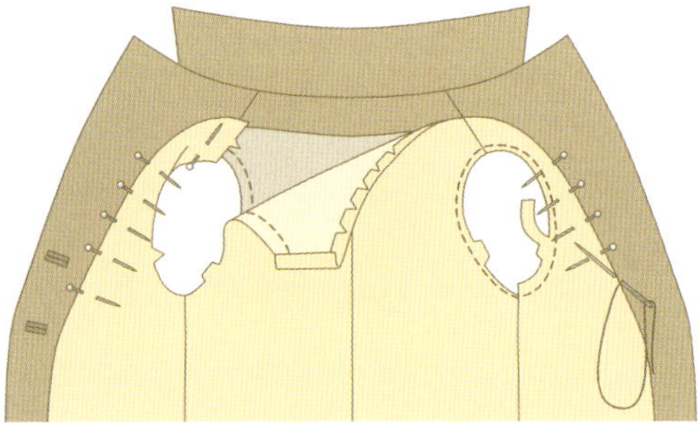

2 An den vorderen und den Halsrändern 1,5 cm Nahtzugaben unterklappen und Futter auf den Jackettbesatz legen. Feststecken, dabei exakt anpassen. Die Schulternahtlinie des Rückenteils über die des Vorderteils legen und die Nahtzugabe unterklappen. Feststecken.

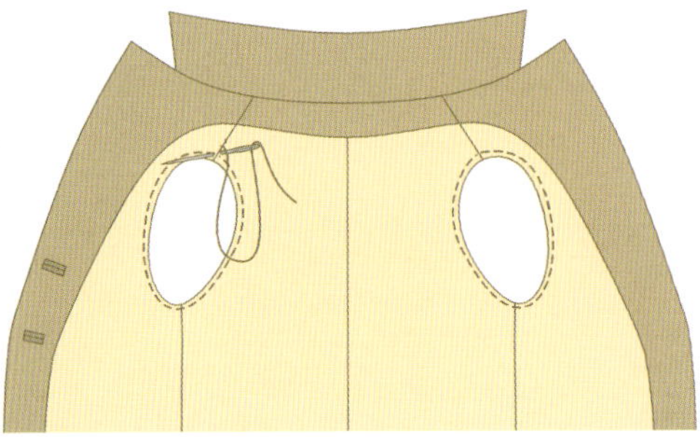

3 Überprüfen, ob die Nähte von Futter und Jackett an den Seiten, dem Saum, Unterarm und den Schulterpositionen übereinstimmen. Futter ans Armloch heften und mit Saumstich das Vorderteil an einer Seite von unten beginnend festnähen, dann um den Halsausschnitt herum und an der anderen Seite bis unten. Mit Hand die vorderen und hinteren Futterschulternähte schließen.

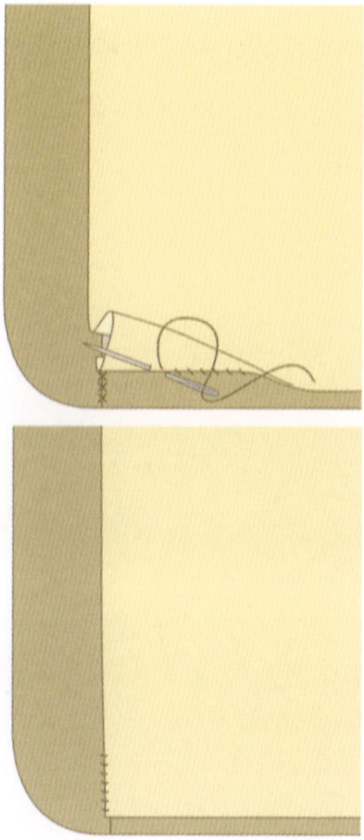

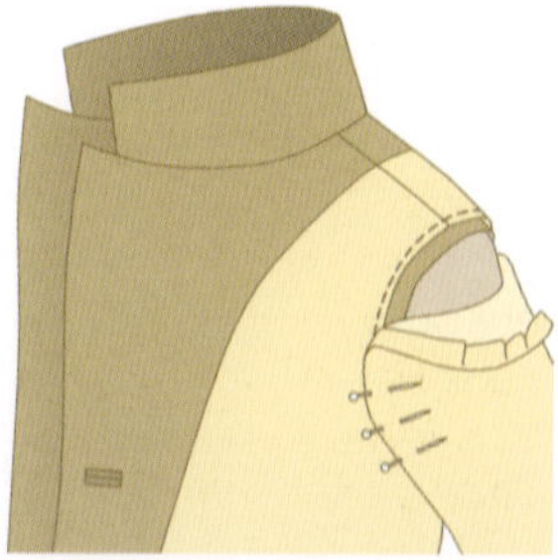

5 Das Ärmelfutter herstellen und links auf links in den Jackettärmel schieben. Nahtzugabe ums Armloch herum umfalten und an der Nahtlinie des Jacketts feststecken. Mit Saumstichen zusammenfügen.

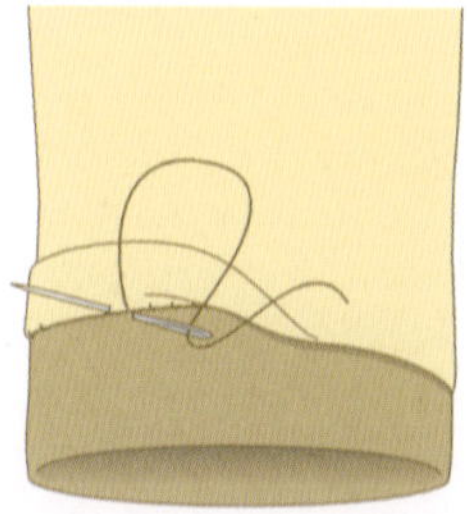

6 Futter am Ärmelabschluss einfalten und genauso einnähen wie am Saum.

4 Den Futtersaum nach oben falten und an dem Jackettsaum festnähen. Dafür den eingefalteten Futterstoff hochheben und darunter den Saum nähen. Dadurch sitzt das Futter schön locker und zieht nirgends am Jackett.

Einen Mantel füttern

Ein Mantel wird genauso wie ein Jackett gefüttert, aber der fertig gearbeitete Saum wird im Allgemeinen nicht angenäht, sondern nur mit Fadenstegen an den Nähten befestigt.

Chanel-Jacke füttern

Eine Chanel-Jacke ist kurz und gerade geschnitten. Sie wird anders als eine traditionelle Kostümjacke oder ein Blazer hergestellt. Abgesehen vom Kragen gibt es keine Einlagen, und das Futter wird direkt auf die Unterseite des Jackenstoffs gesteppt. Bei einer klugen Wahl des Jackenstoffs sind die Stepplinien auf der rechten Seite nicht zu sehen.

Werkzeug und Material

- Grundausstattung (S. 13)

Vorbereitung
Die Teile aus Futterstoff sehr viel größer als erforderlich zuschneiden. (Dupioni-Seide ist ideal, da sie etwas fester ist.) Abnäher in der Jacke und dem Futter anbringen, falls vorgesehen.

1 Mit Seidenorganza-Stoßband die Außenränder der Jacke stabilisieren – auf die linke Seite des Stoffes auf die Nahtlinien von Saum, vorderer Mitte und Halsausschnitt nähen.

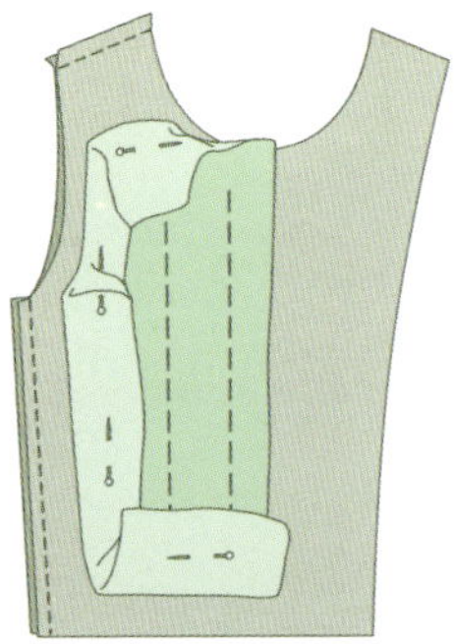

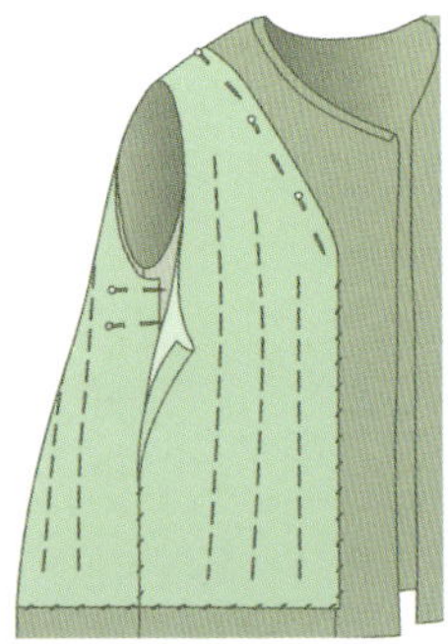

2 Die Futterstoffteile rechts auf rechts auf die Jackenteile legen und zusammenstecken. Mit langem Heftstich von der rechten Seite der Jacke zusammensteppen. Mit farblich gut passendem Garn Linien in einem Abstand von 5 bis 8 cm nähen, die Ränder bleiben für die späteren Nähte frei.

3 Das Futter zur Seite stecken und Seiten- und Schulternähte nähen und auseinanderbügeln.

4 Saum und vorderen unteren Rand beschneiden und einklappen. Eine Seite des Futters über die Naht legen und bei der anderen Seite die Nahtzugabe umklappen und auf der Nahtlinie feststecken. Nähte und Ränder mit Saumstich festnähen.

5 Für den Kragen eine Bügeleinlage verwenden und den Unterkragen aus dem Futterstoff zuschneiden. Kragen fertigstellen, Nähte zurückschneiden und bügeln.

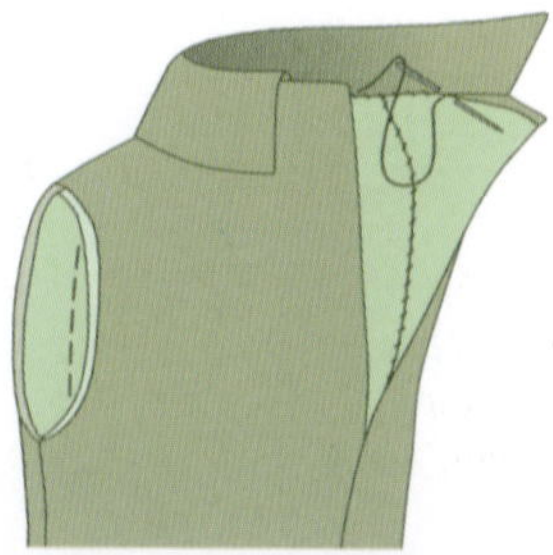

6 Kragen an den Halsausschnitt der Jacke nähen. Nahtzugabe des Besatzes und des Futters am hinteren Hals einklappen und mit Saumstich festnähen. Saumstiche bis zum vorderen Besatz fortführen.

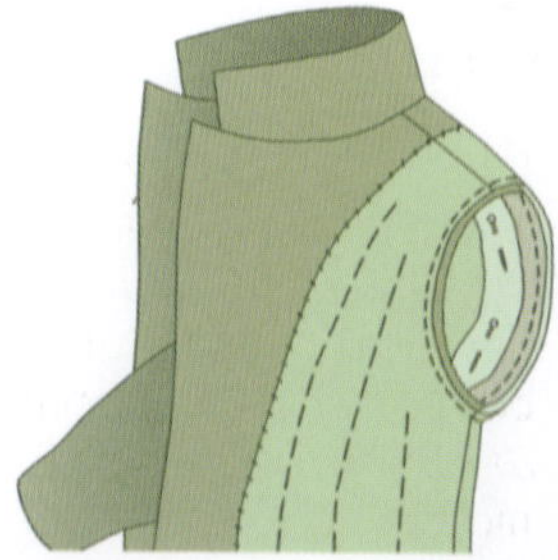

7 Futter genauso wie am Rumpf auch am Ärmel anbringen. Ärmelnaht und Futter wie bei den Seitennähten fertigstellen. Futter zur Seite stecken und Ärmel ins Armloch einnähen.

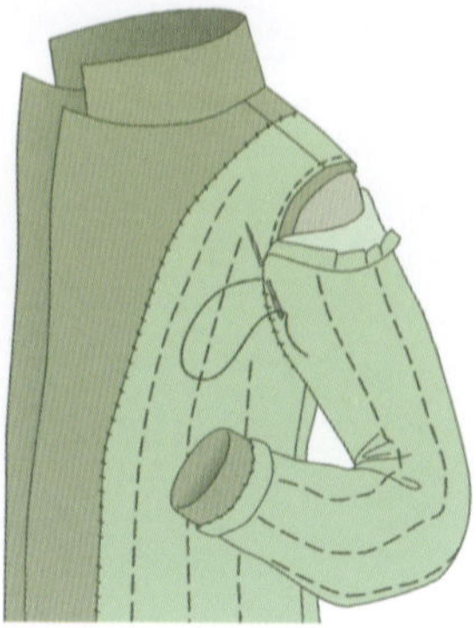

8 Mit Saumstich das Ärmelfutter an das Armloch und am Saum des Ärmelabschlusses annähen.

100 Prozent Seidenorganza

Dieser Stoff bietet für viele Situationen die perfekte Lösung: als Einlage bei einem geraden Rock, um zu verhindern, dass er sich ausbeult; als Bügeltuch, um feine Stoffe vor dem heißen Eisen zu schützen; als Einlage, um den Kragen feiner Blusen zu versteifen, und als Verstärkung von Knopflöchern in dünnem Stoff. Die Webkante kann man abschneiden und als feines, aber festes Verstärkungsband verwenden.

Schneidertipp

Eine Jacke im Chanelstil wird auf der Vorderseite oft mit Taschen und großen Knöpfen verziert. Nähen Sie als nötiges Gegengewicht am Rückenteil der Jacke mit Hand eine Metallkette zwischen die Seitensäume Das ist ein hübsches Abschlussdetail.

Dekorative Ideen

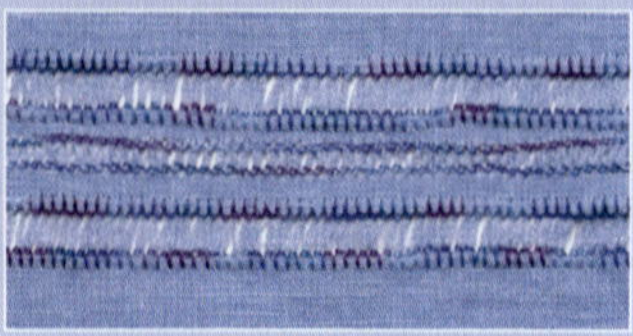

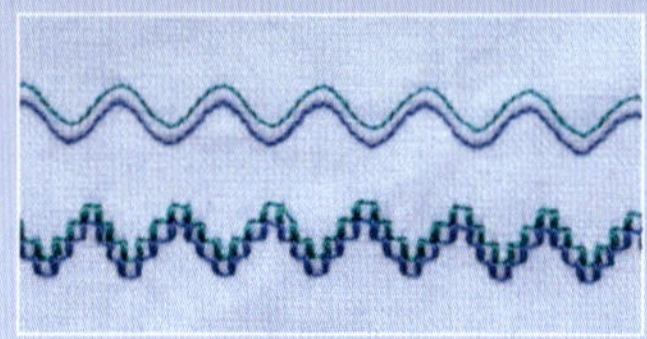

Dieser Abschnitt bietet eine ganze Palette von dekorativen Vorschlägen, mit denen Sie Ihre Kleidungsstücke veredeln können. Die schrittweisen Anleitungen und ausführlichen Abbildungen ermöglichen es Ihnen, Ihren Kleidern den perfekten letzten Schliff zu geben.

Absteppen

Absteppen ist das Anbringen von sichtbaren Nähten an der Oberseite der Kleidung, die zwar auch einen praktischen Nutzen haben können, jedoch meist dekorativen Zwecken dienen. Knappkantiges Absteppen bezeichnet man als Kantennähte, während abgesteppte Ziernähte 6 mm nach innen versetzt parallel verlaufen.

Werkzeug und Material

- Grundausstattung (S. 13)
- Geeignetes Nähgarn
- Näh- oder Sticknadel mit großem Öhr
- Geradstichfuß oder Kantenlineal

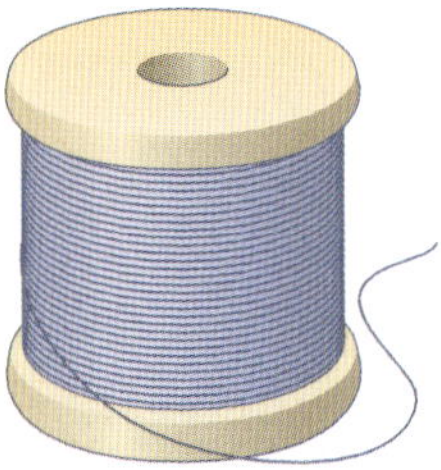

1 Wählen Sie das passende Nähgarn zum Dekorieren aus: Ziersteppgarn, Knopflochgarn oder Metallfaden. Um die Naht zu betonen, kann auch gewöhnliches Nähgarn doppelt genommen werden.

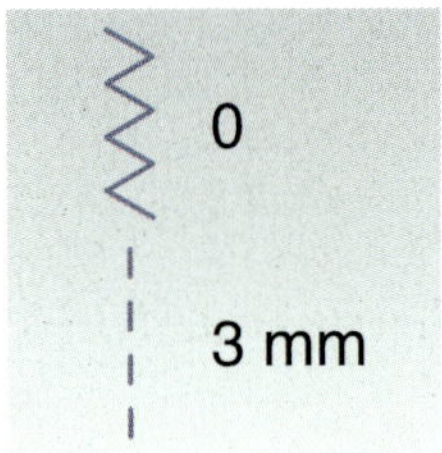

2 Stellen Sie die Stichlänge auf 3 mm ein, oder wählen Sie stattdessen einen dekorativen Zierstich aus (S. 211).

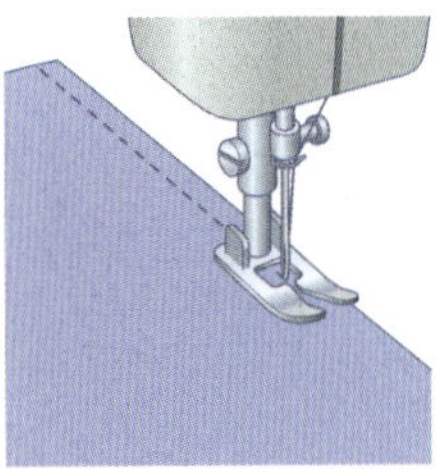

3 Steppen Sie nun nach Bedarf, und achten Sie auf eine gerade Linienführung, um Kräuselwellen zu vermeiden.

Nähtipps

- Absteppnähte machen sich gut beim Revers und den Kanten einer Jacke oder auch bei Taschen.
- Benutzen Sie die Kante des Standardnähfußes als optische Führungslinie, oder bringen Sie eine Führung an, um die Naht gerade laufen zu lassen.

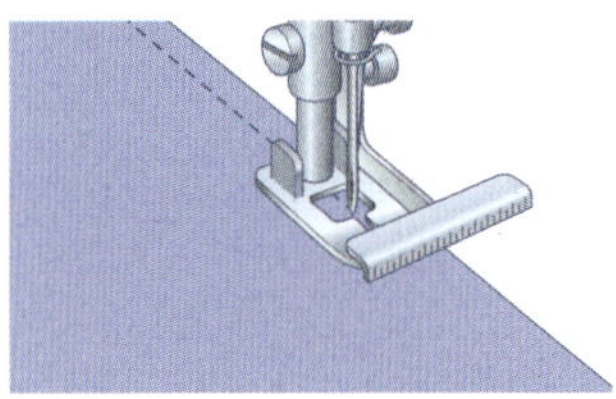

Dekorative Maschinennähte

Außer dem Geradstich kann beim Absteppen auch ein voreingestellter Deko-Stich für Ziernähte benutzt werden. Moderne Nähmaschinen bieten dafür vielerlei Möglichkeiten von Quiltstichen, die aussehen wie von Hand gearbeitet, bis zu den verschiedensten Zickzack-, Schling- und Sternstichen. Benutzen Sie dazu eine Standard- oder auch eine Zwillingsnadel für ein ansprechendes Ergebnis.

Werkzeug und Material

- Grundausstattung (S. 13)
- Passendes Nähgarn: Stick-, Stepp- oder Standardgarn
- Passende Nadel: Standard-, Stick-, Stepp-, Schwert- bzw. Wing(Flügel)- oder Zwillingsnadel
- Satinstichfuß

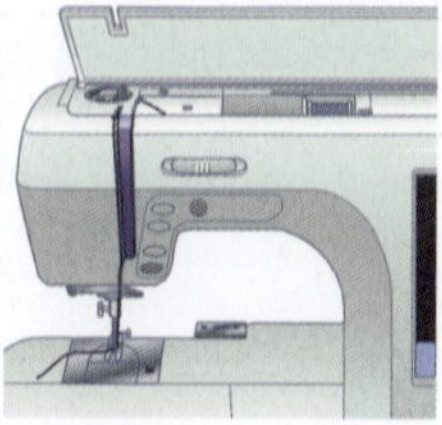

1 Wählen Sie ein geeignetes Nähgarn aus, und stellen Sie die Nähmaschine ein.

2 Probieren Sie auf einem Stoffrest ein paar der Zierstiche aus. Passen Sie die Stichlänge und -breite an, um die beste Wirkung zu erzielen.

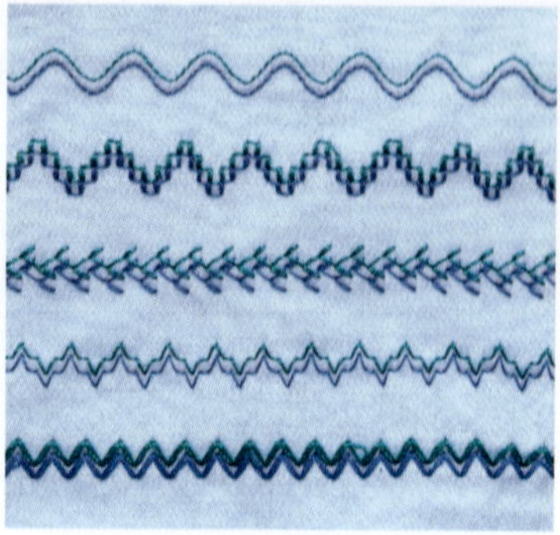

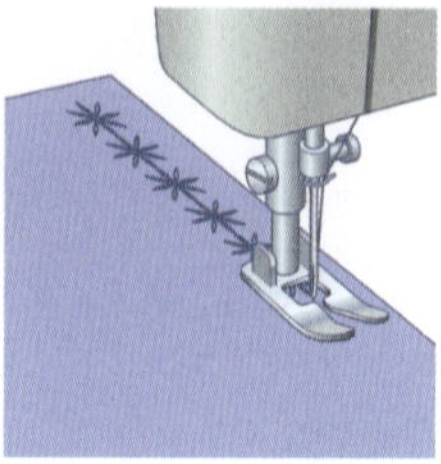

3 Bringen Sie die Naht an der gewünschten Stelle an.

4 Wenn Sie mit Nähen fertig sind, fädeln Sie die Fadenenden in eine Nadel, die Sie sie auf die Unterseite des Gewebes ziehen und auf der Rückseite vernähen.

Verwendung

- Nutzen Sie die Deko-Stiche zur Verschönerung von Kleidungsstücke für Kleinkinder und Mädchen, oder nähen Sie mit Zierstichen Linien auf einen Gürtel oder entlang eines Rock- oder Kleidersaums.
- Auf Bettwäsche (Kissenbezügen, Laken und Plumeaus) wirken diese Verzierungen besonders hübsch.
- Manche Deko-Stiche kommen noch besser zur Geltung, wenn sie mit einer Zwillingsnadel aufgenäht werden. Probieren Sie die verschiedenen Effekte aus. Mit zwei aufeinander abgestimmten Garntönen erreicht man einen attraktiven Schatteneffekt.

Maschinenstickerei
(digitalisiert)

Stickmaschinen haben innerhalb der letzten zehn Jahre eine rasante Weiterentwicklung erfahren und gestatten uns, Bilder und Fotografien als Stickarbeiten wiederzugeben. Auf Karten und CDs steht Ihnen eine Vielzahl an Stickmotiven zur Verfügung. Computersoftware hilft Ihnen, Logos und Symbole in Stickarbeiten umzusetzen.

Alle Maschinen und Modelle unterscheiden sich voneinander, deshalb müssen Sie das jeweilige Handbuch zu Rate ziehen. Hier sehen Sie die grundsätzlichen Regeln für die erfolgreiche Maschinenstickerei.

Werkzeug und Material

- Grundausstattung (S. 13)
- Maschinenstickgarn in verschiedenen Farbtönen
- Unterfaden (fein)
- Geeignete Stickmaschine
- Softwarepaket oder Stickkarten
- Stickvlies zur Verstärkung des Gewebes
- Stickfüßchen

Stickunterlegvlies

Vliesunterlagen sind beim Sticken von grundsätzlicher Bedeutung und verbessern das Endergebnis, es gibt sie in vielen Varianten und Stärken:

CUT AWAYS – stabile weiche Stickvliese für die Unterseite, die an den unteren Umrissen der Stickarbeit knapp abgeschnitten werden, geeignet für Stickbilder auf Sweatshirts und anderen dickeren, dehnbaren Stoffarten.

TEAR AWAYS – auf der Rückseite des Gewebes können die Reste des Vlieses nach der Arbeit einfach abgerissen werden. Gut geeignet für Logos und dekorative Stickereien auf Blusen und Kleidern.

CLEAR FILM – wasserlösliche, transparente, feine Stickfolie. Sie kann am Ende weggebügelt oder ausgewaschen werden – besonders für gestickte Spitzendesigns und strukturierte, grobe Oberflächen wie Frottee oder Fleece geeignet. Dadurch versinken die Stiche nicht im Gewebe.

ADHESIVE – selbstklebendes Vlies für dehnbares Gewebe, damit es sich beim Sticken nicht verzieht. Ziehen sie die Schutzfolie ab und kleben Sie das Vlies auf die Unterseite des Stoffes. Oder spannen Sie das Vlies in einen Rahmen und ritzen Sie es mit einer Stecknadel an, um die Schutzfolie abzuziehen. Dann kleben sie den Stoff direkt auf die Folie und fangen an zu nähen. Gut für kleinere Stoffstücke, die nicht in einen Rahmen passen würden.

1 Suchen Sie sich ein Stickmotiv aus. Dies kann sich bereits in der Nähmaschine oder auf einer Karte befinden. Halten Sie sich an die Gebrauchsanleitung der Maschine, und bereiten sie das Motiv zum Nähen vor.

2 Überlegen Sie sich sich, wo das Motiv auf dem Stoffstück oder der Kleidung hin soll, und markieren sie die Stelle mit einem Stück Faden, einem auswaschbaren Stift oder mit Schneiderkreide.

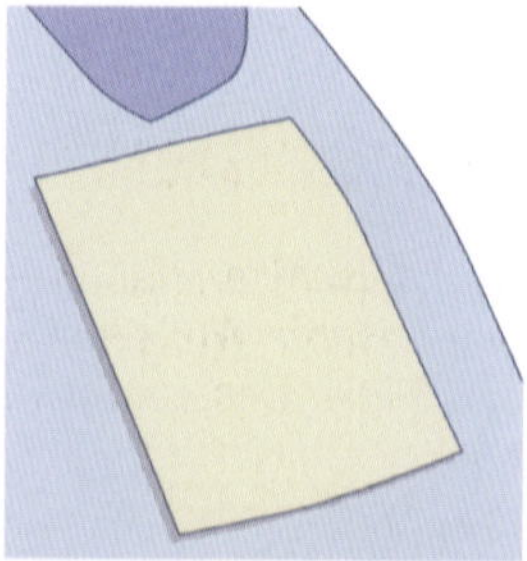

3 Benutzen Sie ein passendes Stickvlies (S. 212). Das Vlies wird meist auf der Rückseite der Stoffgrundlage angebracht, durchsichtige Vliese, die sich beim Bügeln oder Waschen auflösen, können auch auf der Oberseite angebracht werden.

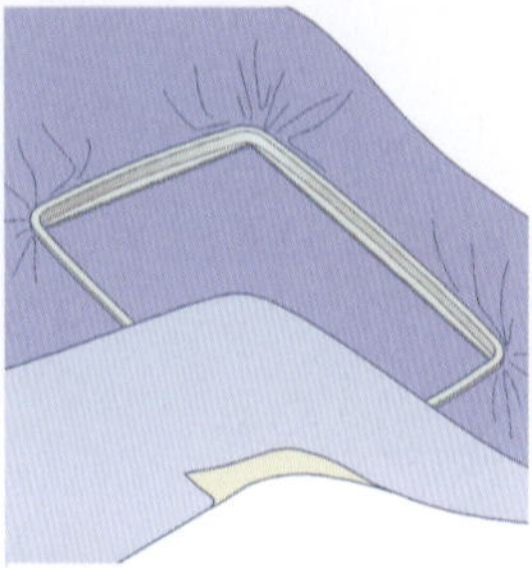

4 Wählen Sie einen geeigneten Stickrahmen aus. Ein zu großer Rahmen vergeudet Stoff, aber bei einem zu kleinen passt das Motiv vielleicht nicht hinein. Befestigen Sie den Stoff mit aufgezeichneten oder aufgenähten Markierungen in der Mitte des Rahmens.

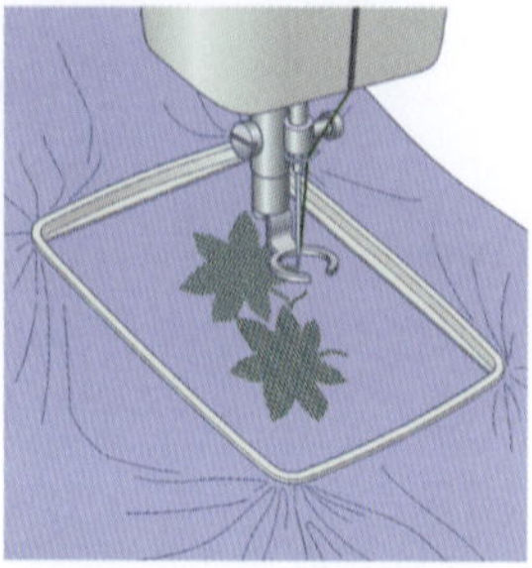

5 Setzen Sie den Maschinenfuß fürs Sticken ein, und sticken Sie dann das Motiv mit Fadenwechsel nach Anleitung.

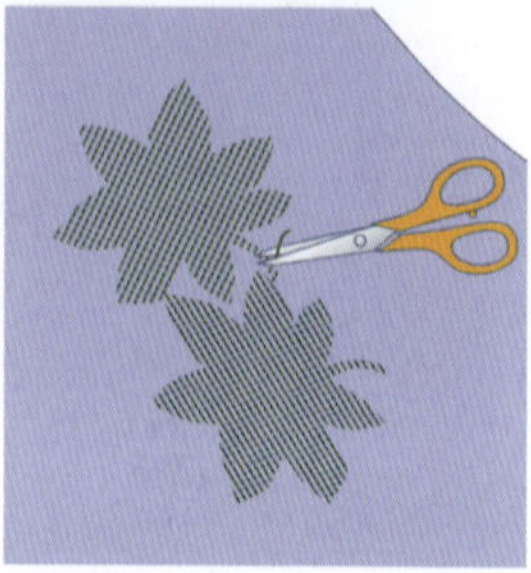

6 Entfernen sie den Rahmen, und schneiden Sie das überstehende Vlies und die losen Fadenenden ab.

Verwendung

Benutzen Sie Maschinenstickvorlagen für Halsausschnitte von T-Shirts und Blusenkragen oder für Rocksäume. Für Organza oder Netzgewebe sollten Sie feine Muster nehmen. Kräftigere Designs und Logos sind sehr beliebt für Kinderkleidung.

Maschinenstickerei
(freihändig)

Freihand-Maschinenstickerei kann mit Geschick und Übung zur „textilen Malerei" werden. Der Stoff wird dafür normalerweise in einen Rahmen gespannt, ein Stopffuß wird eingesetzt und der Transporteur abgesenkt. So lässt sich der Rahmen mit dem Stoff frei bewegen. Die Stiche kommen zustande, wenn man den Rahmen manuell bewegt – je größer die Bewegung, desto größer der Stich.

Werkzeug und Material

- Grundausstattung (S. 13)
- Geeignetes Maschinenstickgarn in verschiedenen Farbtönen
- Maschinenstopffuß
- Eckiger oder runder Rahmen
- Stickvlies (S. 212)

Nähtipps

- Verringern Sie die Oberfadenspannung notfalls, damit der Unterfaden nicht an die Oberfläche tritt.
- Benutzen Sie ein Stickvlies auf der Rückseite, um Kräuseln und ausgelassenen Stichen vorzubeugen.
- Markieren Sie die Umrisse des Motivs mit einem auswaschbaren Stift.
- Ziehen Sie beide Fadenenden an der Oberfläche nach hinten, und halten Sie sie während der ersten Stiche leicht fest.
- Achten Sie darauf, dass der Stoff in einem Rahmen straff gespannt ist, aber die Fasern rechtwinklig verlaufen.
- Ziehen Sie zum Schluss die Fadenenden auf die Unterseite, und vernähen Sie sie dort mit der Hand.
- Nehmen Sie unterschiedliche Materialien für verschiedene Effekte: Kunstseide, Seidengarn, Baumwolle und buntes Florettgarn.

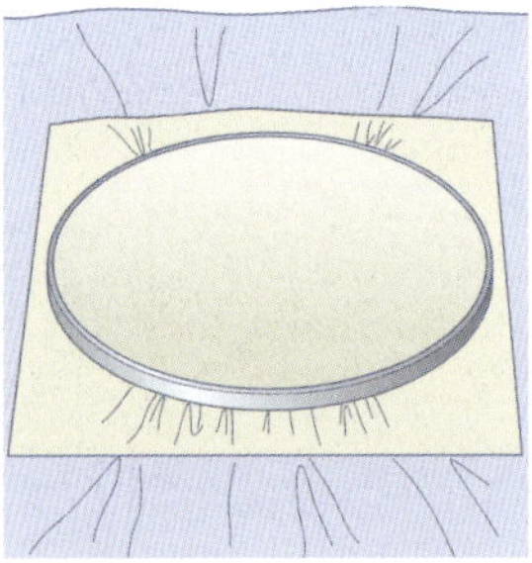

1 Setzen Sie den Rahmen auf den Stoff, und bringen Sie auf der Rückseite ein passendes Stickvlies an.

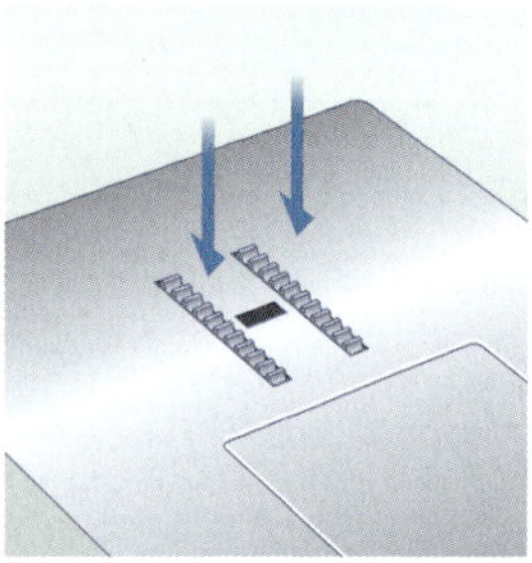

2 Versenken Sie den Transporteur (oder decken Sie ihn ab) nach Gebrauchsanleitung im Handbuch der Maschine, und bringen Sie einen Stopffuß und eine neue Nadel an.

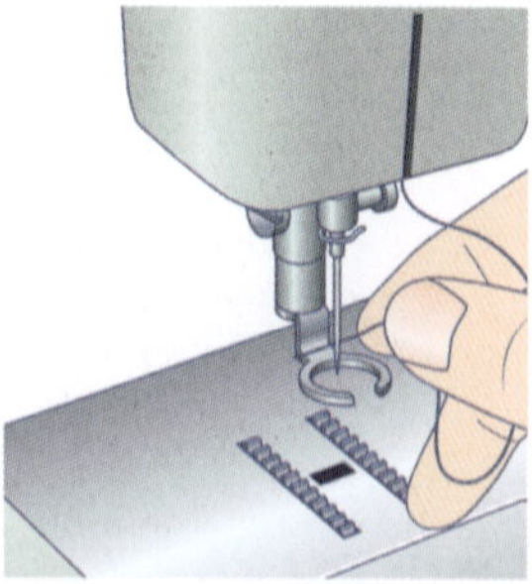

3 Stellen Sie je nach gewünschter Wirkung die Stichlänge auf „0" oder auf Zickzackstich, und fädeln Sie den Sticktwist ein.

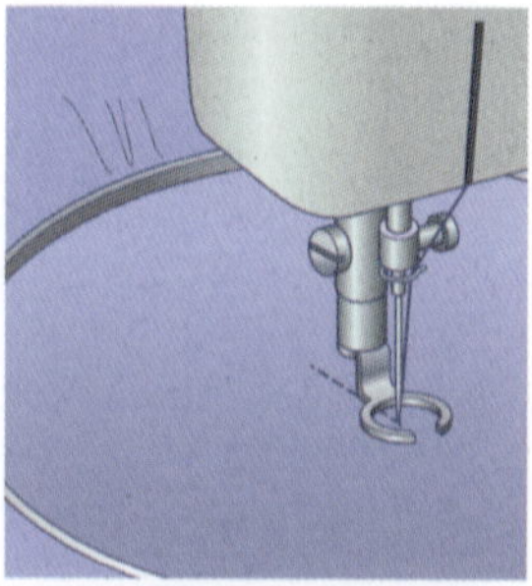

4 Halten Sie den eingerahmten Stoff fest, und bewegen Sie ihn kontinuierlich unter der Nadel bei mittlerer Geschwindigkeitseinstellung. Schieben Sie den Rahmen schneller für größere Stiche und langsamer für kleinere.

Verwendung

Die Freihand-Maschinenstickerei wird sehr oft für textile Kunstmalerei eingesetzt, kann aber auch auf Handtaschen oder Schals eine faszinierend edle Wirkung entfalten.

Übung macht den Meister

Bis man die „Textilmalerei mit Garn" beherrscht, können Jahre vergehen, aber allein das Lernen bringt schon viel Spaß. Probieren Sie diese Effekte auf Stoffresten aus, bevor Sie sie in ein Gesamtbild einfügen:

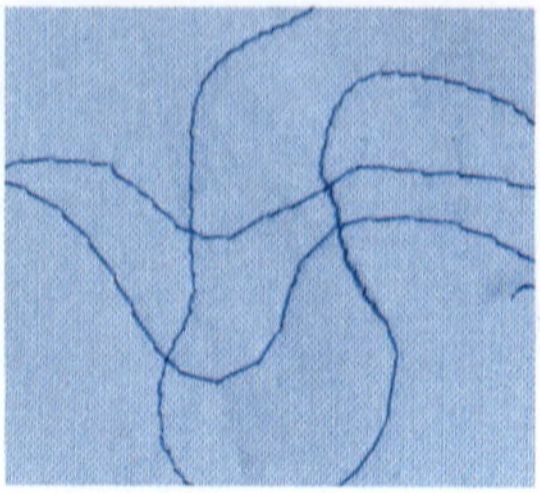

Freihand-Geradstich

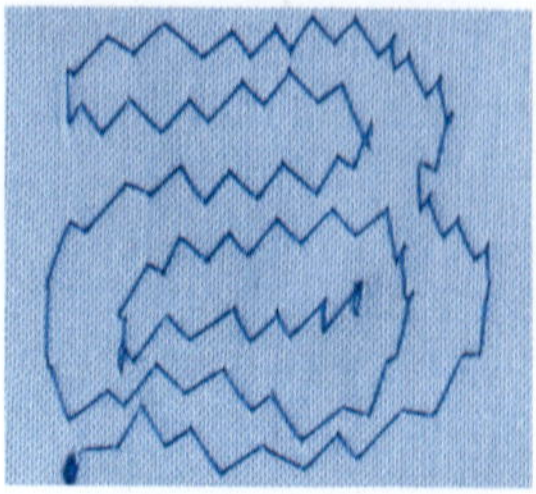

Freihand-Zickzackstich

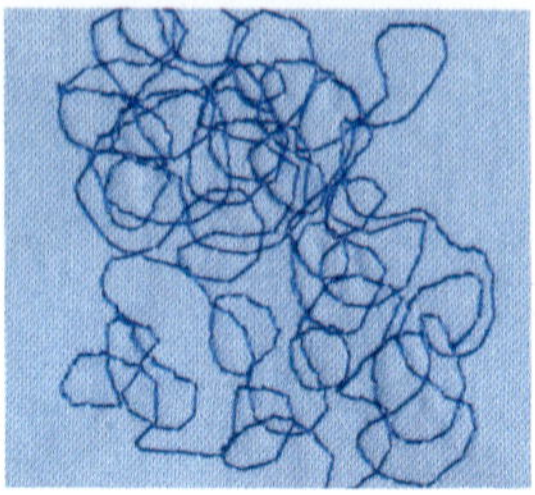

Granitstich

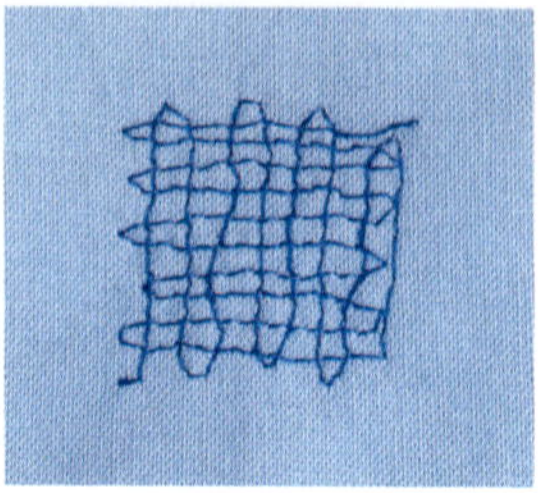

Gitter

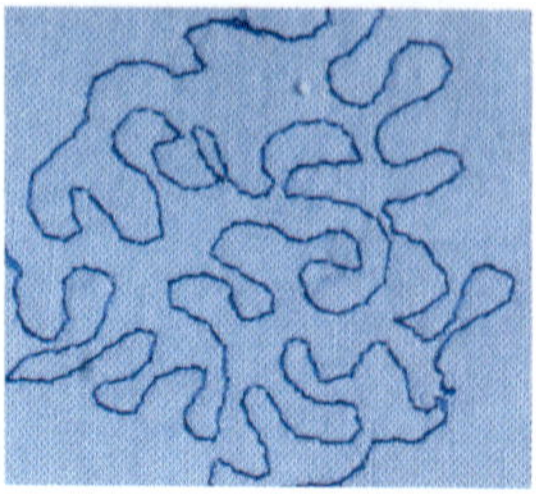

Fantasienähte im Quiltstil

Stickereien von Hand

Das Sticken mit der Hand ist natürlich langsamer als das Maschinensticken, aber mit einfachen Stichen und einer gezielten Auswahl von Garnen und Farben lassen sich erstaunliche Resultate erzielen. Obendrein bedarf es dafür keinerlei teurer Maschinen und Geräte.

Handstickereien können konventionell sein oder auch abstrakt – ein und dieselben Stiche führen oft zu unterschiedlichsten Ergebnissen. Je nach persönlicher Vorliebe kann man dafür einen Stickrahmen benutzen oder auch nicht.

Werkzeug und Material

- Grundausstattung (S. 13)
- Sticknadeln mit großem Öhr
- Stickgarn (Sticktwist oder Perlgarn) in verschiedenen Farbtönen
- Geeignete Textilien
- Stickschere: kleine, spitzzulaufende Schere

1 Skizzieren Sie das Motiv mit einem auswaschbaren Stift, oder bügeln Sie es auf. Spannen Sie es wenn nötig in einen Stickrahmen ein.

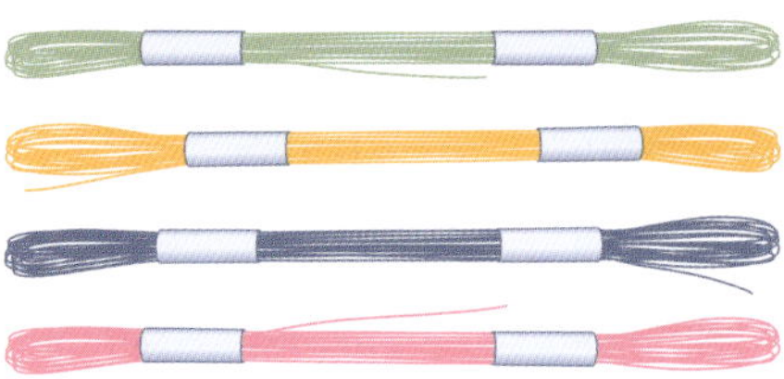

2 Sortieren Sie das Garn zum Sticken nach Farben, und notieren Sie sich die entsprechenden Codes, um Fehler zu vermeiden.

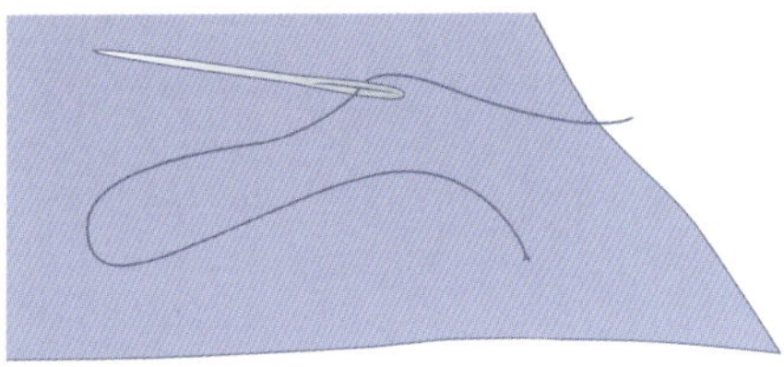

3 Befestigen Sie das Fadenende im Gewebe, und beginnen Sie mit dem Sticken.

Stickstiche

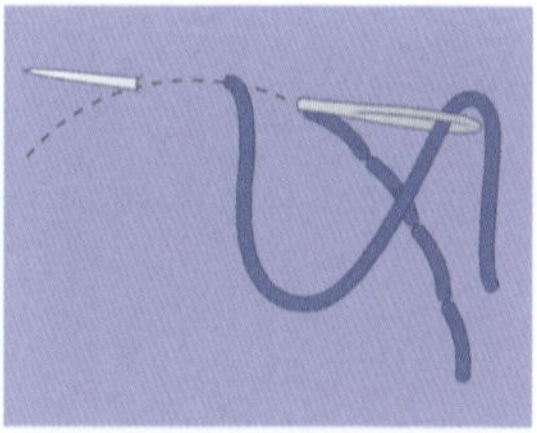

RÜCK- oder STEPPSTICH
Machen Sie einen kleinen Stich nach hinten, und ziehen Sie die Nadel eine Länge wieder an die Oberfläche. Stechen Sie wieder nach hinten, um die Lücke zu schließen.

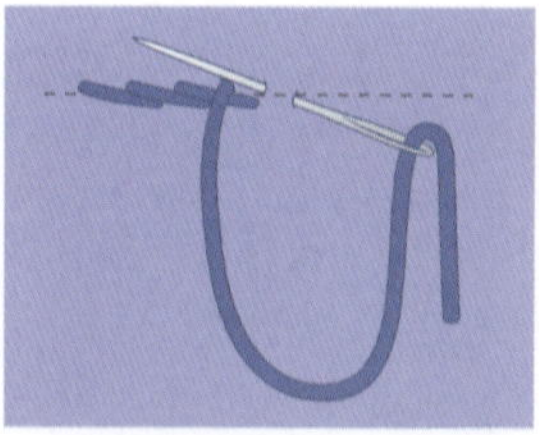

STIELSTICH
Dem Steppstich ähnlich, aber die Nadel kommt in der Mitte des vorhergehenden Stichs wieder an die Oberfläche – immer auf der gleichen Seite.

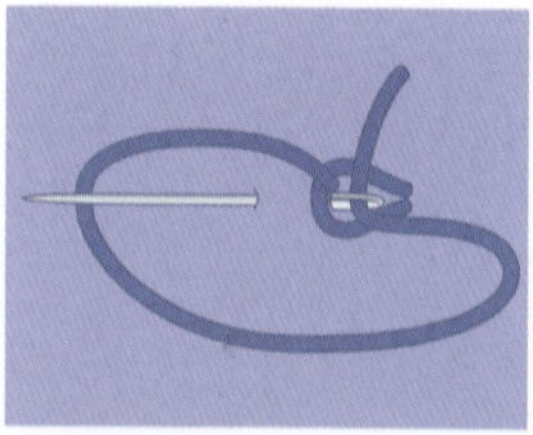

KETTENSTICH
Bilden Sie mit einer Reihe von Ösen eine Kettenlinie.

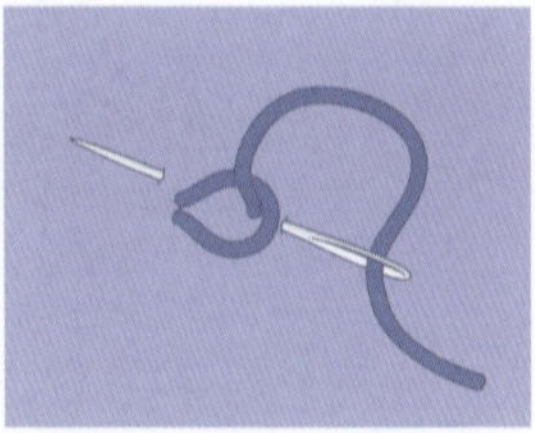

MARGERITENSTICH
Besteht aus einzelnen oder Gruppen von Kettenstichen und wird meist für Blumen angewandt.

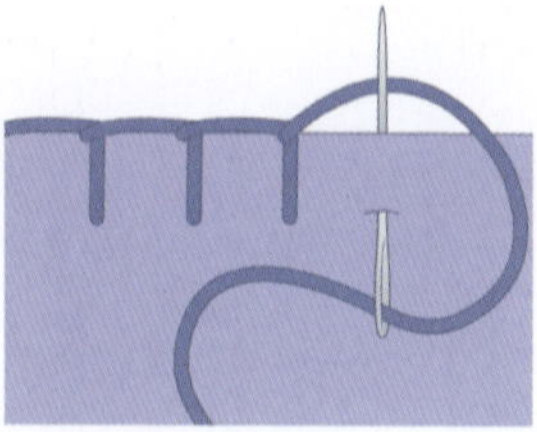

LANGETTEN- oder SCHLINGSTICH
Sticken Sie aus Garnschlingen eine Reihe L-förmiger Stiche.

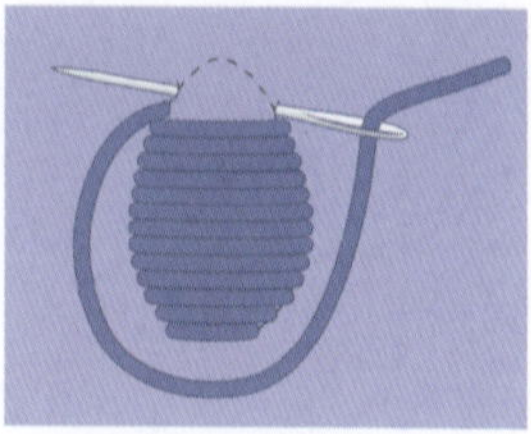

SATIN- oder PLATTSTICH
Gerade Stiche, die parallel aneinandergrenzen.

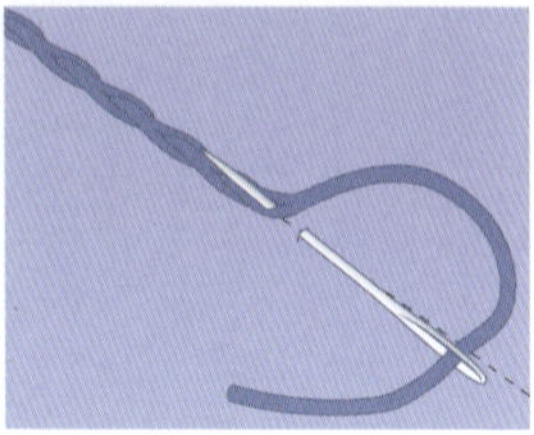

SPALTSTICH
Ähnlich wie der Rückstich, nur dass hier bei jedem Stich das Garn mit der Nadel gespalten wird.

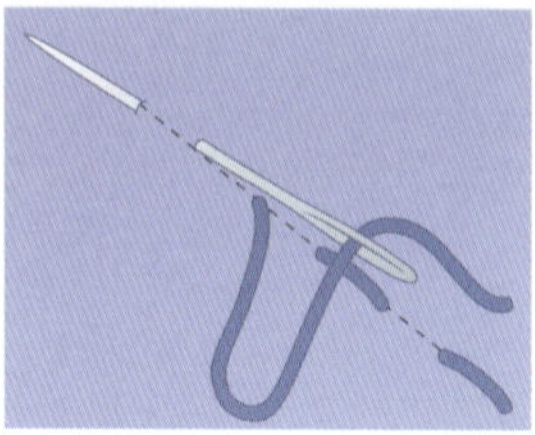

VORSTICH
Die Nadel wird in regelmäßiger Stichlänge von oben nach unten und wieder nach oben geführt.

Verwendung

Mit der Handstickerei veredeln Sie Taschen, Westen, Jacken, Hüte, Unterwäsche und Abendkleider. Benutzen Sie dazu Sticktwist oder Seidengarn, und fügen Sie Perlen und Pailletten hinzu (S. 220–222).

Applizieren

Applizieren ist eine Deko-Technik, bei der mit der Hand oder der Maschine Stoff auf Stoff genäht wird. Traditionell wurden die Applikationen provisorisch mit Heftstichen auf dem Untergrund befestigt, bevor sie genäht wurden. Heute erleichtern und beschleunigen selbstklebende Hilfsmittel die Arbeit.

Plattstiche verschaffen dem Motiv eine deutliche Kontur und halten es auf dem Gewebe, aber es können auch andere Zier- und Maschinenschlingstiche angewandt werden.

Werkzeug und Material

- Grundausstattung (S. 13)
- Motiv oder Schablone
- Aufbügelbare Einlage mit Klebebeschichtung
- Kleine, scharfe Schere

Handgenähte Applikationen

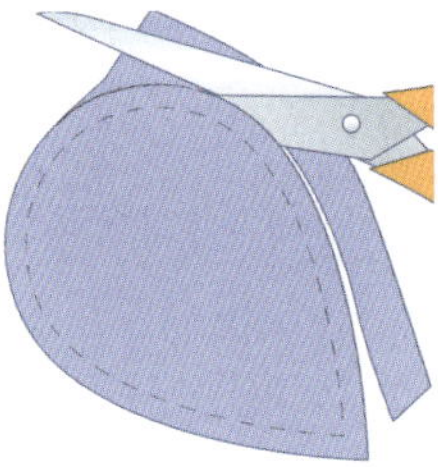

1 Schneiden Sie das zu applizierende Stoffstück in Form, und lassen Sie 6 mm Nahtzugabe für den Saum stehen.

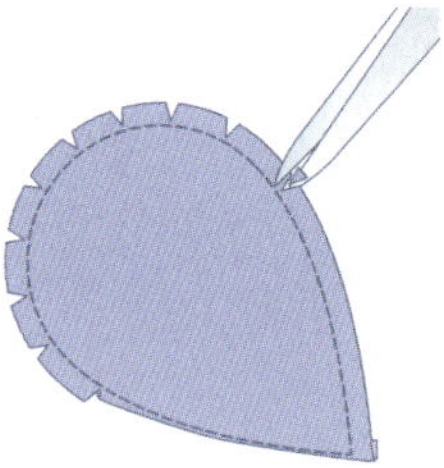

2 Schlagen Sie die Kanten unter, und versäubern Sie den Saum. Knipsen und begradigen Sie die Kanten.

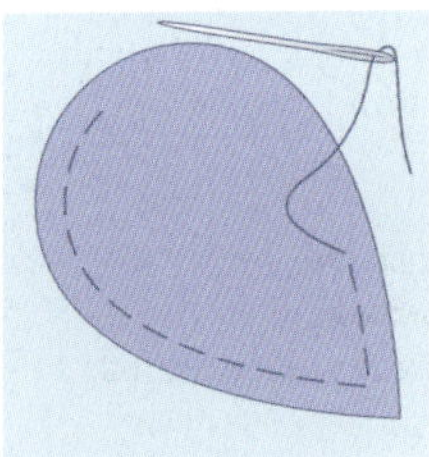

3 Nähen Sie das Applikationsmotiv mit Heftstichen an die gewünschte Position.

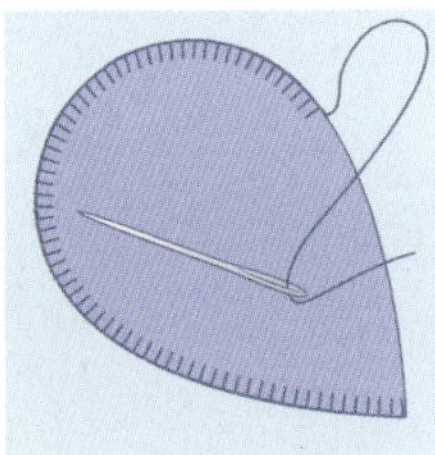

4 Nähen Sie die Ränder des Motivs mit Schlingstichen (Langetten-/Festonstich) oder ähnlichen Zierstichen fest.

Verwendung

Applikationen eignen sich als auffällige Muster auf Taschen oder Kinderkleidung.

Maschinenapplikationen

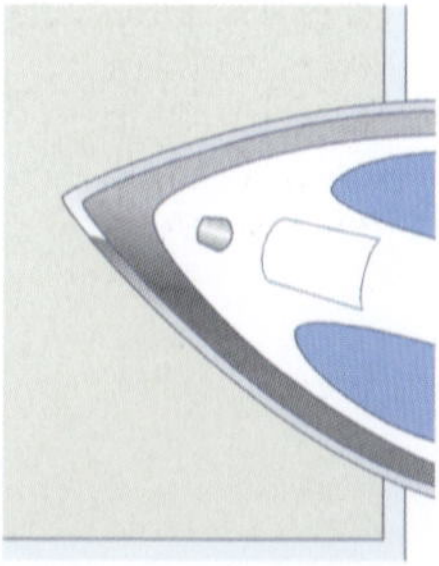

1 Bügeln sie eine papierbeschichtete schmelzbare Klebefolie auf die Rückseite des Applikationsmaterials, und schneiden Sie die gewünschte Form aus.

2 Lösen Sie das Papier auf der Rückseite ab, und legen Sie das Motiv auf den Stoffgrund. Bügeln sie es mit Hilfe des Bügeleisens in den Stoff ein.

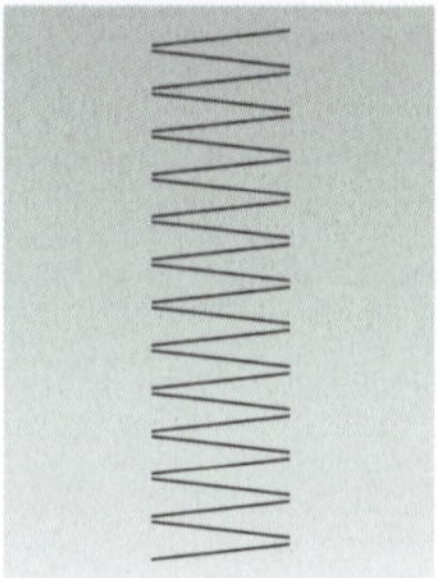

3 Stellen Sie an der Nähmaschine einen Plattstich ein, indem Sie die Zickzackbreite so verändern, dass sie zu einem breiten Band wird.

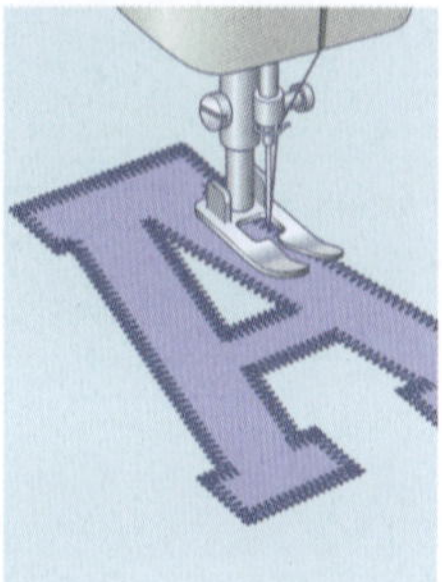

4 Nähen Sie vorsichtig die äußeren Umrisse der Applikation entlang. Die starke Linie fixiert das Motiv und unterstreicht es zusätzlich.

Alternativen

1 Man kann auch eine Applikation herstellen, indem man ein farblich kontrastierendes Stück Stoff mit der richtigen Seite nach oben auf die Unterseite des Oberstoffs heftet und dann den oberen Stoff wegschneidet, sodass die untere Lage sichtbar wird. In diesem Fall ist es ratsam, den Stoff anstatt mit Klebefolie mit Heftstichen zu befestigen.

2 Applizierte Formen können auch von hinten ausgestopft werden, um ihnen Struktur und Tiefe zu verleihen, ähnlich den Quiltmotiven. Denken Sie daran, mit Heftstichen zu arbeiten, bevor die Umrisse des Motivs festgenäht werden. Zuletzt wird ein winziges Loch in den Stoff unter der Applikation geschnitten und ein wenig Füllmaterial hineingestopft. Dann vernähen Sie das Loch.

Perlenstickerei

Perlen und Pailletten verleihen Ihrer Kleidung Struktur und eine edle, glamouröse Wirkung. Mit derartigen Verzierungen können Sie ein einfaches, schlichtes Kleidungsstück für einen besonderen Anlass aufpeppen. Ob man nun Perlen über den Rock eines Brautkleids verteilt oder in Hülle und Fülle Glasperlen auf das Oberteil eines Abendkleids näht, beides lässt sich leicht bewerkstelligen.

Werkzeug und Material

- Grundausstattung (S. 13)
- Perlen und Pailletten
- Perlensticknadel (lang und schmal)
- Tamburierhäkchen
- Paspel-, Perl- oder Bandannähfuß für die Maschine

Individuelle Perlen, Pailletten und Spangen

Vorbereitungen
Spannen Sie das Grundgewebe in einen Stickrahmen, wenn Ihnen das die Arbeit erleichtert.

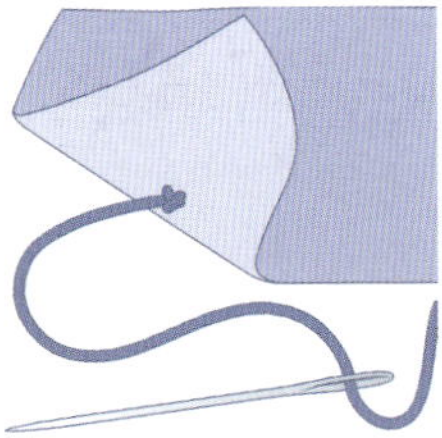

1 Befestigen Sie den Faden mit einem Doppelstich auf der Unterseite des Stickgrunds.

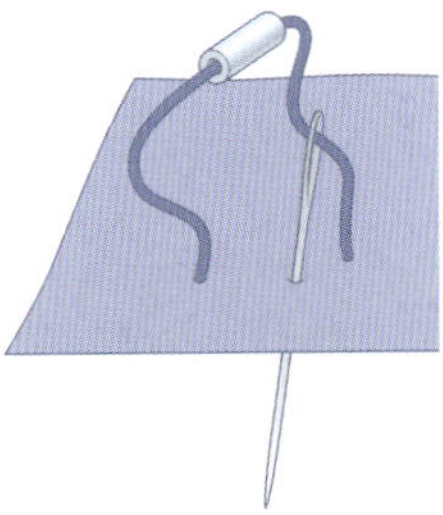

2 Bringen Sie nun die Nadel an die Oberfläche, und fädeln Sie die Perle oder Paillette auf. Führen Sie die Nadel danach wieder unter den Stoff unterhalb der Perle.

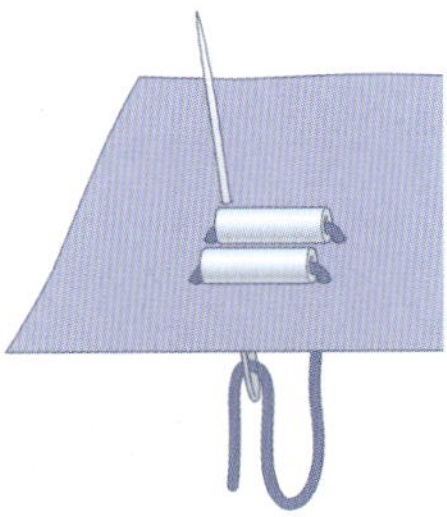

3 Wenn die Perlen eng sitzen, fahren Sie mit Schritt 2 fort und befestigen so jede an ihrem Platz. Ist der Zwischenraum größer, setzen Sie immer einen zusätzlichen Zwischenstich.

Stäbchenperlen, Kügelchen und Pailletten

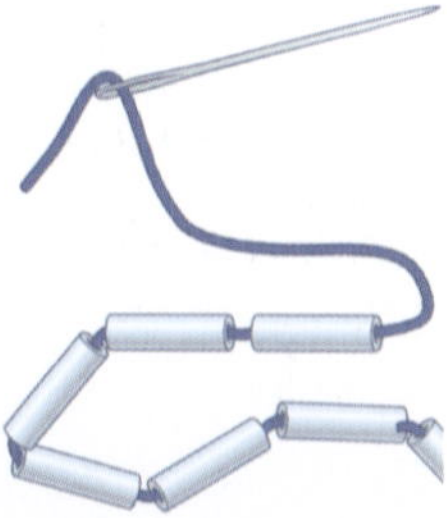

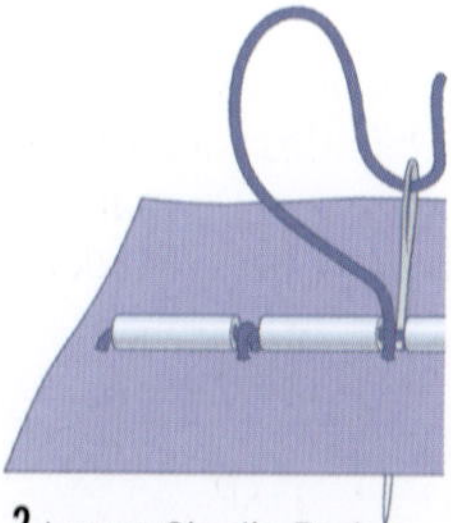

1 Wenn sie nicht schon eine Kette bilden, fädeln Sie die Perlen oder Pailletten auf.

2 Legen Sie die Perlenschnur auf die Stoffoberfläche und nähen mit einem zweiten Faden die Perlen fest.

Mit der Maschine aufgesetzte Perlen und Pailletten

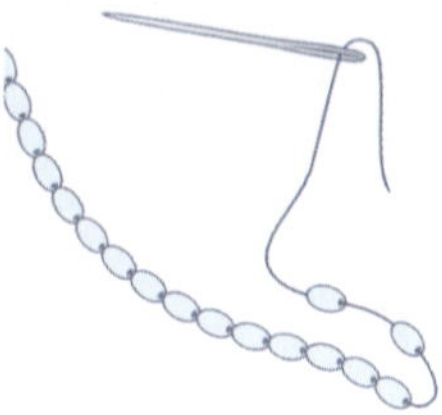

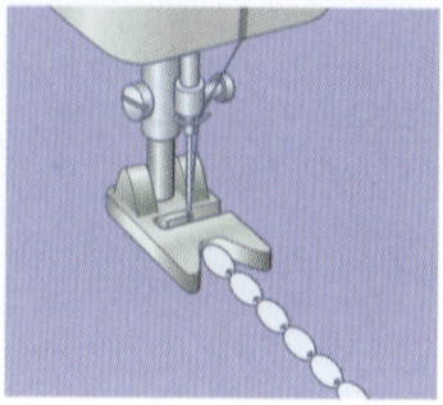

1 Wenn sie nicht schon eine Kette bilden, fädeln Sie die Perlen oder Pailletten auf, und legen Sie sie auf den Stickgrund.

2 Setzen Sie das Paspel-, Perl- oder Bandannähfüßchen in die Nähmaschine, und stellen Sie einen Zickzackstich ein, der über die Perlen bzw. Pailletten hinwegnäht.

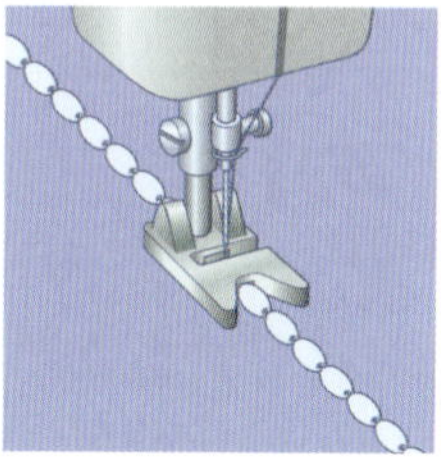

3 Benutzen Sie dazu durchsichtigen Faden oder Metallfaden, und nähen Sie über die Perlenschnur in das Gewebe. Der Fuß hat eine Kerbe, der über die Perlen hinwegläuft und die Schnur zwischen die Einstiche lenkt.

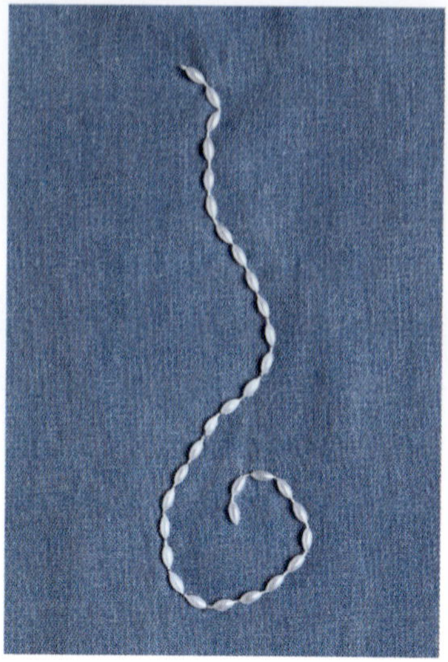

Tamburierstickerei (Kurbelstickerei) mit Perlen

Bei dieser traditionellen Sticktechnik wird wie beim Häkeln einer Kette eine winzige Nadel benutzt, mit der die Perlenschnur befestigt wird.

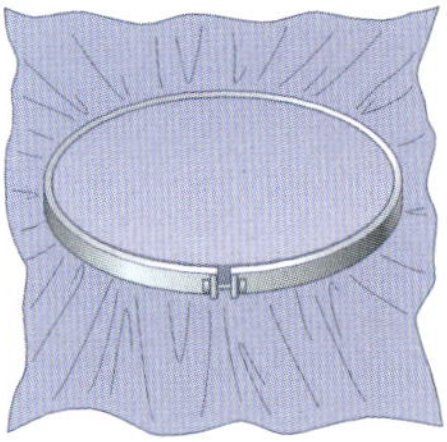

1 Spannen Sie den Stoff in einen Rahmen und straffen Sie ihn.

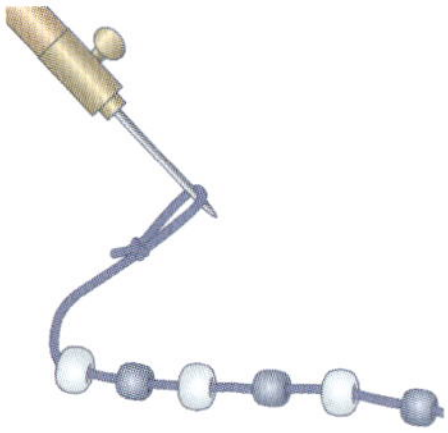

2 Fädeln Sie die Perlen locker auf. Knoten Sie am Ende der Schnur eine Schlinge und legen Sie sie um den Haken.

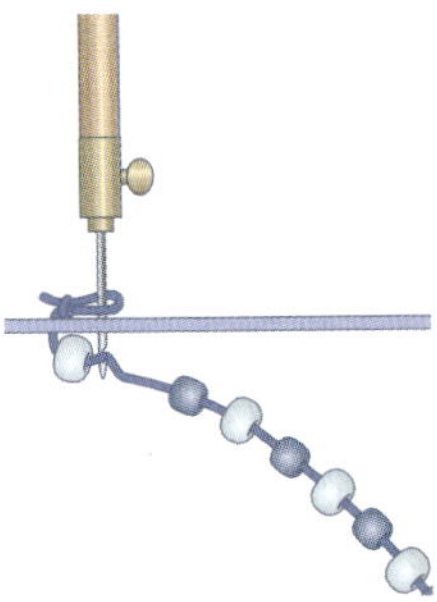

3 Stechen Sie von links mit dem Haken durch das Gewebe und haken Sie damit den Faden nach der ersten Perle in der Reihe auf. Ziehen Sie den Haken wieder auf die Unterseite und durch die Ausgangsschlinge hindurch.

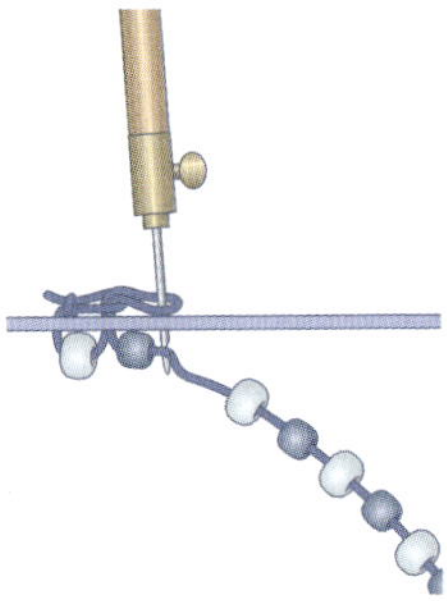

4 Wiederholen Sie Schritt 3, indem sie immer wieder zwischen den Perlen in der Schnur einstechen, wodurch auf der Rückseite eine Kette entsteht.

Anwendung

- Schmücken Sie einen gemusterten Stoff mit glitzernden Perlen und Pailletten, um beispielsweise die Formen von Blumen und Schmetterlingen noch interessanter zu machen.
- Machen Sie mehr aus einem schlichten T-Shirt, indem sie den Ausschnitt mit Perlen besetzen.
- Verzieren Sie eine Smokarbeit mit einzelnen Perlen.
- Besetzen Sie eine Clutch (Handtasche) zur Abendrobe mit Perlen und Pailletten passend zum Kleid.
- Nähen Sie ein Halstuch, und schmücken Sie es nach der Tamburiermethode mit Kringeln und Spiralen aus Perlen.

Spitzen und Bänder

Spitzen und Bänder machen Kanten und Ränder oder ein Oberteil interessanter und geben ihm Struktur. In Verbindung mit dekorativen Maschinenzierstichen (S. 211), Abnähern/Biesen (S. 77–79) und unter Einsatz einer Flügelnadel (S. 235) entstehen attraktive Nostalgiestickereien.

Werkzeug und Material

- Grundausstattung (S. 13)
- Bänder
- Spitze

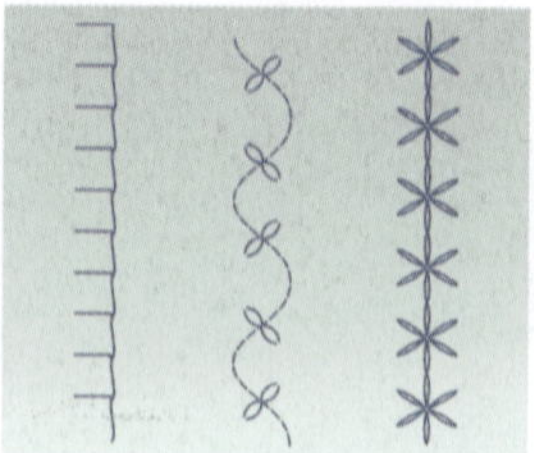

1 Wählen Sie die passenden Stoffe, Garne und Stiche aus, und bereiten Sie ein Motiv vor.

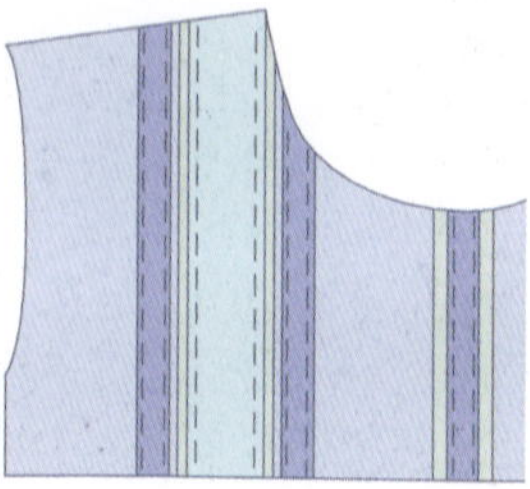

2 Heften Sie die Bänder an die richtige Stelle, oder nehmen Sie dafür löslichen Klebstoff, wie ihn Schneider benutzen.

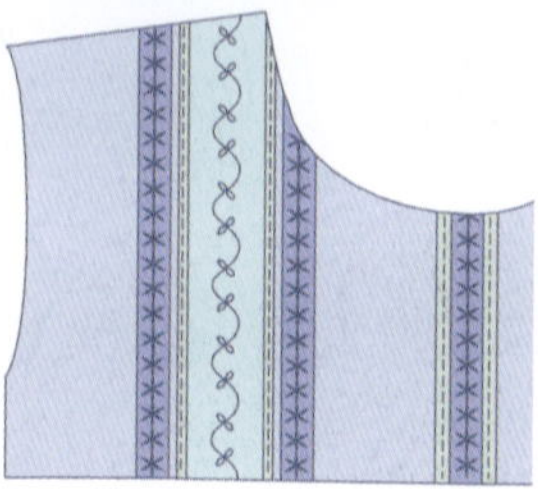

3 Sichern Sie die Kanten der Bänder und Spitzen oder auch die Mitte der Spitze mit Stichen.

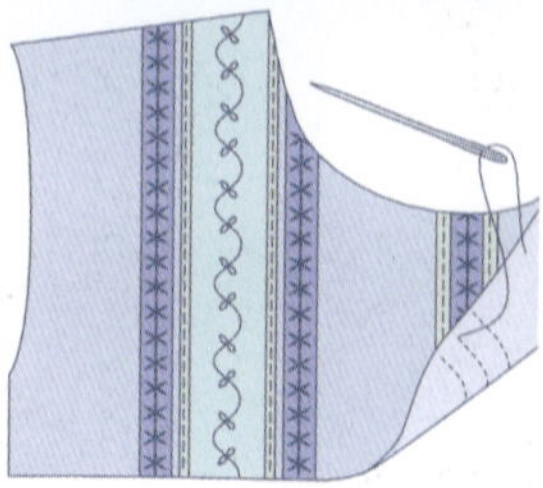

4 Schneiden Sie die losen Fadenenden ab, oder bringen Sie sie auf die Unterseite des Stoffs und vernähen Sie dort.

Anwendung

Geben Sie Ihrer Unterwäsche das gewisse Etwas mit Spitzen und Bändern, und schmücken Sie sie mit Lochstickereien und Biesen.

Nähtipp

Verstärken Sie für das dekorative Maschinennähen ein leichtes Gewebe mit Stickvlies.

Patchwork

Früher wurden Bettdecken aus Gründen der Sparsamkeit aus alter, abgetragener Kleidung und Stoffresten hergestellt. Seitdem ist aus dem Flickwerk armer Leute fast eine Kunst geworden. Neben traditionellen Methoden hat sich der Umgang mit Mustern und Farben bei den neueren Patchwork-Techniken ganz besonders eindrucksvoll entwickelt.

Die Stoffe werden per Hand oder mit der Maschine zusammengesetzt und oft mit Quiltmotiven (S. 226–227), Applikationen (S. 218–219) oder Maschinenstickerei verziert (S. 212–215).

Werkzeug und Material

- Grundausstattung (S. 13)
- Baumwollgewebe
- Extralange Stecknadeln
- Gebogene Sicherheitsnadeln zum Quilten
- Schere oder Rollschneider mit Matte
- Lineal

Grundmuster

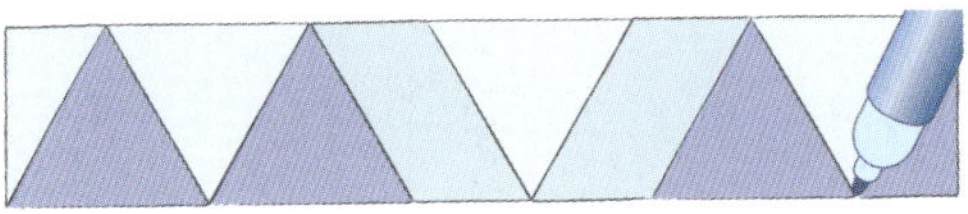

1 Planen Sie Design, Muster und Farben des Patchwork im Voraus.

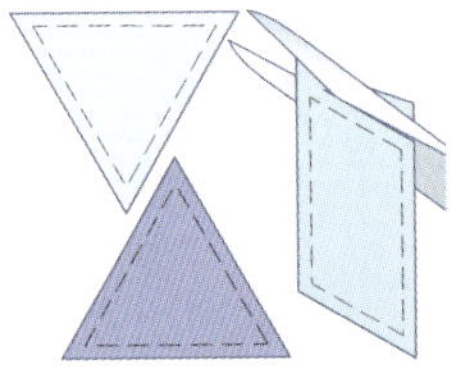

2 Schneiden Sie Stoffstücke in einfache Formen oder nach einer Schablone. Lassen Sie 6 mm Nahtzugabe für den Saum stehen.

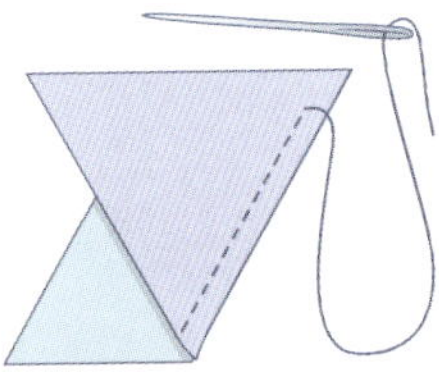

3 Nähen Sie die Stoffstücke von Hand mit Vorstichen oder mit einem Maschinengeradstich zusammen.

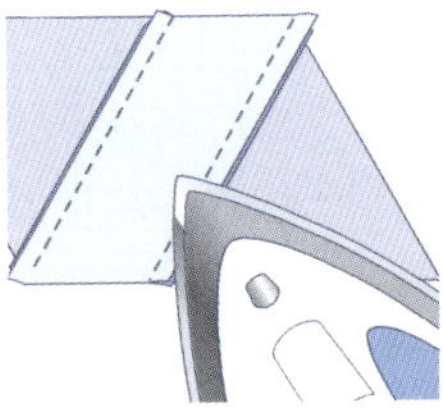

4 Vernähen Sie die Fadenenden, und bügeln Sie die Nahtzugabe flach auf die dunklere oder „lebhaftere" Seite.

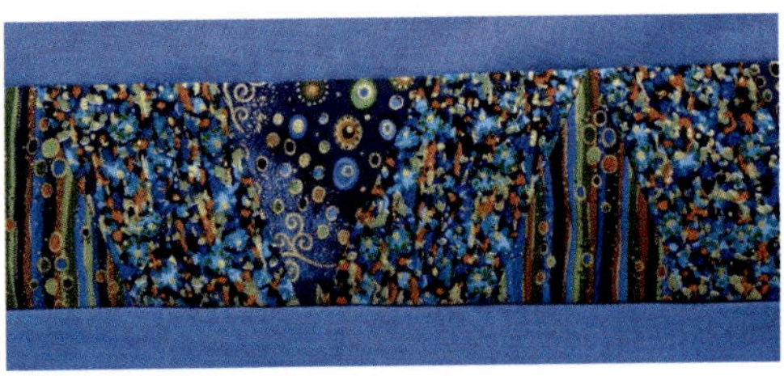

Anwendungen

- Bereiten Sie ein Stück Patchwork vor, und schneiden Sie daraus den Überschlag einer Schultertasche. Für die übrigen Taschenteile können Sie einen einzelnen der Stoffe verwenden.
- Schneidern Sie eine Weste, indem Sie zwei Rechtecke im Patchworkstil für die Vorderseite zuschneiden. Das Rückenteil kann einfarbig sein oder auch im selben Patchworkmuster.
- Verzieren Sie einen Rock durch eine Patchworkborte kurz über dem Saum.

Wild durcheinander

Bei dieser Methode werden kleinere Stoffflicken in unterschiedlichen Größen auf ein Stützgewebe genäht.

1 Sammeln Sie kleine Stoffreste, die von Muster und Farbe her zusammenpassen.

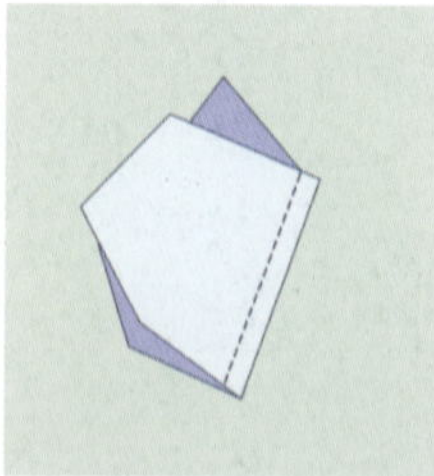

2 Fangen Sie in der Mitte des Stützgewebes an, und wählen Sie zwei Teile aus. Legen sie eines mit der rechten Seite nach oben und das andere von links darauf. Nähen Sie an der Stoßkante entlang durch alle Lagen hindurch.

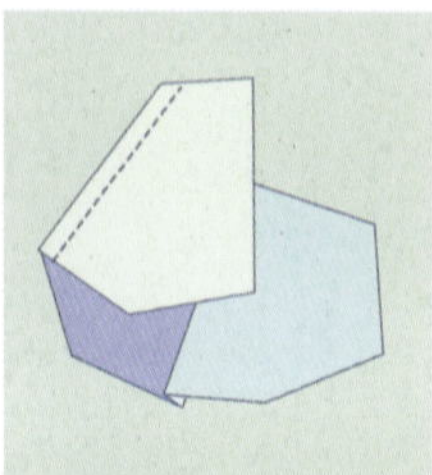

3 Knicken Sie die Stoffstücke so, dass beide Teile rechts herum zu sehen sind. Dann nehmen Sie noch ein drittes Teil und legen es links herum über eine unverarbeitete Kante.

4 Bedecken Sie die Unterlage mit lauter kleinen Stücken, die wie oben beschrieben angebracht werden, wodurch ein willkürliches Aussehen entsteht. Biegen Sie ungesäumte Kanten um. Steppen Sie sie mit einem dekorativen Maschinenstich aus ungezwirntem Seidengarn oder Metallfaden in einer kontrastierenden Farbe ab.

Quilten

Quilten gilt als nordamerikanische Handarbeit, die von den europäischen Siedlern eingeführt wurde. Bei dieser Technik werden zwei oder mehrere Stofflagen von Hand oder mit der Nähmaschine zusammengefügt. Quiltmotive schmücken einfarbige Gewebe und ergeben oft ganze Quiltdecken. Es gibt viele Arten von Stichen, die hier angewendet werden können, aber am einfachsten ist der handgenähte Vorstich. Das Quilten mit der Nähmaschine ist ebenfalls beliebt. Dabei wird freihändig gestickt oder der Obertransportfuß eingesetzt.

Werkzeug und Material

- Grundausstattung (S. 13)
- Runder oder eckiger Quiltrahmen
- Lange Quiltstecknadeln
- Kreppband
- Auswaschbare Stifte
- Wattierung
- Lineal

Vorbereitung

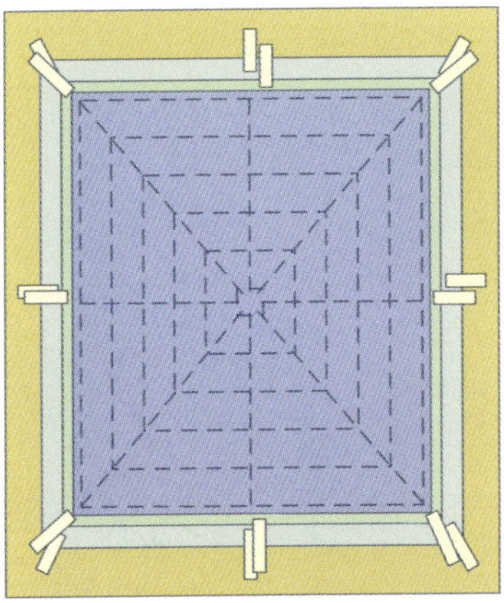

Legen Sie den Stoffgrund des Quilts mit der Oberseite nach unten auf einen Tisch oder eine Arbeitsfläche, und kleben Sie ihn auf dem Tisch fest, um den Stoff zu straffen. Legen Sie nun die Wattierung darauf, und kleben Sie sie ebenfalls fest.

Legen Sie die Oberseite des Quilts darauf und kleben sie ebenfalls fest. Beginnen Sie in der Mitte und heften den Stoff waagrecht, senkrecht und diagonal zusammen. Dann nähen Sie in ca. 5–6 cm Abständen ein Gitter oder halten die Lagen mit vielen Sicherheitsnadeln zusammen.

Quilten von Hand

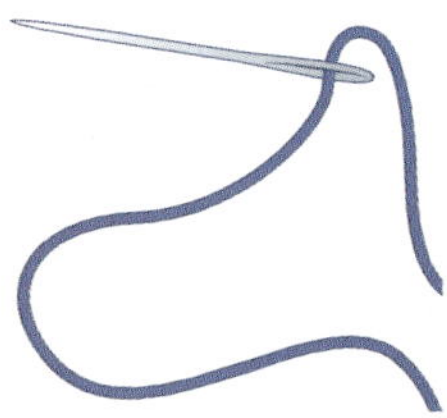

1 Fädeln Sie eine kurze spitze Nadel mittlerer Größe ein.

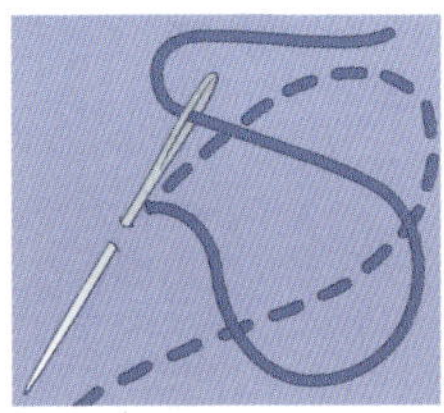

2 Verknoten Sie das Fadenende, oder machen Sie einen Doppelstich. Nähen Sie in einem geraden Vorstich entlang der Führungslinie. Am Ende vernähen Sie den Faden.

Quilten mit Maschine und Obertransportfuß

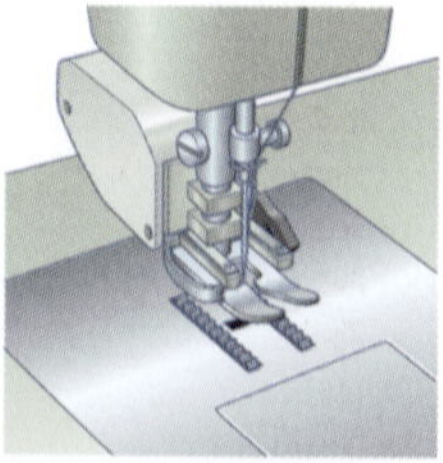

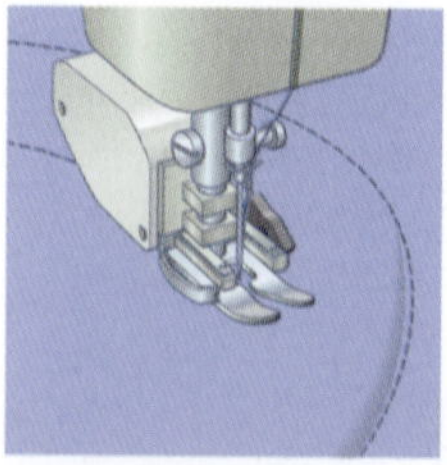

1 Setzen Sie einen Obertransportfuß an die Nähmaschine. Halten Sie sich an die Gebrauchsanleitung.

2 Quilten Sie wie beschrieben. Der Obertransportfuß funktioniert sehr gut bei dickeren Lagen und verhindert, dass der Oberstoff über die unteren Lagen hinwegrutscht.

Freihändiges Maschinenquilten

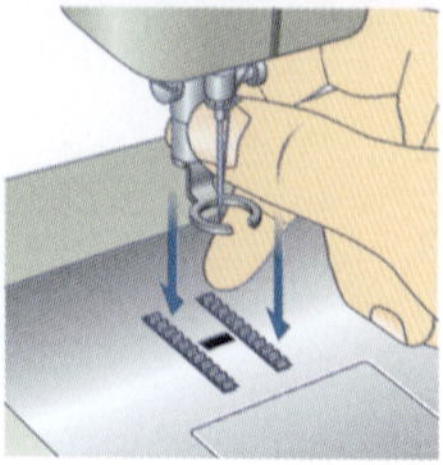

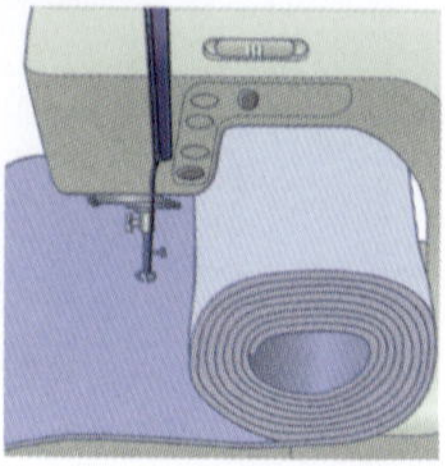

1 Versenken Sie den Transporteur, und bringen Sie einen Quilt- oder Stopffuß an.

2 Spannen Sie den Quilt in einen Rahmen (notfalls geht es auch ohne). Ein kompletter Quilt sollte immer aufgerollt verarbeitet werden, das erleichtert das Nähen.

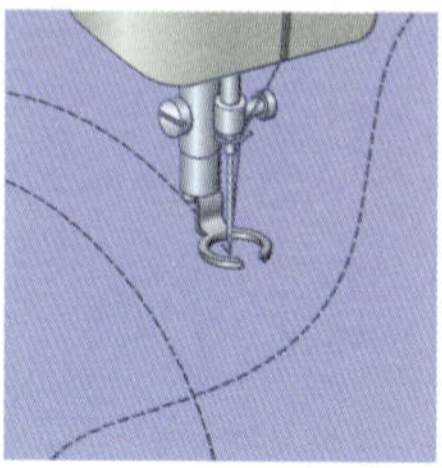

3 Legen Sie das Quiltmaterial unter die Nadel, und bewegen Sie es gleichmäßig, während die Nadel einsticht. Je schneller die Bewegung, desto größer der Stich.

Nähtipps

- Falls Ihre Nähmaschine eine Funktion zum Vernähen der Fadenenden hat, nutzen Sie sie. Das Vernähen kann sonst sehr langwierig sein.
- Lassen Sie sich Zeit, und üben Sie zuerst einmal mit Stoffresten.
- Quilten Sie Jacken und Mäntel, das macht sie wärmer und sieht hübsch aus. Auch Handtaschen kann man mit einem Quiltstück besetzen, das mit Metallgarn angenäht wird.

Durchbrucharbeiten

Das dekorative Fädenziehen setzt lose gewebtes Material voraus. Aus Strickwaren oder dicht gewebten Textilien können keine Fäden gezogen werden. Sie können entweder aus einem Stoffstreifen mehrere aneinander grenzende Fäden herausziehen, bevor Sie ein Musterstück herausschneiden, oder Sie entfernen die Fäden erst, nachdem das Stoffstück zugeschnitten wurde.

Werkzeug und Material

- Grundausstattung (S. 13)
- Stärkere Nadel oder Nahttrenner zum Fädenziehen
- Lose gewebte Textilien – Leinen, Wolle oder Baumwolle

Vorbereitung

Waschen Sie das Gewebe, um zu sehen, ob es einläuft. Schneiden Sie zuerst die Stoffstücke aus, oder ziehen Sie erst die Fäden und schneiden dann den Stoff zu.

1 Markieren sie die Fäden mit einer Nahtzugabe mit Heftstichen in einer sich abhebenden Farbe.

2 Ziehen Sie einen Faden nach dem anderen behutsam aus dem Stoffrand. Wenn der Faden reißt, schieben Sie das abgerissene Ende mit einer langen Nadel oder einem Nahttrenner heraus. Lösen Sie viele angrenzende Fäden, um ein breites Band herzustellen.

3 Wählen Sie passendes Ziergarn und einen Maschinenstich (Zickzack- oder Schlingstich), und nähen Sie damit die Kanten des Hohlsaums entlang. Die Naht begrenzt die Durchbrucharbeit und schließt die Kanten ab.

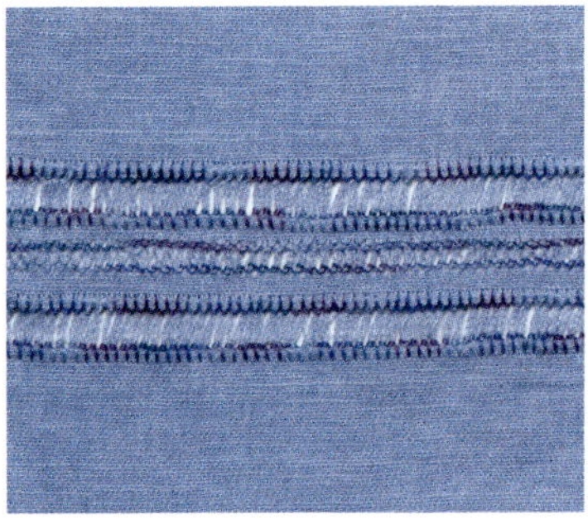

Nähtipps

- Wählen Sie einen losen Naturwebstoff aus wie Leinen oder Baumwolle. Mit einfach gewebtem Material geht es am besten.
- Waschen Sie den Stoff vor, und prüfen Sie, ob sich danach immer noch Fäden ziehen lassen.
- Wenden Sie diese Technik bei Röcken an, besonders bei diagonal geschnittenen, da hier die Fäden quer zum Kleidungsstück verlaufen. Auch als Verzierung von Blusen und Oberteilen sowie an Kleinmädchenkleidern sehen Durchbrucharbeiten hübsch aus.

Paspelieren

Beim Paspelieren wird an Nähten oder Kanten entlang eine umhüllte Schnur eingesetzt. Paspeln heben die Konturen hervor und machen die Nähte interessanter, v. a. wenn sie in einer anderen Farbe gestaltet sind. Man kann dekorative Schnüre farbig kaufen, oder man nimmt eine Schnur in gewünschter Stärke und umhüllt sie selbst mit Stoff.

Werkzeug und Material

- Grundausstattung (S. 13)
- Paspelschnur
- Paspelfußaufsatz

Vorbereitung

Sie benötigen einen Schrägstreifen aus Stoff, mit dem Sie die Paspelschnur umwickeln. Die Breite sollte dem Umfang der Schnur entsprechen, plus Nahtzugabe. Möglicherweise müssen mehrere Stücke für die nötige Länge aneinandergefügt werden (S. 96).

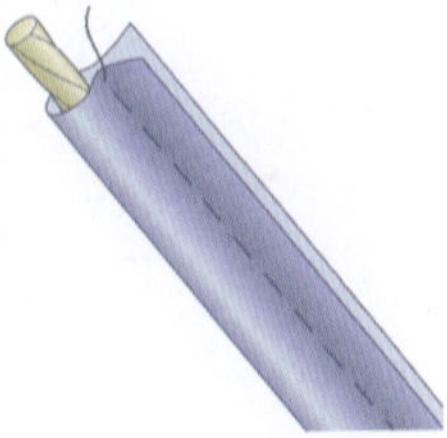

1 Setzen Sie den Paspelfuß oder einen verstellbaren Reißverschlussfuß in die Maschine ein. Legen Sie die Schnur auf die linke Seite des Schrägstreifens, und umwickeln Sie sie damit. Heften Sie mit der Hand oder mit einem langen Maschinengeradstich.

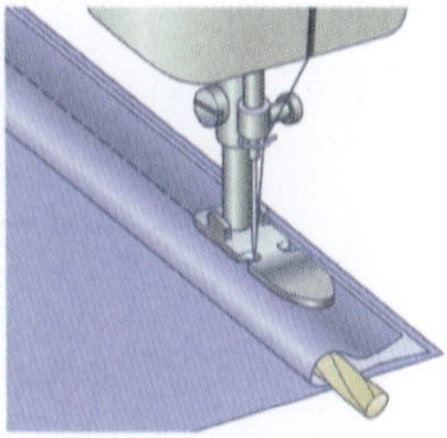

2 Legen Sie die umhüllte Schnur auf die Oberseite eines Stoffes und gleichen Sie die unversäumten Kanten an. Nähen Sie per Hand oder Maschine mit einem langen Stich zusammen.

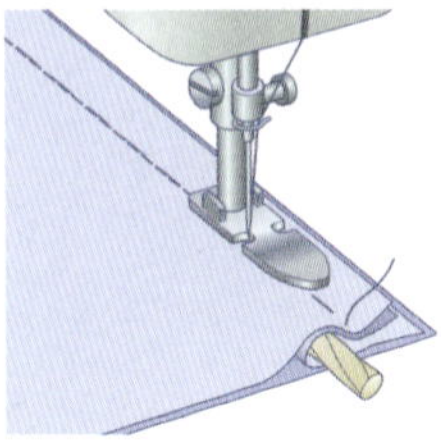

3 Legen Sie die zweite Lage Stoff mit der Oberseite nach unten über Paspel und Unterstoff. Stellen Sie den Stich kleiner, und nähen Sie durch alle Lagen dicht entlang der Paspel.

4 Bei einer Paspel als Kantennaht kürzen Sie die Nahtzugabe, um einen Wulst zu verhindern, und bügeln Sie die Paspel flach an die Außenkante. Dient die Paspel als Nahtabschluss, bügeln Sie die Nahtzugabe nach Wunsch nach beiden Seiten oder nur zu einer.

Anwendung

- Mit einem Lederstreifen können Sie einer kragenlosen Jacke Kontur geben.
- Paspelieren Sie Nähte und Kanten einer Clutch (Handtasche), damit sie in Form bleibt.

Plattstickereien

Mit dem Zickzackstich der Maschine lassen sich dickere Garne oder Schnüre auf der Oberseite von Textilien festnähen (platt sticken). Da die starken Fäden nicht durch das normale Öhr einer Maschinennähnadel passen, können sie mit dem Zickzackstich dennoch zur Dekoration genutzt werden. Nehmen Sie dekoratives oder durchsichtiges Nähgarn.

Werkzeug und Material

- Grundausstattung (S. 13)
- Spezieller Fuß für Plattstickerei oder Flechtwerk
- Passende dicke Garne, Schnüre oder Kordeln
- Passendes Maschinennähgarn, dekorativ oder durchsichtig
- Nadel mit großem Öhr zum Vernähen der Fäden

Vorbereitung

Wählen Sie ein geeignetes Stickvlies aus (S. 212). Legen Sie das Vlies unter das Werkstück.

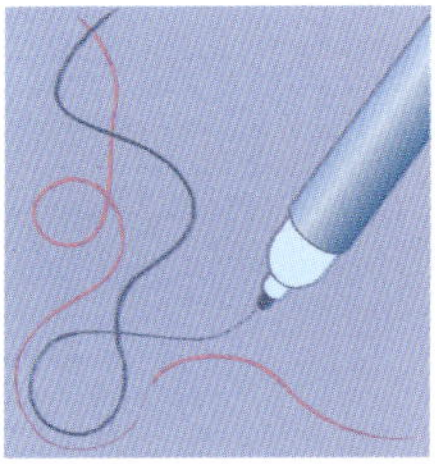

1 Skizzieren Sie die Form des Musters mit einem auswaschbaren Stift.

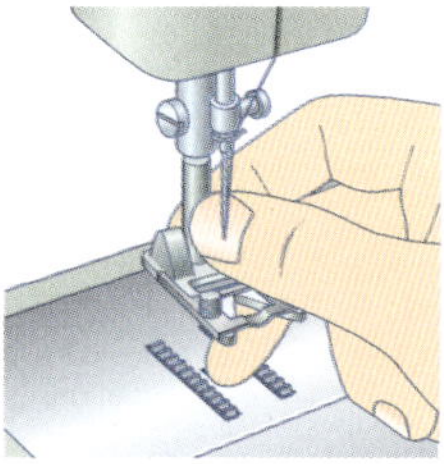

2 Setzen Sie einen Plattstick- oder Flechtfuß in die Maschine. Stellen Sie einen passenden Zickzackstich ein, und fädeln Sie Sticktwist oder Metallfaden auf.

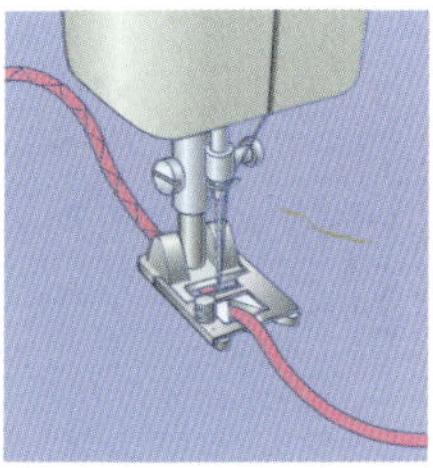

3 Führen Sie das Ende von Schnur oder Garn unter den speziellen Nähfuß, und nähen Sie über das Garn hinweg, um es zu befestigen.

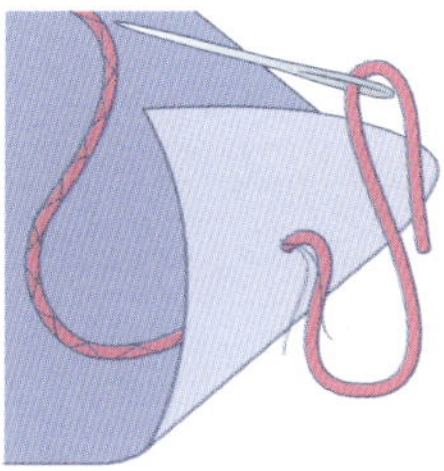

4 Fädeln Sie das Schnurende und die Decknahtfäden zusammen auf, und vernähen Sie sie auf der linken Seite.

Nähtipps

- Nehmen Sie große, auffällige Motive für die Plattstickerei, veredeln Sie damit Hemden, Blusen und Abendkleidung, oder fügen Sie an Kragen, Manschetten und Säumen feine Kanten an.
- Stärkere Fäden, die sich nicht in das Öhr fädeln lassen, können auf die Spule der Nähmaschine aufgezogen werden. Wenn man den Stoff dann andersherum dreht, kommen die dickeren Fäden auf der rechten Seite zum Vorschein. Die Spannung des Spulenhalters muss ggf. angepasst werden. Deshalb ist es ratsam, für die Plattstickerei einen zweiten Spulenhalter anzuschaffen.

Fransen

Fransen wirken am Rand eines Kleidungsstücks als Schmucksaum sehr dekorativ. Die Stofffäden des Gewebes werden bis zu der gewünschten Breite vorsichtig herausgezogen und dann so vernäht, dass nichts weiter ausfranst. Diese Methode ist nur bei lose gewebten Textilien möglich, etwa bei losem Seiden-, Leinen- oder Wollgewebe. Bei Strickwaren oder dicht gewebtem Material sind Fransen nicht möglich.

Werkzeug und Material

- Grundausstattung (S. 13)
- Stärkere Nadel oder Nahttrenner zum Fädenziehen

Vorbereitung
Wenn das fertig gestellte Kleidungsstück nur eine chemische Reinigung verträgt, lassen Sie es etwas einlaufen, indem Sie es mit einem Dampfbügeleisen bearbeiten. Sonst waschen Sie es und lassen es einlaufen, um zu prüfen, ob man danach noch Fäden ziehen kann oder ob sich die Handhabung des Stoffes verändert hat.

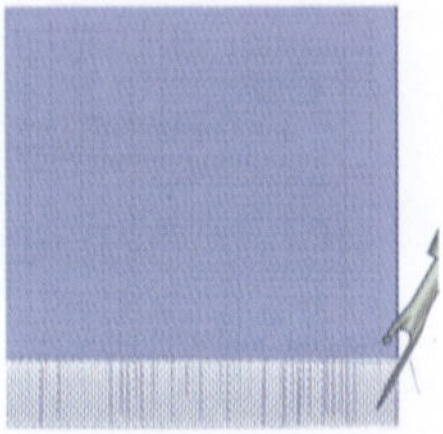

1 Entfernen Sie mit einem Nahttrenner oder einer langen stumpfen Nadel vorsichtig Fäden aus dem Webstoff. Bewahren Sie die gezogenen Fäden auf.

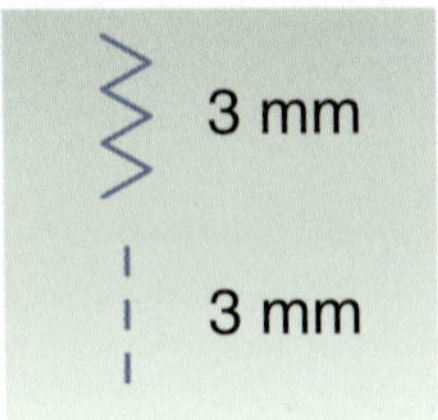

2 Stellen Sie an der Nähmaschine einen Zickzackstich mit 3 mm Länge und 3 mm Breite ein. Fädeln Sie ein Garn in einer ähnlichen Farbe ein.

3 Legen Sie einen der gezogenen Fäden quer über den letzten Faden vor dem Fransensaum. Nähen Sie den Faden im Zickzackstich fest, um ihn mit dem Stoff zu verbinden. Damit sichern Sie den Fransensaum vor dem Auftrennen.

Anwendung

- Der Saum einer Jacke gewinnt mit diesem bewussten Ausfransen an Attraktivität, ganz besonders, wenn er mit einem Metallfaden vernäht wird. Der Faden schimmert dann zart, wenn das Licht darauf fällt.
- Fransen Sie einen Rocksaum aus, und fügen Sie darüber noch einen Hohlsaum ein (S. 228).
- Fransen Sie einen Stoffstreifen aus, und bringen Sie ihn auf ähnliche Weise an, wie Sie eine Paspel in eine Teilnaht oder an den Rändern einer Tasche oder am Kragen einsetzen (S. 229).

Smokarbeiten

Smoken nennt man die Methode, bei der kleine Biesen oder Kräuselungen mit Stickstichen verziert werden. Dabei wird ein Stoffstreifen so zusammengezogen, dass sich viele kleine Fältchen bilden, und jedes dieser Fältchen wird mit einem Stich bestickt. Als Resultat erhält man einen dekorativen Streifen mit einer gewissen Nachgiebigkeit, der natürlich zum Gesamtbild passen muss.

Werkzeug und Material

- Grundausstattung (S. 13)
- Sticknadel
- Sticktwist
- Plissiermaschine

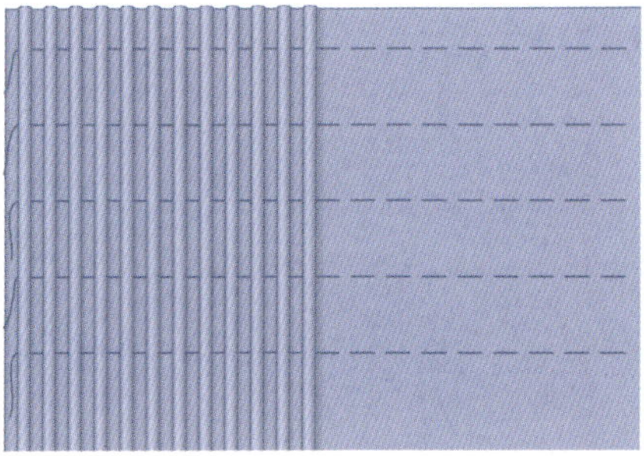

1 Schneiden Sie einen Stoffstreifen etwa drei Mal so lang wie das gewünschte Einsatzmuster, und nähen Sie mehrere Reihen gewöhnlicher Raffstiche von Hand.

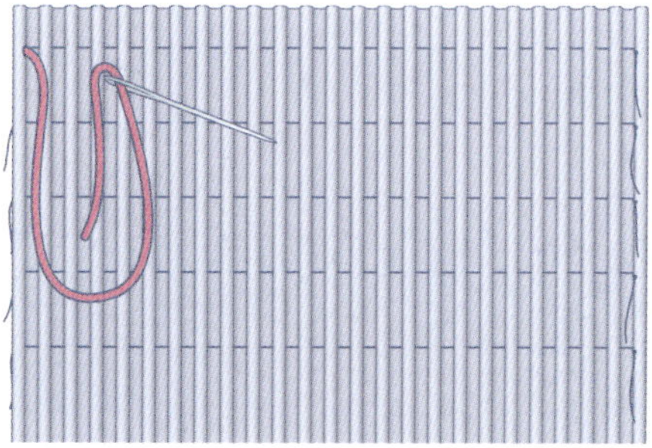

2 Vernähen Sie das Stickgarn auf der linken Seite, und führen Sie die Nadel an die Oberseite.

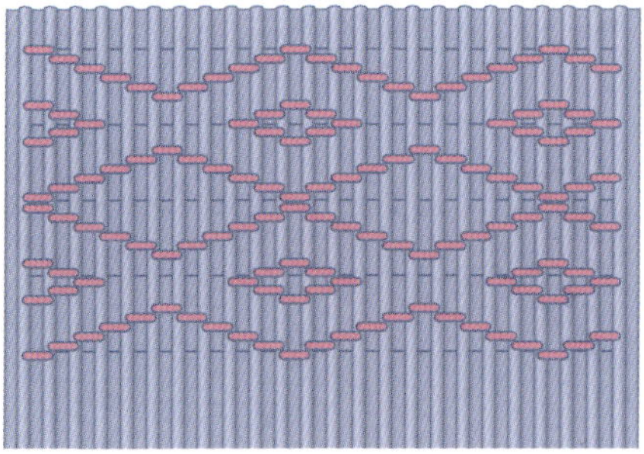

3 Verteilen Sie gleichmäßige Reihen mit Zierstichen über die Plisseefältelungen hinweg, und stellen Sie daraus einen gesmokten Einsatz her, den Sie dann weiterverarbeiten.

Anwendung

Die Smokarbeiten wecken Erinnerungen an traditionelle Arbeitskittel und Babykleidung, aber sie können heute ebenso für modernes Design an Oberteilen und Manschetten oder an locker sitzenden Baumwollblusen, Abendkleidern, Clutches und anderen Handtaschen eingesetzt werden.

Stickstiche für das Smoken von Hand

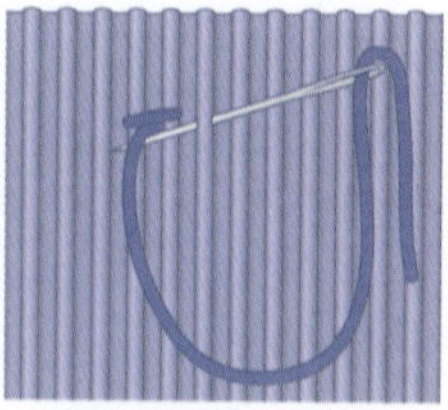

STIELSTICH
Arbeiten sie von links nach rechts, und sticken Sie durch jedes Fältchen einen Stich.

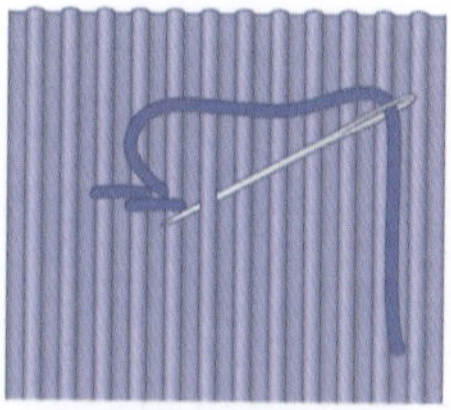

KABELSTICH
Gehen Sie wie beim Stielstich vor, aber setzen Sie den nächsten Stich immer versetzt über oder unter den vorherigen.

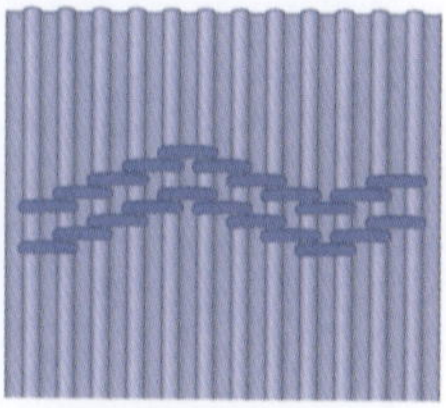

WELLENSTICH
Verarbeiten Sie parallele Stichreihen als Band, und sticken Sie auf und ab, sodass ein Zickzackstreifen entsteht.

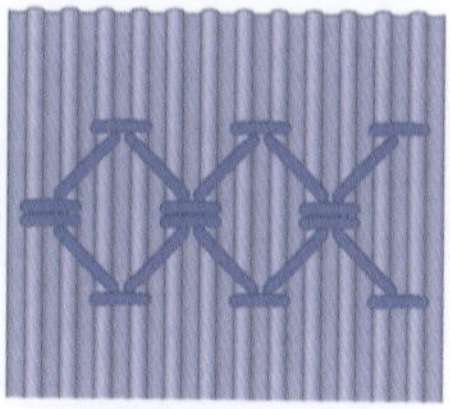

KAROSTICH
Sticken Sie von links nach rechts, und setzen Sie einen großen Schrägstrich, dem ein kleinerer Geradstich folgt, immer paarweise, sodass daraus ein Zickzackmuster entsteht. Dann setzen Sie eine Reihe derselben Stiche spiegelverkehrt darunter.

Smoken mit der Maschine

Stellen Sie mit einem Geradstich mit maximaler Stichlänge einen Streifen von Falten her, und ziehen Sie diese dann zusammen. Sticken Sie mit den passenden Maschinenstichen mit Sticktwist oder Metallfaden über die Falten hinweg.

Von Hand gesmokt

Maschinengesmokt

Filzen mit der Embellisher-Maschine

Werkzeug und Material

- Grundausstattung (S. 13)
- Embellisher- oder Filzmaschine
- Stoffstücke und Wollgarne

Die Embellisher- oder Filzmaschine benutzt eine uralte Technik, bei der mit gezackten Nadeln das Gewebe durchbohrt wird und so die Fasern aufgeraut und miteinander verbunden werden. Zwei oder noch mehr verschiedene Gewebe werden in die Filzmaschine eingeführt und dort ohne Faden und Spule ineinander verschlungen. Durch das Filzen ergeben sich neue Materialien und Verzierungen.

1 Wählen Sie Stoffreste aus Baumwolle, Wolle oder Seide, bereits gefilztes Material oder Schurwolle und noch eine Unterlage.

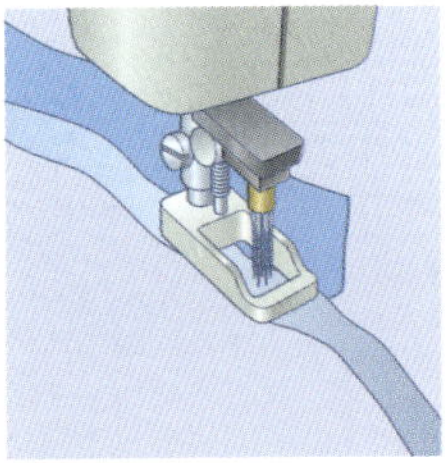

2 Legen Sie die Stücke auf die Unterlage, führen Sie sie unter die Nadeln, und starten Sie mit steter Geschwindigkeit.

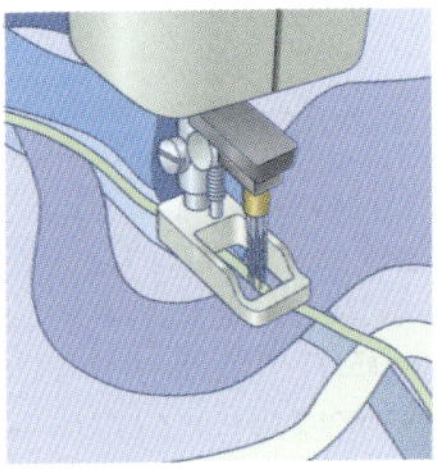

3 Entwickeln Sie Ihr Motiv, indem Sie immer mehr Stoffstücke hinzufügen und nach Wunsch mehr oder weniger mit der Filzmaschine bearbeiten.

Geeignete Materialien

Zum Filzen kann man fast alles benutzen. Die Struktur fällt je nach Material unterschiedlich aus. Üblicherweise benutzt man Naturwolle, Kunstfasern verhalten sich anders bei der Verarbeitung. Probieren Sie es mit ungesponnener Schafwolle, Garnen, Wollresten, Seide, Musselin, Bändern oder Spitzen.

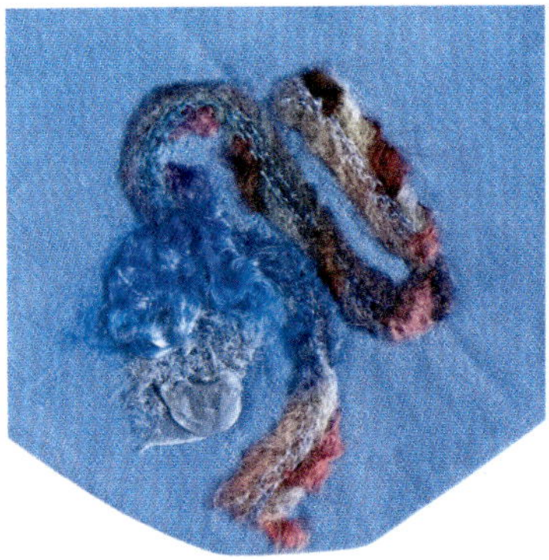

Nähtipps

- Wenn Sie Denim mit dem Embellisher bearbeiten, entsteht eine aparte Wirkung, sobald sich die blau-weißen Fäden vermischen und an die Oberfläche treten.
- Wählen Sie die linke oder die rechte Seite als Oberseite aus, je nachdem, wofür was Sie das Stück verwenden wollen.
- Benutzen Sie den Embellisher für Verzierungen an Hüten, Taschen, Jacken und Schals oder auch für Schmuck.

Effekte mit der Flügelnadel

Eine Flügel- oder Schwertnadel ist sehr breit und hat zu beiden Seiten eine Ausbuchtung. Beim Eindringen in das Gewebe werden die Fasern auseinandergedrängt, und es entsteht ein Loch. Bei Naturstoffen und mit dem passenden Stich bleibt das Loch geöffnet, und das Ergebnis ähnelt den Durchbrucharbeiten der Nostalgiestickerei.

Werkzeug und Material

- Grundausstattung (S. 13)
- Maschinenflügelnadel
- Sprühfixierer
- Baumwollgarn
- Naturgewebe (Bauwolle, Leinen)

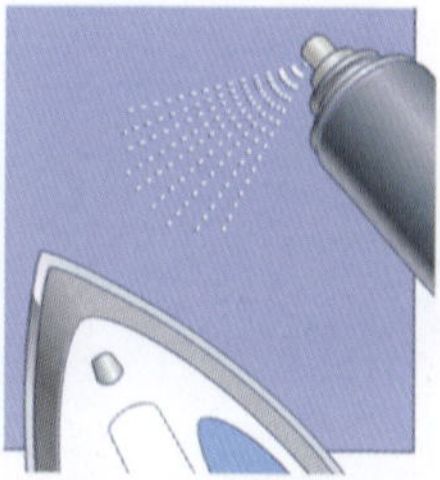

1 Suchen Sie einen weichen Baumwoll- oder Leinenstoff aus. Bügeln Sie ihn glatt, und besprühen Sie ihn mit Fixierer.

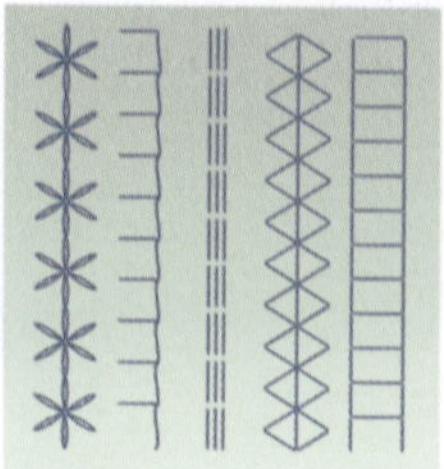

2 Wählen Sie einen Maschinenstich, bei dem die Nadel mehrfach an dieselbe Stelle zurückkehrt. Ein Schlingstich oder Dreifachstich (Verstärkerstich) oder auch ein Sternstich eignen sich gut.

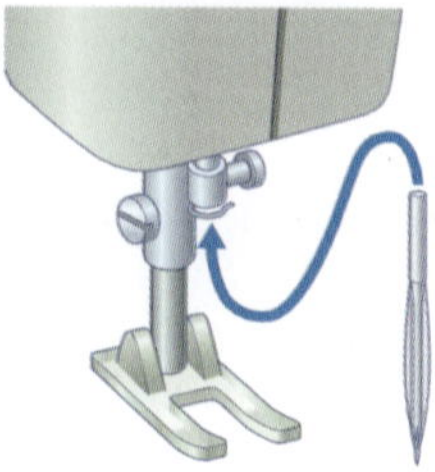

3 Setzen Sie die Flügelnadel ein, zusammen mit einem offenen Nähfüßchen. Dann nähen Sie entsprechend, um den Lochmuster- oder Hohlsaumeffekt zu erzielen.

Nähtipp

Meiden Sie synthetische Fasern und Garne, da bei ihnen die Löcher nicht so weit geöffnet bleiben wie bei Naturmaterialien.

Anwendung

Kreieren Sie nostalgische Hohlsaumstickereien auf Nachtkleidern im viktorianischen Stil und auf Unterwäsche, oder entwerfen Sie traditionelle Durchbrucharbeiten an Kleidern für kleine Mädchen und Puppen, indem Sie die Flügelnadeltechnik mit Biesen (S. 77–79), Bändern und Spitzen kombinieren. (Wenn es nicht um Kleidung geht, können Sie auch einen Schlingstich einsetzen, um breite Säume auf Laken, Kissenbezügen, Stoffservietten und Läufern anzubringen und ihnen eine luxuriöse Note verleihen.)

Overlock: Rollsaum, Muschel- und Kräuselkante

Werkzeug und Material

- Grundausstattung (S. 13)
- Overlock-Maschine
- Rollrandzubehör (je nach Maschine)
- Ausgefallene Garne

Mit einer Overlock kann man mit feinen Stichen schmale Kantenabschlüsse anbringen. Diese zarten Einfassungen sehen besonders hübsch aus, wenn man Sticktwist oder Bauschgarn benutzt. Ein einfacher Rollsaum fasst die Kante mit winzigen Stichen ein, während eine Muschelkante mit weniger Stichen ein weicheres Finish bietet. Ein Kräuselrand entsteht, wenn man Stretchgewebe oder diagonal geschnittene Stoffe verwendet und die Kante beim Nähen zusammenschiebt.

Rollsaum

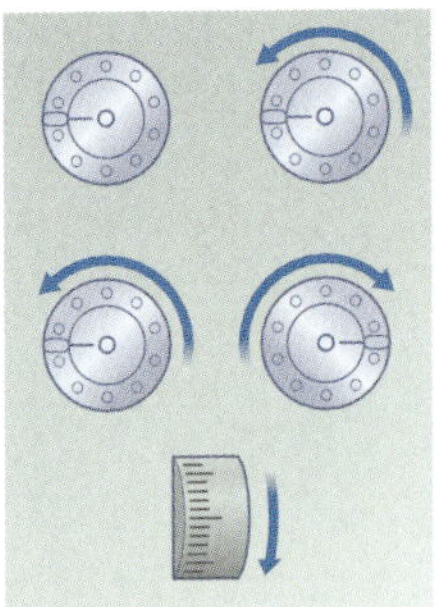

1 Wählen Sie die entsprechenden Einstellungen aus der Gebrauchsanleitung der Maschine aus.

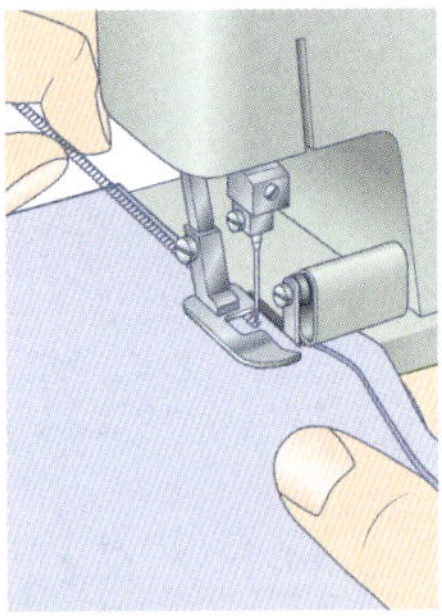

2 Führen Sie den Stoff unter dem Nähfuß ein, während gleichzeitig der überstehende Rand abgeschnitten wird.

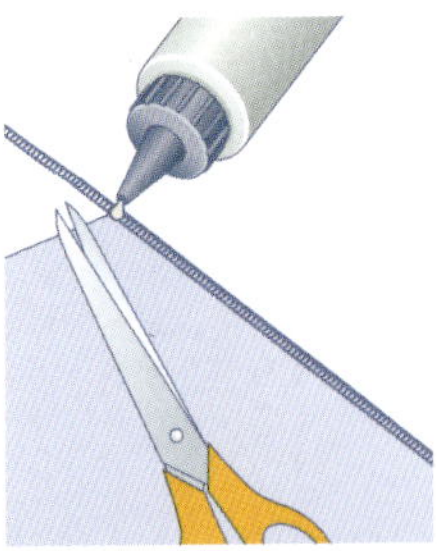

3 Entweder bearbeiten Sie das Fadenende mit Klebstoff, der die Kante versiegelt, und schneiden den Rest ab, oder Sie fädeln das Ende in eine Webnadel und ziehen es durch die rückwärtigen Stiche.

Anwendung

Verwenden Sie Rolleinfassungen und Kräuselkanten für T-Shirts und Kleider aus T-Shirt-Stoff. Muschelkanten wählen Sie für Unterwäsche, Seidenschals und Abendgarderobe aus weicheren Stoffen, bei denen ein edleres Finish erwünscht ist.

Muschelkante

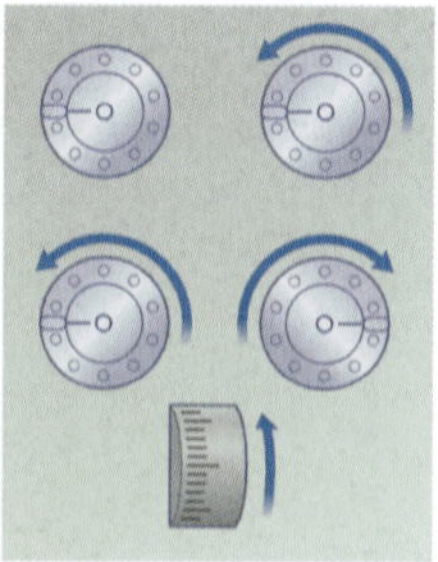

1 Wählen Sie die Einstellungen nach der Gebrauchsanleitung der Maschine aus, und vergrößern Sie die Stichlänge.

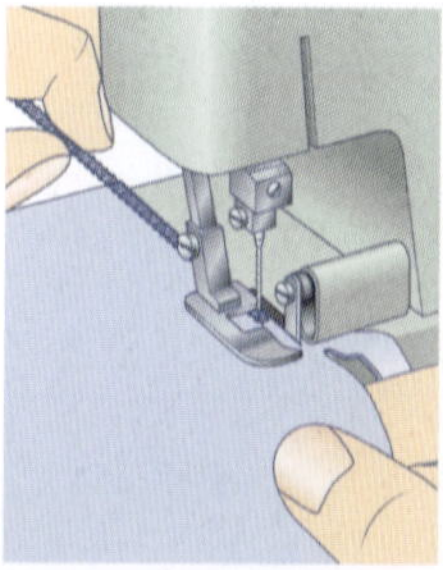

2 Führen Sie den Stoff unter den Nähfuß ein, schneiden Sie den Rand mit der Overlock ab. Versäubern Sie die Fadenenden.

Kräuselkante

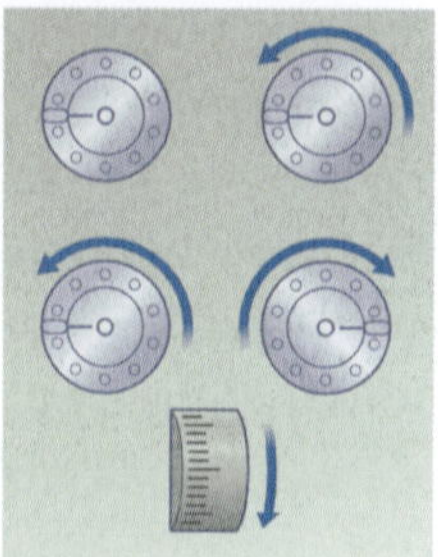

1 Stellen Sie die Overlock auf Rollsaum.

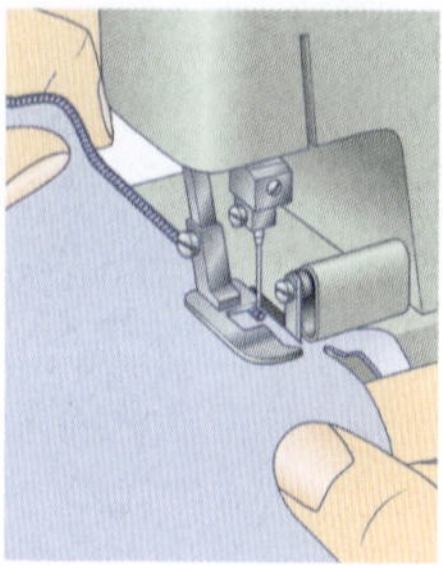

2 Beginnen Sie zu nähen, um die Nadel im Stoff zu verankern. Ziehen Sie jetzt behutsam am Stoffstück vor der Nadel, und nähen Sie weiter. Versäubern Sie die Fadenenden, und zupfen Sie an der Kräuselkante, um die Wirkung noch zu verstärken.

Garntipp

Nehmen Sie ein Schmuckgarn für den oberen Fadenverteiler und gewöhnliches Nähgarn in der gleichen Farbe für die untere Fadenführung. Als Schmuckgarn eignen sich Metallfäden, Bauschgarn und Sticktwist. Experimentieren Sie auf Stoffresten, um die verschiedenen Effekte auszuprobieren.

Versäubern mit der Overlock

Flatlock (Flachnaht) ist eine attraktive Nähtechnik, bei der die Fadenspannung der Overlock-Maschine geregelt wird und die Stoffstücke so auseinandergezogen werden, dass sie ganz flach aufliegen. Die Stiche sind auf beiden Seiten der Naht zu sehen. Auf der rechten Seite erscheinen Schlingen und auf der linken Seite leiterartige Stiche. Flatlock-Nähte eignen sich für Gewebe, die nicht ausfransen, und für Strickwaren.

Werkzeug und Material

- Grundausstattung (S. 13)
- Overlock-Maschine
- Dekorative Garne

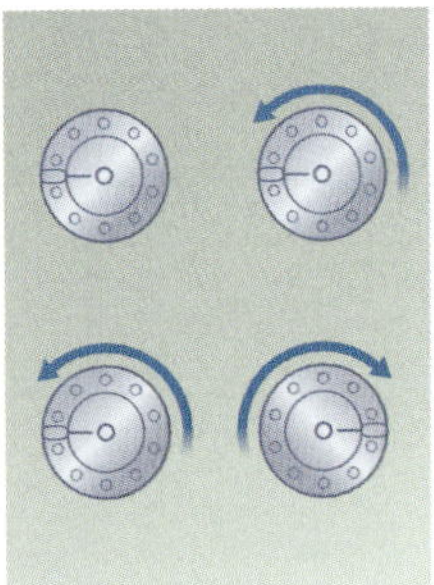

1 Gehen Sie nach der Gebrauchsanleitung vor, und wählen Sie die Einstellungen für die Flatlock-Naht aus.

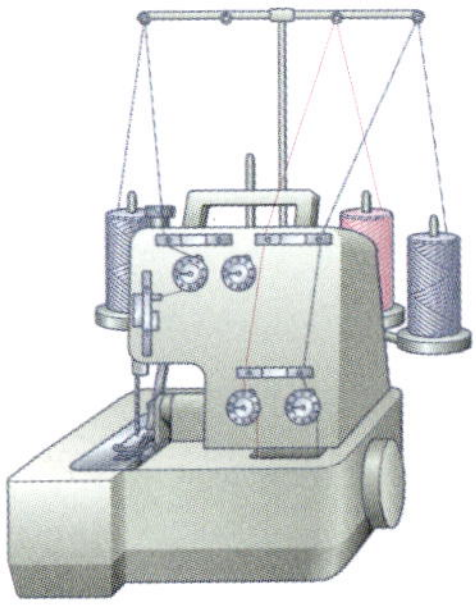

2 Stecken Sie ein Deko-Garn auf die obere Spule, und folgen Sie der markierten Fadenführung.

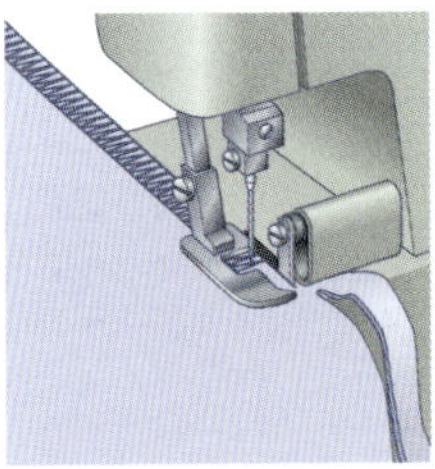

3 Legen Sie die Stoffe mit der rechten Seite aneinander für das Leitern-Finish und mit der linken Seite für die Schlingen-Versäuberung, bei der das Obermesser die Reste abschneidet.

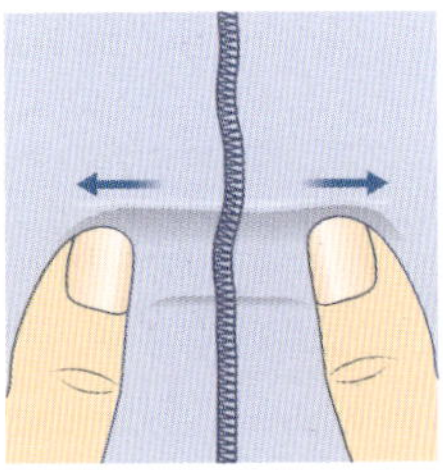

4 Ziehen Sie die Stoffe behutsam auseinander, und bilden Sie mit der Naht eine ordentliche Linie auf der Oberfläche.

Garntipp

Da das Ziergarn durch den Fadenverteiler der Overlockmaschine geführt wird und nicht durch ein Nadelöhr, können auch wesentlich dickere Garne zum Einsatz kommen. Außer Metallfaden und Sticktwist kommen zudem Bauschgarn, Häkelgarn und Bänder in Frage.

Dekorativer Faden in der oberen Spule, die Schlingen erscheinen an der Oberfläche.

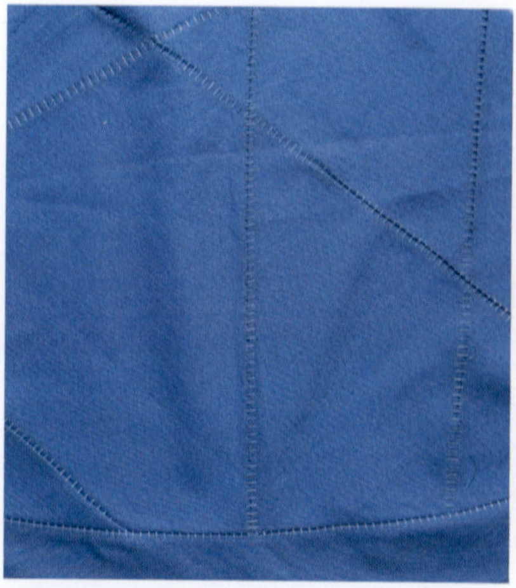

Flachnaht mit Leitermuster auf der rechten Seite.

Nähtipps

- Benutzen Sie kontrastfarbige Garne für die Flatlock-Nähte, um die Stoffbahnen zu betonen.
- Lassen Sie das Obermesser einklappen, und nähen Sie entlang einer Stofffalte, sodass zusätzliche Flatlock-Nähte auf der Oberseite eines Fleece- oder Mantelstoffs entstehen.
- Setzen Sie die Flachnähte als dekorativen Saum ein.
- Die meisten Overlock-Maschinen verfügen über einen Drei-Faden-Flatlockstich, aber es gibt auch welche mit Zwei-Faden-Vorrichtungen, die Nähte werden dann nicht ganz so dick. Entnehmen Sie die Details aus der Gebrauchsanleitung, da das Einfädeln nicht ganz einfach ist.

Die Overlock für die Flatlock-Naht einrichten

Nicht bei allen Maschinen wird die Flachnaht in der Bedienungsanleitung erklärt. Für den Flatlock-Stich lockern Sie die Nadel und die obere Fadenspannung und ziehen die Spannung des unteren Einfädlers an. Lassen Sie sich Zeit beim Erproben und Einstellen der richtigen Fadenspannung, bis der Stich perfekt ist.

Kleine Stoffkunde: Stoffe zuschneiden, nähen und pflegen

Hier finden Sie nützliche Informationen und praktische Tipps, wie Sie den von Ihnen gewählten Stoff behandeln und pflegen, damit Ihre Arbeit am Ende von einem perfekten Ergebnis gekrönt wird.

Vorbereitung

- Überprüfen Sie den Stoff auf Mängel, bevor Sie ihn zuschneiden. Kleine Fehler können Sie vielleicht kaschieren, sonst geben Sie den Stoff zurück. Wenn möglich, prüfen Sie den Stoff schon, wenn er noch auf dem Ballen ist.
- Ein späteres Einlaufen des Stoffes verhindern Sie, indem Sie den Stoff vorher mit der für ihn richtigen Temperatur waschen. Oder bringen Sie mit einem Bügeleisen Dampf auf den Stoff, indem Sie das Bügeleisen leicht darüberführen.
- Stoffbesätze und Verzierungen aus Spitze oder Bändern sollten Sie vor der Verarbeitung waschen, damit sie später nicht färben.

Zuschneiden

- Schneiden Sie den Stoff auf einer großen, flachen Platte in bequemer Höhe zu.
- Schneiden Sie mit einer langen Schere oder einem Rollschneider mit Schneidematte.
- Achten Sie beim Auflegen der Schnittmusterteile auf den Fadenlauf, bei Stoffen mit Flor oder Strichrichtung müssen diese bei allen Teilen übereinstimmen.
- Die meisten Stoffe können vor dem Zuschneiden gefaltet werden, um symmetrische Teile zu erhalten. Feine, lose gewebte, dehnbare oder schräg zu schneidende Stoffe kann man jedoch einzeln genauer zuschneiden.
- Bei rutschigen oder diagonal zu schneidenden Stoffen ein Baumwolltuch auf die Arbeitsfläche legen, um ein Verrutschen zu verhindern.
- Schnittmusterteile mit langen, dünnen Stecknadeln fixieren, die den Stoff leicht durchstechen, ohne ihn zu beschädigen. Oder den Stoff mit Gewichten fixieren.
- Kunstpelz mit Cutter oder kleiner Handarbeitsschere von der linken Seite zuschneiden. Der Pelzflor sollte sich dann leicht trennen lassen, ohne dass zu viele Fasern verloren gehen.

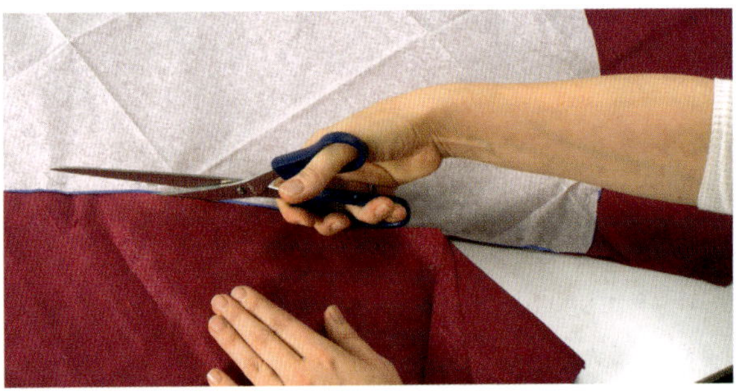

Schneiden Sie Ihren Stoff mit einer langen, scharfen Schere zu.

Nähen

- Wählen Sie eine passende Nähnadel für Ihre Maschine. Nähnadeln gibt es in vielen Ausführungen und Größen, zum Beispiel für Denim (Jeansstoff) besonders starke Nadeln, für Leder Nadeln mit besonders geformter Spitze (mehr S. 16–17).
- Wählen Sie eine für die Stoffart passende Stichlänge. Bei feinem Material die Stiche kürzer, bei dickerem Stoff länger einstellen.
- Bei dehnbarem Material Zickzack- oder Stretchstich wählen, damit die Naht sich mit dem Stoff bewegen kann und der Faden nicht reißt.
- Bei dehnbaren Stoffen Nähte und Säume mit einer Overlockmaschine verarbeiten.
- Nähte vor dem Nähen zusammenstecken, um Zeit zu sparen, und nur heften, wenn es nötig ist.
- Bei Seide oder Wollstoffen Seidengarn verwenden.
- Heften Sie mit Seidengarn. Klingt extravagant, aber Seide bildet keine Knötchen und verheddert sich nicht.
- Armlöcher und hintere Hosennähte zur Verstärkung mit Dreifachstich auf der Maschine nähen oder die Naht doppelt steppen.
- Die Verwendung von speziellem Nähmaschinenzubehör erleichtert schwierige Aufgaben wie das Einsetzen eines verdeckten Reißverschlusses, das Arbeiten von Einfassungen oder das Nähen durch viele Stofflagen.
- Bei feinen Stoffen mit leichten Stichen vom Rand beginnen, damit der Stoff nicht in die Nadelplatte gedrückt wird.
- Damit der Stoff sich nicht verzieht, während des Nähens vor und hinter der Nadel leichten Zug ausüben.
- Garn langsam auf die Nähmaschinenspule aufspulen, bei zu fest gewickelten Spulen können sich Nähte zusammenziehen.
- Teilfertige Kleidungsstücke, die diagonal geschnitten sind, vorm Säumen eine Zeit aufhängen. Der Stoff „hängt sich aus", der Saum wird gerade.

Waschen

- Achten Sie beim Kauf darauf, ob dem Stoff Pflegeanweisungen beiliegen.
- Chemisch zu reinigende Kleidungsstücke können beim Waschen in der Maschine ihre Form verlieren. Knöpfe und Schnallen vor dem Reinigen entfernen, da sie verdorben werden können.
- Informieren Sie die Reinigung über Flecken und empfindliche Verzierungen.
- Aus Umweltgründen und zur Schonung der Kleidung moderate Waschgänge wählen. Waschen Sie nur heiß oder besonders lange, wenn dies absolut nötig ist.
- Waschen Sie feine Stoffe mit der Hand, dann schonschleudern oder nass aufhängen.
- Weiße Baumwoll- und Leinenkleidung trocknen Sie am besten an der Sonne, sie wirkt wie ein natürliches Bleichmittel und lässt Flecken verschwinden.
- Einige Stricksachen müssen während des Trocknens liegen, damit sie nicht ihre Form verlieren.

Bügeln

- Verwenden Sie ein Bügeltuch, um die Oberfläche des Stoffes zu schützen. Seidenorganza ist dafür ideal.
- Für einen festen, steifen Kragen an einer Wolljacke leicht mit Dampf bügeln, dann mit einem Kragenklotz oder einfach einem Nudelholz festpressen.
- Zum Vermeiden von Rändern auf der rechten Seite kann man dünne Pappe zwischen den Stoff und die Nahtzugaben legen.
- Beim Bügeln einer Naht diese zuerst von links offen bügeln und dann noch leicht von rechts darüber fahren (falls nötig, mit Bügeltuch).

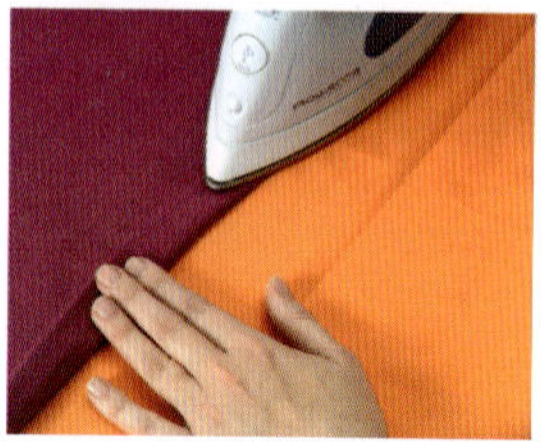

Ein Bügeleisen muss bequem zu halten sein.

Wahl des Stoffes

Heutzutage gibt es eine sehr große Auswahl an Stoffen aus den unterschiedlichsten Geweben und in allen möglichen Farben und Mustern. Wenn Sie einen Stoff aussuchen, gibt es daher viele Faktoren zu bedenken: Faser, Textur, Fall, Farbe, Muster und Mustergröße und -richtung. Haben Sie den Stoff zugeschnitten, können Sie ihn nicht mehr zurückgeben. Fehler bei der Entscheidung können kostspielig werden.

Fertigschnitte enthalten oft wertvolle Hinweise, welche Stoffart zu einem bestimmten Kleidungsstück passt. Eventuell finden Sie auf dem Umschlag des Schnittmusters eine Liste geeigneter Stoffe und Angaben zu Breite und Länge. Baumwoll- und Leinenstoffe gibt es in vielen Breiten von 0,80 m bis 1,50 m und manchmal noch breiter. Wollstoffe werden meist auf breiteren Webstühlen gewebt und liegen daher im Allgemeinen breiter als andere Stoffe, ebenso Strickstoffe.

Verlassen Sie sich nicht auf Ihr Auge, wenn Sie einen Stoff auswählen, der zu einem anderen Kleidungsstück passen soll. Einen bestimmten Grünton zum Beispiel kann man sich nur sehr schlecht exakt vergegenwärtigen. Grünschattierungen unterliegen sehr feinen Veränderungen, je nachdem, ob sie in ihrer Zusammensetzung mehr ins Blaue oder ins Gelbe tendieren. Nehmen Sie das Kleidungsstück mit ins Stoffgeschäft, um sicherzugehen, dass die Farben wirklich zueinander passen.

Lassen Sie sich Zeit, um den für Ihre Bedürfnisse perfekten Stoff auszuwählen. Ein leichter Cord zum Beispiel eignet sich gut für Kinderkleidung, da er sehr haltbar und gleichzeitig leicht ist, ein leichter, seidiger Stoff fällt wunderschön bei einem Sommerkleid.

Wenn Sie dann Ihren Stoff zu Hause aufbewahren, falten Sie ihn nicht, sondern rollen Sie ihn. So entstehen keine Falten, die später womöglich schwer wieder zu entfernen sind.

Wenn Sie diese Ratschläge beherzigen, wird Ihre Arbeit durch einen schönen Stoff, der in Farbe und Beschaffenheit perfekt zum Design des Kleidungsstücks passt, zu einem vollem Erfolg.

Beim Zuschneiden von Denim statt Nadeln Gewichte verwenden.

GEWEBTE STOFFE

Im Allgemeinen sind mittelschwere, gewebte Stoffe leicht zu verarbeiten und für Anfänger die beste Wahl. Steife und dicke Stoffe oder feine Stoffe mit wenig Griff sind schwerer zu nähen.

BAUMWOLLSTOFFE

Diese Stoffe bestanden früher aus 100 Prozent Baumwolle, werden aber heute häufig mit Kunstfasern wie Polyester oder Rayon gemischt oder sogar durch sie ersetzt.

Baumwolle Ein Naturprodukt aus der Baumwollpflanze, das sich gut färben lässt. Baumwolle läuft ein, daher sollte man sie vor dem Zuschneiden entweder waschen oder mit dem Dampfbügeleisen darüberfahren. Im Allgemeinen wird Baumwolle für höhere Festigkeit im Fadenlauf zugeschnitten, man kann sie

Die besonders dichte Webart ist die Stärke von Baumwollpopelin.

auch diagonal schneiden, damit sie sich bequemer trägt.

Kattun Leichtes Leinenmaterial, das sowohl für lässige Kleidung als auch Kinderkleidung geeignet ist, da es sich gut waschen lässt.

Chino-Twill Ein mittelschwerer Köperstoff mit leichtem Schimmer, meist beige gefärbt und oft für Freizeithosen verwandt („Chinos"). Schwererer Chino, dunkelblau oder schwarz gefärbt, eignet sich für Arbeitskleidung.

Baumwollbatist Ein feiner, leichter und dünner Stoff in Leinenbindung. Ideal für Kinderkleidung, Unterwäsche, Taschentücher und Blusen. Batist ist stabil genug für Stickereien mit Hand oder Maschine.

Baumwoll-Broadcloth Mittelschwerer Stoff mit feiner Rippe, entweder aus reiner Baumwolle oder Baumwolle und Polyester. Wird vor allem für Blusen und Hemden verwendet.

Baumwollcord Festes Baumwollgewebe mit Rippen, die je nach Cord durch unterschiedliche Herstellung entstehen. In verschiedenen Stärken erhältlich – leichter Feincord ist ideal für Kinderbekleidung, Jacketts und Hosen, schwererer Breitkord ist warm genug für lässige Outdoorkleidung. Cordsamt hat eine samtartige Oberfläche.

Baumwoll-Linon Leichte Baumwolle in Leinwandbindung. Oft recht dünn, ist der Stoff doch haltbar genug für Biesen und Smokverzierungen, wie sie bei Kinderkleidung oft vorkommen. Geeignet für Sommerblusen und Kleider.

Baumwollpopelin Ein dicht gewebter Stoff mit deutlicher, horizontaler Rippe. Sehr haltbar und stabil, gut für Röcke, Hosen und Sommerjacketts.

Denim Schwerer Stoff in Köperbindung, meist dunkelblau gefärbt, Schussfäden weiß und Kettfäden blau. Gut geeignet für Arbeitskleidung, Jeans, Röcke, Jacken und Kinderkleidung.

Vichy-Karo Mittelschwerer Stoff aus Baumwolle oder auch Baumwollmischungen. Die Fasern werden vor dem Weben gefärbt und in Karos verarbeitet.

Leinen Ein etwas steifer Stoff, der seit alten Zeiten aus den Fasern des Flachses gesponnen wird. Stabil und sehr saugfähig, daher gut für Sportkleidung geeignet. Wie Baumwolle auch wurde dieses Naturgewebe traditionell allein verwendet, wird jedoch heute zur Änderung seiner Eigenschaften oft mit anderen Fasern gemischt. Elastan bewirkt zum Beispiel, dass der Stoff weniger stark knittert. Auch Seide und Baumwolle werden mit Leinen gemischt.

Leinen knittert leicht, doch wird dies als Teil seines Charmes angesehen, und die Falten lassen sich mit einem Dampfbügeleisen leicht wieder entfernen. Leinen lässt sich gut färben und ist in einer breiten Palette modischer Farben erhältlich. Aufgrund seines guten Griffs ist Leinen ideal für maßgeschneiderte Kleidung von leichten Blusen bis zu schweren Jacketts.

Musselin Ein billiger, grob gewebter Baumwollstoff. In mittelstarker Qualität wird er oft zum Herstellen von Probestücken von Hosen oder Kleidern verwandt, um deren Sitz beurteilen zu können, bevor man sie in einem teuren Stoff näht. Musselin ist ein gutes Zwischenfutter.

Karos und Streifen von Vichy-Karo, das sich für Säume und Einfassungen eignet.

STOFFE AUS MIKROFASERN

Die „Wunderfasern“ dieser Stoffe sind eine moderne Erfindung und bestehen meist aus Polyester und Nylon. Verglichen mit konventionellen Stofffäden sind Mikrofasern extrem dünn, wodurch das Gewebe besonders dicht wird. Was Beschaffenheit und Fall des Stoffes angeht, haben Mikrofasergewebe ähnliche Eigenschaften wie Naturfaserstoffe, sind aber haltbarer. Die feinen Fasern sind ideal, um Seidenstoffe zu imitieren, finden jedoch auch sonst vielseitige Verwendung.

Mikrofasern eignen sich zur Herstellung winddichter und wasserabweisender Stoffe, die ausgezeichnet für warme Überkleidung und Regenkleidung geeignet sind. Mikrofaserstoffe sind gut waschbar, aber hitzeempfindlich, daher ist beim Bügeln und bei chemischer Reinigung Vorsicht geboten.

Mikrofaserstoffe fallen gut, bleiben nicht haften und knittern nicht.

Leichte Mikrofaser
Gute Alternative zu Seide für Unterwäsche und leichte Blusen.

Mittelschwere Mikrofaser
Für Hemden und Röcke, die weich fallen sollen, und für Sportbekleidung (Laufen und Radfahren).

Schwerere Mikrofaser
Für Jacken und wetterfeste Kleidung.

SEIDE

Diese Naturfaser wurde vor 5000 Jahren in China von Webern entdeckt, die den Kokon der Seidenraupenlarve abwickelten und aus den Fäden glänzende Stoffe von außergewöhnlicher Schönheit herstellten. Der Glanz kann durch Atlasbindung noch verstärkt werden. Hundertprozentige Seidenstoffe sind gut zu verarbeiten, Imitationen aus billigeren Synthetikfasern lassen sich weniger gut bearbeiten und können unter der Hitze des Bügeleisens schmelzen. Seide lässt sich sehr gut färben und ist in einer großen Vielfalt leuchtender wie auch gedämpfter Farben erhältlich. Der Stoff ist ideal für Blusen, Brautkleider und Abendgarderobe.

Die Farbe von Dupioni-Seide ändert sich mit dem Lichteinfall, schneiden Sie daher alle Teile in der gleichen Richtung zu.

Crêpe de Chine Eine leichte Seide in Leinwandbindung mit matter Beschaffenheit und gedämpftem Glanz. Wird häufig durch Polyesterstoffe imitiert. Fällt weich und ist ideal für Damenunterwäsche, Blusen und Abendkleider.

Dupioni-Seide Eine luxuriöse, schwere Seide, die mit zwei Schussfäden gewebt wird und ungleichmäßige Noppen aufweist. Für formelle Kleidung und Brautkleider.

Habutai-Seide Eine weniger teure, leichte, glänzende Seidenart. Elegante Futter in Mänteln und Jacken sind oft aus Habutai. Mit farbenfrohen Mustern bedruckt, ist die weich fließende Habutai-Seide ein idealer Stoff für schöne Tücher und Schals.

Seidenorganza Dünner, transparenter Seidenstoff mit fest gedrehten Fäden, wodurch er Stabilität erhält. Ziemlich steif und glänzend, wird er für Brautschleier und -kleider verwendet. Wegen seines geringen Gewichts ist der Stoff schwer zu verarbeiten. Eine Lösung für einen perfekten Saum ist das Rollen und Umnähen mit Hand. Der Stoff ist ideal zum Unterfüttern, da er gleichzeitig dünn und stark ist.

Schottentuchgarne werden gefärbt und dann zu Stoffen mit Karomustern verwoben.

WOLLE

Eine Naturfaser, die aus dem geschorenen Fell von Tieren, hauptsächlich Schafen, hergestellt wird. „Reine Wolle" bedeutet hunderprozentiges Wollgarn; wird ein Stoff als Wollmischung ausgezeichnet, muss er mindestens 55 Prozent Wolle enthalten und wird mit anderen Stoffen, häufig Seide, gemischt. Gewebte Wollstoffe halten durch ihre dicke Beschaffenheit gut die Körperwärme. Andererseits isoliert Wolle auch gegen Hitze von außen und wird daher häufig für Kleidung in Wüstengegenden verwandt. Wolle ist schmutzabweisend und knittert wenig. Es gibt eine große Vielfalt an Wollstoffen, je nach Herstellungsart und Ursprung der Wolle. Entsprechend vielfältig ist die Verwendung z. B. für Hosen, Mäntel oder Strickpullis.

Kamelhaar Ein mit dem Flaumhaar aus dem inneren, weichen Fell des Kamels gemischter Wollstoff. Kamelhaar ist ein hochwertiger Stoff mit sehr weichem Griff, ideal für leichte Mäntel. Häufig wird der Begriff „Kamelhaar" auch nur als Farbbezeichnung verwendet.

Kaschmir Ebenfalls ein wertvoller Stoff, der aus einer Mischung des feinen Unterhaars der Kaschmirziege und Wolle hergestellt wird. Kaschmir ist sehr weich und flauschig und wird für Pullover und andere Stricksachen verwendet. Gewebter Kaschmirstoff ist ideal für Mäntel und Jacketts.

Schottentuch Ein Wollstoff in Köperbindung mit verschiedenfarbigen Karomustern. Schottische Clans entwarfen früher ihre jeweils eigenen Stoffe mit deren einmaligen Mustern. Schottentuch ist ideal, um die Falten bei Schottenröcken zu formen und zu erhalten. Nicht alle karierten Wollstoffe weisen die gleiche Symmetrie der farbigen Streifen auf, achten Sie daher beim Auflegen der Schnittmusterteile auf den Verlauf des Musters.

Kammgarn Ein hochwertiger Stoff in dicht gewebter Leinwandbindung mit einer besonders strukturierten, weichen Oberfläche. Dieser feine Wollstoff lässt sich gut mit einem Dampfbügeleisen glätten.

Webwolle Wollstoff in Leinwandbindung, weich und warm und daher ideal für Wintermäntel und -jacken. Leichte Wollmischungen eignen sich auch für Anzüge und Hosen.

Elastan wird Stoffen beigefügt, damit die Kleidung besser ihre Form behält.

STRICKSTOFFE

Strickstoffe, auch als Wirk- oder Maschenware bezeichnet, werden nicht mit Schuss- und Kettfaden gewebt, sondern mit Maschen gewirkt. Die Fasern für diese Stoffe können aus Wolle, Baumwolle oder Chemiefasern oder aus Fasermischungen bestehen.

Doppelstrick Bei diesem Stoff sehen beide Seiten gleich aus. Es gibt ihn in Baumwolle, Baumwollmischungen, Wolle und anderen Geweben, er dehnt sich. Das muss man bedenken, wenn man ihn für ein Kleidungsstück in Betracht zieht. Mittelschwere Doppelstrickstoffe eignen sich gut für Hosen und Jacken; sie sind formbeständig, geben aber genug nach, um sich bequem zu tragen. Leichte Doppelstrickstoffe sind gut für Kleider geeignet, weil sie gut fallen.

Interlockstrick Eine feine, stabile Maschenware in Strickoptik, normalerweise aus Baumwolle oder Baumwoll-Polyester-Mischungen. Ausgezeichneter Stoff für T-Shirts, Freizeitkleidung und Unterwäsche.

Elastan Eine sehr dehnbare Faser, die niemals allein verwendet, sondern für bequeme Trageeigenschaften mit anderen Fasern gemischt wird. Anfangs vor allem für Damenunterwäsche und Badekleidung benutzt, findet man Elastan heute oft als Beimischung von Baumwolle und Baumwollpolyestermischungen bei Freizeitkleidung.

Sweatshirtstoff Eine schwere Maschenware, die warm ist und sich bequem trägt, meist dehnbar. Geeignet für lockere Kleidung wie Sportkleidung.

Trikot Eine feine Maschenware, normalerweise aus Nylon, die diagonal, aber nicht vertikal dehnbar ist. Weich und glatt, eignet sich Trikot ausgezeichnet für Damenunterwäsche.

LEDERSTOFFE

Entweder aus Tierhaut oder aus Tierhautimitaten.

Webpelz Imitate verschiedenster Art, die aussehen wie teure Tierpelze. Viele sind so exzellent gearbeitet, dass man sie auf den ersten Blick kaum von einem „echten Pelz" unterscheiden kann. Eine sehr gute Alternative zu Tierpelzen. Jacken und Mäntel aus Webpelz erfordern eine besondere Nähtechnik.

Kunstwildleder Ein synthetischer Stoff, der haltbar ist und sich gut waschen lässt. Ideal für Jacken und Blazer. Da dieses Material eine Imitation von echtem Wildleder ist, erfordert es die gleichen Nähtechniken wie dieses.

Leder Tierhäute, die sich zur Herstellung von Kleidung eignen. Leder gibt es heute in verschiedenen, modischen Farben. Die Verfügbarkeit einiger Leder kann aufgrund von Tierschutzbestimmungen eingeschränkt sein. Leder erfordert spezielle Nähtechniken, und es kann sein, dass man für ein bestimmtes Projekt das Leder nicht als Meterware bekommt, sondern als ganze Tierhaut kaufen muss.

Leder eignet sich für Jacken, Taschen, Gürtel und als Polstermaterial.

BESONDERE STOFFE

Kleidung für besondere Gelegenheiten besteht oft aus sehr edlen und teuren Stoffen. Dafür werden die unterschiedlichsten Fasern auf vielfältige Art verarbeitet.

Bouclé Ein Stoff aus Wolle oder Wollmischgewebe oder auch ein Wollgarn mit Schlaufen oder Noppen, die durch einen besonderen Herstellungsprozess entstehen. Gewebter Bouclèstoff hat eine unregelmäßige, knotige Oberfläche und eignet sich für Jacken im Chanelstil. Hübsch sind auch Strickpullover aus Bouclèwollgarn.

Chiffon Ein sehr leichter, dünner Stoff, normalerweise aus Seide. Preiswertere Arten bestehen aus Polyester. Chiffon fällt sehr gut und wird oft für festliche Kleidung verwandt. Chiffon ist nicht leicht zu verarbeiten. Die üblicherweise sehr weiten Säume bei Abendkleidern näht man am besten mit Hand oder einer Overlock-Maschine um.

Spitze Ein feiner Stoff mit gemusterten Durchbrüchen, der vor allem für Abendgarderobe, Brautkleider, Damenunterwäsche, Nachthemden und als Randverzierung eingesetzt wird. Spitze kann aus Seide, Baumwolle oder Synthetikgarn hergestellt sein. Einige Spitzen sind von Hand gehäkelt, während andere aus Schmuckfäden oder Kordeln auf Netzuntergrund bestehen.

Satin Stoff aus Seide, Baumwolle oder Chemiefasern mit einer schimmernden Oberfläche. Duchesse-Satin ist ein glänzender, hochwertiger Satin und wird vor allem für Brautkleider und Abendgarderobe verwendet.

Taft Ein Stoff in Leinwandbindung mit glänzender Oberfläche. Aus Seide, aber auch aus Polyester oder Acetat. Taft ist ein eher steifer Stoff, der beim Bewegen ein typisches, raschelndes Geräusch macht. Preiswerter Synthetiktaft ist ideal für Kinderfaschingskostüme. Meist kann Taft nur chemisch gereinigt werden.

Tüll Steifer Stoff mit feiner Netzstruktur, oft aus Nylon. Tüll wird zum Beispiel für Unterröcke verwendet, um weite Brautkleiderröcke aufzubauschen.

Samt Ein Florgewebe, idealerweise aus Seide, aber auch aus Baumwolle, Rayon und Chemiefasern. Die kurzen Fadennoppen werden aufgeschnitten und bilden dann eine dichte Haardecke, die in einer Richtung liegt. Da die Farbe je nach Lichteinfall anders wirkt, müssen alle Teile in der gleichen Richtung zugeschnitten werden. Samt erfordert eine besondere Bügeltechnik.

Bouclé besitzt eine interessante Struktur.

INNENSTOFFE

Einige Materialien sind speziell für den Innenaufbau von Kleidungsstücken hergestellt und erfüllen dort bestimmte Zwecke.

Einlagenstoffe Diese Materialien werden verwendet, um dem Kleidungsstück oder Teilen davon mehr Halt zu geben. Rosshaareinlagen bestehen aus Baumwolle, gemischt mit natürlichem Pferdehaar, oder aus Chemiefasern und werden vor allem von Berufsschneidern eingesetzt. Bügeleinlagen, gewebt oder nicht gewebt und mit einem bei Hitze schmelzenden Film beschichtet, gibt es in vielen Stärken. Bügeleinlagen festigen Kleidungsteile wie Kragen und Halsausschnitte.

Stabilisatoren Es gibt eine große Vielfalt an stabilisierenden Materialien. Man benutzt sie, um Stoffe während des Verzierens zu verstärken, und entfernt sie danach wieder. Sie sind in verschiedenen Stärken erhältlich, werden abgeschnitten, abgerissen oder waschen sich aus.

Glossar

Armloch Der Umfang des oberen Ärmelrandes.

Bügelkissen Ein kleines hartes Kissen, traditionell mit Sägespäne gefüllt und als Hilfe beim Bügeln verwendet.

Bügeltuch Ein feines, glattes Stoffstück, das die Oberfläche eines Stoffes beim Bügeln schont.

Diagonale Stoffrichtung Richtung des Stoffes, die diagonal zwischen Längs- und dem Querfaden verläuft.

Einlage Stoff, der auf der linken Kleidungsseite angebracht wird, um mehr Halt zu geben, z. B. bei einem Kragen oder hinter einer Tasche.

Fadensteg Mehrerer längere Heftstiche, die den Futterstoff mit dem Mantelsaum verbinden und mit Languettenstich u. Ä. umwunden werden.

Filzmaschine oder Embellisher Diese Maschinen „verfilzen" Stoffstücke und Garne mit Nadeln und Widerhaken, die die Fasern zusammenmengen.

Futter Ein spezieller Futterstoff, der in die Innenseite des Kleidungsstücks eingenäht wird, um alle Ränder zu verdecken und den Sitz zu verbessern.

Grading oder stufig zurückschneiden Das Beschneiden von Nahtzugaben, um die Stoffdicke zu reduzieren.

Heften Vorläufiges Zusammennnähen von Stoffteilen von Hand oder mit der Maschine.

Im Nahtschatten steppen Beschreibt das Zusammennähen von Stoffteilen, indem man von rechts in eine vorher ausgeführten Naht sticht, z. B. bei einem Bund.

Merzerisierte Baumwolle besitzt aufgrund einer speziellen Behandlung mehr Festigkeit und Glanz als unbehandelte Baumwolle.

Naturfaser Faser aus nicht-synthetischer Quelle, zum Beispiel aus der Baumwoll- oder Flachspflanze, von der Seidenraupe oder vom Wollschaf.

Overlock Eine Overlocknähmaschine näht und versäubert in einem Schritt und ist nützlich für viele andere Verwendungszwecke.

Passzeichen sind alle Punkte, Kerben oder andere Zeichen, die dabei helfen, die Stoffteile beim Fertigstellen eines Kleidungsstücks richtig zusammenzulegen.

Patchwork oder Flickwerk Kleine Stoffstücke werden zu großen Mustern zusammengesetzt. Wird zum Beispiel für Quilts, Kleidung oder Wohnungsdekoraktion verwendet.

Prinzessform Stil eines Kleides mit kurvigen Nähten, die vom Armloch oder den Schultern vorn und hinten bis zum Saum gehen und so sechs Teile bilden (die Mittelnaht am Rücken nicht mitgerechnet).

Quilten Das Zusammennähen von mehreren Stofflagen entweder mit der Hand oder der Maschine.

Reißverschlussfuß Ein Spezialnähfuß, bei dem die Nadel näher an die Zähne des Reißverschlusses herankommt als bei einem normalen Nähfuß.

Schlaufenwender sind lange, dünne Nadeln mit einem Schließhaken an einem Ende zum Wenden schmaler Stofftunnel.

Schneiderbüste Auch bekannt als Kleiderpuppe oder Schneiderpuppe.

Erleichtert das Anpassen und Zusammenfügen von Kleidungsstücken.

Smoken Zierstiche, die über die Falten eines gerafften Stoffes genäht werden.

Stabilisatoren Material, um den Stoff für kurze Zeit zu stabilisieren. Wird oft bei Maschinenverzierungen verwendet und normalerweise unter die Arbeit gelegt.

Staffierstich Ähnlich dem Leiterstich werden zwei Ränder von der rechten Seite zusammengenäht, indem man abwechselnd in jeden Rand sticht.

Stichdichte Gibt an, wie viele Stiche pro Zentimeter genäht werden. Alternativ zur Verwendung von Millimetern für die Stichlänge.

Stoffobertransportfuß Spezialnähfuß, der den Stoff von oben mit bewegt, um zu vermeiden, dass er Wellen bildet.

Stretch-Stich Ein Maschinenstich für das Nähen dehnbarer Stoffe – entweder ein enger Zickzackstich oder ein Stich mit Rückstichen.

Synthetikfaser Fasern nicht-natürlichen Ursprungs, z. B. Nylon, Polyester und Acryl.

Transporteur Nähmaschinenteil unter dem Pressfuß, das den Stoff beim Nähen vorwärts bewegt.

Wattierung Eine Lage dicken, weichen Materials zwischen Oberstoff und Unterstoff. Wattierungen werden häufig beim Quilten verwendet.

Zickzacknähmaschine Eine Maschine, in der die Nadel sich beim Stechen nach links und rechts bewegt und nicht nur gerade Stiche ausführt.

Zwischenfutter Eine zweite Stofflage, die identisch mit dem eigentlichen Kleidungsstück zugeschnitten und gegen die linke Seite platziert wird, bevor das Kleidungsstück fertiggestellt wird.

Bezugsquellen

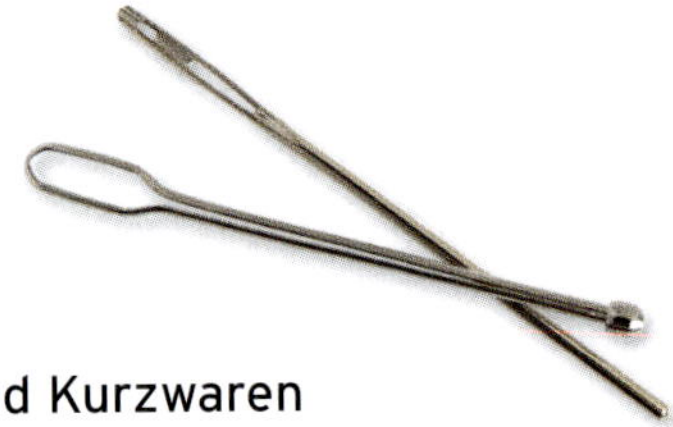

Zeitschriften

Burda Modemagazin
www.burdafashion.com

Garne

www.fadenversand.de
www.guetermann.com
www.coatsgmbh.de

Schnitte und Kurzwaren

www.buttinette.de
www.stoffe.de
www.kostenlose-schnittmuster.de
www.stoffoutlet.com
www.prym-consumer.com

Nähmaschinen

www.babylock.de
www.bernina.com
www.brother.com
www.elne.com
www.husqvarnaviking.com
www.janome.com
www.pfaff.com
www.singerdeutschland.de

Nützliche Links

www.hobbyschneiderin.de
www.initiative-handarbeiten.de
www.naehen-schneidern.de

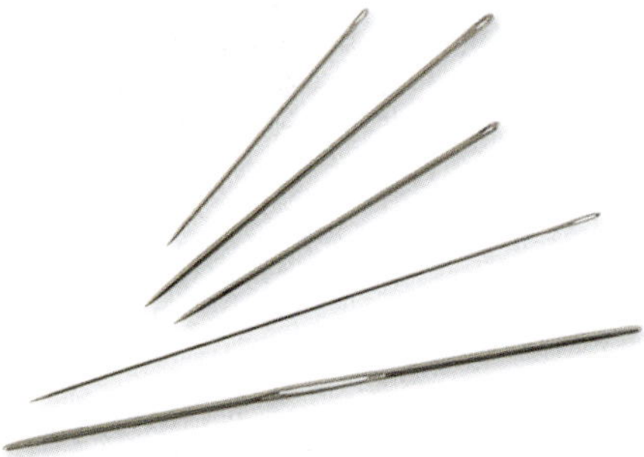

Register

Danksagungen

Ich danke meinem Mann für seine Unterstützung, Mary Connell für ihren Beitrag zur Kleinen Stoffkunde (S. 240–247) und allen Kollegen bei Quarto, besonders Emma Poulter für ihre Ratschläge und ihre Hilfe.

Ein Dank geht ebenfalls an Jayne Smith von Makower UK für die Beschaffung aller Stoffe, an Brother UK Ltd für die Bereitstellung der Nähmaschinen und Janome für die Benutzung ihrer Embellisher-Maschine.

Der Quarto-Verlag möchte den folgenden Firmen für die Unterstützung bei der Produktion dieses Buches danken:

Brother UK Ltd
Shepley Street
Audenshaw
Manchester
M34 5JD, UK

Tel: 0870 830 4020
www.brother.co.uk

Janome UK Ltd
Janome Centre
Southside
Stockport
Cheshire
SK6 2SP, UK

Tel: 0161 666 6011
janome.information@janome-uk.co.uk
www.janome.co.uk

Makower UK
118 Greys Road
Henley-on-Thames
Oxon
RG9 1QW, UK

Tel: +44 (0)1491 579727
Email: info@makoweruk.com
www.makoweruk.com

The McCall Pattern Company
Butterick, McCall, Vogue Patterns
120 Broadway
34th Floor
New York
NY 10271-3499, USA

www.mccallpattern.com
www.butterick.com
www.voguepatterns.com

Josef Philipp/iStock International 2008: Foto auf Seite 29
Gelpi/Shutterstock: Foto auf Seite 249